레전드
베트남어
회화사전

NEW 레전드
베트남어 회화사전

개정2판 1쇄 **발행** 2025년 1월 10일
개정2판 1쇄 **인쇄** 2025년 1월 2일

저자	주가연 · Nguyễn Thị Vân Anh · 김승민
기획	김은경
편집	이지영 · Jellyfish
디자인	IndigoBlue
삽화	서정임
성우	Nguyễn Thị Vân Anh · 오은수
녹음 · 영상	BRIDGE CODE

발행인	조경아		
총괄	강신갑		
발행처	**랭**귀지**북**스		
등록번호	101-90-85278	**등록일자**	2008년 7월 10일
주소	서울시 마포구 포은로2나길 31 벨라비스타 208호		
전화	02.406.0047	**팩스**	02.406.0042
이메일	languagebooks@hanmail.net		
MP3 다운로드	blog.naver.com/languagebook		

ISBN	979-11-5635-238-9 (13730)
값	21,000원

ⓒLanguagebooks, 2025

레전드
베트남어
회화사전

랭귀지북스

개성 넘치는 **베트남**, 매력적인 언어 '**베트남어**'!

한국과 베트남은 1992년 수교 이래, 양국의 교류가 사회 전반에 걸쳐 확대되어 왔으며, 한국의 많은 기업들이 베트남에 진출하여 활발한 경제 교류를 펼치고 있습니다. 이러한 추세에 따라 베트남어에 대한 필요성이 증대되면서 사람들의 관심이 늘고 있습니다. 쌀국수, 분짜 등 베트남 음식은 한국인들에게 많은 사랑을 받고 있으며 하노이, 호찌민, 다낭, 호이안, 푸꾸옥 등 베트남의 매력적인 여행지를 찾는 한국인의 수 역시 최근 폭발적으로 증가하는 추세입니다.

처음 베트남어를 접하면 성조가 6개이고 생소한 발음들이 많아서 어려운 언어라고 느낄 수 있습니다. 하지만 베트남어는 한자의 영향으로 한국어와 비슷한 단어들이 많기 때문에 한국인들이 공부하기에 굉장히 유리합니다. 문법 역시 다른 외국어보다 간단하여 수, 시제, 인칭 등 동사의 변화가 없고 비교적 단순한 체계를 가지고 있습니다.

이 책에는 베트남어를 다양한 상황에서 자연스럽게 사용할 수 있도록 구어체 중심의 표현들을 골라 담았습니다. 크게 12개의 챕터로 나누어 상황을 세분화하였기 때문에, 필요한 상황에 맞추어 원하는 표현들을 쉽게 찾아보실 수 있습니다. 또한, 초보 학습자분들도 무리 없이 읽을 수 있도록 한글로 발음을 표기하였습니다. 한글로 적힌 발음과 함께 원어민의 녹음을 들으면서 따라 하다 보면 베트남어 발음을 쉽게 익힐 수 있습니다. 개성 넘치는 베트남의 문화 및 알아두면 유용한 베트남 관련 정보까지 알차게 담았습니다. 이를 통해 베트남이라는 나라를 이해하고 느끼며 흥미를 가질 수 있기를 바랍니다.

끝으로 항상 곁에서 아낌없는 응원과 지지를 보내주신 가족과 친구, 동료에게 감사를 전합니다. 이 책을 통해 배울수록 재미있고 매력 넘치는 베트남어의 세계에 발을 내딛는 독자 여러분들을 환영하며, 응원을 보냅니다.

Cố lên! 꼬 렌! 파이팅!

저자 주가연

베트남 현지에서 가장 많이 쓰는 기본 회화를 엄선해 담았습니다. 학습을 통해 자기 소개와 취미 말하기부터 직업 소개, 감정 표현까지 다양한 주제의 기본 회화를 쉽게 구사해 보세요.

1. 베트남어 최신 3,500여 개 표현!

왕초보부터 초·중급 수준의 베트남어 학습자를 위한 어휘·표현집입니다. 수능 베트남어와 여러 베트남어 자격증(FLEX, OPI, 베트남어 능력 시험)의 필수 어휘를 기본으로, 일상생활에서 자주 접하게 되는 상황을 12개의 챕터에서 큰 주제로 묶고, 다시 500개 이상의 작은 주제로 나눠 3,500여 개의 표현을 제시했습니다.

2. 눈에 쏙 들어오는 그림으로 기본 어휘 다지기!

500여 컷 이상의 일러스트와 함께 기본 어휘를 쉽게 익힐 수 있습니다. 자기소개, 직장 생활 등 일상생활에 필요한 기본 단어부터 취미, 감정 등 주제별 주요 단어, 동작 관련 어휘에 이르기까지 꼭 알아야 할 다양한 주제의 필수 어휘를 생생한 그림과 함께 담았습니다.

3. 바로 찾아 바로 말할 수 있는 한글 발음 표기!

기초가 부족한 초보 학습자가 베트남어를 읽을 수 있는 가장 쉬운 방법은 바로 한글 발음을 보고 읽는 것입니다. 베트남어 발음이 우리말과 일대일로 대응하진 않지만, 학습에 편의를 드리고자 베트남에서 사용하는 표준 발음과 가까운 소리로 한글 발음을 표기하였습니다. 초보자도 언제 어디서나 필요한 표현을 바로 찾아 다양한 문장을 구사할 수 있습니다. 각 표현의 하단에는 사전 없이 바로 이해할 수 있도록 참고 어휘를 정리해 뒀습니다.

4. 꼭! 짚고 가기 & 여기서 잠깐!

현지에서 실제 생활한 경험과 정확한 자료 조사를 바탕으로 사회, 문화, 교육 전반에 걸친 다양한 베트남 관련 정보를 알차게 담았습니다. 우리와 다른 그들의 문화를 접하며 더욱 재미있게 배울 수 있습니다.

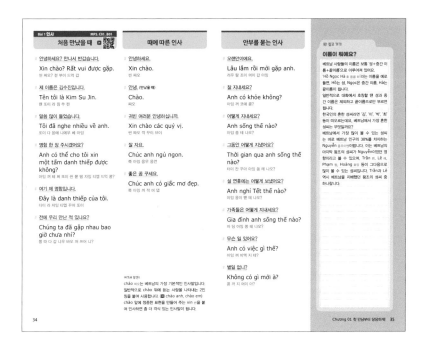

5. 말하기 집중 훈련 유튜브 영상 & MP3!

이 책에는 베트남어 알파벳부터 기본 단어, 본문의 회화 표현까지 베트남 원어민의 정확한 발음으로 녹음한 MP3 파일과 본문 영상을 제공합니다.

Bài마다 QR코드를 스캔하여 영상 자료를 쉽게 찾아볼 수 있습니다. 자주 듣고 큰 소리로 따라 말하며 학습 효과를 높여 보세요.

유튜브에서
〈레전드 베트남어 회화사전〉을
검색하세요.

MP3

blog.naver.com/**languagebook**

기초 다지기

Chương 01 첫 만남부터 당당하게!

Bài 1 인사

Bài 2 소개

Bài 3 감사

Bài 4 사과

Bài 5 대답

Bài 6 주의 & 충고

Bài 7 기타

Chương 02 사소한 일상에서도!

Bài 1 하루 생활

Chương 09 직장인은 피곤해!

베트남에 관하여

✓ **국가명** 베트남 사회주의 공화국
(Cộng hòa xã hội chủ nghĩa Việt Nam 꽁 호아 싸 호이 쭈 응이아 비엣 남)

✓ **위치** 동남아시아 인도차이나반도 중부에 위치, 중국·라오스·캄보디아와 접경

✓ **수도** 하노이(Hà Nội 하 노이)

✓ **인구** 약 1억 30만 명(2023년 기준)

✓ **정부 형태** 사회주의 공화제(공산당이 유일 정당)

✓ **면적** 33만 341㎢(한반도의 1.5배)

✓ **기후** 북부는 아열대성, 남부는 열대 몬순

✓ **민족 구성** 비엣족(89%) 외 53개 소수 민족

✓ **1인당 GDP** 약 4,284달러(2023년 기준)

✓ **종교** 불교(14%), 가톨릭(7%), 개신교(1.2%) 등(2023년 기준)

✓ **시차** 한국보다 2시간 늦음(GMT+7)

✓ **언어** 베트남어(Tiếng Việt 띠엥 비엣)

✓ **화폐** 베트남 동(Đồng 동)

✓ **국가번호** +84

＊ 출처: 대한민국 외교부, 베트남 통계청

중국

미얀마

하노이

라오스

베트남

태국

남중국해

캄보디아

호찌민

필리핀

기초 다지기

베트남어 문자
인칭대명사

베트남어의 기본 알파벳은 29개이며, 12개의 모음과 17개의 자음으로 구성되어 있습니다.
f, j, w, z가 없고, 이중·삼중 모음과 복자음이 있습니다. 또한 베트남어에는 6가지 성조가
있습니다. 알파벳이 같아도 성조가 다르면 뜻이 완전히 달라지기 때문에 각별히 주의해야 합니다.

(＊ 베트남 북부와 남부의 발음이 다른 문자도 있습니다. 이 책에서는 베트남의 북부에 위치한 수도 하노이의
표준어를 기준으로 표기하였습니다.)

1. 모음 12개

A / a	a 아	ㅏ
	cá 까 생선	
Ă / ă	á 아	ㅏ
	chăn 짠 이불	
Â / â	ớ 어	ㅓ
	chân 쩐 다리	
E / e	e 애	ㅐ
	em bé 앰 배 아이	
Ê / ê	ê 에	ㅔ
	đêm 뎀 밤	
I / i	i ngắn 이 응안	ㅣ
	im lặng 임 랑 조용하다	

O / o	o 어	＊ ㅓ
	ong 엉 벌	
Ô / ô	ô 오	ㅗ
	ống 옹 파이프	
Ơ / ơ	ơ 어	ㅓ
	cơm 껌 밥	
U / u	u 우	ㅜ
	chu đáo 쭈 다오 자상하다	
Ư / ư	ư 으	ㅡ
	mứt 믇 잼	
Y / y	y dài 이 자이	ㅣ
	ký tên 끼 뗀 서명하다	

＊ '오'와 '어'의 중간 발음입니다.

2. 자음 17개

A / a	
Ă / ă	
Â / â	

B / b	bê 베	ㅂ
	bố 보 아버지, 아빠	
C / c	xê 쎄	ㄲ
	cam 깜 오렌지	
① D / d	dê 제	ㅈ
	dạy 자이 가르치다	

① D/d 제는 북부 표준어에서는 'ㅈ'과 같이 발음하지만 남부에서는 반모음 'ㅣ'로 발음합니다.

Đ / đ	đê 데	ㄷ
	đông 동 붐비다	
E / e		
Ê / ê		
G / g	gờ 거, giê 제	ㄱ
	gà 가 닭	
H / h	hát 핱	ㅎ
	hạt 핱 씨앗	
I / i		
K / k	ka 까	ㄲ
	thước kẻ 트억 깨 자	
L / l	e lờ 애 러	ㄹ
	lông 롱 털	
M / m	e mờ 애 머	ㅁ
	mẹ 매 어머니, 엄마	
N / n	e nờ 애 너	ㄴ
	ném 냄 던지다	
O / o		
Ô / ô		

Ơ / ơ		
② P / p	pê 뻬	ㅃ
	pê đan 뻬 단 페달	
③ Q / q	qui 꾸이	ㄲ
	bánh quy 바잉 꾸이 쿠키	
④ R / r	e rờ 애 러	ㅈ
	rán 잔 튀기다	
⑤ S / s	ét sì 앤 씨	ㅆ
	sẹo 쌔오 흉터	
T / t	tê 떼	ㄸ
	tiết kiệm 띠엗 끼엠 저축하다	
U / u		
Ư / ư		
V / v	vê 베	ㅂ
	ví 브이 지갑	
X / x	ích xì 익 씨	ㅆ
	xay 싸이 갈다	
Y / y		

② P/p 뻬는 주로 외래어를 표기할 때 쓰입니다.

③ Q/q 꾸이는 단독으로 사용하지 않고 항상 qu 꾸의 형태로만 사용합니다.

④ R/r 애 러는 북부 표준어에서는 'ㅈ'과 같이 발음하지만 남부에서는 혀를 구부려서 발음하는 'ㄹ'과 같이 발음됩니다.

⑤ S/s 앤 씨는 X/x 익 씨보다 혀를 강하게 마찰해서 발음하는 'ㅆ'이지만 일상생활에서는 x처럼 약하게 발음합니다.

3. 이중·삼중 모음

ai 아이	tai 따이 귀	oi 어이	nói 너이 말하다
ao 아오	cao 까오 높다	ôi 오이	cối 꼬이 절구
au 아우	đau 다우 아프다	ơi 어이	chơi 쩌이 놀다
ay 아이	tay 따이 손; 팔	ua 우어	mùa 무어 계절
âu 어우	chim bồ câu 찜 보 꺼우 비둘기	uâ 우어	mùa xuân 무어 쑤언 봄
ây 어이	cây 꺼이 나무	ui 우이	cúi 꾸이 숙이다
eo 애오	béo 배오 뚱뚱하다	uô 우오	chuột 쭈옫 쥐
êu 에우	trêu 쩨우 놀리다, 장난치다	uôi 우오이	muối 무오이 소금
ia 이어	chia 찌어 나누다	uy 우이	suy nghĩ 쑤이 응이 생각
iê 이에	biển 비엔 바다	uyê 우이에	nguyên nhân 응우이엔 년 원인
iêu 이에우	chiếu 찌에우 돗자리		
oa 오아	hoa 호아 꽃	① uyu 이우	khuỷu tay 키우 따이 팔꿈치
oai 오아이	ngoài 응오아이 밖	ưa 으어	mưa 므어 비
oao 어아오	ngoao ngoao 응어아오 응어아오 야옹 야옹	ưi 으이	ngửi 응으이 (냄새를) 맡다
oay 오아이	xoay 쏘아이 돌리다	ươi 으어이	người 응으어이 사람
oă 오아	xoăn 쏘안 꼬불꼬불하다	② ươu 으어우	hươu 흐어우 사슴
oe 오애	xòe 쏘애 펼치다, 펴다	ưu 으우	cừu 끄우 양
oeo 어애오	ngoắn ngoèo 응오안 응어애오 (길이) 험하다	yê 이에	yên ngựa 이엔 응으어 안장
		③ yêu 이에우	yêu 이에우 사랑하다

① 실제 uyu 우이우는 쉽게 발음하기 위해 '우이우'가 아닌 '이우'라고 합니다.
따라서 이 책에서는 '이우'로 표기하였습니다.

② 실제 ươu 으어우는 쉽게 발음하기 위해 '이에우'라고 하기도 합니다.
따라서 이 책에서는 '이에우'로 표기하였습니다.

③ yêu 이에우는 다른 자음과 결합할 수 없고 yêu 형태로만 존재합니다.

4. 복자음

ch 쩌	ㅉ
	chai 짜이 병
① tr 쩌	ㅉ
	bên trái 벤 짜이 왼쪽
② gh 거	ㄱ
	ghế 게 의자
③ gi 지	ㅈ
	quốc gia 꾸옥 자 국가
kh 커	ㅋ
	khách 카익 손님

④ ng(ngh) 응어	응
	ngắn 응안 짧다
nh 녀	녀
	nhanh 냐잉 빠르다
ph 퍼	ㅍ
	phân biệt 펀 비엔 구별하다
th 터	ㅌ
	thần 턴 신(神)

① tr 쩌는 ch 쩌보다 혀를 더 구부려서 발음하는 'ㅉ'이지만 보통 쉽게 발음하기 위해 ch처럼 약하게 합니다.

② gh 거의 발음은 g 거와 같지만 gh는 i 이 응안, e 애, ê 에 모음과만 결합하고 나머지 모음은 g와 결합합니다.

③ gi 지는 북부 표준어에서는 'ㅈ'과 같이 발음하지만 남부에서는 반모음 'ㅣ'로 발음합니다.

④ ng 응어의 발음은 ngh 응어와 같지만 ngh는 i, e, ê 모음과만 결합할 수 있고 나머지 모음은 ng와 결합합니다.

5. 성조

(성조 기호 없음) a	**không dấu** 콩 저우 평성으로 발음한다. 우리말보다 시작 소리가 약간 높다.	**ma** 마 마귀, 도깨비
´ á	**dấu sắc** 저우 싹 평성에서 음을 높이면서 발음한다.	**má** 마 어머니; 볼
` à	**dấu huyền** 저우 후이엔 평성보다 낮은 중간음에서 내리면서 발음한다.	**mà** 마 그런데, 그러나
? ả	**dấu hỏi** 저우 허이 음을 부드럽게 내렸다가 다시 높인다.	**mả** 마 무덤, 묘
~ ã	**dấu ngã** 저우 응아 음을 중간에 내렸다가 급격하게 높이면서 발음한다.	**mã** 마 말
· ạ	**dấu nặng** 저우 낭 중간음에서 짧게 떨어뜨리며 발음한다.	**mạ** 마 모(벼)

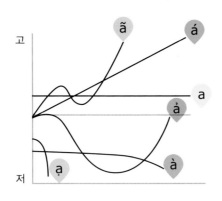

! 원어민의 정확한 발음으로 녹음한
MP3 파일을 자주 듣고 큰 소리로
따라 하며 내 것으로 만드세요.

인칭대명사

1. 인칭대명사 특징

① 베트남어의 인칭대명사는 성별, 연령, 사회적 지위 고하 및 친분 정도에 따라 다르게 사용해야 합니다. 지칭하는 대상이 누구인지 생각하고 맞춰 사용하세요.

② 3인칭 단수형의 경우, 2인칭 단수형 뒤에 ấy _{어이}를 붙여서 만듭니다.

③ 2·3인칭 복수형의 경우, 각 단수형 앞에 các _깍을 붙입니다.

인칭	단수			복수	
	뜻	인칭대명사	역할	뜻	인칭대명사
1인칭	저/나	tôi 또이	공식 석상에서 자신을 나타낼 때 또는 친구와 같이 나이가 비슷한 사람과 대화할 때	우리	chúng tôi 쭝 또이 (듣는 사람 제외)
		mình 밍	친구 사이		chúng ta 쭝 따 (듣는 사람 포함)
		tớ 떠			
2인칭	당신/너	ông 옹	할아버지, 남자의 존칭	당신들/ 너희들	các ông 깍 옹
		bà 바	할머니, 여자의 존칭		các bà 깍 바
		bác 박	본인 부모보다 나이가 많은 남자 또는 여자		các bác 깍 박
		chú 쭈	본인 부모보다 나이가 젊은 남자		các chú 깍 쭈
		cô 꼬	본인 부모보다 나이가 젊은 여자		các cô 깍 꼬
		anh 아잉	젊은 남성, 형, 오빠		các anh 깍 아잉
		chị 찌	젊은 여성, 누나, 언니		các chị 깍 찌
		thầy 터이	(남자) 선생님		các thầy 깍 터이
		cô 꼬	(여자) 선생님		các cô 깍 꼬
		cậu 꺼우, bạn 반	같은 나이, 친구 사이		các cậu 깍 꺼우, các bạn 깍 반
		em 엠	손아랫사람, 동생		các em 깍 엠
		cháu 짜우	어린이, 아이 (조카, 손자뻘 되는 사이)		các cháu 깍 짜우

인칭	단수			복수	
	뜻	인칭대명사	역할	뜻	인칭대명사
3인칭	그/ 그녀	ông ấy 옹 어이	그 할아버지, 그 남자의 존칭	그들/ 그녀들	các ông ấy 깍 옹 어이
		bà ấy 바 어이	그 할머니, 그 여자의 존칭		các bà ấy 깍 바 어이
		anh ấy 아잉 어이	그 남자, 그 형, 그 오빠		các anh ấy 깍 아잉 어이
		chị ấy 찌 어이	그 여자, 그 누나, 그 언니		các chị ấy 깍 찌 어이
		thầy ấy 터이 어이	그 남자 선생님		các thầy ấy 깍 터이 어이
		cô ấy 꼬 어이	그 여자 선생님, 그 여자		các cô ấy 깍 꼬 어이
		em ấy 앰 어이	그 젊은 사람, 그 동생		các em ấy 깍 앰 어이
		cháu ấy 짜우 어이	그 어린 사람, 그 조카, 그 손주		các cháu ấy 깍 짜우 어이

2. 회화를 통한 인칭대명사 활용의 예

일상 대화에서 자신을 지칭할 때 'tôi(저/나)'보다는 상대방과의 관계에 맞는 호칭을 사용하는 것이 중요합니다. 아래 예시를 참고해 보세요.

① 형제 정도의 나이 차이일 때

anh 형

> 너 이름이 뭐야?
> **Em** tên là gì?
> 앰 뗀 라 지?

em 동생

> 제 이름은 후이예요.
> **Em** tên là Huy.
> 앰 뗀 라 후이

> 형 이름은 뭐예요?
> **Anh** tên là gì?
> 아잉 뗀 라 지?

② 선생님과 학생일 때

선생님 안녕하세요.

Em chào cô ạ.

앰 짜오 꼬 아

học sinh 학생

안녕 얘야(학생). 너 어디 가니?

Chào **em**. **Em** đi đâu đấy?

짜오 앰. 앰 디 더우 더이?

cô giáo 여자 선생님

③ 삼촌과 조카 정도의 나이 차이일 때

너는 어느 나라 사람이니?

Cháu là người nước nào?

짜우 라 응으어이 느억 나오?

chú 삼촌, 아저씨

아저씨, 저는 한국 사람이에요.

Thưa **chú**, **cháu** là người Hàn Quốc ạ.

트어 쭈, 짜우 라 응으어이 한 꾸옥 아

cháu 아이

④ 친구 사이일 때

뭐 마실래?

Cậu muốn uống gì?

꺼우 무온 우옹 지?

Mai 마이

나는 오렌지주스 마실래.

Tớ muốn uống nước cam.

떠 무온 우옹 느억 깜

Hoa 호아

Chương 01

첫 만남부터 당당하게!

Chương 01

Giới thiệu 저이 티에우 **소개**

họ tên 허 뗀 n. (성을 포함한) 이름, 성함 	**tên** 뗀 n. (성을 제외한) 이름	**họ** 허 n. 성
	biệt danh 비엗 자잉 n. 별명	**danh thiếp** 자잉 티엡 n. 명함
giới tính 저이 띵 n. 성별 	**con trai** 껀 짜이 n. 남자; 아들 	**con gái** 껀 가이 n. 여자; 딸
	anh 아잉 n. 형, 오빠; ~씨(남성에 대한 호칭) 	**chị** 찌 n. 누나, 언니; ~씨(여성에 대한 호칭)
	ông 옹 n. 할아버지; ~씨(남성에 대한 호칭) 	**bà** 바 n. 할머니; ~씨(여성에 대한 호칭)
tuổi 뚜오이 n. 나이 	**lớn tuổi** 런 뚜오이 a. 나이가 많다 	**thanh niên** 타잉 니엔 n. 청년, 젊은이
	người lớn 응으어이 런 n. 어른, 성인 	**trẻ em** 째 앰 n. 어린이 **em bé** 앰 배 n. 아기

Một ngày 몯 응아이 하루

một ngày 몯 응아이 n. 하루 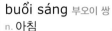	**buổi sáng** 부오이 쌍 n. 아침 	**tỉnh dậy** 띵 저이 v. 깨어나다 **tỉnh ngủ** 띵 응우 v. 잠이 깨다
		bữa sáng 브어 쌍 n. 아침 식사
	giữa trưa 즈어 쯔어 n. 정오	**bữa trưa** 브어 쯔어 n. 점심 식사
	ban ngày 반 응아이 n. 낮 **ngủ trưa** 응우 쯔어 낮잠 자다	**buổi chiều** 부오이 찌에우 n. 오후
buổi đêm 부오이 뎀 n. 밤 	**buổi tối** 부오이 또이 n. 저녁	**bữa tối** 브어 또이 n. 저녁 식사
	nửa đêm 느어 뎀 n. 자정	**giấc ngủ** 적 응우 n. 잠 **ngủ** 응우 v. 자다
	mơ 머 v. 꿈을 꾸다	**ngủ gật** 응우 걷 v. 졸다

Thời gian 터이 잔 시간

ngày tháng 응아이 탕 n. 날짜	năm 남 n. 연(年), 해	tháng 탕 n. 월, 달	tuần 뚜언 n. 일주일
	một ngày 몯 응아이 n. 하루	thứ 트 n. 요일	lịch 릭 n. 달력

thứ hai
트 하이
n. 월요일

thứ ba
트 바
n. 화요일

thứ tư
트 뜨
n. 수요일

thứ năm
트 남
n. 목요일

thứ sáu
트 싸우
n. 금요일

chủ nhật
쭈 녇
n. 일요일

thứ bảy
트 바이
n. 토요일

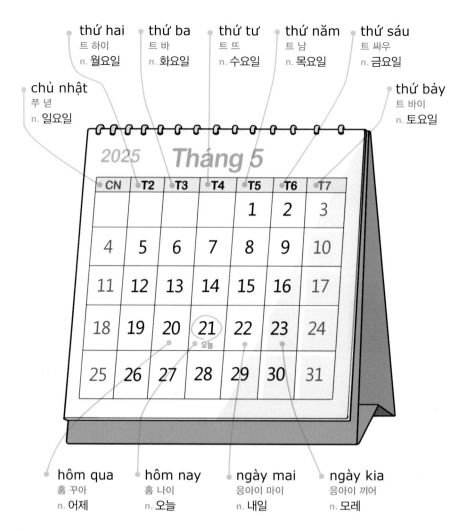

hôm qua
홈 꾸아
n. 어제

hôm nay
홈 나이
n. 오늘

ngày mai
응아이 마이
n. 내일

ngày kia
응아이 끼어
n. 모레

32

Lời chào 러이 짜오 인사

Xin chào! 씬 짜오! 안녕하세요! 	**Rất vui được gặp anh.** 젇 부이 드억 갑 아잉 만나서 반갑습니다. 	**Lần đầu tiên được gặp anh.** 런 더우 띠엔 드억 갑 아잉 처음 뵙겠습니다.
	Anh có khỏe không? 아잉 꺼 코애 콩? 잘 지내세요?	**Anh sống thế nào?** 아잉 쏭 테 나오? 어떻게 지내세요?
	Chúc anh một ngày tốt lành. 쭉 아잉 몯 응아이 똗 라잉 좋은 하루 되세요. 	**Chúc anh buổi tối vui vẻ.** 쭉 아잉 부오이 또이 부이 배 좋은 저녁 되세요.
	Tạm biệt! 땀 비엗! 안녕히 가세요!, 안녕히 계세요! 	**Anh đi mạnh giỏi.** 아잉 디 마잉 저이 안녕히 가세요.
	Hẹn gặp lại anh. 핸 갑 라이 아잉 다음에 또 만나요. 	**Chúc anh ngủ ngon.** 쭉 아잉 응우 응언 잘 자요.
Cảm ơn. 깜 언 감사합니다. 	**Xin chân thành cảm ơn.** 씬 쩐 타잉 깜 언 정말 감사합니다.	**Cảm ơn anh vì đã quan tâm.** 깜 언 아잉 브이 다 꾸안 떰 신경 써 줘서 고마워요.
	Không có gì. 콩 꺼 지 천만에요. 	**Không sao ạ.** 콩 싸오 아 괜찮습니다.
Xin lỗi. 씬 로이 실례합니다. 	**Tôi xin lỗi.** 또이 씬 로이 미안합니다. (죄송합니다.)	**Đó là sai sót của tôi.** 더 라 싸이 썯 꾸어 또이 제 실수입니다.
	Tôi không cố ý. 또이 콩 꼬 이 고의는 아니었어요. 	**Xin đừng lo lắng.** 씬 등 러 랑 걱정하지 마세요.

처음 만났을 때

안녕하세요? 만나서 반갑습니다.

Xin chào? Rất vui được gặp.

씬 짜오? 젇 부이 드억 갑

제 이름은 김수진입니다.

Tên tôi là Kim Su Jin.

뗀 또이 라 낌 쑤 찐

말씀 많이 들었습니다.

Tôi đã nghe nhiều về anh.

또이 다 응애 니에우 베 아잉

명함 한 장 주시겠어요?

Anh có thể cho tôi xin một tấm danh thiếp được không?

아잉 꺼 테 쩌 또이 씬 몯 떰 자잉 티엡 드억 콩?

여기 제 명함입니다.

Đây là danh thiếp của tôi.

더이 라 자잉 티엡 꾸어 또이

전에 우리 만난 적 있나요?

Chúng ta đã gặp nhau bao giờ chưa nhỉ?

쭝 따 다 갑 냐우 바오 저 쯔어 니?

때에 따른 인사

안녕하세요.

Xin chào.

씬 짜오

안녕. (만났을 때)

Chào.

짜오

귀빈 여러분 안녕하십니까.

Xin chào các quý vị.

씬 짜오 깍 꾸이 브이

잘 자요.

Chúc anh ngủ ngon.

쭉 아잉 응우 응언

좋은 꿈 꾸세요.

Chúc anh có giấc mơ đẹp.

쭉 아잉 꺼 적 머 댑

여기서 잠깐!

chào 짜오는 베트남의 가장 기본적인 인사말입니다. 일반적으로 chào 뒤에 듣는 사람을 나타내는 2인칭을 붙여 사용합니다. (예 chào anh, chào em) chào 앞에 정중한 표현을 만들어 주는 xin 씬을 붙여 인사하면 좀 더 격식 있는 인사말이 됩니다.

안부를 묻는 인사

\# 오랜만이에요.

Lâu lắm rồi mới gặp anh.
러우 람 조이 머이 갑 아잉

\# 잘 지내세요?

Anh có khỏe không?
아잉 꺼 코애 콩?

\# 어떻게 지내세요?

Anh sống thế nào?
아잉 쏭 테 나오?

\# 그동안 어떻게 지냈어요?

Thời gian qua anh sống thế nào?
터이 잔 꾸아 아잉 쏭 테 나오?

\# 설 연휴에는 어떻게 보냈어요?

Anh nghỉ Tết thế nào?
아잉 응이 뗄 테 나오?

\# 가족들은 어떻게 지내세요?

Gia đình anh sống thế nào?
자 딩 아잉 쏭 테 나오?

\# 무슨 일 있어요?

Anh có việc gì thế?
아잉 꺼 비엑 지 테?

\# 별일 없니?

Không có gì mới à?
콩 꺼 지 머이 아?

꼭! 짚고 가기

이름이 뭐예요?

베트남 사람들의 이름은 보통 '성+중간 이름+끝이름'으로 이루어져 있어요.

'Hồ Ngọc Hà 호 응옥 하'라는 이름을 예로 들면, Hồ는 성, Ngọc은 중간 이름, Hà는 끝이름이 됩니다.

일반적으로 대화에서 호칭할 땐 성과 중간 이름은 제외하고 끝이름으로만 부르면 됩니다.

한국인의 흔한 성씨라면 '김', '이', '박', '최' 등이 떠오르는데요, 베트남에서 가장 흔한 성씨는 무엇일까요?

베트남에서 가장 많이 볼 수 있는 성씨는 바로 베트남 인구의 38%를 차지하는 Nguyễn 응우이엔이랍니다. 이는 베트남의 마지막 왕조의 성씨가 Nguyễn이었던 영향이라고 볼 수 있으며, Trần 쩐, Lê 레, Phạm 팜, Hoàng 호앙 등이 그다음으로 많이 볼 수 있는 성씨입니다. Trần과 Lê 역시 베트남을 지배했던 왕조의 성씨 중 하나랍니다.

안부 인사에 대한 대답

저는 잘 지냈어요.

Tôi vẫn khỏe.

또이 번 코애

나는 잘 지내고 있어. 너는?

Anh khỏe. Còn em?

아잉 코애. 껀 앰?

시간이 참 빠르네요.

Thời gian trôi nhanh thật.

터이 잔 쪼이 냐잉 텉

그럭저럭 지내.

Mình cũng bình thường thôi.

밍 꿍 빙 트엉 토이

항상 좋아요.

Lúc nào cũng tốt ạ.

룩 나오 꿍 똗 아

늘 비슷하지 뭐.

Lúc nào cũng vậy mà.

룩 나오 꿍 버이 마

별일 없어요.

Tôi cũng không có gì mới.

또이 꿍 콩 꺼 지 머이

오늘은 기분이 별로예요.

Hôm nay tâm trạng của tôi không được tốt.

홈 나이 떰 짱 꾸어 또이 콩 드억 똗

헤어질 때 인사

잘 가요.

Anh đi mạnh khỏe nhé.

아잉 디 마잉 코애 냬

전 지금 가야 돼요.

Bây giờ tôi phải đi.

버이 저 또이 파이 디

좋은 하루 보내요.

Chúc anh một ngày tốt lành.

쭉 아잉 몯 응아이 똗 라잉

즐거운 주말 보내세요.

Chúc anh cuối tuần vui vẻ.

쭉 아잉 꾸오이 뚜언 부이 배

내일 봐요.

Hẹn gặp lại ngày mai.

핸 갑 라이 응아이 마이

또 만나요.

Hẹn gặp lại.

핸 갑 라이

연락할게.

Mình sẽ liên lạc sau.

밍 쌔 리엔 락 싸우

가족에게 안부 전달 부탁해요.

Cho tôi gửi lời hỏi thăm tới gia đình anh.

쩌 또이 그이 러이 허이 탐 떠이 자 딩 아잉

환영할 때

하노이에 오신 걸 환영합니다.

Chào mừng đến với Hà Nội.
짜오 믕 덴 버이 하 노이

저희 집에 오신 것을 환영합니다.

Chào mừng anh đến với nhà chúng tôi.
짜오 믕 아잉 덴 버이 냐 쭝 또이

귀빈 여러분 모두 환영합니다.

Chào mừng tất cả quý vị.
짜오 믕 떧 까 꾸이 브이

이곳이 귀빈 여러분 마음에 드시길 바랍니다.

Mong rằng các quý vị thích nơi này.
멍 장 깍 꾸이 브이 틱 너이 나이

함께 일하게 되어 반가워요.

Tôi rất vui khi được làm việc cùng các bạn.
또이 젇 부이 키 드억 람 비엑 꿍 깍 반

quý vị 꾸이 브이 귀빈

꼭! 짚고 가기

무슨 띠예요?

베트남에도 사람이 태어난 해를 동물의 이름으로 부르는 '띠' 개념이 있습니다. 그래서 자기소개를 할 때 종종 띠를 묻기도 해요.

베트남어로 '띠'는 'năm tuổi 남 뚜오이', '무슨 띠예요?'라고 물을 때는 'Anh/Chị tuổi con gì? 아잉/찌 뚜오이 껀 지?'라고 말합니다. 대답할 때는 '저는 ~띠예요.'를 뜻하는 'Tôi tuổi~ 또이 뚜오이~' 뒤에 동물 이름을 붙여 말하면 됩니다.

단, 베트남의 십이지를 나타내는 동물 중 몇 가지는 우리나라와 다르니 아래와 같이 알아 두세요.

· 쥐	chuột	쭈올
· **물소**	trâu	쩌우
· 호랑이	hổ	호
· **고양이**	mèo	매오
· 용	rồng	종
· 뱀	rắn	잔
· 말	ngựa	응으어
· **염소**	dê	제
· 원숭이	khỉ	키
· 닭	gà	가
· 개	chó	쩌
· 돼지	lợn	런

말 걸기

실례합니다.

Xin lỗi.

씬 로이

저기요!

Anh ơi! (상대방이 남성일 때)

아잉 어이!

Chị ơi! (상대방이 여성일 때)

찌 어이!

Em ơi! (종업원에게)

엠 어이!

저…

Xin hỏi...

씬 허이…

드릴 말씀이 있어요.

Tôi có điều muốn nói.

또이 꺼 디에우 무온 너이

잠깐 이야기 좀 할 수 있을까요?

Chúng ta có thể nói chuyện một chút được không?

쭝 따 꺼 테 너이 쭈이엔 몯 쭏 드억 콩?

말씀 중에 죄송합니다.

Xin lỗi vì ngắt lời anh.

씬 로이 브이 응앋 러이 아잉

내 말 좀 들어 봐요.

Xin hãy nghe tôi nói.

씬 하이 응애 또이 너이

화제를 바꿀 때

다른 얘기를 하죠.

Chúng ta nói chuyện khác đi.

쭝 따 너이 쭈이엔 칵 디

새로운 주제로 넘어가죠.

Chúng ta nói sang chủ đề khác nhé.

쭝 따 너이 쌍 쭈 데 칵 내

서로 의견을 말해 봅시다.

Chúng ta hãy cùng nói ý kiến của mình.

쭝 따 하이 꿍 너이 이 끼엔 꾸어 밍

그건 그렇고, 후이 씨 소식 들었어요?

Việc đó để sau, anh đã nghe tin về Huy chưa?

비엑 더 데 싸우, 아잉 다 응애 띤 베 후이 쯔어?

뭐 새로운 소식 있나요?

Anh có tin gì mới không?

아잉 꺼 띤 지 머이 콩?

여기서 잠깐!

chúng tôi 쭝 또이(청자 포함하지 않음)와 chúng ta 쭝 따(청자 포함)는 둘 다 '우리'로 해석되지만, 청자를 포함하는지 여부에 차이가 있습니다.

상대방에 대해 묻기

성함이 어떻게 되세요?

Tên anh là gì ạ?
떼 아잉 라 지 아?

이름이 뭐예요?

Tên anh là gì?
떼 아잉 라 지?

이름 철자가 어떻게 되나요?

Tên anh đánh vần thế nào ạ?
떼 아잉 다잉 번 테 나오 아?

직업이 뭐예요?

Nghề nghiệp của anh là gì?
응에 응이엡 꾸어 아잉 라 지?

어떤 일을 하시나요?

Anh làm nghề gì ạ?
아잉 람 응에 지 아?

어디에서 오셨어요? (국적을 묻는 표현)

Anh đến từ nước nào ạ?
아잉 덴 뜨 느억 나오 아?

어느 나라 사람이에요?

Anh là người nước nào?
아잉 라 응으어이 느억 나오?

전공이 뭐예요?

Chuyên ngành của anh là gì?
쭈이엔 응아잉 꾸어 아잉 라 지?

꼭! 짚고 가기

베트남어의 특징

베트남어로 대화할 때, 올바른 호칭 사용은 굉장히 중요합니다. 성별과 나이에 따라 사용하는 호칭이 각각 다르며, 이를 어길 경우 큰 결례로 생각하는 문화 때문인데요. 베트남 사람과 처음 만났을 때 상대방의 나이를 확실히 가늠할 수 있다면 호칭을 사용하는 데 문제가 없지만, 알 수 없다면 상대방에게 어떻게 부르면 좋을지 물어보는 게 좋습니다.

묻기 애매한 상황이라면 자신을 tôi 또이로, 상대방을 anh/chị 아잉/찌라고 부르면 무난합니다.

베트남어의 또 다른 중요한 특징은 어순이 매우 중요하다는 점입니다. 문장 성분이 어순에 따라 결정되기 때문에 어순을 잘못 배열하면 아예 뜻이 전달되지 않습니다. 예를 들어, 우리말이라면 '나는 학교에 간다'를 '학교에 간다 나는', '학교에 나는 간다'라고 해도 조금 어색할 뿐 이해하는 데 지장이 없지만 베트남어라면 이런 경우 의미를 파악하기가 매우 어렵답니다.

자기에 대해 말하기

제 이름은 투이 린입니다.

Tên tôi là Thùy Linh.

뗀 또이 라 투이 링

제 성은 '김'이고, 이름은 '유나'예요.

Tôi họ Kim, tên là Yu Na.

또이 허 낌, 뗀 라 유 나

저는 호찌민은행에서 일하고 있어요.

Tôi đang làm việc tại ngân hàng Hồ Chí Minh.

또이 당 람 비엑 따이 응언 항 호 찌 밍

저는 하노이대 학생입니다.

Tôi là sinh viên Đại học Hà Nội.

또이 라 씽 비엔 다이 헙 하 노이

저는 한국어를 전공하고 있어요.

Tôi đang học chuyên ngành tiếng Hàn.

또이 당 헙 쭈이엔 응아잉 띠엥 한

저는 한국인이에요.

Tôi là người Hàn Quốc.

또이 라 응으어이 한 꾸옥

개인 신상에 대해 말하기

나이가 어떻게 되세요?

Anh bao nhiêu tuổi ạ?

아잉 바오 니에우 뚜오이 아?

저는 32살입니다.

Tôi 32 tuổi.

또이 바 하이 뚜오이

그는 몇 살인가요?

Anh ấy bao nhiêu tuổi ạ?

아잉 어이 바오 니에우 뚜오이 아?

아들은 몇 살이에요?

Con trai anh mấy tuổi rồi?

껀 짜이 아잉 머이 뚜오이 조이?

저는 미혼입니다.

Tôi chưa kết hôn.

또이 쯔어 껠 혼

저는 기혼입니다.

Tôi đã kết hôn.

또이 다 껠 혼

저는 혼자 살아요.

Tôi sống một mình.

또이 쏭 몯 밍

그는 결혼했어요.

Anh ấy đã kết hôn rồi.

아잉 어이 다 껠 혼 조이

소개하기

제 소개를 하겠습니다.

Tôi xin giới thiệu về mình.
또이 씬 저이 티에우 베 밍

제 소개를 해도 될까요?

Tôi có thể giới thiệu về mình được không?
또이 꺼 테 저이 티에우 베 밍 드억 콩?

린 씨, 흐엉 씨를 아시나요?

Chị Linh ơi, chị có biết chị Hương không?
찌 링 어이, 찌 꺼 비엩 찌 흐엉 콩?

흐엉 씨를 소개해 드릴게요.

Tôi xin giới thiệu chị Hương.
또이 씬 저이 티에우 찌 흐엉

그녀는 제 오랜 친구예요.

Cô ấy là bạn lâu năm của tôi.
꼬 어이 라 반 러우 남 꾸어 또이

여기서 잠깐!
베트남 사람들은 처음 만난 사이에도 나이를 잘 묻습니다. 특히, 나이 차이가 많지 않은 것 같으면 더 그런 편입니다. 이것은 anh, chị, em 등 상대방을 부르는 호칭을 정하기 위해서입니다.

꼭! 짚고 가기

베트남은 다민족 국가

베트남은 54개의 민족이 공존하며 살고 있는 다민족 국가입니다. 54개의 민족 중 Kinh 낑족이 인구의 85% 이상을 차지하여 보통 베트남 사람이라고 하면 낑족을 가리킵니다. 이외에도 Tày 따이, Mường 므엉, Hmông 흐몽 등의 소수 민족이 있으며 대개 이들은 산간 지역에서 살아갑니다. 베트남은 민족 간의 차별을 엄격하게 금지하며 베트남의 헌법에는 아래와 같이 모든 민족의 공존을 위한 조항들이 명시되어 있습니다.

① 베트남 사회주의 공화국은 베트남 영토에서 함께 사는 모든 민족의 통일 국가이다.
② 모든 민족은 평등, 단결, 서로에 대한 존중 및 공동 발전을 위한 지원을 하며 민족을 차별, 분열하는 모든 행위는 엄격하게 금한다.
③ 국가의 언어는 베트남어이다. 각 민족은 언어와 글자를 사용할 권리를 가지며 민족의 특색을 유지하고, 자신의 아름다운 풍속, 습관, 전통과 문화를 발휘한다.

감사하다 ①

감사합니다.

Xin cảm ơn anh.
씬 깜 언 아잉

정말 감사합니다.

Xin chân thành cảm ơn anh.
씬 쩐 타잉 깜 언 아잉

여러모로 감사합니다.

Xin cảm ơn anh vì tất cả.
씬 깜 언 아잉 브이 떧 까

그렇게 말씀해 주시니 감사합니다.

Xin cảm ơn anh vì đã nói
như vậy.
씬 깜 언 아잉 브이 다 너이 니으 버이

당신의 은혜를 평생 잊지 않겠습니다.

Suốt đời tôi sẽ không quên
ơn anh.
쑤옫 더이 또이 쌔 콩 꾸엔 언 아잉

와 주셔서 감사드립니다.

Xin cảm ơn anh vì đã đến.
씬 깜 언 아잉 브이 다 덴

도와주셔서 대단히 감사합니다.

Rất cảm ơn anh vì đã giúp
đỡ.
젇 깜 언 아잉 브이 다 줍 더

감사하다 ②

신경 써 줘서 고마워요.

Cảm ơn anh vì đã quan
tâm.
깜 언 아잉 브이 다 꾸안 떰

초대해 주셔서 감사합니다.

Xin cảm ơn anh vì đã mời
tôi.
씬 깜 언 아잉 브이 다 머이 또이

제게 기회를 주셔서 감사합니다.

Xin cảm ơn anh vì đã cho
tôi cơ hội.
씬 깜 언 아잉 브이 다 쩌 또이 꺼 호이

시간 내 주셔서 감사합니다.

Xin cảm ơn anh vì đã dành
thời gian.
씬 깜 언 아잉 브이 다 자잉 터이 쟌

배려해 주셔서 감사합니다.

Xin cảm ơn anh vì đã chiếu
cố.
씬 깜 언 아잉 브이 다 찌에우 꼬

기다려 줘서 고마워요.

Cảm ơn anh vì đã chờ đợi.
깜 언 아잉 브이 다 쩌 더이

감사 인사에 대한 응답

천만에요.

Không có gì ạ.

콩 꺼 지 아

오히려 내가 고맙지.

Tôi mới phải cảm ơn.

또이 머이 파이 깜 언

별것 아니에요.

Không có gì đâu.

콩 꺼 지 더우

대단한 일도 아닌데요.

Không phải là việc gì to tát
mà.

콩 파이 라 비엑 지 떠 딸 마

언제든지 부탁하세요.

Anh cần giúp gì cứ liên lạc
nhé.

아잉 껀 줍 지 끄 리엔 락 냬

도움이 될 수 있어 기뻐요.

Tôi rất vui vì đã giúp được
anh.

또 젓 부이 브이 다 줍 드억 아잉

과찬이십니다.

Anh cứ quá khen ạ.

아잉 끄 꾸아 캔 아

꼭! 짚고 가기

우리말과 발음이 비슷한 단어

베트남은 한자문화권이자 지리적으로 중국과 국경을 맞대고 있으며, 약 1,000년간 중국의 지배를 받기도 했습니다. 여러 모로 중국 문화의 영향이 남아 있고, 그 영향은 언어에도 고스란히 드러나곤 합니다. 오늘날 베트남어는 로마자로 표기하지만, 역사를 거슬러 올라가면 한자에서 기원했기에 단어의 상당수가 한자로 이루어져 있습니다. 따라서 한자어가 많은 우리말과 발음이 비슷한 베트남어 단어가 많은데요. 우리말과 발음이 비슷한 베트남어 단어를 살펴볼까요?

- 결혼(結婚)   kết hôn 껫 혼
- 경제(經濟)   kinh tế 낑 떼
- 기후(氣候)   khí hậu 키 허우
- 발전(發展)   phát triển 팟 찌엔
- 행복(幸福)   hạnh phúc 하잉 푹

사과하기

잘못 & 실수했을 때 ①

\# 미안합니다. (죄송합니다.)

Tôi xin lỗi.

또이 씬 로이

\# 유감입니다.

Tôi rất lấy làm tiếc.

또이 젇 러이 람 띠엑

\# 번거롭게 해 드려서 죄송합니다.

Xin lỗi vì đã làm phiền anh.

씬 로이 브이 다 람 피엔 아잉

\# 방해해서 죄송합니다.

Xin lỗi vì đã cản trở anh.

씬 로이 브이 다 깐 쩌 아잉

\# 기분 나빴다면 미안해요.

Tôi xin lỗi nếu làm anh khó chịu.

또이 씬 로이 네우 람 아잉 커 찌우

\# 늦어서 죄송합니다.

Xin lỗi vì đã đến muộn.

씬 로이 브이 다 덴 무온

\# 제 잘못이에요.

Tôi đã sai rồi.

또이 다 싸이 조이

\# 죄송해요. 제가 전부 망쳤어요.

Tôi xin lỗi. Tôi đã làm hỏng tất cả.

또이 씬 로이. 또이 다 람 형 떧 까

\# 고의로 그런 건 아니었어요.

Tôi không cố ý làm như vậy.

또이 콩 꼬 이 람 니으 버이

\# 제가 착각했어요.

Tôi đã tưởng lầm.

또이 다 뜨엉 럼

\# 제가 실수했어요.

Tôi đã phạm sai sót.

또이 다 팜 싸이 썯

\# 미안해요. 깜빡 잊어버렸어요.

Tôi xin lỗi. Tôi quên mất.

또이 씬 로이. 또이 꾸엔 멀

---

sai 싸이 잘못하다
cố ý 꼬 이 고의적으로
tưởng lầm 뜨엉 럼 잘못 알다, 잘못 생각하다
sai sót 싸이 썯 잘못, 결점
quên mất 꾸엔 멀 잊다

잘못 & 실수했을 때 ②

\# 미안하다는 말을 하고 싶어요.

Tôi muốn nói lời xin lỗi.

또이 무온 너이 러이 씬 로이

\# 죄송해요. 어쩔 수 없었습니다.

Tôi xin lỗi. Tôi không còn cách nào khác.

또이 씬 로이. 또이 콩 껀 까익 나오 칵

\# 다시 한번 기회를 주세요.

Xin cho tôi một cơ hội nữa.

씬 쩌 또이 못 꺼 호이 느어

\# 그를 너무 비난하지 마세요.

Xin đừng quá lên án anh ấy.

씬 등 꾸아 렌 안 아잉 어이

\# 다시는 이런 일 없을 겁니다.

Tôi sẽ không bao giờ tái phạm nữa.

또이 쌔 콩 바오 저 따이 팜 느어

사과에 대한 대답

\# 괜찮습니다.

Không sao ạ.

콩 싸오 아

\# 저야말로 사과드려야죠.

Tôi mới phải xin lỗi.

또이 머이 파이 씬 로이

\# 걱정 마.

Đừng lo.

등 러

\# 걱정하지 마세요.

Xin đừng lo lắng.

씬 등 러 랑

\# 서로 용서하고 잊어버리자.

Chúng ta hãy tha thứ cho nhau và quên hết đi nhé.

쭝 따 하이 타 트 쩌 냐우 바 꾸엔 헫 디 냬

\# 우리 지난 일은 잊읍시다.

Chúng ta hãy quên chuyện cũ đi.

쭝 따 하이 꾸엔 쭈이엔 꾸 디

잘 알아듣지 못했을 때

양해를 구할 때

잘 안 들려.

Tôi không nghe rõ.

또이 콩 응애 저

뭐라고?

Anh nói gì?

아잉 너이 지?

죄송한데, 잘 안 들립니다.

Xin lỗi, tôi không nghe rõ.

씬 로이, 또이 콩 응애 저

한번 더 말해 주세요.

Xin vui lòng nói lại một lần nữa ạ.

씬 부이 렁 너이 라이 몯 런 느어 아

좀 더 천천히 말해 주세요.

Xin anh nói chậm một chút ạ.

씬 아잉 너이 쩜 몯 쭏 아

좀 더 크게 말해 주세요.

Xin anh nói to một chút ạ.

씬 아잉 너이 떠 몯 쭏 아

죄송해요. 그것을 이해하지 못했어요.

Tôi xin lỗi. Tôi không hiểu.

또이 씬 로이. 또이 콩 히에우

무슨 뜻이죠?

Đó có nghĩa là gì ạ?

더 꺼 응이아 라 지 아?

실례지만, 지나가도 될까요?

Xin lỗi, tôi có thể đi qua được không?

씬 로이, 또이 꺼 테 디 꾸아 드억 콩?

잠시 실례하겠습니다. 곧 돌아오겠습니다.

Tôi xin lỗi một chút. Tôi sẽ quay lại ngay.

또이 씬 로이 몯 쭏. 또이 쌔 꾸아이 라이 응아이

죄송하지만 이만 가 봐야겠어요.

Xin lỗi nhưng tôi phải đi bây giờ.

씬 로이 니응 또이 파이 디 버이 저

잠깐 제 가방 좀 봐 주시겠어요? 금방 돌아올게요.

Anh có thể trông túi cho tôi một lúc được không? Tôi sẽ quay lại ngay.

아잉 꺼 테 쫑 뚜이 쩌 또이 몯 룩 드억 콩? 또이 쌔 꾸아이 라이 응아이

죄송하지만 조금 늦게 도착할 것 같아요.

Xin lỗi nhưng có lẽ tôi sẽ đến muộn một chút.

씬 로이 니응 꺼 래 또이 쌔 덴 무온 몯 쭏

46

긍정적으로 대답할 때

물론이죠!

Tất nhiên rồi!

떹 니엔 조이!

알겠습니다.

Tôi hiểu rồi.

또이 히에우 조이

기꺼이 하죠.

Tôi rất sẵn lòng.

또이 젇 싼 렁

문제없습니다.

Không có vấn đề gì ạ.

콩 꺼 번 데 지 아

좋아요!

Tốt!

똗!

맞아요.

Đúng rồi.

둥 조이

꼭! 짚고 가기

행운의 숫자 9, 불운의 숫자 3

베트남에서는 좋은 숫자를 'số đẹp 쏘 댑 (예쁜 숫자)'이라고 부르며, 중요한 날짜나 번호를 정할 때 좋은 숫자로 맞추기 위해 애씁니다. 자신의 생년월일과 태어난 시각을 입력하면 그에 맞는 휴대폰 번호를 추천해 주는 웹 사이트가 있을 정도입니다. 이렇게 숫자에 대해 신경 쓰는 베트남인들은 어떤 숫자를 좋아하고, 또 어떤 숫자를 싫어할까요?

베트남에서 숫자 9는 땅과 하늘의 완전함을 상징하며, 어떤 수와 곱해도 그 곱한 수를 이루는 각 자리의 수를 모두 더하면 다시 9가 나오기 때문에 행운을 가져오는 완벽한 숫자라고 여겨집니다.

반면, 숫자 3은 불운한 숫자로 여겨 'Chở đi ngày bảy, chở về ngày ba 쩌 디 응아이 바이, 쩌 베 응아이 바(7일에 가지 말고, 3일에 돌아오지 마라)'라는 속담이 있을 정도입니다. 3을 불운한 숫자로 여기게 된 이유 중 하나는 농업과 관련이 있습니다. 예전에 베트남에서 음력 3월은 일반적으로 식량이 부족한 달이었기에 근심이 많을 수밖에 없었다고 합니다. 이러한 상황이 사람들의 심리에 영향을 끼쳐 숫자 3을 불운하다고 여기게 되었다고 해요.

부정적으로 대답할 때

전혀 모르겠어요.

Tôi không biết gì hết.

또이 콩 비엗 지 헫

아무것도 아니에요.

Chả là cái gì cả.

짜 라 까이 지 까

아직이에요.

Vẫn chưa ạ.

번 쯔어 아

물론 아니죠!

Tất nhiên là không rồi!

떧 니엔 라 콩 조이!

말도 안 돼요!

Không thể thế được!

콩 테 테 드억!

그럴 기분 아니에요.

Tôi không có tâm trạng làm việc đó.

또이 콩 꺼 떰 짱 람 비엑 더

저는 해결할 수 없어요.

Tôi không thể giải quyết được.

또이 콩 테 자이 꾸이엗 드억

완곡히 거절할 때

죄송하지만 전 못하겠어요.

Xin lỗi nhưng tôi không thể làm được.

씬 로이 니응 또이 콩 테 람 드억

전 그렇게 생각하지 않아요.

Tôi không nghĩ như vậy.

또이 콩 응이 니으 버이

제가 할 수 없을 것 같은데요.

Có lẽ tôi không thể làm được.

꺼 래 또이 콩 테 람 드억

미안해요. 지금은 좀 어려울 것 같아요.

Tôi xin lỗi. Bây giờ hơi khó.

또이 씬 로이. 버이 저 허이 커

다시 생각해 보는 게 나을 것 같아요.

Có lẽ anh nên suy nghĩ lại thì tốt hơn.

꺼 래 아잉 넨 쑤이 응이 라이 티 똗 헌

생각 좀 해 볼게요.

Tôi sẽ thử cân nhắc.

또이 쌔 트 껀 냑

suy nghĩ 쑤이 응이 생각하다
cân nhắc 껀 냑 감안하다, 고려하다

기타 대답

아마도.

Có thể.
꺼 테

아마 그럴 거야.

Có vẻ như vậy.
꺼 배 니으 버이

경우에 따라 다르지.

Mỗi lúc một khác chứ.
모이 룩 몯 칵 쯔

믿을 수 없어.

Không thể tin được.
콩 테 띤 드억

이해하겠어요?

Anh hiểu không?
아잉 히에우 콩?

장난치지 마!

Đừng có đùa!
등 꺼 두어!

다음에 다시 이야기해요.

Nói chuyện này sau đi.
너이 쭈이엔 나이 싸우 디

꼭! 짚고 가기

날짜 표기법

베트남어로 날짜를 쓰는 순서는 아래와 같이 '일 → 월 → 연도' 순입니다.

· 2025년 5월 1일
→ ngày 1 tháng 5 năm 2025
응아이 몽 몯, 탕 남,
남 하이 응인 콩 짬 하이 므어이 람

이 때 숫자는 '연도, 월, 일'을 나타내는 단어 뒤에 써야 합니다. 단어 앞에 쓰면 기간을 나타내게 됩니다.
예를 들어 'Tháng 3 탕 바'는 '3월'을, '3 tháng 바 탕'은 '3개월'을 나타냅니다.

베트남어로 1월부터 12월까지는 아래와 같습니다.

· 1월 Tháng một 탕 몯
· 2월 Tháng hai 탕 하이
· 3월 Tháng ba 탕 바
· 4월 Tháng tư 탕 뜨
· 5월 Tháng năm 탕 남
· 6월 Tháng sáu 탕 싸우
· 7월 Tháng bảy 탕 바이
· 8월 Tháng tám 탕 땀
· 9월 Tháng chín 탕 찐
· 10월 Tháng mười 탕 므어이
· 11월 Tháng mười một 탕 므어이 몯
· 12월 Tháng mười hai 탕 므어이 하이

맞장구칠 때	맞장구치지 않을 때

맞아요.

Đúng thế.

둥 테

저도요.

Tôi cũng thế.

또이 꿍 테

그게 바로 제가 말하려던 거예요.

Tôi cũng đang định nói như thế.

또이 꿍 당 딩 너이 니으 테

좋은 생각이에요.

Ý kiến hay đấy.

이 끼엔 하이 더이

동의합니다.

Tôi đồng ý.

또이 동 이

그렇고말고요.

Chắc chắn rồi.

짝 짠 조이

당연하죠.

Đương nhiên rồi.

드엉 니엔 조이

Tất nhiên rồi.

떧 니엔 조이

그래요?

Thế à?

테 아?

별로 좋은 생각 같진 않아요.

Có vẻ đó không phải là ý kiến hay.

꺼 배 더 콩 파이 라 이 끼엔 하이

잘 모르겠어요.

Tôi không biết.

또이 콩 비엗

그럴 수도 있죠.

Cũng có thể như thế.

꿍 꺼 테 니으 테

그게 항상 옳다고 할 수는 없죠.

Điều đó không phải lúc nào cũng đúng.

디에우 더 콩 파이 룩 나오 꿍 둥

저는 좀 생각이 달라요.

Tôi nghĩ khác một chút.

또이 응이 칵 몯 쭏

정말 그렇게 생각하세요?

Anh thực sự nghĩ như vậy sao?

아잉 특 쓰 응이 니으 버이 싸오?

반대할 때

반대합니다!
Tôi phản đối!
또이 판 도이!

말도 안 되는 소리 하지 마.
Đừng có nói câu vô lý như thế.
등 꺼 너이 꺼우 보 리 니으 테

당신에게 동의하지 않아요.
Tôi không đồng ý với anh.
또이 콩 동 이 버이 아잉

그 계획에 반대합니다.
Tôi phản đối kế hoạch đó.
또이 판 도이 께 호아익 더

저는 그 의견을 지지하지 않아요.
Tôi không tán thành ý kiến đó.
또이 콩 딴 타잉 이 끼엔 더

당신의 의견은 이 계획에 부합하지 않은 것 같네요.
Ý kiến của anh có vẻ không phù hợp với kế hoạch này.
이 끼엔 꾸어 아잉 꺼 배 콩 푸 헙 버이 께 호아익 나이

phản đối 판 도이 반대하다
vô lý 보 리 불합리한, 비논리적인
đồng ý 동 이 동의하다
tán thành 딴 타잉 찬성하다, 승인
phù hợp 푸 헙 부합하다, 일치하다

베트남어 표기법의 역사

베트남어는 한자의 영향을 받았으나 현재는 로마자로 표기하고 있습니다. 왜, 언제부터 그렇게 되었는지 베트남어 표기법의 역사를 살펴볼게요.

16세기 서양의 국가들이 아시아를 침략할 무렵, 베트남에도 선교사들이 당도하게 됩니다. 선교사들은 효과적인 포교를 위해 언어의 장벽을 넘을 필요성을 느꼈고, 라틴어를 토대로 한 베트남어 표기법을 고안했답니다. 이 자료들을 기반으로 프랑스인 신부 알렉산드로 드 로드(Alexandre de Rhodes)는 1651년 로마에서 베트남어·포르투갈어·라틴어의 대역사전 등을 편찬하였는데, 당시 베트남에서는 주로 한자를 사용했기 때문에 알렉산드로 드 로드의 표기법은 보편화되지 못했습니다. 이후 프랑스가 베트남을 식민지로 삼으면서 효과적인 통치를 위해 교육 개혁을 주장했는데, 이 정책에 따라 로마자로 된 베트남어를 사용하도록 하였고, 점차 현재와 같은 베트남어 표기법이 정착됐습니다.

주의를 줄 때 ①

조심해!

Cẩn thận đấy!

껀 턴 더이!

차 조심해!

Cẩn thận ô tô!

껀 턴 오 또!

앞에 조심해!

Cẩn thận phía trước!

껀 턴 피어 쯔억!

조용히 좀 해 주세요.

Xin giữ trật tự.

씬 즈 쩔 뜨

시끄러워요.

Ồn ào quá.

온 아오 꾸아

너무 서두르지 마세요.

Xin đừng quá vội vàng.

씬 등 꾸아 보이 방

서둘러! 시간이 얼마 없어.

Nhanh lên! Không còn nhiều thời gian đâu.

냐잉 렌! 콩 껀 니에우 터이 잔 더우

cẩn thận 껀 턴 조심성 있는, 조심히
ồn ào 온 아오 시끄러운
nhanh lên 냐잉 렌 빨리, 얼른

주의를 줄 때 ②

거짓말하지 마.

Đừng có nói dối.

등 꺼 너이 조이

장난치지 마.

Đừng có đùa.

등 꺼 두어

제발 나 좀 귀찮게 하지 마.

Làm ơn đừng làm phiền tôi.

람 언 등 람 피엔 또이

역에서 소매치기를 조심하세요.

Xin hãy cẩn thận móc túi ở ga tàu.

씬 하이 껀 턴 멉 뚜이 어 가 따우

반려동물은 출입 금지입니다.

Không được phép mang thú cưng vào.

콩 드억 팹 망 투 끙 바오

여긴 주차 금지 구역이에요.

Đây là khu vực cấm đỗ xe.

더이 라 쿠 븍 껌 도 쌔

여기서 잠깐!
주의를 주는 표현
① cấm 껌 + 동사 : '강한 금지'를 나타내는 표현
• cấm ra vào 껌 자 바오 출입 금지
② không được 콩 드억 + 동사 : ~하면 안 된다
• Không được làm ồn. 콩 드억 람 온 떠들면 안 된다.
③ đừng 등 + 동사 : ~하지 마라, ~해서는 안 된다
• Đừng lo. 등 러 걱정하지 마.

충고할 때 ①

최선을 다해라.

Hãy làm hết sức mình đi.

하이 람 헫 쓱 밍 디

이 말 명심해.

Hãy ghi nhớ điều này.

하이 기 녀 디에우 나이

신중하게 행동해.

Hãy hành động thận trọng.

하이 하잉 동 턴 쩡

무엇이든 꾸준히 하는 게 중요해.

Dù làm gì đi chăng nữa
cũng cần làm đều đặn.

주 람 지 디 짱 느어 꿍 껀 람 데우 단

시간을 중요하게 생각하렴.

Hãy biết quý trọng thời
gian.

하이 비엗 꾸이 쩡 터이 잔

절대 포기하지 마.

Tuyệt đối đừng bỏ cuộc.

뚜이엗 도이 등 버 꾸옥

여기서 잠깐!

가벼운 명령이나 청유형

hãy 하이+동사 : ~하자, ~합시다, ~하세요

• Chúng ta hãy cùng xem phim.

쭝 따 하이 꿍 쌤 핌 우리 같이 영화 보자.

• Hãy ăn nữa đi. 하이 안 느어 디 더 드세요.

충고할 때 ②

새로운 일을 시도하는 걸 주저하지 마.

Đừng ngại thử sức với công
việc mới.

등 응아이 트 쓱 버이 꽁 비엑 머이

앞으로 더 좋은 기회가 있을 거야.

Sau này sẽ còn có cơ hội
tốt hơn.

싸우 나이 쌔 껀 꺼 꺼 호이 똗 헌

계속 열심히 해.

Tiếp tục cố gắng nhé.

띠엡 뚝 꼬 강 내

너무 기대하지 마.

Đừng kỳ vọng quá.

등 끼 벙 꾸아

실수를 두려워하지 마.

Đừng sợ làm sai.

등 써 람 싸이

틈틈이 쉬는 게 좋아.

Thỉnh thoảng nên nghỉ ngơi
một chút.

팅 토앙 넨 응이 응어이 몯 쭏

항상 침착하게 행동해.

Hãy luôn luôn hành động
một cách bình tĩnh.

하이 루온 루온 하잉 동 몯 까익 빙 띵

존경

저는 그 선생님을 존경해요.

Tôi kính trọng thầy/cô ấy.

또이 낑 쩡 터이/꼬 어이

많은 이들이 그를 존경해요.

Rất nhiều người kính trọng anh ấy.

젇 니에우 응으어이 낑 쩡 아잉 어이

너 정말 대단하다.

Anh giỏi thật đấy.

아잉 저이 털 더이

너는 성공할 만해.

Anh xứng đáng thành công.

아잉 씅 당 타잉 꽁

우린 그에게 배울 점이 많아요.

Chúng ta có nhiều điểm cần học hỏi anh ấy.

쭝 따 꺼 니에우 디엠 껀 헙 허이 아잉 어이

그 사람처럼 되고 싶어요.

Tôi cũng muốn được giống như anh ấy.

또이 꿍 무온 드억 종 니으 아잉 어이

당신 같은 사람을 알게 되어 영광입니다.

Tôi rất vinh dự khi được quen biết người như anh.

또이 젇 빙 즈 키 드억 꾸앤 비엩 응으어이 니으 아잉

칭찬

잘했어!

Giỏi lắm!

저이 람!

훌륭해!

Tuyệt lắm!

뚜이엗 람!

굉장해요!

Tốt lắm!

똗 람!

멋져요!

Khá lắm!

카 람!

잘하셨습니다.

Anh đã làm rất tốt.

아잉 다 람 젇 똗

진짜 예쁘다!

Xinh thật đấy!

씽 털 더이!

너 오늘 멋있는데!

Hôm nay anh khá lắm!

홈 나이 아잉 카 람!

너한테 정말 잘 어울려!

Rất hợp với anh!

젇 헙 버이 아잉!

격려

기운 내!

Phấn chấn lên!
펀 쩐 렌!

행운을 빌어.

Chúc may mắn.
쭉 마이 만

포기하지 마.

Đừng bỏ cuộc.
등 버 꾸옥

자신감을 가져.

Tự tin lên.
뜨 띤 렌

난 항상 네 편이야.

Tôi lúc nào cũng đứng về phía anh.
또이 룩 나오 꿍 등 베 피어 아잉

좋은 결과가 있을 거야.

Kết quả sẽ tốt thôi.
껠 꾸아 쌔 똗 토이

너무 걱정하지 마.

Đừng lo lắng quá.
등 러 랑 꾸아

꼭! 짚고 가기

대문자를 써야 하는 경우

베트남어는 로마자 표기법을 사용하기에 대문자와 소문자를 구별합니다. 말하거나 읽을 때는 큰 상관이 없을지 몰라도, 베트남어를 써야 할 때 대문자 사용 여부가 헷갈릴 수 있어요. 베트남어에서 대문자를 사용해야 하는 경우를 간단히 살펴볼까요?

1. 문장의 첫 글자
- **T**ôi đang ăn cơm. 또이 당 안 껌
  저는 밥을 먹고 있어요.

2. 고유명사의 첫 글자
① 이름
베트남 사람의 이름은
'성-중간 이름-끝이름'으로 나뉘어요.
성과 이름의 맨 앞글자는 모두
대문자로 기재합니다.
- **N**guyễn **P**hú **T**rọng (○)
  Nguyễn phú trọng (×)

② 국가명 및 지명
각 음절 앞 글자를 모두 대문자로
기재합니다.
- **H**à **N**ội (○), Hà nội (×)
- **V**iệt **N**am (○), Việt nam (×)

부탁

도와주세요!

Xin hãy giúp tôi với!

씬 하이 줍 또이 버이!

좀 부탁드려도 될까요?

Tôi nhờ một chút được không?

또이 녀 몯 쭏 드억 콩?

좀 도와주실 수 있나요?

Xin giúp tôi một chút được không?

씬 줍 또이 몯 쭏 드억 콩?

전화 좀 써도 될까요?

Tôi có thể sử dụng điện thoại một chút được không?

또이 꺼 테 쓰 중 디엔 토아이 몯 쭏 드억 콩?

창문 좀 닫아 주세요.

Xin làm ơn đóng cửa sổ lại.

씬 람 언 덩 끄어 쏘 라이

저와 같이 이것 좀 들어 주실래요?

Anh có thể khênh cùng tôi được không?

아잉 꺼 테 케잉 꿍 또이 드억 콩?

저 좀 학교까지 태워다 주실래요?

Anh có thể đưa tôi đến trường được không?

아잉 꺼 테 드어 또이 덴 쯔엉 드억 콩?

재촉

서둘러!

Nhanh lên!

냐잉 렌!

어서 출발합시다.

Chúng ta xuất phát thôi.

쭝 따 쑤얻 팓 토이

제가 지금 좀 급합니다.

Bây giờ tôi hơi vội một chút.

버이 저 또이 허이 보이 몯 쭏

기한이 내일까지예요.

Hạn cuối là ngày mai.

한 꾸오이 라 응아이 마이

다 되어 가요?

Sắp xong chưa ạ?

쌉 썽 쯔어 아?

바로 올 수 있어?

Có thể đến luôn không?

꺼 테 덴 루온 콩?

우리 지금 시간이 없어요.

Bây giờ chúng ta không có thời gian.

버이 저 쭝 따 콩 꺼 터이 잔

긍정적 추측

그럴 줄 알았어.

Biết ngay mà.
비엗 응아이 마

잘될 거예요.

Mọi chuyện sẽ tốt cả thôi.
머이 쭈이엔 쌔 똗 까 토이

그는 좋은 사람 같아요.

Anh ấy có vẻ là người tốt.
아잉 어이 꺼 배 라 응으어이 똗

당신은 꼭 성공할 거라고 생각해요.

Tôi nghĩ rằng anh chắc chắn sẽ thành công.
또이 응이 장 아잉 짝 짠 쌔 타잉 꽁

충분히 가능해요.

Hoàn toàn có thể được.
호안 또안 꺼 테 드억

꼭! 짚고 가기

호찌민의 옛 이름, 사이공

호찌민시(Thành phố Hồ Chí Minh 타잉 포 호 찌 밍)는 베트남 경제의 중심이자 인구가 가장 많은 도시입니다. 8백만 명이 넘는 인구가 거주하고 있기 때문에 항상 북적북적하고 생기가 넘치며 베트남이 통일되기 전, 남베트남의 수도이기도 했습니다. 현재 호찌민시의 지역은 원래 크메르인(캄보디아의 주요 민족)이 살던 곳이었습니다. 베트남의 응우옌(Nguyễn) 왕조가 이주 정책을 실시하면서 베트남 사람들이 이 지역에 거주하기 시작했고, 프랑스가 통치하던 시절부터 Sài Gòn 싸이 공으로 불렸습니다. 이후 빠르게 발전하면서 사이공을 '동양의 작은 파리'라고 칭하기도 했습니다. 지금도 호찌민시에 가면 프랑스풍의 건물들이 남아 있어서 다소 이국적인 분위기를 느낄 수 있지요.

베트남이 통일된 이후 '사이공'이라는 도시명은 지금의 '호찌민'이라는 이름으로 바뀌었습니다. 평생 조국 독립과 해방을 위해 살았던 베트남의 초대 주석인 호찌민의 이름을 딴 것인데요. 주석의 이름과 구분하기 위해서, 호찌민시를 표기할 땐 앞에 'Thành phố(도시 타잉 포)'를 붙여요.

부정적 추측

예감이 좋지 않아요.

Tôi có linh cảm không tốt.

또이 꺼 링 깜 콩 똗

그가 거짓말한 것 같아요.

Có vẻ anh ấy nói dối.

꺼 배 아잉 어이 너이 조이

시험에 떨어질 것 같아요.

Có vẻ tôi sẽ thi trượt.

꺼 배 또이 쌔 티 쯔얻

확실히 말하기는 어려워요.

Rất khó để nói chắc chắn.

젇 커 데 너이 짝 짠

가능성이 거의 없어요.

Gần như không thể.

건 니으 콩 테

불가능해요.

Không thể được.

콩 테 드억

동정

참 안됐군요.

Thật đáng tiếc.

턷 당 띠엑

정말 유감입니다.

Tôi rất lấy làm tiếc.

또이 젇 러이 람 띠엑

너무 실망하지 마세요.

Xin đừng quá thất vọng.

씬 등 꾸아 턷 벙

운이 나빴을 뿐이에요.

Chỉ là do không may thôi.

찌 라 저 콩 마이 토이

다음엔 잘될 거예요.

Lần sau sẽ được thôi.

런 싸우 쌔 드억 토이

더 좋은 기회가 있을 거예요.

Sẽ còn có cơ hội tốt hơn.

쌔 껀 꺼 꺼 호이 똗 헌

tiếc 띠엑 후회하다, 아쉬워하다, 유감스러운
thất vọng 턷 벙 실망한
không may 콩 마이 불운한, 불행한
cơ hội 꺼 호이 기회

비난

창피한 줄 알아요!

Hãy biết xấu hổ!
하이 비엗 써우 호!

제정신이야?

Anh có tỉnh táo không đấy?
아잉 꺼 띵 따오 콩 더이?

바보 같아!

Đồ ngốc!
도 응옵!

유치하게 굴지 마.

Đừng có trẻ con như thế.
등 꺼 째 껀 니으 테

정말 아무것도 모르겠어?

Anh thực sự không biết gì sao?
아잉 특 쓰 콩 비엗 지 싸오?

너 정말 뻔뻔하다.

Anh thật trơ trẽn.
아잉 턷 쩌 쩬

xấu hổ 써우 호 부끄러워하다
ngốc 응옵 멍청한, 어리석은
trẻ con 째 껀 어린이, 유아의, 유치한
trơ trẽn 쩌 쩬 뻔뻔한, 염치없는

꼭! 짚고 가기

자존심이 강한 베트남 사람들

베트남 사람들은 민족적 자존심이 강하다고 알려져 있습니다. 그 이유로 베트남의 역사를 살펴보면, 조금쯤 고개가 끄덕여질지도 몰라요.

베트남의 역사는 전쟁과 투쟁의 역사라고 봐도 무방하답니다. 중국으로부터 약 1,000년이라는(B.C 111~A.D 938) 오랜 기간 동안 지배를 받았어요. 이 기간 동안 베트남 민족은 중국으로부터 독립하기 위해 끊임없는 항전을 치렀습니다. 근대와 현대에는 프랑스의 식민 지배를 받기도 했고, 미국과 긴 전쟁을 치르기도 했습니다. 하지만 이 과정에서 베트남 사람들은 민족성을 잃지 않고 꿋꿋이 독립을 쟁취해 냈으며, 절대 굴하지 않고 승리를 거머쥐었습니다. 베트남은 미국에게 처음으로 패배를 안겨 준 나라이기도 하죠.

따라서 베트남에서 일을 하거나 베트남 사람들과 인간관계를 맺을 땐 본의 아니게 자존심을 건드리지 않도록 각별히 유의해야 해요. 특히 명령조로 이야기하거나 다른 사람들 앞에서 면박을 주는 언행은 금물이랍니다.

Chương 02

사소한 일상에서도!

Chương 02

Nhà 냐 집

phòng 펑 n. 방	giường 즈엉 n. 침대	gối 고이 n. 베개
	đồng hồ 동 호 n. 시계	đèn 댄 n. 램프, 전등
phòng bếp 펑 벱 n. 부엌	tủ lạnh 뚜 라잉 n. 냉장고	lò nướng 러 느엉 n. 오븐
	bếp ga 벱 가 n. 가스레인지	lò vi sóng 러 브이 썽 n. 전자레인지
	bàn 반 n. 식탁, 탁자	ghế 게 n. 의자
phòng tắm 펑 땀 n. 욕실	rửa 즈어 v. 씻다	tắm 땀 v. 목욕하다
	bồn rửa mặt 본 즈어 맏 n. 세면대	vòi nước 버이 느억 n. 수도꼭지
	phòng vệ sinh 펑 베 씽 n. 화장실	bồn cầu 본 꺼우 n. 변기
	thùng rác 퉁 작 n. 쓰레기통	máy giặt 마이 잗 n. 세탁기

thức ăn 특 안 n. 음식	thịt 틷 n. 고기	thịt bò 틷 버 n. 쇠고기
	thịt lợn 틷 런 n. 돼지고기	thịt gà 틷 가 n. 닭고기
	gạo 가오 n. 쌀	phở 퍼 n. 쌀국수
hải sản 하이 싼 n. 해산물	cá 까 n. 생선, 물고기	mực 믁 n. 오징어
	tôm 똠 n. 새우	ngao 응아오 n. 조개
rau 자우 n. 채소	hành tây 하잉 떠이 n. 양파	tỏi 떠이 n. 마늘
	bắp cải 밥 까이 n. 양배추	cà tím 까 띰 n. 가지
	giá đỗ 자 도 n. 숙주	cà chua 까 쭈어 n. 토마토

일어나기 ①

일어날 시간이야!

Đến giờ dậy rồi!

덴 저 저이 조이!

일어났니?

Em đã dậy chưa?

앰 다 저이 쯔어?

빨리 일어나! 늦겠어.

Mau dậy đi! Em sẽ bị muộn mất.

마우 저이 디! 앰 쌔 비 무온 멀

막 일어났어요.

Tôi vừa mới dậy.

또이 브어 머이 저이

보통 몇 시에 일어나니?

Thông thường em dậy lúc mấy giờ?

통 트엉 앰 저이 룩 머이 저?

아침 6시에 일어나.

Em dậy lúc 6 giờ sáng.

앰 저이 룩 싸우 저 쌍

이런! 늦잠을 잤네.

Trời ơi! Ngủ dậy muộn thế.

쩌이 어이! 응우 저이 무온 테

일어나기 ②

왜 나 안 깨웠어?

Tại sao không gọi anh dậy?

따이 싸오 콩 거이 아잉 저이?

더 자고 싶어요.

Em muốn ngủ thêm.

앰 무온 응우 템

내일 아침에 일찍 깨워 주세요.

Mai em gọi anh dậy sớm nhé.

마이 앰 거이 아잉 저이 썸 내

알람이 있어야 깰 수 있어요.

Phải có báo thức thì em mới dậy được.

파이 꺼 바오 특 티 앰 머이 저이 드억

알람 소리를 못 들었어요.

Em đã không nghe thấy tiếng chuông báo thức.

앰 다 콩 응애 터이 띠엥 쭈옹 바오 특

일어나기가 힘들어요.

(침대에서 벗어나기가 힘들다.)

Khó ra khỏi giường quá.

커 자 커이 즈엉 꾸아

---

dậy 저이 (잠자리에서) 일어나다
ngủ dậy muộn 응우 저이 무온 늦잠 자다

gọi dậy 거이 저이 잠을 깨우다
báo thức 바오 특 알람
ra khỏi giường 자 커이 즈엉 침대에서 나오다

씻기

\# 손부터 씻으렴.

Hãy rửa tay trước đã.
하이 즈어 따이 쯔억 다

\# 이 닦고 세수했어요.

Tôi đã đánh răng và rửa mặt rồi.
또이 다 다잉 장 바 즈어 맡 조이

\# 오늘 정말 씻기 싫다.

Hôm nay tôi thực sự không muốn tắm.
홈 나이 또이 특 쓰 콩 무온 땀

\# 잠을 깨려면 세수를 해야겠어.

Anh phải rửa mặt cho tỉnh ngủ mới được.
아잉 파이 즈어 맡 쩌 띵 응우 머이 드억

\# 저는 매일 자기 전에 샤워를 해요.

Hàng ngày tôi đều tắm trước khi ngủ.
항 응아이 또이 데우 땀 쯔억 키 응우

\# 운동을 하고 나면 샤워를 해요.

Tập thể dục xong thì anh đi tắm đi.
떱 테 죽 썽 티 아잉 디 땀 디

\# 저는 보통 머리는 아침에 감아요.

Tôi thường gội đầu vào buổi sáng.
또이 트엉 고이 더우 바오 부오이 쌍

꼭! 짚고 가기

아침은 외식!

베트남 사람들은 아침 식사를 주로 밖에서 사 먹는 편이어서, 이른 아침 노점과 식당은 손님맞이로 매우 바쁩니다. 베트남 사람들이 아침 식사로 주로 먹는 음식은 무엇일까요?

· **bánh mì** 바잉 미
우리나라에 '반미 샌드위치'라고 알려진 베트남식 샌드위치입니다. 베트남식 바게트를 갈라서 그 안에 채소와 계란, 소시지, 고기 등을 넣으며, 주재료에 따라, 계란이 들어가면 bánh mì trứng 바잉 미 쫑, 구운 고기가 들어가면 bánh mì thịt nướng 바잉 미 틷 느엉이라고 합니다. 베트남식 바게트는 쌀가루를 섞어 만들기 때문에, 겉은 바삭하고 속은 부드럽습니다.

· **xôi** 쏘이
찹쌀로 짓는 밥으로 든든한 한 끼 아침 식사로 충분합니다. xôi lạc 쏘이 락 (땅콩 찹쌀밥), xôi đỗ đen 쏘이 도 댄(검은콩 찹쌀밥), xôi đỗ xanh 쏘이 도 싸잉 (녹두 찹쌀밥) 등이 있습니다.

· **phở** 퍼
쌀국수로 부드러운 면과 따뜻한 국물, 고기가 들어간 한 그릇은 아침 식사로 제격입니다. 소고기 쌀국수는 phở bò 퍼 버, 닭고기 쌀국수는 phở gà 퍼 가고 합니다.

· **bánh cuốn** 바잉 꾸온
쌀가루 반죽을 아주 얇고 부드럽게 쪄낸 다음 목이버섯, 고기 등을 잘게 썰어 넣고 돌돌 말아 소스에 찍어 먹는 음식입니다. 아침 식사로 부담 없이 먹기 좋습니다.

식사

우리 뭐 먹을까?

Chúng ta ăn gì nhỉ?

쭝 따 안 지 니?

아침은 꼭 먹는 게 좋아요.

Luôn luôn phải ăn sáng mới được.

루온 루온 파이 안 쌍 머이 드억

남기지 말고 다 먹어.

Hãy ăn hết đừng bỏ thừa cái gì.

하이 안 헫 등 버 트어 까이 지

배고프니?

Em đói bụng à?

앰 더이 붕 아?

밥 먹자!

Ăn cơm thôi!

안 껌 토이!

밥 더 줄까?

Anh lấy thêm cơm cho em nhé?

아잉 러이 템 껌 쩌 앰 내?

피자 시킬까?

Gọi pizza nhé?

거이 삐 자 내?

다 먹었어?

Em ăn hết rồi à?

앰 안 헫 조이 아?

옷 입기 & 화장하기

전 화장을 하고 옷을 입어요.

Tôi trang điểm rồi mới mặc quần áo.

또이 짱 디엠 조이 머이 막 꾸언 아오

화장하는 데 얼마나 걸려?

Em trang điểm hết bao lâu?

앰 짱 디엠 헫 바오 러우?

저는 화장하는 데 시간이 오래 걸려요.

Tôi trang điểm mất khá nhiều thời gian.

또이 짱 디엠 먿 카 니에우 터이 잔

오늘은 뭘 입지?

Hôm nay mặc gì nhỉ?

홈 나이 막 지 니?

남 씨는 파란색 넥타이를 했어요.

Anh Nam đeo cà vạt màu xanh da trời.

아잉 남 대오 까 받 마우 싸잉 자 쩌이

흐엉 씨는 분홍색 원피스를 입었어요.

Chị Hương mặc đầm màu hồng.

찌 흐엉 막 덤 마우 홍

너는 화장 안 해도 예뻐.

Em không trang điểm cũng đẹp.

앰 콩 짱 디엠 꿍 댑

TV 보기

오늘 TV에서 뭐 하지?

Hôm nay TV chiếu gì nhỉ?

홈 나이 띠 브이 찌에우 지 니?

어떤 프로그램을 제일 좋아해요?

Anh thích chương trình nào nhất?

아잉 틱 쯔엉 찡 나오 녇?

채널 좀 바꾸자.

Chúng ta đổi sang kênh khác đi.

쭝 따 도이 쌍 께잉 칵 디

리모컨 좀 주세요.

Làm ơn đưa hộ tôi cái điều khiển từ xa.

람 언 드어 호 또이 까이 디에우 키엔 뜨 싸

TV 볼륨 좀 줄여 주세요.

Làm ơn vặn nhỏ âm lượng TV xuống.

람 언 반 녀 엄 르엉 띠 브이 쑤옹

8시 뉴스 할 시간이에요.

Bây giờ là lúc phát thời sự 8 giờ.

버이 저 라 룩 퐅 터이 쓰 땀 저

자기 전에 TV를 꼭 끄렴.

Hãy nhớ tắt TV trước khi ngủ.

하이 녀 딷 띠 브이 쯔억 키 응우

꼭! 짚고 가기

소박한 베트남 가정식

베트남의 일반적인 가정에서는 어떤 메뉴로 식사를 할까요? 예전에는 베트남에서 식사 시간이란 온 가족이 모이는 중요한 일과였어요. 하지만 우리나라와 마찬가지로 현대 사회에 접어들며 식사 시간의 의미라든지 한 끼 식사의 구성도 많이 달라졌답니다. 그럼에도 불구하고 베트남의 가정에서 여전히 가장 기본적인 상차림은 어떤 모습일까요?

베트남의 일반적인 식사는 밥과 국, 메인 반찬 하나, 채소 반찬 하나, 여기에 필요에 따라 액젓 소스인 nước mắm 느억 맘을 비롯한 소스가 곁들여집니다. 경우에 따라 반찬이 몇 가지 추가될 수는 있지만 기본적으로 위에서 설명한 구성이 기본 상차림이라고 볼 수 있습니다.

국은 주로 채소나 생선, 고기 등을 넣고 끓이며 종류는 매우 다양합니다. 메인 반찬으로는 단백질이나 지방을 보충할 수 있는 생선이나 고기를 내고, 채소는 데치거나 볶음 요리로 만듭니다. 이렇게 만든 밥과 국, 반찬들을 큰 그릇에 담아 식탁 가운데에 두고 각자 개인 접시에 덜어 먹습니다.

잠자리 들기

보통 몇 시에 자니?

Thông thường em ngủ lúc mấy giờ?

통 트엉 앰 응우 룩 머이 저?

잘 시간이야.

Bây giờ là giờ đi ngủ.

버이 저 라 저 디 응우

난 이제 자러 갈게.

Bây giờ anh đi ngủ đây.

버이 저 아잉 디 응우 더이

아직 안 자? 벌써 12시가 넘었어.

Em vẫn chưa ngủ à? Đã hơn 12 giờ rồi.

앰 번 쯔어 응우 아? 다 헌 므어이 하이 저 조이

불 좀 꺼 주세요.

Làm ơn tắt đèn hộ tôi.

람 언 딸 댄 호 또이

어제는 일찍 잠들었어요.

Hôm qua tôi đã đi ngủ sớm.

홈 꾸아 또이 다 디 응우 썸

자기 싫어요.

Tôi không muốn đi ngủ.

또이 콩 무온 디 응우

졸려 죽겠어요.

Tôi buồn ngủ chết mất.

또이 부온 응우 쩯 멀

잠버릇

저는 항상 늦게 자요.

Tôi luôn luôn ngủ muộn.

또이 루온 루온 응우 무온

람 씨는 밤새도록 코를 골아요.

Anh Lam ngáy cả đêm.

아잉 람 응아이 까 뎀

저는 가끔 잠꼬대를 해요.

Tôi thỉnh thoảng nói mơ.

또이 팅 토앙 너이 머

그는 잘 때 이를 갈아요.

Anh ấy nghiến răng khi ngủ.

아잉 어이 응이엔 장 키 응우

제 딸은 인형 없이는 잠을 못 자요.

Con gái tôi không ngủ được nếu không có búp bê.

껀 가이 또이 콩 응우 드억 네우 콩 꺼 붑 베

그는 항상 자면서 뒤척여요.

Anh ấy hay cựa quậy khi ngủ.

아잉 어이 하이 끄어 꾸어이 키 응우

ngủ 응우 자다
ngáy 응아이 코골다
nói mơ(nói mớ) 너이 머(너이 머) 잠꼬대를 하다
nghiến răng 응이엔 장 이를 갈다

숙면

지난밤에는 푹 잤어요.

Đêm qua tôi đã ngủ rất
ngon.
뎀 꾸아 또이 다 응우 젇 응언

주말엔 부족한 잠을 보충해야 해요.

Cuối tuần tôi phải ngủ bù.
꾸오이 뚜언 또이 파이 응우 부

잠을 잘 못 잤니?

Em ngủ không ngon à?
앰 응우 콩 응언 아?

저는 불면증이 있어요.

Tôi bị chứng mất ngủ.
또이 비 쯩 멀 응우

커피를 많이 마셨더니 잠이 안 와요.

Tôi uống nhiều cà phê quá
nên không buồn ngủ.
또이 우옹 니에우 까 페 꾸아 넨 콩 부온 응우

잘 잤는데도 피곤하네요.

Tôi ngủ ngon nhưng vẫn
thấy mệt.
또이 응우 응언 니응 번 터이 멛

피로를 푸는 가장 좋은 방법은
숙면이에요.

Cách tốt nhất để giảm mệt
mỏi là ngủ sâu giấc.
까익 똗 녇 데 잠 멛 머이 라 응우 써우 적

꿈

잘 자요!

Chúc ngủ ngon!
쭉 응우 응언!

좋은 꿈 꿔!

Mơ đẹp nhé!
머 댑 내!

어제 이상한 꿈을 꿨어.

Hôm qua em đã mơ một
giấc mơ kỳ lạ.
홈 꾸아 앰 다 머 몯 적 머 끼 라

매일 밤 악몽을 꿔요.

Hàng ngày tôi đều mơ thấy
ác mộng.
항 응아이 또이 데우 머 터이 악 몽

내 꿈에 네가 나왔어.

Em đã hiện ra trong giấc
mơ của anh.
앰 다 히엔 자 쩡 적 머 꾸어 아잉

지난 밤에 무슨 꿈을 꾼 것 같은데
기억을 못 하겠네.

Đêm qua tôi mơ gì đó mà
không thể nhớ ra.
뎀 꾸아 또 머 지 더 마 콩 테 녀 자

좋은 꿈을 꿔서 기분이 좋아.

Em thấy vui vì đã mơ giấc
mơ đẹp.
앰 터이 부이 브이 다 머 적 머 댑

화장실 사용

화장실이 어디죠?

Nhà vệ sinh ở đâu ạ?

냐 베 씽 어 더우 아?

화장실 좀 다녀올게.

Anh đi nhà vệ sinh một chút.

아잉 디 냐 베 씽 몯 쭏

화장실에 있었어요.

Tôi đã ở trong nhà vệ sinh.

또이 다 어 쩡 냐 베 씽

화장실에 누구 있나요?

Có ai trong nhà vệ sinh à?

꺼 아이 쩡 냐 베 씽 아?

변기가 막혔어요.

Bồn cầu bị tắc rồi.

본 꺼우 비 딱 조이

세면대에 물이 안 나와요.

Bồn rửa mặt không có nước.

본 즈어 맏 콩 꺼 느억

화장실 에티켓

사용한 휴지는 휴지통에 넣어 주세요.

Hãy vứt giấy vệ sinh đã dùng vào thùng rác.

하이 븓 저이 베 씽 다 중 바오 퉁 작

화장실 변기에 아무것도 버리지 마세요.

Xin đừng vứt gì xuống bồn cầu.

씬 등 븓 지 쑤옹 본 꺼우

변기 물 내리는 거 잊지 마세요.

Xin đừng quên gạt nước bồn cầu.

씬 등 꾸엔 갇 느억 본 꺼우

화장지를 아껴 씁시다.

Hãy tiết kiệm giấy vệ sinh.

하이 띠엗 끼엠 저이 베 씽

나갈 때 불을 꺼 주세요.

Hãy tắt đèn khi đi ra ngoài.

하이 딷 댄 키 디 자 응오아이

화장실에서는 금연입니다.

Cấm hút thuốc trong nhà vệ sinh.

껌 훋 투옥 쩡 냐 베 씽

욕실에서

\# 난 매일 샤워를 해요.

Tôi tắm hàng ngày.
또이 땀 항 응아이

\# 욕실 좀 써도 될까요?

Tôi có thể dùng phòng tắm một chút không?
또이 꺼 테 중 펑 땀 몯 쭏 콩?

\# 아침에는 머리 감을 시간이 없어서 주로 저녁에 감아요.

Tôi không có thời gian gội đầu vào buổi sáng nên thường gội vào buổi tối.
또이 콩 꺼 터이 잔 고이 더우 바오 부오이 쌍 넨 트엉 고이 바오 부오이 또이

\# 샤워하는 데 얼마나 걸려요?

Anh tắm mất bao lâu?
아잉 땀 먿 바오 러우?

\# 넌 샤워를 너무 오래 해.

Em tắm lâu quá.
앰 땀 러우 꾸아

\# 더울 땐 샤워를 하면 좀 시원해져요.

Đi tắm khi trời nóng sẽ thấy mát hơn một chút đấy.
디 땀 키 쩌이 넝 쌔 터이 맏 헌 몯 쭏 더이

꼭! 짚고 가기

목욕용품

각종 목욕용품을 베트남어로 알아볼게요.

- 샴푸
  dầu gội đầu 저우 고이 더우
- 드라이 샴푸
  dầu gội khô 저우 고이 코
- 린스
  dầu xả 저우 싸
- 헤어 오일
  dầu dưỡng tóc 저우 즈엉 떱
- 바디샤워
  sữa tắm 쓰어 땀
- 폼클렌징
  sữa rửa mặt 쓰어 즈어 맏
- 스크럽(각질 제거제)
  kem tẩy tế bào chết
  깸 떠이 떼 바오 쩯
- 비누
  xà phòng 싸 펑, xà bông 싸 봉
- 칫솔
  bàn chải đánh răng 반 짜이 다잉 장
- 치약
  kem đánh răng 깸 다잉 장
- 손 세정제
  nước rửa tay 느억 즈어 따이
- 면도기
  dao cạo râu 자오 까오 저우
- 면도 크림
  kem cạo râu 깸 까오 저우
- 수건
  khăn tắm 칸 땀
- 면봉
  bông ráy tai 봉 자이 따이
- 바디로션
  sữa dưỡng thể 쓰어 즈엉 테

거실에서

거실에서 음악을 들어요.

Tôi nghe nhạc trong phòng khách.

또이 응애 냑 쩡 펑 카익

온 가족이 거실에서 TV를 보고 있어요.

Cả nhà đang xem ti vi trong phòng khách.

까 냐 당 쌤 띠 브이 쩡 펑 카익

거실에는 소파가 있어요.

Trong phòng khách có ghế sô pha.

쩡 펑 카익 꺼 게 쏘 파

나는 거실에서 쉬는 걸 좋아해요.

Tôi thích nghỉ ngơi ở phòng khách.

또이 틱 응이 응어이 어 펑 카익

우리집 강아지는 거실에서 자요.

Chó của nhà tôi ngủ ở phòng khách.

쩌 꾸어 냐 또이 응우 어 펑 카익

부엌에서

설거지 좀 도와드릴까요?

Tôi phụ giúp rửa bát nhé?

또이 푸 줍 즈어 받 내?

주로 요리는 제가 하고 설거지는 남편이 해요.

Tôi thường nấu ăn còn chồng rửa bát.

또이 트엉 너우 안 껀 쭝 즈어 받

전자레인지 좀 써도 될까요?

Tôi có thể sử dụng lò vi sóng được không?

또이 꺼 테 쓰 중 러 브이 썽 드억 콩?

냉장고에 넣기 전 과일과 채소를 씻어야 하나요?

Có phải rửa hoa quả và rau trước khi cho vào tủ lạnh không?

꺼 파이 즈어 호아 꾸아 바 자우 쯔억 키 쩌 바오 뚜 라잉 콩?

국자를 찾는 중이에요.

Tôi đang tìm cái muôi.

또이 당 띰 까이 무오이

프라이팬을 크기별로 정리했어요.

Tôi đã sắp xếp chảo rán theo kích thước.

또이 다 쌉 쎕 짜오 잔 태오 끽 트억

요리 준비

저녁 식사를 준비 중이에요.

Tôi đang chuẩn bị bữa tối.
또이 당 쭈언 비 브어 또이

10분 후면 저녁이 준비될 거예요.

10 phút nữa bữa tối sẽ được chuẩn bị xong.
므어이 풋 느어 브어 또이 쌔 드억 쭈언 비 썽

오늘 저녁 메뉴는 뭐예요?

Menu của tối nay là gì thế?
메 뉴 꾸어 또이 나이 라 지 테?

저녁 식사 때 뭐 먹고 싶어요?

Anh muốn ăn gì vào bữa tối?
아잉 무온 안 지 바오 브어 또이?

곧 점심 식사 준비할게요. 조금만 기다려요.

Bữa trưa sắp được chuẩn bị xong. Anh chờ một chút nhé.
브어 쯔어 쌉 드억 쭈언 비 썽. 아잉 쩌 몯 쭏 내

빠르게 만들 수 있는 요리는 뭔가요?

Có món nào có thể làm nhanh không nhỉ?
꺼 먼 나오 꺼 테 람 나잉 콩 니?

꼭! 짚고 가기

조리법 관련 단어

조리법과 관련된 단어를 알아 두면, 베트남 식당에서 메뉴를 고르기가 더 쉬워집니다. 예를 들어 mì xào 미 싸오는 볶음면 요리 인데, xào 싸오가 바로 '볶다'를 의미한답니다. 또 tôm nướng 똠 느엉은 구운 새 우 요리인데, nướng 느엉은 '굽다'라는 뜻 이에요.
조리법을 나타내는 여러 가지 단어를 알 아볼까요?

- 섞다   trộn 쫀
- 익히다   nấu chín 너우 찐
- 굽다   nướng 느엉
- 끓이다   đun sôi 둔 쏘이
- 삶다   luộc 루옥
- 튀기다   rán 잔
- 졸이다   kho 커
- 볶다   xào 싸오
- 찌다   hấp 헙

요리하기	냉장고
# 감자를 4등분하세요.	# 냉장고에 먹을 것이 있어요.
Hãy chia khoai tây làm 4 phần. 하이 찌어 코아이 떠이 람 본 펀	**Có đồ ăn trong tủ lạnh.** 꺼 도 안 쩡 뚜 라잉
# 생선을 오븐에 구울 거예요.	# 냉장고가 텅텅 비었어요.
Tôi sẽ nướng cá bằng lò. 또이 쌔 느엉 까 방 러	**Tủ lạnh trống rỗng rồi.** 뚜 라잉 쫑 종 조이
# 우리 어머니는 맛있는 찌개 요리법을 알고 계세요.	# 냉장고가 꽉 차서 더 넣을 공간이 없어요.
Mẹ tôi biết cách nấu canh ngon. 매 또이 비엩 까익 너우 까잉 응언	**Tủ lạnh đã đầy nên không thể để thêm vào được nữa.** 뚜 라잉 다 더이 넨 콩 테 데 템 바오 드억 느어
# 숙주는 살짝 데치면 맛이 더 좋아요.	# 냉장고에 생선 냄새가 심하게 난다.
Giá đỗ nhúng qua sẽ rất ngon. 자 도 늉 꾸아 쌔 젇 응언	**Trong tủ lạnh đầy mùi cá.** 쩡 뚜 라잉 더이 무이 까
# 한 시간 동안 약불에 끓여야 해요.	# 우리 냉장고 정리 좀 해야겠어.
Anh phải đun 1 tiếng trong lửa nhỏ. 아잉 파이 둔 몯 띠엥 쩡 르어 녀	**Chúng ta phải dọn dẹp tủ lạnh một chút mới được.** 쭝 따 파이 전 잽 뚜 라잉 몯 쭏 머이 드억
# 고기를 해동했어요.	# 얼음은 냉동고에 있어.
Tôi đã giã đông thịt. 또이 다 자 동 틷	**Có đá trong tủ lạnh.** 꺼 다 쩡 뚜 라잉
# 고기를 다져 주세요.	# 냉장고에 유통 기한이 지난 음식들이 많아.
Hãy băm thịt cho tôi. 하이 밤 틷 쩌 또이	**Trong tủ lạnh có rất nhiều đồ ăn đã quá hạn sử dụng.** 쩡 뚜 라잉 꺼 젇 니에우 도 안 다 꾸아 한 쓰 중

식탁에서

자리에 앉아요.

Hãy ngồi vào chỗ.

하이 응오이 바오 쪼

맛있어 보여요.

Trông có vẻ ngon.

쫑 꺼 배 응언

맛있어요.

Ngon.

응언

정말 맛있어요.

Rất ngon.

젇 응언

배고파서 속이 쓰려요. (엄청 배고파요.)

Tôi đói cồn cào.

또이 더이 꼰 까오

제게 음식 좀 건네 주시겠어요?

Anh có thể đưa hộ tôi món
đó được không?

아잉 꺼 테 드어 호 또이 먼 더 드억 콩?

정말 맛있게 잘 먹었어요.

Tôi đã ăn rất ngon miệng.

또이 다 안 젇 응언 미엥

식사 예절

입에 음식을 넣은 채 말하지 마라.

Đừng vừa ăn vừa nói.

등 브어 안 브어 너이

다 먹은 접시는 싱크대에 두세요.

Làm ơn để đĩa đã ăn xong
ra chậu rửa bát.

람 언 데 디어 다 안 썽 자 쩌우 즈어 받

식탁에 팔꿈치를 올리면 안 된다.

Không được để khuỷu tay
lên bàn ăn.

콩 드억 데 키우 따이 렌 반 안

돌아다니면서 먹지 말아라.

Đừng vừa ăn vừa đi.

등 브어 안 브어 디

꼭꼭 씹어 먹어라.

Hãy nhai kỹ rồi nuốt.

하이 냐이 끼 조이 누옫

자리에서 먼저 일어나도 될까요?

Tôi có thể đứng dậy trước
được không?

또이 꺼 테 등 저이 쯔억 드억 콩?

음식을 남기지 말고 다 먹도록 해.

Hãy ăn hết chứ đừng bỏ lại
thức ăn.

하이 안 헫 쯔 등 버 라이 특 안

설거지

식탁 좀 치워 줄래요?

Anh có thể dọn bàn ăn hộ
tôi không?

아잉 꺼 테 전 반 안 호 또이 콩?

그릇을 싱크대에 넣어 주세요.

Hãy mang bát ra chậu rửa
bát.

하이 망 받 자 쩌우 즈어 받

설거지는 내가 할게요.

Tôi sẽ rửa bát.

또이 쌔 즈어 받

당신이 요리했으니까 설거지는 내가
할게.

Vì anh đã nấu ăn nên tôi sẽ
rửa bát.

브이 아잉 다 너우 안 녠 또이 쌔 즈어 받

아무래도 식기세척기를 쓰는 게
낫겠어요.

Dù gì chăng nữa thì sử
dụng máy rửa bát vẫn hơn.

주 지 짱 느어 티 쓰 중 마이 즈어 받 번 헌

괜찮으면 내가 설거지를 하는 동안
청소기 밀어 줄래요?

Nếu được anh có thể hút
bụi trong lúc tôi rửa bát
được không?

네우 드억 아잉 꺼 테 훝 부이 쩡 룩 또이 즈어
받 드억 콩?

위생

식사 전에 손을 비누로 깨끗이 씻으세요.

Hãy rửa tay sạch bằng xà
phòng trước khi ăn.

하이 즈어 따이 싸익 방 싸 펑 쯔억 키 안

그들은 위생 관념이 없어요.

Họ không có khái niệm về
vệ sinh.

허 콩 꺼 카이 니엠 베 베 씽

그녀는 위생 문제에 민감해요.

Cô ấy nhạy cảm về vấn đề
vệ sinh.

꼬 어이 냐이 깜 베 번 데 베 씽

그녀는 지나치게 청결에 집착해요.

Cô ấy bị ám ảnh về vấn đề
sạch sẽ.

꼬 어이 비 암 아잉 베 번 데 싸익 쌔

어떻게 하면 사무실을 청결하게 유지할
수 있을까요?

Phải làm thế nào để giữ gìn
văn phòng sạch sẽ nhỉ?

파이 람 테 나오 데 즈 진 반 펑 싸익 쌔 니?

세탁

오늘은 빨래를 해야 해.

Hôm nay tôi phải giặt quần
áo.

홈 나이 또이 파이 잗 꾸언 아오

빨래가 산더미야.

Đồ giặt chất cao như núi.

도 잗 쩓 까오 니으 누이

빨래 좀 널어 주세요.

Làm ơn phơi quần áo hộ tôi.

람 언 퍼이 꾸언 아오 호 또이

빨래 좀 걷어 줄래요?

Anh giúp em thu quần áo
vào được không?

아잉 줍 앰 투 꾸언 아오 바오 드억 콩?

이 옷은 반드시 드라이클리닝해야 돼요.

Cái áo này phải giặt khô.

까이 아오 나이 파이 잗 코

셔츠 좀 다려 주세요.

Làm ơn là áo sơ mi hộ tôi.

람 언 라 아오 써 미 호 또이

다림질하다가 손을 데었어요.

Tôi bị bỏng tay trong lúc là
quần áo.

또이 비 벙 따이 쩡 룩 라 꾸언 아오

청소

방이 너무 더러워. 좀 치워야겠다.

Phòng bẩn quá. Phải dọn
dẹp mới được.

펑 번 꾸아. 파이 전 잽 머이 드억

청소기를 돌려야겠어.

Chắc phải đẩy qua máy hút
bụi một lượt mới được.

짝 파이 더이 꾸아 마이 훝 부이 몯 르얻 머이
드억

창문 좀 닦아 줄래?

Em có thể lau cửa sổ hộ
anh được không?

앰 꺼 테 라우 끄어 쏘 호 아잉 드억 콩?

화장실 청소 좀 도와줘.

Em giúp anh lau dọn nhà vệ
sinh với.

앰 줍 아잉 라우 전 냐 베 씽 버이

거실 좀 걸레로 닦아 주세요.

Hãy lau phòng khách bằng
giẻ lau cho tôi nhé.

하이 라우 펑 카익 방 재 라우 쩌 또이 내

바닥을 빗자루로 쓸어 줘.

Hãy quét sàn bằng chổi cho
tôi.

하이 꾸앧 싼 방 쪼이 쩌 또이

분리수거

쓰레기 좀 버려 줄래요?

Em có thể đi đổ rác hộ anh được không?

앰 꺼 테 디 도 작 호 아잉 드억 콩?

재활용 쓰레기는 어디에 버려야 하나요?

Phải bỏ rác tái chế ở đâu ạ?

파이 버 작 따이 쩨 어 더우 아?

재활용 쓰레기는 분리해서 버려야 해요.

Anh phải phân loại rác tái chế rồi mới được bỏ đi.

아잉 파이 펀 로아이 작 따이 쩨 조이 머이 드억 버 디

일반 쓰레기는 어디에 버려요?

Bỏ rác thải thường ở đâu ạ?

버 작 타이 트엉 어 더우 아?

음식물 쓰레기 좀 버려 줘.

Hãy bỏ rác thải thức ăn đi cho tôi.

하이 버 작 타이 특 안 디 쩌 또이

베트남은 분리수거를 시행 중이에요.

Việt Nam đang thực hiện phân loại rác.

비엗 남 당 특 히엔 펀 로아이 작

집 꾸미기

전 집 꾸미기를 좋아해요.

Tôi thích trang trí nhà cửa.

또이 틱 짱 찌 냐 끄어

아이들을 위해 수납장을 구입했어요.

Tôi đã mua tủ cho bọn trẻ.

또이 다 무어 뚜 쩌 번 째

이 벽에 어울리는 색깔이 뭐가 있을까요?

Màu nào thì phù hợp với bức tường này?

마우 나오 티 푸 헙 버이 븍 뜨엉 나이?

저는 인테리어나 가구 디자인에 관심이 많아요.

Tôi có quan tâm tới thiết kế nội thất và đồ đạc.

또이 꺼 꾸안 떰 떠이 티엗 께 노이 턷 바 도 닥

벽에 페인트 칠을 새로 해야겠어요.

Chắc tôi phải sơn lại tường.

짝 또이 파이 썬 라이 뜨엉

선반을 수리해야 해요.

Tôi phải sửa giá để đồ.

또이 파이 쓰어 자 데 도

새 커튼이 벽 색깔과 어울리지 않아.

Rèm mới không hợp với màu tường.

잼 머이 콩 헙 버이 마우 뜨엉

초대하기

\# 내일 시간 있니?

Ngày mai em có thời gian không?

응아이 마이 앰 꺼 터이 잔 콩?

\# 우리 집으로 저녁 먹으러 오지 않을래?

Em đến nhà chúng tôi ăn tối nhé?

앰 덴 냐 쭝 또이 안 또이 내?

\# 나랑 같이 점심 먹을래?

Em đi ăn trưa với anh nhé?

앰 디 안 쯔어 버이 아잉 내?

\# 이번 주말에 무슨 계획 있니?

Cuối tuần này em có kế hoạch gì không?

꾸오이 뚜언 나이 앰 꺼 께 호아익 지 콩?

\# 몇 시에 만날까?

Mấy giờ chúng ta gặp nhau?

머이 저 쭝 따 갑 나우?

\# 출발할 때 미리 전화 줘.

Khi nào em xuất phát thì gọi cho anh nhé.

키 나오 앰 쑤얻 팓 티 거이 쩌 아잉 내

\# 늦지 말고 시간을 꼭 엄수해 주세요.

Đừng đến muộn mà hãy giữ đúng thời gian.

등 덴 무온 마 하이 즈 둥 터이 잔

꼭! 짚고 가기

베트남의 분리수거

우리나라의 쓰레기 처리 정책과 효과는 세계적인 모범 사례로 손꼽힙니다. 그렇다면 베트남의 쓰레기 처리 정책은 어떨까요? 베트남 정부에서는 효과적인 폐기물 처리와 분리수거를 위한 정책들을 강화하고 있지만, 여전히 많은 도전 과제를 안고 있습니다. 쓰레기를 처리할 수 있는 시스템이 충분히 구축되지 않았고, 분리수거에 대한 시민들의 인식도 낮은 편입니다. 베트남은 쓰레기 종량제 봉투가 별도로 없기 때문에 대부분의 가정에서는 일반 봉투에 쓰레기를 구분 없이 넣어 버립니다. 아파트의 경우는 각 층의 복도 한쪽에 쓰레기통이 마련되어 있고, 일반 주택가는 대문 밖에 쓰레기를 모아 두는 것이 일반적입니다.

이에 베트남 정부는 각 지방자치단체에 2024년 말까지 생활 폐기물을 재활용 폐기물, 유기성 폐기물(음식물 쓰레기), 기타 폐기물로 분류하여 배출할 것을 지시했습니다. 또한 2025년 1월부터 분리수거를 실시하지 않을 경우 벌금이 부과하겠다는 정책을 발표하였습니다. 이러한 노력을 통하여 베트남에도 분리수거 제도가 정착될 수 있을지에 많은 관심이 모입니다.

방문하기

몇 시에 가면 되나요?

Mấy giờ tôi đến thì được ạ?

머이 저 또이 뗀 티 드억 아?

초대해 주셔서 감사합니다.

Cảm ơn anh đã mời tôi.

깜 언 아잉 다 머이 또이

디저트를 가져왔어요.

Tôi đã mang đồ ăn nhẹ tới.

또이 다 망 도 안 내 떠이

내가 가져갈 것 뭐 있어요?

Có cần tôi mang gì đến không?

꺼 껀 또이 망 지 뗀 콩?

마실 것 좀 줄까?

Anh lấy đồ uống cho em nhé?

아잉 러이 도 우옹 쩌 앰 내?

약속 잡기

이번 주말에 나랑 영화 보러 갈래?

Cuối tuần này em đi xem phim với anh không?

꾸오이 뚜언 나이 앰 디 쌤 핌 버이 아잉 콩?

우리 어디서 만날까?

Chúng ta gặp nhau ở đâu?

쭝 따 갑 나우 어 더우?

흐엉도 부를까?

Gọi cả Hương nhé?

거이 까 흐엉 내?

난 주말 저녁에는 다 좋아.

Buổi tối cuối tuần mình đều rảnh.

부오이 또이 꾸오이 뚜언 밍 데우 자잉

흐엉에게 전화해 볼게.

Mình sẽ gọi cho Hương.

밍 쌔 거이 쩌 흐엉

이번 주는 안 되는데, 다음 주는 어떠니?

Tuần này thì không được vậy tuần sau thì thế nào?

뚜언 나이 티 콩 드억 버이 뚜언 싸우 티 테 나오?

영화 보기 전에 뭘 좀 먹었으면 좋겠어.

Em muốn ăn cái gì đó trước khi xem phim.

앰 무온 안 까이 지 더 쯔억 키 쌤 핌

안부 묻기

그동안 어떻게 지냈어?

Thời gian qua em thế nào?
터이 잔 꾸아 앰 테 나오?

너 람 소식 들었니?

Em có nghe tin gì về Lam không?
앰 꺼 응애 띤 지 베 람 콩?

영국에 유학 갔다는 소식은 들었어.

Mình nghe nói em ấy đã đi du học Anh.
밍 응애 너이 앰 어이 다 디 주 헙 아잉

무슨 일 있어? 안색이 안 좋아 보여.

Có chuyện gì vậy? Trông sắc mặt của em không tốt.
꺼 쭈이엔 지 버이? 쫑 싹 맡 꾸어 앰 콩 똗

하는 일은 어때? 잘되어 가?

Công việc của em thế nào? Có ổn không?
꽁 비엑 꾸어 앰 테 나오? 꺼 온 콩?

다이어트 중이니? 살 빠진 것 같아.

Em đang ăn kiêng à? Em có vẻ sút cân đấy.
앰 당 안 끼엥 아? 앰 꺼 배 쑫 껀 더이

일상 대화

네 말도 일리가 있어.

Em nói cũng có lý.
앰 너이 꿍 꺼 리

일 때문에 스트레스가 너무 심해.

Tôi bị căng thẳng vì công việc.
또이 비 깡 탕 브이 꽁 비엑

힘들어도 견뎌야지 뭐.

Dù vất vả cũng phải cố thôi.
주 벋 바 꿍 파이 꼬 토이

그건 말이 안 돼.

Không thể có chuyện đó được.
콩 테 꺼 쭈이엔 더 드억

이번 주 토요일에 흐엉이랑 만나기로 했는데. 올래?

Thứ bảy tuần này mình đã hẹn gặp Hương, cậu có đến không?
트 바이 뚜언 나이 밍 다 핸 갑 흐엉, 꺼우 꺼 덴 콩?

음… 나 흐엉이랑 별로 안 친해.

Ờ… Tớ không thân với Hương lắm.
어… 떠 콩 턴 버이 흐엉 람

sắc mặt 싹 맡 안색
ăn kiêng 안 끼엥 다이어트하다
sút cân 쑫 껀 체중이 줄다

헤어질 때

너 오늘 집에 몇 시에 들어갈 거야?

Hôm nay mấy giờ em sẽ về
nhà?

홈 나이 머이 저 앰 쌔 베 냐?

오늘은 집에 일찍 들어가야 할 것
같아요.

Hôm nay có lẽ tôi phải về
sớm.

홈 나이 꺼 래 또이 파이 베 썸

택시 타고 가려고. 같이 갈래?

Anh định đi tắc xi. Em có đi
cùng không?

아잉 딩 디 딱 씨. 앰 꺼 디 꿍 콩?

내 오토바이 타고 가자.

Đi bằng xe máy của mình đi.

디 방 쌔 마이 꾸어 밍 디

피곤하다. 난 이만 가 볼게.

Mệt quá. Mình về đây.

멛 꾸아. 밍 베 더이

조만간 또 만나자.

Hẹn sớm gặp lại.

핸 썸 갑 라이

운전하기 ①

운전 법규를 지켜야 해요.

Anh phải tuân thủ luật giao
thông.

아잉 파이 뚜언 투 루얻 자오 통

규정 속도를 지키세요.

Xin hãy tuân thủ tốc độ quy
định.

씬 하이 뚜언 투 똡 도 꾸이 딩

경적을 울리면 안 돼요.

Anh không được phép bóp
còi.

아잉 콩 드억 팹 법 꺼이

가벼운 접촉 사고가 있었어요.

Tôi đã bị tai nạn va chạm
nhỏ.

또이 다 비 따이 난 바 짬 녀

그는 운전을 아주 잘해요.

Anh ấy lái xe rất giỏi.

아잉 어이 라이 쌔 젇 저이

그는 운전을 난폭하게 해요.

Anh ấy lái xe rất ẩu.

아잉 어이 라이 쌔 젇 어우

차를 운전할 땐 안전벨트를 꼭 매야 해.

Em phải thắt dây an toàn
khi lái ô tô nhé.

앰 파이 탇 저이 안 또안 키 라이 오 또 내

운전하기 ②

너무 빠르잖아. 속도 좀 줄여.

Anh chạy xe nhanh quá.
Hãy giảm tốc độ xuống một
chút.

아잉 짜이 쌔 냐잉 꾸아. 하이 잠 똡 도 쑤옹
못 쭏

갑자기 오토바이가 끼어들어서 사고가
날 뻔했어요.

Chiếc xe máy đột ngột lách
vào nên xuýt nữa thì xảy ra
tai nạn.

찌엑 쌔 마이 돋 응옫 라익 바오 넨 쑤읻 느어 티
싸이 자 따이 난

오토바이를 탈 때는 헬멧 착용이
의무입니다.

Đội mũ bảo hiểm khi lái xe
máy là bắt buộc.

도이 무 바오 히엠 키 라이 쌔 마이 라 받 부옥

고속 도로에는 오토바이가 다닐 수
없어요.

Xe máy không được phép đi
trên đường cao tốc.

쌔 마이 콩 드억 팹 디 쩬 드엉 까오 똡

경찰이 음주 운전을 단속하고 있어요.

Cảnh sát đang bắt những
người uống rượu lái xe.

까잉 쌷 당 받 니응 응으어이 우옹 지에우 라이 쌔

주차

주차장은 어디에 있나요?

Bãi đỗ xe ở đâu ạ?

바이 도 쌔 어 더우 아?

건물 뒤에 주차장이 있어요.

Có bãi đỗ xe đằng sau tòa
nhà.

꺼 바이 도 쌔 당 싸우 또아 냐

주차 금지

Cấm đỗ xe

껌 도 쌔

만차입니다.

Hết chỗ đỗ xe rồi ạ.

헫 쪼 도 쌔 조이 아

주차 요금은 얼마인가요?

Tiền gửi xe là bao nhiêu ạ?

띠엔 그이 쌔 라 바오 니에우 아?

오토바이는 어디에 주차할 수 있나요?

Xe máy đỗ ở đâu ạ?

쌔 마이 도 어 더우 아?

저는 집 앞에 오토바이를 주차했어요.

Tôi đã đỗ xe máy trước nhà.

또이 다 도 쌔 마이 쯔억 냐

교통 체증

길이 꽉 막혔어요.

Đường tắc cứng rồi.

드엉 딱 꿍 조이

오늘 교통 체증이 아주 심한데요.

Đường hôm nay tắc quá.

드엉 홈 나이 딱 꾸아

왜 밀리는 거죠?

Sao lại tắc đường thế nhỉ?

싸오 라이 딱 드엉 테 니?

출퇴근 시간에는 항상 막혀요.

Đường luôn luôn tắc vào giờ cao điểm.

드엉 루온 루온 딱 바오 저 까오 디엠

사고가 나서 길이 막혔어요.

Đường tắc vì có tai nạn.

드엉 딱 브이 꺼 따이 난

교통 체증을 피하려면 어떻게 해야 할까요?

Phải làm thế nào để có thể tránh tắc đường?

파이 람 테 나오 데 꺼 테 짜잉 딱 드엉?

호찌민 시내 도로는 혼잡해요.

Đường trong trung tâm thành phố Hồ Chí Minh rất đông xe cộ.

드엉 쩡 쭝 떰 타잉 포 호 찌 밍 젇 동 쌔 꼬

교통 규정 위반

그들은 빨간 신호등을 그냥 지나갔어요.

Họ đã vượt đèn đỏ.

허 다 브얻 댄 더

그는 과속 운전을 했어요.

Anh ấy đã vượt quá tốc độ quy định.

아잉 어이 다 브얻 꾸아 똡 도 꾸이 딩

흐엉은 헬멧을 안 쓰고 오토바이를 탔어요.

Hương đã đi xe máy mà không đội mũ bảo hiểm.

흐엉 다 디 쌔 마이 마 콩 도이 무 바오 히엠

뺑소니 범죄가 점점 늘어나네요.

Ngày càng có nhiều vụ gây tai nạn rồi bỏ trốn.

응아이 깡 꺼 니에우 부 거이 따이 난 조이 버 쫀

음주 운전은 아주 위험해요.

Lái xe sau khi uống rượu là vô cùng nguy hiểm.

라이 쌔 싸우 키 우옹 지에우 라 보 꿍 응우이 히엠

운전 중 전화를 하다가 벌금을 부과받았어요.

Tôi đã bị phạt tiền vì nghe điện thoại trong khi đang lái xe.

또이 다 비 팥 띠엔 브이 응애 디엔 토아이 쩡 키 당 라이 쌔

집 구하기

새 아파트를 구하고 있어요.

Tôi đang tìm chung cư mới.

또이 당 띰 쭝 끄 머이

어느 정도 크기의 집을 찾으세요?

Anh muốn tìm căn nhà rộng bao nhiêu?

아잉 무온 띰 깐 냐 종 바오 니에우?

방 두 개짜리 아파트를 원해요.

Tôi muốn tìm căn chung cư có hai phòng.

또이 무온 띰 깐 쭝 끄 꺼 하이 펑

이 아파트는 방이 몇 개인가요?

Căn chung cư này có mấy phòng?

깐 쭝 끄 나이 꺼 머이 펑?

추천해 주실 집이 있나요?

Anh có căn hộ nào có thể giới thiệu cho tôi không?

아잉 꺼 깐 호 나오 꺼 테 저이 티에우 쩌 또이 콩?

이 집에 관심이 있어요.

Tôi có quan tâm đến căn nhà này.

또이 꺼 꾸안 떰 덴 깐 냐 나이

방문해 보고 싶어요.

Tôi muốn đến thăm.

또이 무온 덴 탐

오토바이 교통 법규 위반 벌금

베트남의 도로는 혼잡하기로 유명합니다. 도로 위에서 경찰이 교통 법규를 위반한 운전자에게 그 자리에서 벌금을 부과하는 모습도 흔히 볼 수 있어요. 베트남의 도로에서 볼 수 있는 오토바이 주요 법규 위반의 내용과 벌금 액수를 알아보도록 할게요. (의정 100호(100/2019/ND-CP) 기준)

• **위반 사항과 벌금**(VNĐ, 베트남동)

① 신호 위반

　800,000 ~ 1,000,000

② 운전 중 휴대전화 사용

　800,000 ~ 1,000,000

③ 헬멧 미착용 혹은

　규정에 적합하지 않은 헬멧 착용

　400,000 ~ 600,000

④ 음주 운전

　2,000,000 ~ 8,000,000

⑤ 속도위반

　(규정 속도보다 5~10km/h 초과 시)

　300,000 ~ 400,000

⑥ 운전면허증 미소지

　100,000 ~ 200,000

이외에도 오토바이를 타고 인도로 주행하거나, 3명 이상 오토바이 탑승, 불법 유턴 등 다양한 위반 규정에 따라 벌금을 부과합니다.

조건 보기

월세는 얼마인가요?

Tiền thuê nhà hàng tháng
là bao nhiêu?

띠엔 투에 냐 항 탕 라 바오 니에우?

보증금을 내야 하나요?

Có phải trả tiền đặt cọc
không ạ?

꺼 파이 짜 띠엔 닫 껍 콩 아?

두 달치 월세분의 보증금을 내야 합니다.

Phải trả tiền đặt cọc bằng
hai tháng tiền nhà.

파이 짜 띠엔 닫 껍 방 하이 탕 띠엔 냐

집세는 언제 내야 하나요?

Bao giờ phải trả tiền thuê
nhà ạ?

바오 저 파이 짜 띠엔 투에 냐 아?

공과금을 따로 내야 하나요?

Tiền điện nước phải trả
riêng ạ?

띠엔 디엔 느억 파이 짜 지엥 아?

인터넷이 포함되어 있나요?

Có bao gồm cả tiền internet
không ạ?

꺼 바오 곰 까 띠엔 인 떠 넫 콩 아?

계약하기

계약하겠어요.

Tôi sẽ ký hợp đồng.

또이 쌔 끼 협 동

이 집으로 하겠어요.

Tôi sẽ chọn căn nhà này.

또이 쌔 쩐 깐 냐 나이

계약할까요?

Chúng ta ký hợp đồng nhé?

쭝 따 끼 협 동 내?

언제 이사 올 수 있으세요?

Khi nào anh có thể chuyển
đến ạ?

키 나오 아잉 꺼 테 쭈이엔 덴 아?

당장 이사 들어가도 될까요?

Có thể chuyển đến ngay
được không ạ?

꺼 테 쭈이엔 덴 응아이 드억 콩 아?

공과금 포함 한 달에 천만 동입니다.

Một tháng mười triệu đồng
bao gồm cả tiền điện nước.

몯 탕 므어이 찌에우 동 바오 곰 까 띠엔 디엔
느억

월세는 매월 1일에 내시면 됩니다.

Tiền nhà trả vào ngày
mồng 1 hàng tháng là được
ạ.

띠엔 냐 짜 바오 응아이 몽 몯 항 탕 라 드억 아

이사 계획

이사할 때가 된 것 같아요.

Có lẽ đã đến lúc chuyển
nhà.

꺼 래 다 덴 룩 쭈이엔 냐

우리는 다음 달에 이사할 계획이에요.

Chúng tôi định chuyển nhà
vào tháng sau.

쭝 또이 딩 쭈이엔 냐 바오 탕 싸우

곧 이사 간다면서요?

Anh nói sắp chuyển nhà
nhỉ?

아잉 너이 쌉 쭈이엔 냐 니?

이사하는 것 때문에 걱정이에요.

Tôi lo lắng vì việc chuyển
nhà.

또이 러 랑 브이 비엑 쭈이엔 냐

이사 가려면 한 달 전에 미리 알려
주셔야 합니다.

Nếu định chuyển đi thì anh
phải báo trước một tháng.

네우 딩 쭈이엔 디 티 아잉 파이 바오 쯔억 몯 탕

국제 이사 업체를 아세요?

Anh có biết công ty chuyển
nhà quốc tế không?

아잉 꺼 비엗 꽁 띠 쭈이엔 냐 꾸옥 떼 콩?

꼭! 짚고 가기

베트남에서 집을 구한다면?

장기 출장이나 여행, 또는 유학으로 베트
남에서 집을 구해야 한다면 어떤 사항을
고려해야 할까요?

보통 외국인이 베트남에서 집을 구할 땐
아파트 혹은 일반 주택의 방 하나를 렌트
하는 형태가 대부분입니다. 베트남에는 우
리나라의 전세와 같은 제도가 없고 월세
또는 매매로만 거래하기 때문에, 베트남에
서 집을 렌트할 경우 대부분 월세를 지불
하게 됩니다.

아파트의 경우 근처 부동산에 가서 물어
보는 것이 가장 빠르고 정확합니다. 부동
산은 계약뿐만 아니라 계약 이후에도 집에
문제가 생기는 경우 주인에게 연락을 취한
다거나, 세입자가 공과금 영수증과 돈을 전
달하면 대신 수납해 주는 등의 업무를 처
리해 주기도 합니다. 보통 2개월 정도의 월
세를 보증금으로 지불하며 1년 단위로 계
약을 합니다. 아파트는 보통 기본적인 가
구를 모두 포함하고 있습니다.

일반 주택에 있는 방을 렌트하고 싶다면
인터넷에서 먼저 정보를 찾아보고 가는 것
을 추천해 드립니다. 베트남의 유명한 온라
인 부동산 플랫폼인 Nhà tốt 냐 똗의 사이
트에 들어가면 지역과 가격대별로 다양한
매물을 살펴볼 수 있기 때문에 시간을 아
낄 수 있습니다.

이사하기

이삿짐은 다 쌌어요?

Anh đã đóng gói đồ đạc xong chưa?

아잉 다 덩 거이 도 닥 썽 쯔어?

이사 가기 위해 짐을 싸야 해요.

Tôi phải đóng gói đồ đạc để chuyển nhà.

또이 파이 덩 거이 도 닥 데 쭈이엔 냐

이삿짐 센터에 맡겼어요.

Tôi đã thuê trung tâm chuyển nhà.

또이 다 투에 쭝 떰 쭈이엔 냐

이사할 때 도움이 필요하면 말해. 도와줄게.

Khi chuyển nhà em cần giúp đỡ gì thì cứ nói. Anh sẽ giúp.

키 쭈이엔 냐 앰 껀 줍 더 지 티 끄 너이. 아잉 쌔 줍

깨지기 쉬운 물건은 잘 포장했어요?

Anh đã đóng gói cẩn thận các đồ dễ vỡ chưa?

아잉 다 덩 거이 껀 턴 깍 도 제 버 쯔어?

저 혼자 이삿짐을 다 쌌어요.

Tôi đã một mình đóng gói tất cả đồ đạc chuyển nhà.

또이 다 몯 밍 덩 거이 떧 까 도 닥 쭈이엔 냐

이사 비용

이사 비용 때문에 걱정이에요.

Tôi đang lo vì chi phí chuyển nhà.

또이 당 러 브이 찌 피 쭈이엔 냐

이사 관련 비용은 얼마나 들어요?

Chi phí chuyển nhà hết bao nhiêu?

찌 피 쭈이엔 냐 헫 바오 니에우?

4인 가족이 하노이에서 호찌민으로 이사 가는 데 비용이 얼마나 드나요?

Gia đình 4 người chuyển nhà từ Hà Nội đến thành phố Hồ Chí Mình thì hết bao nhiêu ạ?

자 딩 본 응으어이 쭈이엔 냐 뜨 하 노이 덴 타잉 포 호 찌 밍 티 헫 바오 니에우 아?

이삿짐 업체는 비용이 어느 정도 하나요?

Chuyển nhà qua công ty thì chi phí hết khoảng bao nhiêu?

쭈이엔 냐 꾸아 꽁 띠 티 찌 피 헫 코앙 바오 니에우?

옮기는 짐의 양에 따라 가격이 달라져요.

Giá cả tùy theo lượng đồ đạc vận chuyển.

자 까 뚜이 태오 르엉 도 닥 번 쭈이엔

전화를 걸 때

여보세요!

Alô!

알로!

나 란이야.

Tớ là Lan đây.

떠 라 란 더이

안녕하세요. 저 후이인데요. 흐엉 있어요?

Xin chào. Tôi là Huy.
Có Hương ở đó không ạ?

씬 짜오. 또이 라 후이. 꺼 흐엉 어 더 콩 아?

후이 씨와 통화하고 싶어요.

Tôi muốn nói chuyện với
anh Huy.

또이 무온 너이 쭈이엔 버이 아잉 후이

지금 통화 괜찮으세요?

Bây giờ anh có thể nói
chuyện điện thoại được
không?

버이 저 아잉 꺼 테 너이 쭈이엔 디엔 토아이
드억 콩?

늦게 전화드려서 죄송합니다.

Xin lỗi vì gọi điện thoại
muộn.

씬 로이 브이 거이 디엔 토아이 무온

전화를 받을 때

누구세요?

Ai đấy ạ?

아이 더이 아?

네, 접니다.

Vâng, tôi đây.

벙, 또이 더이

네, 전화 받았습니다. 말씀하세요.

Vâng, tôi nghe. Anh nói đi.

벙, 또이 응애. 아잉 너이 디

좀 더 크게 말해 줄래요?

Anh có thể nói to hơn một
chút được không?

아잉 꺼 테 너이 떠 헌 몯 쭏 드억 콩?

좀 천천히 말씀해 주시겠어요?

Anh có thể nói chậm hơn
một chút được không?

아잉 꺼 테 너이 쩜 헌 몯 쭏 드억 콩?

무슨 일 때문이시죠?

Có chuyện gì vậy ạ?

꺼 쭈이엔 지 버이 아?

저는 김 사장님의 비서입니다.

Tôi là thư ký của giám đốc
Kim.

또이 라 트 끼 꾸어 잠 돕 낌

전화를 바꿔 줄 때

잠시만요.

Xin chờ một chút.
씬 쩌 몯 쭏

끊지 마세요.

Xin đừng gác máy.
씬 등 각 마이

어느 분을 바꿔 드릴까요?

Anh muốn chuyển máy cho ai ạ?
아잉 무온 쭈이엔 마이 쩌 아이 아?

연결해 드리겠습니다.

Tôi sẽ nối máy cho anh.
또이 쌔 노이 마이 쩌 아잉

기다려 주시겠어요?

Xin anh chờ một chút được không?
씬 아잉 쩌 몯 쭏 드억 콩?

어느 회사의 누구신가요?

Anh ở công ty nào ạ?
아잉 어 꽁 띠 나오 아?

너한테 전화 왔어.

Có điện thoại của em gọi đến.
꺼 디엔 토아이 꾸어 앰 거이 덴

다시 전화한다고 할 때

다시 전화할게요.

Tôi sẽ gọi lại.
또이 쌔 거이 라이

내가 나중에 전화할게.

Tôi sẽ gọi sau.
또이 쌔 거이 싸우

10분 후에 다시 전화해 주세요.

Anh gọi lại sau 10 phút nữa nhé.
아잉 거이 라이 싸우 므어이 푿 느어 내

제가 잠시 후에 다시 전화 드리겠습니다.

Tôi sẽ gọi lại ngay.
또이 쌔 거이 라이 응아이

그에게 제가 전화했었다고 전해 주세요.

Xin chị nhắn với anh ấy là tôi đã gọi điện thoại.
씬 찌 난 버이 아잉 어이 라 또이 다 거이 디엔 토아이

전화를 받을 수 없을 때

통화 중입니다.

Tôi đang nói chuyện điện thoại.

또이 당 너이 쭈이엔 디엔 토아이

지금 자리에 안 계세요.

Bây giờ anh ấy đang không ở chỗ ngồi.

버이 저 아잉 어이 당 콩 어 쪼 응오이

죄송하지만 지금 연결해 드릴 수 없어요.

Xin lỗi nhưng hiện giờ tôi không thể nối máy được.

씬 로이 니응 히엔 저 또이 콩 테 노이 마이 드억

오래 통화할 수 없어요.

Tôi không thể nói chuyện được lâu.

또이 콩 테 너이 쭈이엔 드억 러우

내가 지금 뭐 하는 중이야.

Tôi đang bận chút việc.

또이 당 번 쭛 비엑

전화 오면 나 없다고 해.

Nếu có điện thoại đến thì hãy nói anh không có ở đây nhé.

네우 꺼 디엔 토아이 덴 티 하이 너이 아잉 콩 꺼 어 더이 냬

통화 상태가 안 좋을 때

소리가 끊겨요.

Tiếng bị ngắt quãng.

띠엥 비 응앝 꾸앙

소리가 잘 안 들리네요.

Tôi không nghe rõ.

또이 콩 응애 저

죄송하지만 다시 한번 말씀해 주시겠어요?

Xin lỗi nhưng anh có thể nói lại một lần nữa được không?

씬 로이 니응 아잉 꺼 테 너이 라이 몯 런 느어 드억 콩?

전화가 끊기는 것 같은데요.

Hình như điện thoại bị ngắt rồi.

힝 니으 디엔 토아이 비 응앝 조이

전화를 우선 끊으세요. 제가 다시 전화할게요.

Anh cúp máy đi. Tôi sẽ gọi lại.

아잉 꿉 마이 디. 또이 쌔 거이 라이

연결 상태가 안 좋아요.

Kết nối không được tốt.

껟 노이 콩 드억 똗

전화 메모 남기기

메시지를 남기시겠어요?

Anh có muốn để lại lời nhắn không?

아잉 꺼 무온 데 라이 러이 냔 콩?

남기실 메시지는 무엇인가요?

Anh muốn nhắn lại gì ạ?

아잉 무온 냔 라이 지 아?

그에게 전화하라고 전해 주세요.

Xin chị nhắn anh ấy gọi lại cho tôi.

씬 찌 냔 아잉 어이 거이 라이 쩌 또이

그에게 1234-5678로 전화하라고 전해 주세요.

Xin chị nhắn anh ấy gọi đến số 1234-5678.

씬 찌 냔 아잉 어이 거이 덴 쏘
몯 하이 바 본 - 남 싸우 바이 땀

민 씨에게 제가 10분 정도 늦을 것 같다고 전해 주시겠어요?

Chị nhắn với anh Minh là tôi sẽ đến muộn khoảng 10 phút được không?

찌 냔 버이 아잉 밍 라 또이 쌔 덴 무온 코앙
므어이 푿 드억 콩?

잘못 걸려 온 전화

죄송합니다. 전화를 잘못 걸었어요.

Xin lỗi. Tôi gọi nhầm điện thoại.

씬 로이. 또이 거이 념 디엔 토아이

죄송합니다. 번호를 헷갈렸네요.

Xin lỗi. Tôi bị nhầm số.

씬 로이. 또이 비 념 쏘

몇 번에 거셨어요?

Anh đã gọi vào số nào ạ?

아잉 다 거이 바오 쏘 나오 아?

번호 잘못 누르셨네요.

Anh nhấn sai số rồi ạ.

아잉 년 싸이 쏘 조이 아

전화번호를 다시 한번 확인해 보세요.

Anh thử kiểm tra lại số điện thoại một lần nữa đi.

아잉 트 끼엠 짜 라이 쏘 디엔 토아이 몯 런
느어 디

여기에 그런 분 안 계십니다.

Không có người nào như thế ở đây ạ.

콩 꺼 응으어이 나오 니으 테 어 더이 아

전화를 끊을 때

다음에 또 얘기하자.

Lần sau chúng ta lại nói
chuyện tiếp nhé.

런 싸우 쭝 따 라이 너이 쭈이엔 띠엡 내

전화해 줘서 고마워요.

Cảm ơn anh đã gọi cho tôi.

깜 언 아잉 다 거이 쩌 또이

그만 끊어야겠어요.

Anh phải gác máy bây giờ.

아잉 파이 각 마이 버이 저

연락하는 거 잊지 마.

Đừng quên liên lạc nhé.

등 꾸엔 리엔 락 내

급한 일이 있으니까 최대한 빨리 전화해
달라고 전해 주세요.

Tôi đang có việc gấp nên
anh nhắn dùm là gọi lại cho
tôi ngay nhé.

또이 당 꺼 비엑 겁 넨 아잉 난 줌 라 거이 라이
쩌 또이 응아이 내

알겠습니다.

Tôi hiểu rồi ạ.

또이 히에우 조이 아

언제든 내게 연락해.

Hãy liên lạc với anh bất cứ
lúc nào nhé.

하이 리엔 락 버이 아잉 벋 끄 룩 나오 내

전화 기타

전화 좀 받아 주세요.

Làm ơn nghe máy hộ tôi.

람 언 응애 마이 호 또이

위급한 경우엔 몇 번으로 전화해야
하죠?

Khi có tình huống khẩn cấp
thì tôi phải gọi vào số mấy
ạ?

키 꺼 띵 후옹 컨 껍 티 또이 파이 거이 바오 쏘
머이 아?

언니, 후이 전화번호 알아요?

Chị ơi, chị có biết số điện
thoại của Huy không?

찌 어이, 찌 꺼 비엗 쏘 디엔 토아이 꾸어 후이
콩?

휴대 전화가 꺼졌어요.

Điện thoại di động bị tắt
nguồn rồi.

디엔 토아이 지 동 비 딷 응우온 조이

휴대 전화 좀 빌릴 수 있을까요?

Anh có thể cho tôi mượn
điện thoại di động một chút
được không?

아잉 꺼 테 쩌 또이 므언 디엔 토아이 지 동 몯
쭏 드억 콩?

Chương 03

정겨운 말 한마디!

Chương 03

Thời tiết và mùa 터이 띠엩 바 무어 날씨&계절

thời tiết 터이 띠엩 n. 날씨	**mặt trời** 맏 쩌이 n. 태양, 해	**mây** 머이 n. 구름
	gió 저 n. 바람	**bão** 바오 n. 태풍
	mưa 므어 n. 비 **mưa rào** 므어 자오 n. 소나기	**tuyết** 뚜이엩 n. 눈
	ô 오 n. 우산	**áo mưa** 아오 므어 n. 우비
nhiệt độ 니엩 도 n. 온도	**ấm** 엄 = **ấm áp** 엄 압 a. 따뜻하다	**nóng** 넝 a. 덥다
đá 다 n. 얼음	**hơi lạnh** 허이 라잉 = **lành lạnh** 라잉 라잉 a. 쌀쌀하다, 조금 춥다 n. 냉기	**lạnh** 라잉 a. 춥다
mùa 무어 n. 계절	**mùa xuân** 무어 쑤언 n. 봄	**mùa hè** 무어 해 n. 여름
	mùa thu 무어 투 n. 가을	**mùa đông** 무어 동 n. 겨울

Động vật và thực vật

động vật 동 벋 n. 동물	thú cưng 투 끙 반려동물	chó 쩌 n. 개	mèo 매오 n. 고양이
chuột 쭈옫 n. 쥐	trâu 쩌우 n. 물소	hổ 호 n. 호랑이	rồng 종 n. 용
rắn 잔 n. 뱀	ngựa 응으어 n. 말	dê 제 n. 염소	khỉ 키 n. 원숭이
gà 가 n. 닭	lợn 런 n. 돼지	bò 버 n. 소	thỏ 터 n. 토끼
cừu 끄우 n. 양	voi 버이 n. 코끼리	hươu cao cổ 흐어우 까오 꼬 n. 기린	sư tử 쓰 뜨 n. 사자
cáo 까오 n. 여우	gấu 거우 n. 곰	chim 찜 n. 새	cá 까 n. 물고기
thực vật 특 벋 n. 식물	cây 꺼이 n. 나무	cỏ 꺼 n. 풀	hoa 호아 n. 꽃
	cành 까잉 n. 나뭇가지	lá 라 n. 나뭇잎	rễ 제 n. 뿌리
	quả 꾸아 n. 열매	hạt 핟 n. 씨, 씨앗	nở 너 v. 꽃이 피다

Sở thích 써 틱 취미

sở thích 써 틱 n. 취미 	**vận động** 번 동 n. 운동	**nhà thi đấu** 냐 티 더우 n. 체육관
	chạy 짜이 v. 달리다, 뛰다 **chạy bộ** 짜이 보 n. 조깅 v. 조깅하다	**bơi** 버이 n. 수영 v. 수영하다
	trượt băng 쯔얻 방 n. 스케이트	**trượt tuyết** 쯔얻 뚜이엗 n. 스키 v. 스키를 타다
bóng 벙 n. 공	**bóng đá** 벙 다 n. 축구	**bóng chày** 벙 짜이 n. 야구
	cầu lông 꺼우 롱 n. 배드민턴	**quần vợt** 꾸언 벋 n. 테니스
	bóng rổ 벙 조 n. 농구	**bóng chuyền** 벙 쭈이엔 n. 배구
	bóng bàn 벙 반 n. 탁구	**gôn** 곤 n. 골프

98

nhạc 낙 = âm nhạc 엄 낙 n. 음악	hát 할 v. 노래하다 bài hát 바이 할 n. 노래 	nghe 응애 v. 듣다
nhạc cụ 낙 꾸 n. 악기 biểu diễn 비에우 지엔 v. 연주하다	đàn piano 단 삐아노 n. 피아노	vi ô lông 브이 오 롱 n. 바이올린
	xê lô 쎄 로 n. 첼로	sáo 싸오 n. 플루트
	đàn ghi ta 단 기 따 n. 기타	dàn trống 잔 쫑 n. 드럼
phim 핌 n. 영화	xem phim 쌤 핌 영화를 보다	rạp chiếu phim 잡 찌에우 핌 n. 영화관
	đạo diễn phim 다오 지엔 핌 n. 영화감독	diễn viên 지엔 비엔 n. 배우
sách 싸익 n. 책	đọc 덥 v. 읽다	tiểu thuyết 띠에우 투이엗 n. 소설 truyện tranh 쭈이엔 짜잉 n. 만화

날씨 묻기

오늘 날씨 어때요?

Thời tiết hôm nay thế nào?
터이 띠엔 홈 나이 테 나오?

그곳 날씨는 어떤가요?

Thời tiết ở đó thế nào?
터이 띠엔 어 더 테 나오?

바깥이 더 더워요?

Ngoài trời có nóng hơn
không?
응오아이 쩌이 꺼 넝 헌 콩?

오늘 기온이 몇 도예요?

Nhiệt độ hôm nay là mấy
độ?
니엣 도 홈 나이 라 머이 도?

어떤 날씨를 좋아해요?

Anh thích thời tiết như thế
nào?
아잉 틱 터이 띠엔 니으 테 나오?

이런 날씨는 싫어하나요?

Anh có ghét thời tiết này
không?
아잉 꺼 갣 터이 띠엔 나이 콩?

어제보다는 날씨가 좋아졌죠?

Thời tiết đẹp hơn hôm qua
phải không?
터이 띠엔 댑 헌 홈 꾸아 파이 콩?

일기예보

오늘 일기예보 봤어요?

Anh đã xem dự báo thời tiết
hôm nay chưa?
아잉 다 쌤 즈 바오 터이 띠엔 홈 나이 쯔어?

놀러 가기 전에 일기예보 확인해 봐.

Em hãy xem dự báo thời
tiết trước khi đi chơi nhé.
앰 하이 쌤 즈 바오 터이 띠엔 쯔억 키 디 쩌이 내

일기예보에서 내일은 날씨가 흐릴
거래요.

Dự báo thời tiết nói ngày
mai trời sẽ nhiều mây.
즈 바오 터이 띠엔 너이 응아이 마이 쩌이 쌔
니에우 머이

날씨가 일기예보 그대로네요.

Thời tiết đúng y như dự
báo.
터이 띠엔 둥 이 니으 즈 바오

일기예보가 틀렸어요.

Dự báo thời tiết bị sai rồi.
즈 바오 터이 띠엔 비 싸이 조이

일기예보는 믿을 수가 없어요.

Không thể tin vào dự báo
thời tiết được.
콩 테 띤 바오 즈 바오 터이 띠엔 드억

dự báo thời tiết 즈 바오 터이 띠엔 일기예보

맑은 날

오늘 날씨 정말 좋네요!

Thời tiết hôm nay thật đẹp!

터이 띠엔 홈 나이 털 댑!

날씨가 맑아요.

Thời tiết thật đẹp.

터이 띠엔 털 댑

Thời tiết thật sáng sủa.

터이 띠엔 털 쌍 쑤어

햇볕이 참 좋아요.

Ánh nắng mặt trời thật tuyệt.

아잉 낭 맏 쩌이 털 뚜이엗

최근에는 날씨가 계속 좋은데요.

Dạo này thời tiết liên tục đẹp.

자오 나이 터이 띠엔 리엔 뚝 댑

구름 한 점 없어요.

Trời không có một gợn mây.

쩌이 콩 꺼 몯 건 머이

외출하기 좋은 날씨예요.

Thời tiết này rất thích hợp để đi ra ngoài.

터이 띠엔 나이 젇 틱 헙 데 디 자 응오아이

내일은 맑아야 할 텐데.

Ngày mai trời phải đẹp mới được.

응아이 마이 쩌이 파이 댑 머이 드억

꼭! 짚고 가기

베트남의 날씨

베트남의 날씨를 생각하면 보편적으로 일 년 내내 더운 동남아시아 기후를 떠올립니다. 하지만 베트남의 영토는 남북으로 길게 뻗어 있어, 지역별로 기후 편차가 큽니다.

북부 지방은 사계절이 존재합니다. 여름에는 고온 다습한 편이며 기온은 보통 32~33℃를 웃돕니다. 겨울의 평균 기온은 15℃ 내외로 한국의 겨울보다 따뜻한 편이나 베트남 사람들은 이때 두꺼운 겨울 외투를 입고 다닙니다. 베트남은 실내에 별도의 난방 시설을 갖추고 있지 않는 경우가 대부분입니다. 겨울에 북부 지방으로 여행을 계획한다면 이런 점에 유의하여 따뜻한 옷을 챙기는 게 좋습니다.

남부 지방은 일 년 내내 더운 전형적인 동남아시아 날씨입니다. 건기(11~4월)와 우기(5~10월)로 나뉘며 건기에서 우기로 넘어가는 시기에 가장 덥습니다. 상대적으로 12월과 1월은 덜 더운 편입니다. 우기에는 하루에도 비가 몇 번씩 내리기 때문에 우비를 챙겨 가는 게 좋습니다.

흐린 날

오늘은 날이 흐리네요.

Thời tiết hôm nay nhiều mây thật.

터이 띠엔 홈 나이 니에우 머이 텉

날이 흐려졌어요.

Trời đã trở nên âm u.

쩌이 다 쩌 넨 엄 우

하늘이 어두워졌어요.

Trời đã tối rồi.

쩌이 다 또이 조이

금방이라도 비가 내릴 것 같아요.

Trời có vẻ sắp mưa.

쩌이 꺼 배 쌉 므어

날씨가 변덕이 심해요.

Thời tiết thật thất thường.

터이 띠엔 텉 텉 트엉

아, 너무 불쾌한 날씨야!

Ôi, thời tiết thật khó chịu!

오이, 터이 띠엔 텉 커 찌우!

구름이 많이 꼈어요.

Trời nhiều mây quá.

쩌이 니에우 머이 꾸아

비 오는 날

비가 와요.

Trời đang mưa.

쩌이 당 므어

빗방울이 떨어지기 시작했어요.

Những giọt mưa bắt đầu rơi rồi.

니응 젇 므어 받 더우 저이 조이

비가 억수같이 쏟아져요.

Trời mưa như trút.

쩌이 므어 니으 쭏

이제 비가 그쳤나요?

Bây giờ mưa đã tạnh chưa ạ?

버이 저 므어 다 따잉 쯔어 아?

우비 없이는 밖에 못 나가요.

Không thể ra ngoài nếu không có áo mưa.

콩 테 자 응오아이 네우 콩 꺼 아오 므어

비가 올 것 같아. 우비 가지고 가!

Có vẻ trời sắp mưa. Em nhớ mang theo áo mưa nhé!

꺼 배 쩌이 쌉 므어. 앰 녀 망 태오 아오 므어 내!

비가 많이 와요. 운전 조심해요.

Trời đang mưa to. Anh lái xe cẩn thận nhé.

쩌이 당 므어 떠. 아잉 라이 쌔 껀 턴 내

천둥

천둥이 치고 있어요.

Sấm đang đánh.

썸 당 다잉

천둥이 심하네!

Sấm to quá!

썸 떠 꾸아!

밤새 천둥소리 때문에 잠을 못 잤어요.

Suốt đêm tôi không ngủ
được vì tiếng sấm.

쑤옫 뎀 또이 콩 응우 드억 브이 띠엥 썸

천둥소리가 너무 커서 놀랐어요.

Tôi bị giật mình bởi tiếng
sấm quá to.

또이 비 젇 밍 버이 띠엥 썸 꾸아 떠

천둥 칠 때 집에 혼자 있으면 무서워요.

Tôi sợ phải ở nhà một mình
khi có sấm.

또이 써 파이 어 냐 몯 밍 키 꺼 썸

번개

번개가 쳐요.

Trời đang nổi chớp.

쩌이 당 노이 쩝

번개가 번쩍했어요.

Tia chớp lóe lên.

띠어 쩝 로애 렌

조금 전에 번개가 저 건물 위로
떨어졌어요.

Chớp vừa mới đánh xuống
tòa nhà kia.

쩝 브어 머이 다잉 쑤옹 또아 냐 끼어

저 나무는 번개를 맞았어요.

Cái cây kia đã bị sét đánh.

까이 꺼이 끼어 다 비 쌛 다잉

천둥번개를 동반한 비가 밤새 내렸어요.

Mưa đã rơi cả đêm kèm
theo sấm chớp.

므어 다 저이 까 뎀 깸 태오 썸 쩝

조심해! 번개를 맞으면 죽을 수도 있어.

Cẩn thận đấy! Em có thể
chết nếu bị sét đánh.

껀 턴 더이! 앰 꺼 테 쩯 네우 비 쌛 다잉

봄 날씨

날씨가 따뜻해요.

Thời tiết ấm áp quá.

터이 띠엗 엄 압 꾸아

겨울이 가고 봄이 왔어요.

Đông qua và xuân đã tới.

동 꾸아 바 쑤언 다 떠이

봄 기운이 완연하네요.

Khí xuân đã rất rõ ràng.

키 쑤언 다 젇 저 장

바깥 공기가 포근해졌어요.

Không khí ngoài trời đã ấm lên.

콩 키 응오아이 쩌이 다 엄 렌

봄이 되니 꽃이 피네요.

Xuân sang nên hoa nở rồi này.

쑤언 쌍 넨 호아 너 조이 나이

봄은 너무 짧아요.

Mùa xuân thật ngắn ngủi.

무어 쑤언 턷 응안 응우이

저는 봄이 가장 좋아요.

Tôi thích mùa xuân nhất.

또이 틱 무어 쑤언 녇

여름 날씨

날씨가 정말 덥네요.

Trời nóng thật đấy.

쩌이 넝 턷 더이

푹푹 찌는 날씨예요.

Trời nóng như nung.

쩌이 넝 니으 눙

더워 죽겠어요.

Nóng chết mất.

넝 쩯 멀

너무 더워서 땀이 계속 나요.

Vì trời quá nóng nên tôi liên tục đổ mồ hôi.

브이 쩌이 꾸아 넝 넨 또이 리엔 뚝 도 모 호이

오늘이 이번 여름 중 가장 더운 날이래요.

Em nghe nói hôm nay là ngày nóng nhất mùa hè năm nay đấy.

앰 응애 너이 홈 나이 라 응아이 넝 녇 무어 해 남 나이 더이

더워서 밤새 한숨도 못 잤어요.

Cả đêm em không ngủ được vì nóng quá.

까 뎀 앰 콩 응우 드억 브이 넝 꾸아

저 아무래도 더위 먹은 것 같아요.

Có lẽ tôi đã bị cảm nắng rồi.

꺼 래 또이 다 비 깜 낭 조이

장마

한국은 지금 장마철이에요.

Bây giờ đang là mùa mưa ở Hàn Quốc.
버이 저 당 라 무어 므어 어 한 꾸옥

긴 장마가 시작됐어요.

Mùa mưa dai dẳng đã bắt đầu rồi đấy.
무어 므어 자이 장 다 받 더우 조이 더이

장마가 끝났어요.

Mùa mưa đã kết thúc rồi.
무어 므어 다 껠 툭 조이

장마철에는 습도가 높아요.

Vào mùa mưa, độ ẩm rất cao.
바오 무어 므어, 도 엄 젇 까오

장마철에는 빨래가 잘 안말라요.

Vào mùa mưa, quần áo rất khó khô.
바오 무어 므어, 꾸언 아오 젇 커 코

장마철에는 우비가 필수품이에요.

Vào mùa mưa, áo mưa là vật không thể thiếu.
바오 무어 므어, 아오 므어 라 벋 콩 테 티에우

우산보다는 우비를!

베트남의 우기에 남부 지방을 방문하면 아마 시도 때도 없이 내리는 비를 만나게 될 거예요. 장맛비처럼 계속 내리지 않고 짧은 시간 쏟아지다 그치기 때문에, 베트남 사람들은 비가 오면 우산을 쓰기보다는 우비 áo mưa 아오 므어를 꺼내 입거나 잠시 건물 아래쪽에 서서 비가 그치기를 기다리곤 합니다. 따라서 우산을 파는 곳은 생각보다 찾기 쉽지 않고, 길거리 곳곳에 있는 잡화점에서 우비를 쉽게 구할 수 있는 편입니다. 일반적인 일회용 우비는 2만 동(약 1,000원) 내외로 저렴합니다.

비가 쏟아지면 볼 수 있는 도로의 진풍경은 바로 우비를 입고 오토바이를 타는 사람들의 모습입니다. 비가 쏟아지기 시작하면 오토바이들이 우르르 길 한쪽으로 몰려가는 것을 볼 수 있어요. 바로 우비를 꺼내 입기 위해서입니다. 오토바이를 탈 때 입는 우비는 일반 일회용 우비보다 폭이 넓고 길이도 더 긴 편이며, 운전자 뒤에 앉아 있는 사람은 우비가 없을 경우 운전자의 우비 뒷자락을 머리에 뒤집어쓰기도 한답니다.

태풍

태풍이 다가오고 있어요.

Cơn bão đang đến gần rồi.

껀 바오 당 덴 건 조이

어제 태풍 주의보가 발령됐어요.

Hôm qua, lệnh cảnh báo bão đã được phát đi.

홈 꾸아, 레잉 까잉 바오 바오 다 드억 팥 디

바람이 엄청 세요.

Gió to thật đấy.

저 떠 텉 더이

태풍으로 인해 나무가 쓰러졌어요.

Cây đã bị đổ vì bão.

꺼이 다 비 도 브이 바오

태풍으로 인해 파도가 높아요.

Sóng dâng lên cao vì có bão.

썽 정 렌 까오 브이 꺼 바오

이제 태풍은 지나갔어요.

Giờ thì cơn bão đã đi qua rồi.

저 티 껀 바오 다 디 꾸아 조이

가뭄

올해는 가뭄이 심해요.

Năm nay hạn hán thật nghiêm trọng.

남 나이 한 한 텉 응이엠 쩡

가뭄 때문에 식물들이 시들었어요.

Cây cỏ đã khô héo hết vì hạn hán.

꺼이 꺼 다 코 해오 헬 브이 한 한

가뭄으로 농작물이 큰 피해를 입었어요.

Nông sản đã bị thiệt hại lớn vì hạn hán.

농 싼 다 비 티엩 하이 런 브이 한 한

비 한 방울 내리지 않았어요.

Trời không có lấy một giọt mưa.

쩌이 콩 꺼 러이 몯 젓 므어

이 가뭄이 장기간 지속될 예정입니다.

Đợt hạn hán này dự kiến sẽ còn kéo dài.

덛 한 한 나이 즈 끼엔 쌔 껀 깨오 자이

사상 최악의 가뭄이에요.

Đây là đợt hạn hán tồi tệ nhất trong lịch sử.

더이 라 덛 한 한 또이 떼 녇 쩡 릭 쓰

홍수

매년 이 무렵에 홍수가 나요.

Hàng năm vào thời điểm
này thường xảy ra lũ lụt.

항 남 바오 터이 디엠 나이 트엉 싸이 자 루 룯

홍수 때문에 철도가 파손되었어요.

Đường sắt đã bị hư hỏng vì
lũ lụt.

드엉 쌀 다 비 흐 헝 브이 루 룯

작년의 대규모 홍수로 인한 피해가
컸어요.

Thiệt hại do cơn lũ lớn
vào năm ngoái rất nghiêm
trọng.

티엩 하이 저 껀 루 런 바오 남 응오아이 젇
응이엠 쩡

이 지역은 홍수가 자주 일어나요.

Khu vực này thường xuyên
xảy ra lũ lụt.

쿠 븍 나이 트엉 쑤이엔 싸이 자 루 룯

우리 집 안까지 물이 찼어요.

Nước đã tràn vào tận trong
nhà chúng tôi.

느억 다 짠 바오 떤 쩡 냐 쭝 또이

홍수로 도시 전체가 물에 잠겼어요.

Toàn bộ thành phố đã bị
ngập trong nước lũ.

또안 보 타잉 포 다 비 응업 쩡 느억 루

가을 날씨

날씨가 선선해요.

Thời tiết rất mát mẻ.

터이 띠엩 젇 맏 매

가을로 접어들었어요.

Thời tiết đã vào thu.

터이 띠엩 다 바오 투

선선한 가을 바람이 좋아요.

Gió mùa thu mát mẻ thật
dễ chịu.

저 무어 투 맏 매 턷 제 찌우

가을은 여행하기 좋은 계절이죠.

Mùa thu là thời điểm đẹp
để đi du lịch.

무어 투 라 터이 디엠 댑 데 디 주 릭

가을 하늘은 참 맑아요.

Bầu trời mùa thu thật trong
xanh.

버우 쩌이 무어 투 턷 쩡 싸잉

가을은 추수의 계절이에요.

Mùa thu là mùa thu hoạch.

무어 투 라 무어 투 호아익

단풍

낙엽들이 물들고 있어요.

Những chiếc lá đã chuyển
sang màu vàng.

니응 찌엑 라 다 쭈이엔 쌍 마우 방

가을이 되면, 숲은 갖가지 색으로
물들어요.

Vào mùa thu, cánh rừng
được nhuộm bởi nhiều màu
sắc.

바오 무어 투, 까잉 증 드억 뉴옴 버이 니에우
마우 싹

단풍잎이 붉게 물들어요.

Lá phong đang chuyển sang
màu đỏ.

라 펑 당 쭈이엔 쌍 마우 더

나무가 노랗게 물들기 시작했어요.

Cây đã bắt đầu chuyển
sang màu vàng.

꺼이 다 밧 더우 쭈이엔 쌍 마우 방

마당에 있는 낙엽을 쓸어야겠어요.

Tôi phải quét lá khô ở sân
mới được.

또이 파이 꾸앳 라 코 어 썬 머이 드억

다음 주말에 단풍을 보러 산에 갈
예정이에요.

Cuối tuần sau tôi định đi
lên núi ngắm lá vàng.

꾸오이 뚜언 싸우 또이 딩 디 렌 누이 응암 라 방

겨울 날씨

겨울이 다가오는 것 같은데요.

Có vẻ mùa đông đang đến
gần rồi.

꺼 배 무어 동 당 덴 건 조이

날씨가 점점 추워지고 있어요.

Thời tiết đang dần trở lạnh.

터이 띠엩 당 전 쩌 라잉

날씨가 아주 많이 추워요.

Trời lạnh quá.

쩌이 라잉 꾸아

올겨울은 유난히 춥네요.

Mùa đông năm nay lạnh
thật.

무어 동 남 나이 라잉 턷

저는 겨울에 감기에 잘 걸려요.

Tôi thường bị cảm cúm vào
mùa đông.

또이 트엉 비 깜 꿈 바오 무어 동

손이 얼 것 같아요.

Tay em như sắp đóng băng
rồi.

따이 앰 니으 쌉 덩 방 조이

겨울에 오토바이 타는 건 힘들어요.

Đi xe máy vào mùa đông
rất vất vả.

디 쌔 마이 바오 무어 동 젇 벋 바

눈

눈이 내려요!

Tuyết đang rơi rồi!
뚜이엔 당 저이 조이!

올 겨울 첫눈이에요.

Đây là tuyết đầu mùa của năm nay đấy.
더이 라 뚜이엔 더우 무어 꾸어 남 나이 더이

함박눈이 내려요.

Tuyết đang rơi dày.
뚜이엔 당 저이 자이

폭설로 교통이 마비되었어요.

Giao thông bị tắc nghẽn do tuyết lớn.
자오 통 비 딱 응앤 저 뚜이엔 런

아이들은 눈사람을 만들며 놀고 있어요.

Các em bé đang chơi trò làm người tuyết.
깍 앰 배 당 쩌이 쩌 람 응으어이 뚜이엔

베트남에서 눈을 볼 수 있나요?

Có thể thấy tuyết ở Việt Nam không ạ?
꺼 테 터이 뚜이엔 어 비엩 남 콩 아?

사파에는 언제 눈이 내려요?

Khi nào Sa Pa sẽ có tuyết rơi?
키 나오 싸 빠 쌔 꺼 뚜이엔 저이?

꼭! 짚고 가기

베트남의 눈 내리는 곳, 사파

자주는 아니어도 베트남에 눈이 내리는 곳이 있습니다. 베트남 Lào Cai 라오 까이성에 있는 Sa Pa 싸 빠라는 지역입니다. 해발 고도 1,500m에 위치해 있으며 베트남의 Hmông 흐몽족, Dao 자오족 등 여러 소수 민족이 거주하고 있는 지역이에요.

사파는 온난 습윤한 기후의 특성이 있습니다. 여름에는 하루 동안 사계절을 모두 느낄 수 있다고도 합니다. 아침에는 따스한 봄, 점심에는 햇빛이 내리쬐는 여름, 오후에는 구름과 이슬이 맺혀 가을 같은 서늘함이 느껴지고, 해가 진 저녁에는 겨울처럼 추워지는 날씨이기 때문입니다. 이러한 사파의 연평균 온도는 15℃입니다. 겨울에는 안개가 끼고 추우며, 이때 기온이 영하로 내려가 가끔 눈이 오기도 합니다.

이런 기후 특성과 더불어 사파에 오면 멋진 자연경관 및 전통 생활 방식에 따라 살아가는 소수 민족의 문화를 엿볼 수 있습니다.

건기 & 우기

\# 베트남 남부의 계절은 건기와 우기로
나눌 수 있어요.

Thời tiết của miền Nam Việt
Nam có thể chia làm mùa
khô và mùa mưa.

터이 띠엗 꾸어 미엔 남 비엗 남 꺼 테 찌어 람
무어 코 바 무어 므어

\# 남부 지방은 일 년 내내 더워요.

Các tỉnh miền Nam nóng
quanh năm.

깍 띵 미엔 남 넝 꾸아잉 남

\# 우기에는 비가 자주 내려요.

Vào mùa mưa, trời thường
xuyên đổ mưa.

바오 무어 므어, 쩌이 트엉 쑤이엔 도 므어

\# 우기에는 항상 우비를 가지고 다녀요.

Vào mùa mưa, mọi người
thường mang theo áo mưa.

바오 무어 므어, 머이 응으어이 트엉 망 태오
아오 므어

\# 건기는 몇 월부터 몇 월까지예요?

Mùa khô từ tháng mấy đến
tháng mấy ạ?

무어 코 뜨 탕 머이 덴 탕 머이 아?

\# 건기가 우기보다 덜 더워요.

Mùa khô ít nóng hơn mùa
mưa.

무어 코 읻 넝 헌 무어 므어

계절

\# 지금은 딸기가 제철이에요.

Bây giờ đang là mùa dâu
tây.

버이 저 당 라 무어 저우 떠이

\# 한국은 사계절이 뚜렷한 편이에요.

Bốn mùa ở Hàn Quốc khá
rõ rệt.

본 무어 어 한 꾸옥 카 저 젣

\# 환절기에 저는 항상 감기에 걸려요.

Tôi luôn luôn bị cảm cúm
lúc chuyển mùa.

또이 루온 루온 비 깜 꿈 룩 쭈이엔 무어

\# 저는 추위를 잘 타요.

Tôi rất dễ bị cảm lạnh.

또이 젇 제 비 깜 라잉

\# 저는 더위를 잘 타요.

Tôi rất dễ bị cảm nắng.

또이 젇 제 비 깜 낭

\# 언제쯤 계절이 바뀔까요?

Khi nào thì thời tiết đổi mùa
thế ạ?

키 나오 티 터이 띠엗 도이 무어 테 아?

설날 ①

새해 복 많이 받으세요!

Chúc mừng năm mới!
쭉 뭉 남 머이!

새해가 다가오고 있어요.

Năm mới đang đến gần.
남 머이 당 덴 건

새해 소원이 뭐예요?

Điều ước trong năm mới của anh là gì?
디에우 으억 쩡 남 머이 꾸어 아잉 라 지?

새해에는 모두 행복한 일들만 가득하시길 바랍니다.

Chúc mọi người năm mới tràn đầy hạnh phúc.
쭉 머이 응으어이 남 머이 짠 더이 하잉 푹

모든 일이 뜻대로 되길 바라.

Chúc bạn đạt được mọi điều như mong muốn.
쭉 반 닫 드억 머이 디에우 니으 멍 무온

새해맞이 폭죽을 구경했어요.

Em đã đi ngắm pháo hoa đón năm mới.
앰 다 디 응암 파오 화 던 남 머이

꼭! 짚고 가기

베트남의 설날 ①

설날은 베트남에서 가장 큰 명절입니다. 베트남도 한국처럼 음력설을 쉽니다. 베트남어로 설날을 나타내는 단어는 Tết âm lịch 뗃 엄 릭, Tết Nguyên Đán 뗃 응우이엔 단이 있는데, 보통은 간단하게 Tết 뗃이라고 칭합니다.

국가에서 공식적으로 설 연휴 기간을 알리지만, 기관과 회사에 따라서 탄력적으로 쉴 수 있기 때문에 베트남 사람들은 짧게는 일주일부터 길게는 몇 주 동안 설 연휴를 즐깁니다. 이 기간에는 문을 열지 않는 가게들이 많으므로 여행 시 참조해야 합니다.

베트남의 설에는 bánh chưng 바잉 쯩이 빠질 수 없습니다. 바인쯩은 우선 사각형의 틀에 신선한 바나나 잎이나 dong 정 잎을 깔고 그 안에 찹쌀과 돼지고기, 녹두 등의 재료를 넣습니다. 내용물을 다 넣고 잎으로 마저 싸서 약 10시간을 삶으면 완성됩니다. 남부 지방에서는 재료와 만드는 방법은 같으나 길쭉한 모양의 bánh tét 바잉 뗃을 주로 만듭니다. 설날이 가까워지면 많은 가게에서 큰 통에 바인쯩을 삶거나 진열해 놓은 모습을 많이 볼 수 있습니다.

설날 ②

세뱃돈을 받았어요.

Em đã được nhận tiền lì xì.
앰 다 드억 년 띠엔 리 씨

설날에는 부모님 댁에 갈 생각이에요.

Vào ngày Tết tôi định đến
nhà bố mẹ.
바오 응아이 뗃 또이 딩 덴 냐 보 매

설날에 친척들이 우리 집으로 모였어요.

Họ hàng đã đến tụ tập ở
nhà tôi vào ngày Tết.
허 항 다 덴 뚜 떱 어 냐 또이 바오 응아이 뗃

베트남 설에는 노란 매화를 많이 볼 수
있어요.

Vào ngày Tết ở Việt Nam có
thể nhìn thấy rất nhiều hoa
mai vàng.
바오 응아이 뗃 어 비엗 남 꺼 테 닌 터이 젇
니에우 호아 마이 방

베트남 사람들은 설날에 바인쯩을
먹습니다.

Người Việt Nam ăn bánh
chưng vào ngày Tết.
응으어이 비엔 남 안 바잉 쯩 바오 응아이 뗃

베트남의 설 연휴는 길어요.

Kỳ nghỉ Tết của Việt Nam
rất dài.
끼 응이 뗃 꾸어 비엔 남 젇 자이

추석

추석은 음력 8월 15일이에요.

Trung thu là ngày 15 tháng
8 âm lịch.
쭝 투 라 응아이 므어이 람 탕 땀 엄 릭

추석에 베트남 사람들은 바잉 느엉,
바잉 재오를 먹어요.

Người Việt Nam ăn bánh
nướng, bánh dẻo vào ngày
trung thu.
응으어이 비엔 남 안 바잉 느엉, 바잉 재오 바오
응아이 쭝 투

한국인들은 추석에 송편을 먹어요.

Người Hàn Quốc ăn bánh
Songpyeon vào trung thu.
응으어이 한 꾸옥 안 바잉 송 편 바오 쭝 투

베트남의 추석은 한국의 추석과 달라요.

Trung thu của Việt Nam
khác với trung thu của Hàn
Quốc.
쭝 투 꾸어 비엔 남 칵 버이 쭝 투 꾸어 한 꾸옥

베트남의 추석은 아이들을 위한
날이라고 볼 수 있어요.

Trung thu của Việt Nam
có thể được coi là ngày tết
thiếu nhi.
쭝 투 꾸어 비엔 남 꺼 테 드억 꺼이 라 응아이
뗃 티에우 니

크리스마스

메리 크리스마스!

Giáng sinh vui vẻ!
장 씽 부이 베!

이번 크리스마스에는 어떤 선물이 받고
싶어?

Giáng sinh này em muốn
nhận quà gì?
장 씽 나이 앰 무온 년 꾸아 지?

나는 크리스마스 때 인형을 받고 싶어.

Em muốn được nhận búp
bê trong ngày giáng sinh.
앰 무온 드억 년 붑 베 쩡 응아이 장 씽

친구들에게 줄 크리스마스카드를 쓰고
있어요.

Tôi đang viết thiệp giáng
sinh cho các bạn.
또이 당 비엣 티엡 장 씽 쩌 깍 반

우리는 크리스마스를 위해 집을 꾸몄다.

Chúng tôi đã trang trí nhà
cho giáng sinh.
쭝 또이 다 짱 찌 냐 쩌 장 씽

크리스마스에는 시내가 사람들로
북적여요.

Vào dịp giáng sinh, trung
tâm thành phố rất tấp nập
người.
바오 집 장 씽, 쭝 떰 타잉 포 젇 떱 넙 응어어이

꼭! 짚고 가기

베트남의 설날 ②

베트남 설날에 많이 볼 수 있는 것 중 하나
가 바로 '꽃'입니다. 북부에서는 주로 hoa
đào 화 다오(분홍색의 복숭아꽃), 남부에서
는 주로 hoa mai vàng 화 마이 방(노란 매
화) 꽃을 준비합니다. 거리마다 집집마다
놓인 꽃들을 보면 설이 다가옴을 실감할
수 있지요. 꽃이 달린 가지에는 vạn sự
như ý 반 쓰 니으 이(세상 모든 일이 뜻대
로 되다), an khang thịnh vượng 안 캉
팅 브엉(평안하고 건강하며 번영하다) 등 새
해 소망을 적은 글귀를 매달아 둔답니다.
어른들은 빳빳한 새 돈으로 아이들에게 줄
tiền lì xì 띠엔 리 씨(세뱃돈)를 준비하여 행
운을 상징하는 빨간 봉투에 담아 줍니다.
또한 새해 첫날은 한 해를 여는 날이므로
아침에 처음으로 집을 방문하는 사람을 매
우 중요하게 여깁니다. 좋은 사람이 방문
하면 한 해의 행운을 가져다준다고 생각
하여 그 집의 가장과 맞는 나이(띠)의 방
문객을 미리 설날에 초대해 둡니다. 또한
새해 며칠 동안은 청소를 하지 않고 쓰레
기를 한구석에 모아 두었다가 나중에 버리
는 풍습이 있습니다. 새해 첫날부터 청소
를 하게 되면 집안의 복이 쓸려나간다고
믿기 때문입니다.

생일 ①

생일이 언제예요?

Khi nào thì sinh nhật anh?

키 나오 티 씽 녈 아잉?

Sinh nhật anh vào ngày nào?

씽 녈 아잉 바오 응아이 나오?

오늘은 흐엉의 생일이에요.

Hôm nay là sinh nhật của Hương.

홈 나이 라 씽 녈 꾸어 흐엉

우리는 생일이 같은 날이에요.

Chúng ta cùng ngày sinh nhật đấy.

쭝 따 꿍 응아이 씽 녈 더이

오늘이 내 생일인 거 어떻게 알았어요?

Sao anh biết hôm nay là sinh nhật em?

싸오 아잉 비엗 홈 나이 라 씽 녈 앰?

다음 주가 내 생일인 거 알고 있죠?

Anh biết tuần sau là sinh nhật em phải không?

아잉 비엗 뚜언 싸우 라 씽 녈 앰 파이 콩?

네 생일을 완전히 잊고 있었어. 정말 미안해.

Anh quên béng mất sinh nhật của em. Cho anh xin lỗi nhé.

아잉 꾸엔 뱅 멀 씽 녈 꾸어 앰. 쩌 아잉 씬 로이 내

생일 ②

생일 축하해요!

Chúc mừng sinh nhật!

쭉 등 씽 녈!

이번 생일에 저는 20살이 됩니다.

Vào sinh nhật lần này tôi đã tròn 20 tuổi.

바오 씽 녈 런 나이 또이 다 쩐 하이 므어이 뚜오이

친구들과 함께 흐엉의 생일을 축하하려고 해요.

Em định cùng với các bạn chúc mừng sinh nhật của Hương.

앰 딩 꿍 버이 깍 반 쭉 등 씽 녈 꾸어 흐엉

흐엉 몰래 생일 파티를 준비했어요.

Em đã giấu Hương chuẩn bị tiệc sinh nhật.

앰 다 저우 흐엉 쭈언 비 띠엑 씽 녈

그는 나에게 생일 선물로 예쁜 신발을 주었어요.

Anh ấy đã tặng tôi một đôi giày rất đẹp làm quà sinh nhật.

아잉 어이 다 땅 또이 몯 도이 자이 젇 댑 람 꾸아 씽 녈

그를 위한 선물을 예쁘게 포장하고 있어요.

Tôi đang gói quà thật đẹp cho anh ấy.

또이 당 거이 꾸아 턷 댑 쩌 아잉 어이

축하

축하해요.

Xin chúc mừng.
씬 쭉 믕

Chúc mừng.
쭉 믕

결혼 축하해요! 행복하길 바랍니다.

Chúc mừng đám cưới!
Chúc các bạn hạnh phúc.
쭉 믕 담 끄어이! 쭉 깍 반 하잉 푹

정말 잘됐네요.

Thật tốt quá.
털 똗 꾸아

딸이 태어난 걸 축하해요.

Chúc mừng chị đã sinh con gái.
쭉 믕 찌 다 씽 껀 가이

입사를 축하해요!

Chúc mừng em vào công ty!
쭉 믕 앰 바오 꽁 띠!

성공을 빌어요.

Chúc anh thành công.
쭉 아잉 타잉 꽁

행운을 빌어!

Chúc may mắn!
쭉 마이 만!

꼭! 짚고 가기

베트남의 추석

베트남에도 Tết Trung thu 뗃 쭝 투라고 불리는 추석이 있습니다. 음력 8월 15일이며, 한국이나 중국처럼 큰 명절은 아니고 기념일 정도이기 때문에 따로 쉬지는 않아요.

추석에 베트남의 가정에서는 주로 아이들을 위해 며칠 전부터 과일, 추석 케이크, 장난감을 마련하고 추석 당일 밤에는 자녀를 위한 파티를 열어 줍니다. 부모님은 아이들에게 별 모양의 등불을 사 주거나 만들어 주곤 합니다. 그래서 추석날 저녁 무렵이 되면 골목마다 별 모양의 등불을 들고 돌아다니는 아이들을 볼 수 있어요.

또한 추석에 월병(bánh trung thu 바잉 쭝 투)을 먹는 풍습이 있습니다. 월병은 손바닥에 가볍게 잡히는 크기로 자그마하며 속에 넣는 재료에 따라 팥, 녹두, 돼지고기, 계란 등의 다양한 종류가 있습니다. 월병은 추석 약 한 달 전부터 길거리 상점, 대형마트, 쇼핑몰 등에서 본격적으로 판매되기 시작합니다. 추석이 다가올수록 할인을 하거나 '1+2', '1+3'과 같은 행사를 한다는 특징이 있습니다.

주량

술을 어느 정도까지 마실 수 있니?

Em có thể uống được bao nhiêu rượu?
앰 꺼 테 우옹 드억 바오 니에우 지에우?

당신은 술이 센가요?

Tửu lượng của anh có khá không?
뜨우 르엉 꾸어 아잉 꺼 카 콩?

전 맥주에는 잘 안 취해요.

Tôi không dễ say bia.
또이 콩 제 싸이 비어

주량이 점점 늘고 있어요.

Tửu lượng của tôi ngày càng tăng.
뜨우 르엉 꾸어 또이 응아이 깡 땅

전 술이 약해요.

Tôi uống rượu rất kém.
또이 우옹 지에우 젇 깸

전 술을 못 마셔요.

Tôi không uống được rượu.
또이 콩 우옹 드억 지에우

술을 조금만 마셔도 얼굴이 빨개져요.

Tôi uống rượu một chút cũng bị đỏ mặt.
또이 우옹 지에우 몯 쭏 꿍 비 더 맏

술에 취함

난 취하지 않았어.

Tôi vẫn chưa say.
또이 번 쯔어 싸이

나 완전 취했어.

Tôi say lắm rồi.
또이 싸이 람 조이

술 기운이 도는데.

Tôi thấy rượu bốc lên rồi.
또이 터이 지에우 복 렌 조이

그는 술에 취해 뻗어 버렸어요.

Anh ấy say rồi.
아잉 어이 싸이 조이

그는 곤드레만드레 취했어요.

Anh ấy say bí tỉ.
아잉 어이 사이 비 띠

술에 취하면 그는 자기가 한 말을 기억하지 못해요.

Khi say rượu, anh ấy không nhớ được lời mình đã nói.
키 싸이 지에우, 아잉 어이 콩 녀 드억 러이 밍 다 너이

도대체 얼마나 마신 거야?

Rút cuộc thì em đã uống bao nhiêu rượu thế?
줃 꾸옥 티 앰 다 우옹 바오 니에우 지에우 테?

116

술에 대한 충고

술은 적당히 마시는 게 좋아요.

Nên uống rượu vừa phải.
넨 우옹 지에우 브어 파이

당신에게 독한 술은 좋지 않아요.

Rượu mạnh không tốt cho anh.
지에우 마잉 콩 똗 쩌 아잉

취하도록 마시지 마.

Đừng uống đến say.
등 우옹 덴 싸이

화가 날 때 술을 마시지 말아라.

Đừng uống rượu khi tức giận.
등 우옹 지에우 키 뜩 전

술 마시고 운전하는 건 정말 위험해.

Uống rượu rồi lái xe là rất nguy hiểm.
우옹 지에우 조이 라이 쌔 라 젇 응우이 히엠

비싼 술이 꼭 좋은 건 아니에요.

Rượu đắt chưa chắc là rượu ngon.
지에우 닫 쯔어 짝 라 지에우 응언

술을 마시는 건 좋지만 정도의 문제지.

Uống rượu cũng tốt thôi nhưng uống bao nhiêu mới là vấn đề.
우옹 지에우 꿍 똗 토이 니응 우옹 바오 니에우 머이 라 번 데

꼭! 짚고 가기

다 같이 '짠'

우리나라에서 술을 마시기 전에 보통 다같이 잔을 들고 건배를 하죠? 이때 '짠', '위하여' 등 짧은 한마디를 나누기도 하고, 단체로 회식을 할 땐 멋지게 건배사를 읊기도 하지요. 베트남에서는 술자리를 시작하며 어떤 문구를 주고받는지 살펴볼까요?

· **một hai ba zô** 몯 하이 바 조
건배할 때 가장 보편적으로 쓰이는 말로, 의미는 '하나 둘 셋 짠!'이랍니다.

· **một trăm phần trăm** 몯 짬 펀 짬
'원샷'을 의미합니다. một trăm은 숫자 '100', phần trăm은 '퍼센트'입니다. '백 퍼센트'라는 뜻으로, 잔에 담긴 술을 다 마시라는 얘기입니다. 술을 어느 정도 마신 이후에 원샷이 어려울 때는 năm mươi phần trăm 남 므어이 펀 짬이라고 하기도 합니다. năm mươi는 숫자 '50'이니 '반샷'을 의미합니다.

· **chúc sức khỏe** 쭉 쓱 코애
chúc은 '축하, 위하여', sức khỏe는 '건강'을 의미합니다. '건강을 위하여'라는 뜻입니다.

술에 대한 기호

한국인은 소주를 무척 즐겨 마십니다.

Người Hàn Quốc rất thích uống rượu Soju.

응으어이 한 꾸옥 젇 틱 우옹 지에우 쏘주

소주보다는 맥주가 마시기에 부드럽다.

Bia uống nhẹ hơn rượu Soju.

비어 우옹 내 헌 지에우 쏘주

전 맥주를 그다지 좋아하지 않아요.

Tôi không thích uống bia lắm.

또이 콩 틱 우옹 비어 람

저희 아버지는 매일 저녁 식사에 술을 드세요.

Bố tôi luôn uống rượu vào mỗi bữa tối.

보 또이 루온 우옹 지에우 바오 모이 브어 또이

쓴 맥주는 마시고 싶지 않아.

Tôi không muốn uống bia đắng.

또이 콩 무온 우옹 비어 당

레드와인과 화이트와인 어느 쪽을 좋아하세요?

Anh thích vang đỏ hay vang trắng?

아잉 틱 방 더 하이 방 짱?

술 마신 다음 날

숙취 때문에 너무 힘들어요.

Tôi rất mệt mỏi vì trận say hôm qua.

또이 젇 멛 머이 브이 쩐 사이 홈 꾸아

어제 무슨 일 있었는지 기억나요?

Anh có nhớ chuyện gì đã xảy ra hôm qua không?

아잉 꺼 녀 쭈이엔 지 다 싸이 자 홈 꾸아 콩?

어제 제가 실수한 일 있나요?

Hôm qua tôi có làm gì sai không?

홈 꾸아 또이 꺼 람 지 싸이 콩?

빨리 술 깨는 방법 알아요?

Anh có biết cách làm cho nhanh tỉnh rượu không?

아잉 꺼 비엗 까익 람 쩌 냐잉 띵 지에우 콩?

술을 많이 마셔서 토할 것 같아요.

Tôi có vẻ sắp nôn vì uống nhiều rượu quá.

또이 꺼 배 쌉 논 브이 우옹 니에우 지에우 꾸아

바나나는 해장하는 데 좋은 과일이에요.

Chuối là trái cây rất tốt để giải rượu.

쭈오이 라 짜이 꺼이 젇 똗 데 자이 지에우

금주

나 이제 술 끊을 거야.

Từ giờ tôi sẽ bỏ rượu.
뜨 저 또이 쌔 버 지에우

전 당분간 술은 못 마셔요.

Tôi không được phép uống rượu trong thời gian tới.
또이 콩 드억 팹 우옹 지에우 쩡 터이 잔 떠이

의사가 당분간 술을 마시지 말라고 했어요.

Bác sỹ nói tôi không được uống rượu trong một thời gian.
박 씨 너이 또이 콩 드억 우옹 지에우 쩡 몯 터이 잔

오늘 차 가져와서 술을 못 마셔요.

Hôm nay tôi lái xe đến nên không uống rượu được.
홈 나이 또이 라이 쌔 덴 넨 콩 우옹 지에우 드억

저는 종교적인 이유로 술을 마시지 않습니다.

Tôi không uống rượu vì lý do tôn giáo.
또이 콩 우옹 지에우 브이 리 저 똔 자오

술 마시고 싶은 것을 겨우 참았어요.

Tôi đã phải rất kiềm chế cơn thèm rượu.
또이 다 파이 젇 끼엠 쩨 껀 탬 지에우

꼭! 짚고 가기

베트남의 맥주

베트남어로 맥주는 bia 비어라고 합니다. '베트남-브리핑(Vietnam-Briefing)'의 보고서에 따르면, 2022년 베트남은 약 38억 리터의 맥주를 소비했는데요. 이것은 베트남이 아시아에서 중국과 일본에 이어 3번째로 큰 맥주 소비 시장임을 보여 줍니다. 북부의 '하노이 맥주', 남부의 '사이공 맥주', 지역을 가리지 않고 흔히 볼 수 있는 '333 맥주' 등이 유명합니다. 베트남의 맥주 가격은 한국에 비해 훨씬 저렴하기 때문에, 베트남을 여행한다면 부담 없이 즐길 수 있을 거예요.

베트남에서 맥주를 주문하면 냉장고에서 시원한 맥주를 꺼내 주는 경우도 있지만, 상온에서 보관 중이던 맥주를 얼음컵과 함께 제공해 주기도 합니다. 관광객에게는 다소 낯설지 모르지만, 날씨가 더운 베트남에서 맥주를 시원하게 즐기려는 방법이랍니다. 또한 베트남 사람들은 맥주를 마실 때 상대의 술잔이 비기 전에 계속 채워 주는 것이 예의에 맞다고 여깁니다.

이 근처에 분위기 좋은 술집을 알아요.

Tôi biết một quán rượu rất hay gần đây.

또이 비엗 몯 꾸안 지에우 젇 하이 건 더이

왜 술을 이렇게 많이 마셔?

Tại sao em lại uống rượu nhiều như thế?

따이 싸오 앰 라이 우옹 지에우 니에우 니으 테?

빈속에 술을 마시지 마세요.

Đừng uống rượu khi bụng trống.

등 우옹 지에우 키 붕 쫑

그건 술김에 한 소리였어요.

Đó chỉ là lời nói lúc say rượu thôi.

더 찌 라 러이 너이 룩 싸이 지에우 토이

베트남에서는, 건배할 때 '1, 2, 3, 짠'이라고 외쳐요.

Ở Việt Nam, khi cụng ly người ta hô lớn '1, 2, 3, Zô'.

어 비엗 남 키 꿍 리 응어이 따 호 런 '몯, 하이, 바, 조'

안주를 좀 더 시키자.

Chúng ta gọi thêm đồ nhắm đi.

쭝 따 거이 템 도 냠 디

흡연

여기에서 담배 피워도 될까요?

Tôi có thể hút thuốc lá ở đây không?

또이 꺼 테 훗 투옥 라 어 더이 콩?

담배를 피우려면 나가서 피우세요.

Nếu anh định hút thuốc lá thì xin mời đi ra ngoài để hút thuốc.

네우 아잉 딩 훗 투옥 라 티 씬 머이 디 자 응오아이 데 훗 투옥

흡연 구역은 주차장 옆에 있어요.

Khu vực hút thuốc nằm cạnh bãi đỗ xe.

쿠 븍 훗 투옥 남 까잉 바이 도 쌔

그는 지독한 골초예요.

Anh ấy là người nghiện thuốc nặng.

아잉 어이 라 응어이 응이엔 투옥 낭

전 담배를 그다지 많이 피우지는 않아요.

Tôi không hút thuốc nhiều lắm.

또이 콩 훗 투옥 니에우 람

그는 습관적으로 담배를 피워요.

Anh ấy hút thuốc như một thói quen.

아잉 어이 훗 투옥 니으 몯 터이 꾸앤

담배

담뱃불 좀 빌릴 수 있을까요?

Tôi có thể mượn bật lửa một chút được không?

또이 꺼 테 므언 벋 르어 몯 쭏 드억 콩?

담배는 어디에서 살 수 있나요?

Tôi có thể mua thuốc lá ở đâu ạ?

또이 꺼 테 무어 투옥 라 어 더우 아?

담배는 건강에 해로워요.

Thuốc lá có hại cho sức khỏe.

투옥 라 꺼 하이 쩌 쓱 코애

담배꽁초를 함부로 버리지 마세요.

Xin đừng vứt tàn thuốc bừa bãi.

씬 등 븓 딴 투옥 브어 바이

전 담배 냄새가 정말 싫어요.

Tôi rất ghét mùi thuốc lá.

또이 젇 갣 무이 투옥 라

담배 좀 꺼 주시겠어요?

Anh có thể dập thuốc lá được không?

아잉 꺼 테 접 투옥 라 드억 콩?

그는 진짜 담배 말고 전자 담배를 피워요.

Anh ấy không hút thuốc lá thật mà hút thuốc lá điện tử.

아잉 어이 콩 훋 투옥 라 턷 마 훋 투옥 라 디엔 뜨

꼭! 짚고 가기

베트남의 담배 가격

베트남에서 담배 가격은 한 갑당 3~5만 동(약 1,500~2,500원)으로, 세계보건기구 (WHO)의 글로벌 보고서에 따르면 세계에 서 가장 저렴한 수준에 속합니다. WHO는 담뱃세가 구매에 영향을 끼치려면 소매가 의 약 75%를 차지해야 한다고 권고합니 다. 그러나 현재, 베트남의 담배 세율은 소 매가의 38.8%에 불과해 다른 아세안 국가 들과 비교해도 매우 낮은 편입니다. WHO 는 2030년까지 베트남이 담배 한 갑에 대 해 특별소비세를 15,000동으로 인상하고, 세금이 출고가의 75%에 이르도록 할 것을 제안하고 있습니다.

베트남은 현재 15세 이상 남성의 약 39% 가 흡연하고 있어 세계적으로도 높은 흡 연율을 기록합니다. 보건부는 베트남의 높 은 흡연율의 주요 원인 중 하나가 낮은 담 배 세율이라고 판단하며, 세금 인상을 통 해 흡연율을 낮추고 국민의 건강 증진하는 동시에 추가 세입을 확보할 수 있을 것으 로 기대하고 있습니다.

금연 ①

이곳은 흡연 금지 구역입니다.

Đây là khu vực cấm hút
thuốc.

더이 라 쿠 븍 껌 훝 투옥

요즘은 금연 구역이 많이 늘었어요.

Dạo này các khu vực cấm
hút thuốc tăng lên nhiều.

자오 나이 깍 쿠 븍 껌 훝 투옥 땅 렌 니에우

금연 구역

Khu vực cấm hút thuốc lá

쿠 븍 껌 훝 투옥 라

담배를 끊는 게 쉽지는 않죠.

Không dễ dàng để bỏ thuốc
lá.

콩 제 장 데 버 투옥 라

그는 건강 때문에 담배를 끊어야 해요.

Anh ấy phải cai thuốc lá vì
sức khỏe.

아잉 어이 파이 까이 투옥 라 브이 쓱 코애

새해에는 담배를 끊기로 결심했어.

Tôi đã quyết tâm bỏ thuốc
lá trong năm mới.

또이 다 꾸이엗 떰 버 투옥 라 쩡 남 머이

그는 금연에 성공했어.

Anh ấy đã cai thuốc thành
công.

아잉 어이 다 까이 투옥 타잉 꽁

금연 ②

전 하루 1개비로 줄였어요.

Tôi đã giảm xuống 1 điếu
một ngày.

또이 다 잠 쑤옹 몯 디에우 몯 응아이

끊으려고 노력은 하는데, 잘 안 되네요.

Tôi đã cố gắng để bỏ thuốc
nhưng không được.

또이 다 꼬 강 데 버 투옥 니응 콩 드억

담배를 끊고 난 후로 단 게 당겨요.

Kể từ khi cai thuốc, tôi thấy
thèm ngọt.

께 뜨 키 까이 투옥, 또이 터이 탬 응얻

담배는 일단 습관이 되면 끊기 어려워요.

Khi hút thuốc đã trở thành
thói quen thì rất khó bỏ.

키 훝 투옥 다 쩌 타잉 터이 꾸앤 티 젇 커 버

난 그가 담배를 끊은 줄 알았더니 다시
피우던데!

Tôi cứ tưởng anh ấy đã bỏ
thuốc nhưng anh ấy lại hút
lại rồi!

또이 끄 뜨엉 아잉 어이 다 버 투옥 니응 아잉
어이 라이 훝 라이 조이!

cai thuốc(bỏ thuốc) 까이 투옥(버 투옥) 담배를 끊다

취미 묻기

취미가 뭐예요?

Sở thích của anh là gì?

써 틱 꾸어 아잉 라 지?

시간 있을 때 뭘 하세요?

Khi có thời gian anh thường làm gì?

키 꺼 터이 쟌 아잉 트엉 람 지?

주말엔 주로 뭘 하세요?

Cuối tuần anh thường làm gì?

꾸오이 뚜언 아잉 트엉 람 지?

기분 전환할 때 뭘 하니?

Em làm gì để thay đổi tâm trạng?

앰 람 지 데 타이 도이 떰 짱?

어떤 것에 흥미를 갖고 있니?

Em cảm thấy hứng thú với việc gì?

앰 깜 터이 흥 투 버이 비엑 지?

특별히 좋아하는 활동이 있나요?

Anh cảm thấy đặc biệt thích hoạt động nào?

아잉 깜 터이 닥 비엗 틱 호앋 동 나오?

베트남 전통의 라오 담배

베트남의 전통 담배인 thuốc lào 투옥 라오 (라오 담배)는 우리나라의 곰방대와 비슷한 방식으로 피웁니다.

담뱃대는 대나무, 도자기, 금속 등 다양한 재료로 만듭니다. 담뱃대 길이가 대략 40~60㎝ 정도로 길기 때문에 다른 사람이 불을 붙여 줘야 피울 수 있었다고 합니다. 요즘은 비교적 짧게 만들어 직접 불을 붙일 수 있는 것도 있습니다.

담뱃대 몸통 아래쪽을 살펴보면, 툭 튀어나온 곳에는 구멍이 있습니다. 이 구멍에 말린 담뱃잎을 넣고, 담뱃잎을 넣은 아래에 물을 채워 넣은 뒤 담배를 피우는 방식입니다. 이 때문에 불을 붙인 후 담배 연기를 빨아들이면 물소리가 나게 되는데, 맛은 일반적인 담배보다 독하며 중독성이 강하다고 해요.

지금은 일반적인 담배를 피우는 게 대부분이지만 여전히 일부 소수 민족들은 라오 담배를 피웁니다. 또한 남부보다는 북부에서 라오 담배를 많이 피우는 편입니다.

취미 대답하기

저는 취미가 다양해요.

Sở thích của tôi rất đa
dạng.
써 틱 꾸어 또이 젇 다 장

저는 특별한 취미는 없어요.

Tôi không có sở thích gì đặc
biệt.
또이 콩 꺼 써 틱 지 닥 비엗

우리는 취미에 공통점이 많네요.

Chúng tôi có nhiều điểm
chung về sở thích.
쭝 또이 꺼 니에우 디엠 쭝 베 써 틱

저는 별난 취미를 가졌어요.

Tôi có sở thích rất đặc biệt.
또이 꺼 써 틱 젇 닥 비엗

저는 뭐든 꾸준히 하질 못해요.

Tôi không thể làm bất cứ
việc gì đều đặn.
또이 콩 테 람 벋 끄 비엑 지 데우 단

딱히 취미랄 게 없어요.

Tôi không có gì đáng gọi là
sở thích.
또이 콩 꺼 지 당 거이 라 써 틱

사진

사진 촬영은 제 취미 중 하나예요.

Chụp ảnh là một trong
những sở thích của tôi.
쭙 아잉 라 몯 쩡 니응 써 틱 꾸어 또이

자동 카메라보다 수동 카메라 사용을
좋아합니다.

Tôi thích sử dụng máy ảnh
cơ hơn là máy ảnh tự động.
또이 틱 쓰 중 마이 아잉 꺼 헌 라 마이 아잉
뜨 동

저는 풍경 사진 찍는 것을 좋아해요.

Tôi thích chụp ảnh phong
cảnh.
또이 틱 쭙 아잉 펑 까잉

어떤 종류의 카메라를 갖고 있나요?

Máy ảnh mà anh đang có là
loại gì?
마이 아잉 마 아잉 당 꺼 라 로아이 지?

제가 사진 찍어 드릴까요?

Tôi chụp ảnh cho anh nhé?
또이 쭙 아잉 쩌 아잉 내?

저는 일출 사진을 꼭 찍어 보고 싶어요.

Tôi rất muốn chụp ảnh mặt
trời mọc.
또이 젇 무온 쭙 아잉 맏 쩌이 멉

스포츠

어떤 스포츠를 좋아하세요?

Anh thích môn thể thao nào?
아잉 틱 몬 테 타오 나오?

스포츠라면 어떤 종류든 좋아해요.

Đã là thể thao thì môn nào tôi cũng thích.
다 라 테 타오 티 몬 나오 또이 꿍 틱

저는 운동엔 자신이 없어요.

Tôi không tự tin với các môn vận động.
또이 콩 뜨 띤 버이 깍 몬 번 동

스포츠는 하는 것보다 보는 것을 좋아하죠.

Tôi thích xem hơn là chơi thể thao.
또이 틱 쌤 헌 라 쩌이 테 타오

저는 집에서 TV로 스포츠 보는 것을 좋아해요.

Tôi thích xem thể thao bằng TV tại nhà.
또이 틱 쌤 테 타오 방 띠 브이 따이 냐

매일 운동해야 기분이 풀려요.

Phải tập thể dục hàng ngày thì tâm trạng mới thoải mái.
파이 떱 테 죽 항 응아이 티 떰 짱 머이 토아이 마이

계절 스포츠

이번 여름에 서핑하러 갈 예정이에요.

Tôi định đi lướt sóng vào hè này.

또이 딩 디 르얻 썽 바오 해 나이

평영이 제 특기예요.

Bơi ếch là sở trường của tôi.

버이 에익 라 써 쯔엉 꾸어 또이

함께 스케이트 타러 갈래요?

Anh có muốn đi trượt băng với tôi không?

아잉 꺼 무온 디 쯔얻 방 버이 또이 콩?

겨울엔 스키를 타러 가요.

Tôi đi trượt tuyết vào mùa đông.

또이 디 쯔얻 뚜이엗 바오 무어 동

그는 계절마다 즐겨 하는 스포츠가 있어요.

Anh ấy có môn thể thao yêu thích vào mỗi mùa.

아잉 어이 꺼 몬 테 타오 이에우 틱 바오 모이 무어

구기 종목

그녀는 요즘 테니스에 푹 빠졌어요.

Dạo này cô ấy rất say mê tennis.

자오 나이 꼬 어이 젇 싸이 메 땐 닡

그는 야구 경기 보는 것뿐만 아니라 하는 것도 좋아해요.

Anh ấy không chỉ thích xem thi đấu bóng chày mà còn thích chơi nữa.

아잉 어이 콩 찌 틱 쌤 티 더우 벙 짜이 마 껀 틱 쩌이 느어

그는 매일 오후에 농구 경기를 해요.

Mỗi chiều anh ấy đều thi đấu bóng rổ.

모이 찌에우 아잉 어이 데우 티 더우 벙 조

어느 축구팀을 좋아하세요?

Anh thích đội bóng đá nào?

아잉 틱 도이 벙 다 나오?

베트남에서 축구의 인기는 대단해요.

Ở Việt Nam, bóng đá rất được yêu chuộng.

어 비엗 남, 벙 다 젇 드억 이에우 쭈옹

경기는 무승부로 끝났어요.

Trận đấu đã kết thúc với kết quả hòa.

쩐 더우 다 껟 툭 버이 껟 꾸아 호아

음악 감상

음악을 듣는 걸 좋아해요.

Tôi rất thích nghe nhạc.

또이 젇 틱 응애 냑

어떤 음악을 좋아하세요?

Anh thích loại nhạc nào?

아잉 틱 로아이 냑 나오

좋아하는 가수가 누구야?

Em thích ca sỹ nào?

앰 틱 까 씨 나오?

모든 종류의 음악을 즐겨 들어요.

Tôi thích nghe tất cả các thể loại nhạc.

또이 틱 응애 떧 까 깍 테 로아이 냑

요즘, 케이팝에 빠져있어요.

Dạo này, tôi rất thích nghe K-POP.

자오 나이, 또이 젇 틱 응애 케이 뻡

최근, 클래식 음악을 듣기 시작했어요.

Gần đây, tôi đã bắt đầu nghe nhạc cổ điển.

건 더이, 또이 다 받 더우 응애 냑 꼬 디엔

음악은 제 삶의 활력소예요.

Âm nhạc là nguồn động lực cho cuộc sống của tôi.

엄 냑 라 응우온 동 륵 쩌 꾸옥 쏭 꾸어 또이

악기 연주

악기를 다룰 줄 아세요?

Anh có biết chơi nhạc cụ không?

아잉 꺼 비엗 쩌이 냑 꾸 콩?

피아노를 좀 칠 줄 알아요.

Tôi biết đánh piano một chút.

또이 비엗 다잉 삐아노 몯 쭏

기타는 몇 곡 정도 연주할 수 있어요.

Tôi có thể chơi được một vài bản ghi-ta.

또이 꺼 테 쩌이 드억 몯 바이 반 기 따

열 살 때부터 바이올린을 켜고 있어요.

Tôi chơi vi-ô-lông từ năm mười tuổi.

또이 쩌이 브이올롱 뜨 남 므어이 뚜오이

특별히 다룰 줄 아는 악기가 없어요.

Tôi không biết chơi nhạc cụ nào cả.

또이 콩 비엗 쩌이 냑 꾸 나오 까

제게 한 곡 연주해 주실래요?

Anh có thể chơi cho tôi nghe một bài được không?

아잉 꺼 테 쩌이 쩌 또이 응애 몯 바이 드억 콩?

영화 감상 ①

전 영화 보는 걸 좋아해요.

Tôi thích xem phim.

또이 틱 쌤 핌

저는 영화 마니아예요.

Tôi là người nghiện xem phim.

또이 라 응으어이 응이엔 쌤 핌

저는 영화제에 가는 것을 좋아해요.

Tôi rất thích đi đến liên hoan phim.

또이 젇 틱 디 덴 리엔 호안 핌

어떤 종류의 영화를 좋아하세요?

Anh thích xem thể loại phim nào?

아잉 틱 쌤 테 로아이 핌 나오?

저는 공상 과학 영화를 좋아해요.

Tôi thích xem phim khoa học viễn tưởng.

또이 틱 쌤 핌 코아 헙 비엔 뜨엉

공포 영화를 자주 봅니다.

Tôi thường xuyên xem phim kinh dị.

또이 트엉 쑤이엔 쌤 핌 낑 지

최근에 본 로맨스 영화는 지루했어요.

Bộ phim lãng mạn mà tôi xem gần đây rất chán.

보 핌 랑 만 마 또이 쌤 건 더이 젇 짠

영화 감상 ②

저는 외국 영화보다 우리나라 영화를 더 좋아해요.

Tôi thích phim của nước mình hơn phim nước ngoài.

또이 틱 핌 꾸어 느억 밍 헌 핌 느억 응오아이

그 영화를 다섯 번 이상 봤어요.

Tôi đã xem bộ phim đó hơn năm lần.

또이 다 쌤 보 핌 더 헌 남 런

그 영화의 주연은 누구인가요?

Diễn viên chính của bộ phim đó là ai vậy?

지엔 비엔 찡 꾸어 보 핌 더 라 아이 버이?

그녀가 주연한 영화는 모두 봤어요.

Tôi đã xem tất cả các phim cô ấy đóng vai chính.

또이 다 쌤 떧 까 깍 핌 꼬 어이 덩 바이 찡

베트남의 유명한 감독은 누구인가요?

Đạo diễn nổi tiếng của Việt Nam là ai?

다오 지엔 노이 띠엥 꾸어 비엗 남 라 아이?

diễn viên chính 지엔 비엔 찡 주연
đóng vai 덩 바이 ~의 역을 하다

영화관 가기

영화 보러 자주 가세요?

Anh có thường xuyên đi xem phim không?
아잉 꺼 트엉 쑤이엔 디 쌤 핌 콩?

새로 개봉한 영화가 뭐 있나요?

Có phim nào mới được khởi chiếu không?
꺼 핌 나오 머이 드억 커이 찌에우 콩?

지금 영화관에서 뭐 하나요?

Bây giờ ở rạp đang chiếu phim gì?
버이 저 어 잡 당 찌에우 핌 지?

꼭 보고 싶었던 영화가 개봉했어요.

Bộ phim mà tôi muốn xem đã khởi chiếu rồi.
보 핌 마 또이 무온 쌤 다 커이 찌에우 조이

영화관에 가기보다는 TV로 영화 보는 것을 좋아합니다.

Tôi thích xem phim bằng TV hơn là ra rạp chiếu phim.
또이 틱 쌤 핌 방 띠 브이 헌 라 자 잡 찌에우 핌

오늘 밤에 영화 보러 갈래요?

Đêm nay anh muốn đi xem phim không?
뎀 나이 아잉 무온 디 쌤 핌 콩?

khởi chiếu 커이 찌에우 개봉하다

베트남의 영화관

베트남의 영화 산업이 성장하면서 영화관 수도 매년 증가하고 있습니다. 영화관은 주로 하노이나 호찌민 등 큰 도시에 집중되어 있어요. 베트남의 주요 영화관으로는 CGV, 롯데시네마, Galaxy Cinema, Beta Cinema 등이 있는데 이 중에서 우리나라 기업인 CGV와 롯데시네마가 높은 점유율을 보이고 있답니다. 영화관은 복합쇼핑몰에 위치한 경우가 많아서 늘 사람들로 북적이지요.

베트남의 영화표 가격은 요일, 시간대 등에 따라 다양하게 나뉘나 대략 10만 동(약 5천 원)의 가격대입니다. 베트남의 영화관은 프로모션을 통해 풍부한 할인 혜택을 제공하는 경우가 많기 때문에, 영화관에 가기 전에 인터넷 홈페이지를 방문해 어떤 프로모션을 진행하는지 미리 확인하면 유용하답니다. 대부분의 베트남 영화에 영어 자막이 제공되며, 한국인이 많이 거주하는 지역에서는 외국 영화 상영 시 가끔 한국어 자막이 지원되기도 합니다.

독서 ①

제 취미는 소설 읽기예요.

Sở thích của tôi là đọc tiểu
thuyết.

써 틱 꾸어 또이 라 덥 띠에우 투이엗

한 달에 몇 권 정도 읽으세요?

Một tháng anh đọc mấy
quyển sách?

몯 탕 아잉 덥 머이 꾸이엔 싸익

한 달에 두 권 정도는 읽어요.

Một tháng tôi đọc khoảng
hai quyển sách.

몯 탕 또이 덥 코앙 하이 꾸이엔 싸익

한가할 땐, 독서로 시간을 보내요.

Khi rảnh rỗi, tôi thường giết
thời gian bằng cách đọc
sách.

키 자잉 조이, 또이 트엉 지엗 터이 잔 방 까익
덥 싸익

어떤 책을 즐겨 읽으세요?

Anh thích đọc loại sách
nào?

아잉 틱 덥 로아이 싸익 나오?

가장 좋아하는 장르는 무엇입니까?

Thể loại mà anh thích nhất
là gì?

테 로아이 마 아잉 틱 녇 라 지?

독서 ②

저는 자기 전에 항상 책을 읽어요.

Tôi luôn luôn đọc sách
trước khi đi ngủ.

또이 루온 루온 덥 싸익 쯔억 키 디 응우

어릴 때는 동화를 많이 읽었어요.

Tôi đã đọc rất nhiều truyện
cổ tích hồi còn nhỏ.

또이 다 덥 젇 니에우 쭈이엔 꼬 띡 호이 껀 녀

저는 시를 제일 좋아해요.

Tôi thích thơ nhất.

또이 틱 터 녇

좋아하는 작가가 있어요?

Có tác giả nào mà anh thích
không?

꺼 딱 자 나오 마 아잉 틱 콩?

이 책 재미있어요. 한번 읽어 보세요.

Quyển sách này rất thú vị.
Anh thử đọc xem.

꾸이엔 싸익 나이 젇 투 브이. 아잉 트 덥 쌤

이 책은 어디서 구할 수 있어요?

Tôi có thể tìm quyển sách
này ở đâu?

또이 꺼 테 띰 꾸이엔 싸익 나이 어 더우?

truyện cổ tích 쭈이엔 꼬 띡 동화
thơ 터 시

130

동호회

저는 많은 사람들을 만나는 것을
좋아해요.

Tôi thích việc gặp gỡ nhiều
người.
또이 틱 비엑 갑 거 니에우 응으어이

저는 지난 달에 축구 동호회에
가입했어요.

Tôi đã gia nhập câu lạc bộ
bóng đá vào tháng trước.
또이 다 자 녑 꺼우 락 보 벙 다 바오 탕 쯔억

동호회는 매주 일요일에 모여요.

Câu lạc bộ họp vào mỗi chủ
nhật.
꺼우 락 보 협 바오 모이 쭈 녓

저는 인터넷을 통해서 동호회에 대한
정보를 얻었어요.

Tôi đã nhận được thông tin
về câu lạc bộ qua internet.
또이 다 년 드억 통 띤 베 꺼우 락 보 꾸아 인
떠 녵

동호회에 가입해서 많은 친구들을
사귀었어요.

Tôi đã kết bạn với nhiều
người sau khi gia nhập câu
lạc bộ.
또이 다 껟 반 버이 니에우 응으어이 싸우 키 자
녑 꺼우 락 보

꼭! 짚고 가기

베트남에 출간된 한국 도서

베트남의 서점에 가면 적은 수지만 베트남
어로 번역된 한국 도서를 찾아볼 수 있습
니다. 어떤 책이 번역, 출간되어 있는지 일
부 살펴보고 베트남어로는 어떻게 말하는
지도 알아볼게요.

- 채식주의자 (한강 저)
  Người ăn chay 응으어이 안 짜이

- 7년의 밤 (정유정 저)
  7 năm bóng tối 바이 남 벙 또이

- 불편한 편의점 (김호연 저)
  Cửa hàng tiện lợi bất tiện
  끄어 항 띠엔 러이 벋 띠엔

- 가시고기 (조창인 저)
  Bố con cá gai 보 껀 까 가이

- 덕혜옹주 (권비영 저)
  Ông chúa Đức Huệ 옹 쭈어 득 후에

- 한국이 싫어서 (장강명 저)
  Vì tôi ghét Hàn Quốc
  브이 또이 갣 한 꾸옥

앞으로 더 많은 한국의 도서가 베트남에
출간되어 문학을 통한 문화 교류가 확대되
길 바라봅니다.

câu lạc bộ 꺼우 락 보 동호회, 동아리

취미 기타

그는 뮤지컬 보러 가는 게 취미예요.

Sở thích của anh ấy là đi xem vở nhạc kịch.

써 틱 꾸어 아잉 어이 라 디 쌤 버 냑 끽

저희 어머니는 시간이 날 때마다 뜨개질을 하세요.

Mỗi khi có thời gian rảnh là mẹ tôi đan len.

모이 키 꺼 터이 잔 자잉 라 매 또이 단 랜

저는 그림 그리는 걸 좋아해요.

Tôi thích vẽ tranh.

또이 틱 배 짜잉

저는 주말마다 미술 전시회에 가요.

Tôi đi triển lãm mỹ thuật mỗi cuối tuần.

또이 디 찌엔 람 미 투얻 모이 꾸오이 뚜언

다른 취미는 없나요?

Anh còn sở thích nào khác không?

아잉 껀 써 틱 나오 칵 콩?

---

vở nhạc kịch 버 냑 끽 뮤지컬
đan len 단 랜 뜨개질 하다
triển lãm 찌엔 람 전시회
mỹ thuật 미 투얻 미술

132

반려동물 ①

저는 반려동물 키우는 걸 좋아해요.

Tôi rất thích nuôi thú cưng.

또이 젇 틱 누오이 투 끙

지금 키우고 있는 반려동물이 있나요?

Anh có đang nuôi thú cưng nào không?

아잉 꺼 당 누오이 투 끙 나오 콩?

어렸을 때 반려동물을 키워 봤어요?

Hồi còn nhỏ anh đã từng nuôi thú cưng bao giờ chưa?

호이 껀 녀 아잉 다 뜽 누오이 투 끙 바오 저 쯔어?

어떤 종류의 반려동물을 키우고 싶어요?

Anh muốn nuôi loại thú cưng nào?

아잉 무온 누오이 로아이 투 끙 나오?

지금 개를 키우고 있지만 고양이도 키우고 싶어요.

Bây giờ tôi đang nuôi chó nhưng tôi cũng muốn nuôi mèo nữa.

버이 저 또이 당 누오이 쩌 니응 또이 꿍 무온 누오이 매오 느어

동물을 키우는 건 정서적으로 도움이 돼요.

Nuôi động vật rất tốt cho tâm hồn.

누오이 동 벋 젇 똗 쩌 떰 혼

반려동물 ②

고양이를 키우고 싶지만 아파트에 살고 있어서 키울 수가 없어요.

Tôi muốn nuôi mèo nhưng vì sống ở chung cư nên không thể nuôi được.

또이 무온 누오이 매오 니응 브이 쏭 어 쯍 끄 넨 콩 테 누오이 드억

개와 함께 집에서 생활하는 게 불편하진 않나요?

Anh không thấy bất tiện khi sống cùng với chó trong nhà à?

아잉 콩 터이 벋 띠엔 키 쏭 꿍 버이 쩌 쩡 냐 아?

반려동물을 기르는 것은 아이들에게 책임감을 일깨워 줍니다.

Nuôi thú cưng giúp tạo tinh thần trách nhiệm cho trẻ em.

누오이 투 끙 줍 따오 띵 턴 짜익 니엠 쩌 째 앰

여기는 반려동물 데려와도 되나요?

Ở đây có cho phép mang thú cưng vào không?

어 더이 꺼 쩌 팹 망 투 끙 바오 콩?

죄송해요. 반려동물은 출입 금지입니다.

Xin lỗi. Ở đây cấm thú cưng ra vào.

씬 로이. 어 더이 껌 투 끙 자 바오

꼭! 짚고 가기

도마뱀과 바퀴벌레

베트남에 가면 건물 벽을 타고 빠르게 돌아다니는 도마뱀을 자주 볼 수 있습니다. 이 작은 도마뱀을 thạch sùng 타익 쑹이라고 하는데, 옅은 노란색 혹은 살색에 크기도 검지손가락 정도로 작아서, 딱히 무섭거나 징그러운 느낌은 아닙니다.

처음에는 깜짝 놀라기도 하고 특히 집 안에 도마뱀이 들어온 경우 어떻게 할지 난감하기도 합니다. 하지만 도마뱀은 모기나 작은 해충을 잡아먹기도 하기 때문에 베트남 사람들은 굳이 도마뱀을 잡거나 쫓아내지 않습니다.

바퀴벌레 역시 흔히 볼 수 있는데, 베트남어로는 gián 잔이라고 하며 보통 한국의 바퀴벌레보다 좀 더 큽니다. 베트남에 유학, 장기 출장 또는 여행 계획이 있다면 베트남 입국 후 숙소 상태에 따라 대비할 수 있도록 작은 크기의 bình xịt côn trùng 빙 씯 꼰 쭝(스프레이 살충제) 한 통을 구비해 두면 유용합니다.

반려동물-개 ①

매일 저녁, 저는 개와 함께 산책을 해요.

Mỗi buổi tối, tôi đều đi dạo cùng chó.

모이 부오이 또이, 또이 데우 디 자오 꿍 쩌

개와 산책하는 건 즐거워요.

Đi dạo cùng với chó rất vui.

디 자오 꿍 버이 쩌 젇 부이

우리 강아지는 한 살이에요.

Chú cún của chúng tôi được một tuổi rồi.

쭈 꾼 꾸어 쭝 또이 드억 몯 뚜오이 조이

이 강아지 이름은 뭐예요?

Tên của chú cún này là gì?

뗀 꾸어 쭈 꾼 나이 라 지?

그는 강아지 이름을 루이라고 지었어요.

Anh ấy đặt tên cho cún là Lui.

아잉 어이 닫 뗀 쩌 꾼 라 루이

우리 개가 어젯밤에 새끼를 낳았어요.

Chú chó của chúng tôi đã sinh con vào đêm qua.

쭈 쩌 꾸어 쭝 또이 다 씽 껀 바오 뎀 꾸아

이제 강아지에게 먹이를 줄 시간이에요.

Bây giờ là lúc cho cún ăn.

버이 저 라 룩 쩌 꾼 안

반려동물-개 ②

강아지가 밥 먹을 땐 만지지 마세요.

Đừng sờ vào người chó khi chúng đang ăn.

등 써 바오 응어이 쩌 키 쭝 당 안

우리 개는 온순해요.

Chó của chúng tôi rất hiền.

쩌 꾸어 쭝 또이 젇 히엔

우리 강아지는 낯선 사람에게 달려들어요.

Chó của chúng tôi rất quấn người lạ.

쩌 꾸어 쭝 또이 젇 꾸언 응어이 라

휴가 동안, 제 강아지를 돌봐 줄 사람이 필요해요.

Trong kỳ nghỉ, tôi cần người trông chó giúp.

쩡 끼 응이, 또이 껀 응어이 쫑 쩌 쥽

그의 개는 아무데서나 대소변을 봐요.

Chó của anh ấy đi vệ sinh ở mọi nơi.

쩌 꾸어 아잉 어이 디 베 씽 어 머이 너이

이 강아지는 잘 길들여져 있어요.

Chú cún này được huấn luyện rất tốt.

쭈 꾼 나이 드억 후언 루이엔 젇 똗

134

반려동물-고양이

고양이는 매력적인 동물이에요.

Mèo là động vật rất đáng yêu.
매오 라 동 벋 젇 당 이에우

우리 집 고양이는 굉장히 도도하다.

Chú mèo của nhà chúng tôi rất chảnh.
쭈 매오 꾸어 냐 쭘 또이 젇 짜잉

그의 고양이는 사나워요.

Con mèo của anh ấy rất dữ.
껀 매오 꾸어 아잉 어이 젇 즈

고양이가 발톱으로 날 할퀴었다.

Con mèo đã cào tôi bằng móng vuốt.
껀 매오 다 까오 또이 방 멍 부옫

새끼 고양이가 슬리퍼를 물어 뜯었어요.

Mèo con đã cắn đôi dép lê.
매오 껀 다 깐 도이 잽 레

고양이들은 상자 속에 들어가는 걸 좋아해요.

Mèo rất thích chui vào trong hộp.
매오 젇 틱 쭈이 바오 쩡 홉

고양이를 키울 땐, 모래 상자가 꼭 필요해요.

Khi nuôi mèo, nhất định phải có thùng đựng cát.
키 누오이 매오, 녇 딩 파이 꺼 퉁 등 깓

반려동물-기타 ①

독특한 반려동물을 키워 봤나요?

Anh đã bao giờ nuôi một con vật đặc biệt nào chưa?
아잉 다 바오 저 누오이 몯 껀 벋 닥 비엘 나오 쯔어?

그는 특이한 동물들을 키워요.

Anh ấy nuôi những con vật rất đặc biệt.
아잉 어이 누오이 니응 껀 벋 젇 닥 비엘

제 친구 중 한 명은 뱀을 키워요.

Một trong số những người bạn của tôi nuôi rắn.
몯 쩡 쏘 니응 응으어이 반 꾸어 또이 누오이 잔

저는 거북이를 기르고 있어요.

Tôi đang nuôi rùa.
또이 당 누오이 주어

그의 앵무새는 말을 엄청 잘 따라해요.

Con vẹt của anh ấy nói theo rất giỏi.
껀 밷 꾸어 아잉 어이 너이 태오 젇 저이

토끼는 무엇을 먹나요?

Thỏ ăn gì nhỉ?
터 안 지 니?

반려동물-기타 ②

그는 도마뱀과 이구아나를 위해 큰 사육장을 마련했어요.

Anh ấy đã chuẩn bị một trang trại lớn để nuôi thằn lằn và kỳ nhông.

아잉 어이 다 쭈언 비 몯 짱 짜이 런 데 누오이 탄 란 바 끼 농

내 햄스터는 양배추를 즐겨 먹어요.

Con chuột cảnh của tôi rất thích ăn bắp cải.

껀 쭈옫 까잉 꾸어 또이 젇 틱 안 밥 까이

반려동물로 장수풍뎅이를 키우는 사람도 있어.

Có người nuôi bọ hung làm động vật cảnh.

꺼 응으어이 누오이 버 훙 람 동 벋 까잉

그녀가 키우는 열대어는 희귀종이에요.

Con cá nhiệt đới mà cô ấy nuôi là loài cá quý hiếm.

껀 까 니엗 더이 마 꼬 어이 누오이 라 로아이 까 꾸이 히엠

어항 청소하기 어렵지 않아요?

Lau dọn bể cá có khó không?

라우 전 베 까 꺼 커 콩?

식물 가꾸기 ①

우리는 세 개의 화분에 콩을 심었다.

Chúng tôi đã trồng đỗ vào ba chậu cây.

쭝 또이 다 쫑 도 바오 바 쩌우 꺼이

저 화분은 일주일에 한 번 이상 물을 주면 안 돼요.

Không được tưới nước cho chậu cây đó nhiều hơn một lần một tuần.

콩 드억 뜨어이 느억 쩌 쩌우 꺼이 더 니에우 헌 몯 런 몯 뚜언

이 화초는 햇빛을 많이 봐야 해요.

Cây hoa này cần phải được thường xuyên tắm nắng.

꺼이 호아 나이 껀 파이 드억 트엉 쑤이엔 땀 낭

네 화분은 잘 자라는데, 왜 내 것은 시드는 거지?

Tại sao chậu cây của anh thì tươi tốt mà chậu cây của em lại khô héo thế này?

따이 싸오 쩌우 꺼이 꾸어 아잉 티 뜨어이 똗 마 쩌우 꺼이 꾸어 앰 라이 코 해오 테 나이?

화초가 자꾸 시들면 자리를 옮겨 보세요.

Nếu cây hoa liên tục bị héo thì anh thử thay đổi vị trí xem sao.

네우 꺼이 호아 리엔 뚝 비 해오 티 아잉 트 타이 도이 브이 찌 쌤 싸오

식물 가꾸기 ②

\# 가족이 먹으려고 마당에 채소를 기르고 있어요.

Tôi đang trồng rau ở sân để cho gia đình ăn.
또이 당 쫑 자우 어 썬 데 쩌 자 딩 안

\# 화분에 물 주는 걸 깜빡했어요.

Em quên mất không tưới nước cho chậu hoa.
앰 꾸엔 멋 콩 뜨어이 느억 쩌 쩌우 호아

\# 저는 꽃 중에 장미를 가장 좋아해요.

Tôi thích hoa hồng nhất trong số các loại hoa.
또이 틱 호아 홍 녇 쩡 쏘 깍 로아이 호아

\# 선인장은 물을 많이 줄 필요가 없어요.

Anh không cần tưới nhiều nước cho cây xương rồng.
아잉 콩 껀 뜨어이 니에우 느억 쩌 꺼이 쓰엉 종

\# 저는 꽃집에 자주 들러요.

Tôi thường xuyên rẽ vào cửa hàng hoa.
또이 트엉 쑤이엔 재 바오 끄어 항 호아

\# 저는 가끔 화분에 영양제를 줘요.

Thỉnh thoảng tôi bón chất dinh dưỡng cho chậu hoa.
팅 토앙 또이 번 쩓 징 즈엉 쩌 쩌우 호아

꼭! 짚고 가기

달랏 꽃 축제

호찌민시에서 버스로 약 8시간, 비행기로 1시간 정도 걸리는 Đà Lạt 다 랃(달랏)은 베트남의 고원지대에 위치해 있어 연중 선선한 기후를 유지하는 도시입니다.

맑은 공기와 한적한 도시 분위기로 인해 인기 있는 휴양지 중 하나로 손꼽힙니다. 최근 한국에서 베트남으로 향하는 다양한 직항 노선이 생기면서, 달랏을 찾는 한국인 관광객도 증가하고 있습니다. 도시 한가운데에 Xuân Hương 쑤언 흐엉이라는 큰 호수가 있어서 산책하기에 좋고, 호수 주변에는 예쁜 카페들이 자리하고 있어서 여행객들에게 큰 인기를 끌고 있습니다.

달랏에서는 2005년부터 2년에 한 번씩 12월에 '달랏 꽃 축제'를 개최하고 있습니다. 축제 기간은 일주일 안팎으로, 도시 곳곳을 꽃으로 꾸며 놓고 각종 퍼레이드와 공연 등 다채로운 행사를 엽니다. 달랏은 이 꽃 축제를 통해서 많은 관광객을 유치하고 있습니다. 기회가 된다면 꽃 축제 기간에 달랏에 방문해 예쁜 추억을 만들어 보세요.

Chương 04

거울 속 내 모습!

Chương 04

Cơ thể 꺼 테 신체

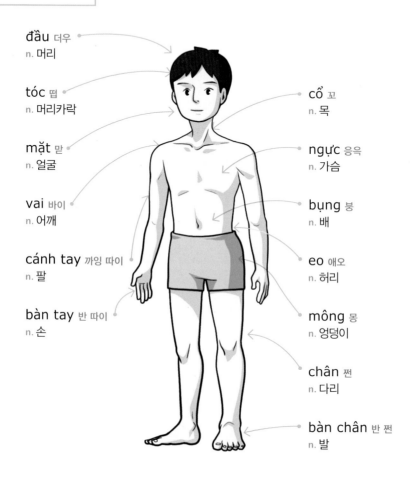

cơ thể 꺼 테
n. 신체

đầu 더우
n. 머리

tóc 떱
n. 머리카락

mặt 맡
n. 얼굴

vai 바이
n. 어깨

cánh tay 까잉 따이
n. 팔

bàn tay 반 따이
n. 손

cổ 꼬
n. 목

ngực 응윽
n. 가슴

bụng 붕
n. 배

eo 애오
n. 허리

mông 몽
n. 엉덩이

chân 쩐
n. 다리

bàn chân 반 쩐
n. 발

mắt 맡
n. 눈

mũi 무이
n. 코

miệng 미엥
n. 입

tai 따이
n. 귀

cân nặng 껀 낭
n. 몸무게, 체중

chiều cao
찌에우 까오
n. 키

140

Quần áo 꾸언 아오 **옷**

quần áo 꾸언 아오 n. 옷	**áo thun** 아오 툰 = **áo phông** 아오 퐁 n. 티셔츠	**áo sơ mi** 아오 써 미 n. 와이셔츠
	áo vét 아오 뱉 n. 재킷	**com lê** 껌 레 n. 양복
	quần 꾸언 n. 바지	**quần bò** 꾸언 버 n. 청바지
	áo dạ 아오 자 n. 코트	**áo khoác ngoài** 아오 코악 응오아이 n. 점퍼
mặc quần áo 막 꾸언 아오 옷을 입다	**chân váy** 쩐 바이 n. 치마	**váy liền thân** 바이 리엔 턴 n. 원피스, 드레스
	áo dài 아오 자이 n. 아오자이	**áo cánh nữ** 아오 까잉 느 n. 블라우스
cởi quần áo 꺼이 꾸언 아오 옷을 벗다	**đồ lót** 도 럳 n. 속옷	**đồ ngủ** 도 응우 n. 잠옷
	quần áo bơi 꾸언 아오 버이 n. 수영복	**quần áo thể thao** 꾸언 아오 테 타오 n. 운동복

신체 특징

체중

그는 키가 크다.

Anh ấy rất cao.

아잉 어이 젇 까오

키가 어떻게 되세요?

Anh cao bao nhiêu?

아잉 까오 바오 니에우?

저는 키가 170cm예요.

Tôi cao 170cm.

또이 까오 몯 짬 바이 므어이 쌍 띠 멛

제 여동생은 다리가 꽤 길어요.

Chân em gái tôi khá dài.

쩐 앰 가이 또이 카 자이

나는 허리가 가늘다.

Eo của tôi rất thon.

애오 꾸어 또이 젇 턴

저는 왼손잡이예요.

Tôi thuận tay trái.

또이 투언 따이 짜이

저는 평발이에요.

Tôi có bàn chân phẳng.

또이 꺼 반 쩐 팡

저는 상체 비만이에요.

Tôi bị béo phần người trên.

또이 비 배오 펀 응으어이 쩬

요즘 체중이 늘었어요.

Dạo này tôi đã tăng cân.

자오 나이 또이 다 땅 껀

너 살이 좀 빠졌지?

Em hơi sút cân có phải không?

앰 허이 쑫 껀 꺼 파이 콩?

저는 뚱뚱해요.

Tôi béo lắm.

또이 배오 람

저는 말랐어요.

Tôi gầy lắm.

또이 거이 람

그녀는 날씬해요.

Cô ấy thon thả.

꼬 어이 턴 타

그는 키에 비해 몸무게가 많이 나가요.

Anh ấy thừa cân nặng so với chiều cao.

아잉 어이 트어 껀 낭 써 버이 찌에우 까오

저는 50kg예요.

Tôi nặng 50kg(cân).

또이 낭 남 므어이 낄로감(껀)

그는 통통해 보여요.

Anh ấy trông hơi béo.

아잉 어이 쫑 허이 배오

체격 & 기타

저는 몸매를 유지하기 위해 7시 전에 저녁을 먹어요.

Để giữ vóc dáng, tôi ăn tối trước 7 giờ tối.
데 즈 법 장, 또이 안 또이 쯔억 바이 저 또이

그는 체격이 좋다.

Thể hình của anh ấy rất đẹp.
테 힝 꾸어 아잉 어이 젇 댑

그는 넓은 어깨를 가졌다.

Anh ấy có một đôi vai rộng.
아잉 어이 꺼 몯 도이 바이 종

건강해 보이네요.

Trông anh khỏe mạnh thật đấy.
쫑 아잉 코애 마잉 턷 더이

요즘 저는 배가 나왔어요.

Dạo này tôi bị béo bụng.
자오 나이 또이 비 배오 붕

사람은 외모로만 판단할 수 없어요.

Không thể đánh giá con người chỉ bằng ngoại hình được.
콩 테 다잉 자 껀 응으어이 찌 방 응오아이 힝 드억

다이어트

살이 쪄서 다이어트를 시작했어요.

Tôi đã bắt đầu ăn kiêng vì bị tăng cân.

또이 다 밭 더우 안 끼엥 브이 비 땅 껀

다이어트를 해도 체중이 줄지 않아요.

Mặc dù đã ăn kiêng nhưng cân nặng của tôi không giảm đi.

막 주 다 안 끼엥 니응 껀 낭 꾸어 또이 콩 잠 디

저는 다이어트 중이라 군것질을 하지 않아요.

Tôi đang ăn kiêng nên không ăn vặt.

또이 당 안 끼엥 넨 콩 안 밭

저녁을 굶으면 살이 빠질까요?

Nếu không ăn tối thì liệu có giảm cân được không nhỉ?

네우 콩 안 또이 티 리에우 꺼 잠 껀 드억 콩 니?

살 빼는 데 효과적인 방법을 아세요?

Anh có biết phương pháp nào giảm cân hiệu quả không?

아잉 꺼 비엗 프엉 팝 나오 잠 껀 히에우 꾸아 콩?

굶는 것은 좋은 방법이 아니에요.

Nhịn ăn không phải là phương pháp tốt.

닌 안 콩 파이 라 프엉 팝 똗

외모 & 얼굴

나는 나이보다 어려 보인다.

Tôi trông trẻ hơn so với tuổi.

또이 쫑 째 헌 써 버이 뚜오이

그는 나이가 들어 보여.

Anh ấy trông khá nhiều tuổi.

아잉 어이 쫑 카 니에우 뚜오이

그는 자기 나이처럼 안 보이는데.

Anh ấy trông không giống với số tuổi của mình.

아잉 어이 쫑 콩 종 버이 쏘 뚜오이 꾸어 밍

그녀는 웃을 때 예뻐.

Cô ấy rất xinh khi cười.

꼬 어이 젇 씽 키 끄어이

그는 못생겼어요.

Anh ấy xấu trai.

아잉 어이 써우 짜이

나는 보조개가 있다.

Tôi có má lúm đồng tiền.

또이 꺼 마 룸 동 띠엔

자고 일어나면, 얼굴이 부어 있어요.

Sau khi ngủ dậy, tôi thấy mặt mình bị sưng.

싸우 키 응우 저이, 또이 터이 맏 밍 비 씅

그는 이마가 넓어요.

Trán của anh ấy rộng.

짠 꾸어 아잉 어이 종

얼굴형

내 얼굴은 동그랗다.

Mặt tôi tròn.
맏 또이 쩐

난 내 얼굴형이 마음에 들지 않아.

Tôi không thích hình dạng khuôn mặt mình.
또이 콩 틱 힝 장 쿠온 맏 밍

어떤 얼굴형이 가장 예쁜 것 같아요?

Hình dạng khuôn mặt nào thì đẹp nhất nhỉ?
힝 장 쿠온 맏 나오 티 댑 녇 니?

난 계란형 얼굴이에요.

Tôi có khuôn mặt trái xoan.
또이 꺼 쿠온 맏 짜이 쏘안

계란형 얼굴은 어떤 헤어스타일이든 잘 어울려요.

Mặt trái xoan đi với kiểu tóc nào cũng hợp.
맏 짜이 쏘안 디 버이 끼에우 떱 나오 꿍 헙

그는 사각턱이야.

Anh ấy có chiếc cằm vuông.
아잉 어이 꺼 찌엑 깜 부옹

그의 얼굴은 역삼각형이에요.

Mặt anh ấy hình tam giác ngược.
맏 아잉 어이 힝 땀 작 응으억

꼭! 짚고 가기

미스 베트남

베트남에는 다양한 미인대회가 있지만 그 중 가장 권위 있는 대회는 다음 세 가지로 손꼽힙니다.

· Hoa hậu Việt Nam

호아 허우 비엩 남

(Miss Vietnam)

1988년부터 시작된 이 대회는 베트남에서 가장 오래된 미인대회로, 2년에 한 번씩 개최됩니다. 이 대회의 수상자는 국제 미인 대회인 미스 월드나 미스 인터내셔널에 베트남을 대표하여 출전할 자격을 얻습니다.

· Hoa hậu Hoàn vũ Việt Nam

호아 허우 호안 부 비엩 남

(Miss Universe Vietnam)

이 대회의 우승자는 미스 유니버스 대회에 출전합니다. 특히 2017년, 미인대회 역사상 처음으로 소수민족 출신인 흐핸니에(H'Hen Niê)가 우승하여 화제를 모았으며, 이후 2018년 미스유니버스 본선에서 5위를 기록하는 쾌거를 이루었습니다.

· Hoa hậu Thế giới Việt Nam

호아 허우 테 저이 비엩 남

(Miss World Vietnam)

이 대회는 '베트남 아오자이 미인(Hoa khôi Áo dài Việt Nam)'이라는 이름으로 불렸으나, 2019년부터 '미스 월드 베트남'으로 변경되었습니다. 이 대회의 수상자들은 미스 월드나 미스 인터내셔널 같은 국제 대회에 출전할 기회를 얻게 됩니다.

피부

그녀는 피부가 하얗다.

Da cô ấy trắng.

자 꼬 어이 짱

나는 피부가 까맣다.

Da tôi đen.

자 또이 댄

피부가 매끈하다.

Da mịn màng.

자 민 망

피부가 거칠다.

Da khô ráp.

자 코 잡

제 피부는 민감해요.

Da tôi rất mẫn cảm.

자 또 젇 먼 깜

제 피부는 너무 건조해요.

Da tôi rất khô.

자 또이 젇 코

네 피부는 지성이구나.

Da em là da dầu đấy.

자 앰 라 자 저우 더이

여기서 잠깐!

베트남어로 피부 타입은 어떻게 말하는지 알아볼게요.

- 건성 피부 da khô 자 코
- 지성 피부 da nhờn 자 년, da dầu 자 저우
- 민감성 피부 da mẫn cảm 자 먼 깜

피부 상태

얼굴에 각질이 생겼어.

Mặt của em bị tróc vảy kìa.

맏 꾸어 앰 비 쩝 바이 끼어

모공이 넓어서 고민이야.

Tôi rất khổ tâm vì lỗ chân lông của mình rộng.

또이 젇 코 떰 브이 로 쩐 롱 꾸어 밍 종

내 눈가에 주름이 늘었어.

Nếp nhăn trên khóe mắt của tôi đã nhiều lên rồi.

넵 냔 쩬 코애 맏 꾸어 또이 다 니에우 렌 조이

햇빛에 그을려 피부가 까무잡잡하다.

Anh bị cháy nắng nên da sạm đen.

아잉 비 짜이 낭 넨 자 쌈 댄

요즘 내 피부가 칙칙해졌어.

Dạo này da của tôi bị sạm đi.

자오 나이 자 꾸어 또이 비 쌈 디

이마에 여드름이 났어요.

Tôi bị mọc mụn trên trán rồi.

또이 비 멉 문 쩬 짠 조이

주근깨 예쁜데 왜 없애려고 해?

Tàn nhang đẹp mà sao phải tẩy?

딴 냥 댑 마 싸오 파이 떠이?

146

눈 ①

\# 난 쌍꺼풀이 있어.

Mắt tôi hai mí.
맏 또이 하이 미

\# 내 눈은 홑꺼풀이야.

Mắt tôi một mí.
맏 또이 몯 미

\# 쌍꺼풀이 있으면 눈이 커 보여요.

Nếu là mắt hai mí thì mắt trông sẽ to.
네우 라 맏 하이 미 티 맏 쫑 쌔 떠

\# 어젯밤에 라면 먹고 잤더니 눈이 부었어요.

Đêm qua tôi ăn mì tôm xong ngủ luôn nên mắt bị sưng.
뎀 꾸아 또이 안 미 똠 썽 응우 루온 넨 맏 비 씅

\# 제 속눈썹은 길어요.

Lông mi của tôi rất dài.
롱 미 꾸어 또이 젇 자이

\# 속눈썹이 짧아서 인조 속눈썹을 붙였어요.

Lông mi của tôi ngắn nên tôi đã dán lông mi giả.
롱 미 꾸어 또이 응안 넨 또이 다 잔 롱 미 자

\# 그녀의 눈은 초롱초롱하다.

Mắt của cô ấy long lanh.
맏 꾸어 꼬 어이 렁 라잉

미백에 관심이 많은 여성들

베트남에서 한낮에 오토바이를 운전하는 여성들은 머리끝부터 발끝까지 꼼꼼히 가리곤 합니다. 긴팔 티셔츠, 긴 바지, 모자, 마스크, 장갑, 양말 등을 착용하여 햇빛에 피부가 노출되는 것을 최대한 막으려고 노력합니다. 반면 해가 진 후에는 반바지 등 가벼운 옷차림으로도 운전하는 모습을 볼 수 있어요.

이렇게 햇빛 노출에 신경을 쓰는 이유는 베트남에서 미의 기준 중 하나가 하얀 피부이기 때문이에요. 실제로 베트남 여성들은 피부가 타는 것을 굉장히 꺼립니다.

문학 작품에서도 하얀 피부는 미인을 묘사할 때 빠지지 않는 요소이며, 피부가 유독 흰 연예인은 더 주목을 받기도 하죠.

그렇기 때문에 베트남 여성들은 피부가 타지 않도록 노력하며 다양한 화장품 중에서도 미백 기능성 제품에 관심이 상당히 많습니다. 실제로 베트남에서 화장품 매장에 가면 미백 관련 제품들이 큰 비중을 차지하며 진열되어 있습니다.

눈 ②

잠을 못 자서 눈이 충혈됐어요.

Tôi không ngủ được nên
mắt bị đỏ.
또이 콩 응우 드억 넨 맏 비 더

내 눈동자는 짙은 갈색이에요.

Lòng đen của mắt tôi có
màu nâu đậm.
렁 댄 꾸어 맏 또이 꺼 마우 너우 덤

제 눈은 너무 작아요.

Mắt tôi quá bé.
맏 또이 꾸아 배

내 눈꼬리는 약간 위로 올라갔다.

Đuôi mắt tôi hơi xếch lên
trên một chút.
두오이 맏 또이 허이 쎄익 렌 쩬 몯 쭏

내 눈은 가까이 몰려 있다.

Hai mắt của tôi sát vào
nhau.
하이 맏 꾸어 또이 쌑 바오 냐우

시력

시력이 어떻게 되세요?

Thị lực của anh thế nào?
티 륵 꾸어 아잉 테 나오?

시력이 좋으신가요?

Thị lực của anh có tốt
không?
티 륵 꾸어 아잉 꺼 똗 콩?

제 시력은 안 좋아요.

Thị lực của tôi không được
tốt.
티 륵 꾸어 또이 콩 드억 똗

요즘 시력이 나빠졌어요.

Dạo này thị lực của tôi đã
bị giảm sút.
자오 나이 티 륵 꾸어 또이 다 비 잠 숟

저는 약간 근시가 있어요.

Tôi bị cận thị nhẹ.
또이 비 껀 티 냬

저는 근시라서 안경을 쓰고 있어요.

Tôi đang đeo kính vì bị cận
thị.
또이 당 대오 낑 브이 비 껀 티

저는 난시가 심해요.

Tôi bị loạn thị nặng.
또이 비 로안 티 낭

thị lực 티 륵 시력
cận thị 껀 티 근시
loạn thị 로안 티 난시

코

제 코는 오똑해요.

Mũi của tôi cao.

무이 꾸어 또이 까오

제 코는 크고 납작해요.

Mũi của tôi to và tẹt.

무이 꾸어 또이 떠 바 땓

제 코는 매부리코예요.

Mũi của tôi là mũi khoằm.

무이 꾸어 또이 라 무이 코암

베트남에서는, 길고 곧은 코를 예쁘다고 해요.

Ở Việt Nam, mũi dài và thẳng được cho là đẹp.

어 비엩 남, 무이 자이 바 탕 드억 쩌 라 댑

그는 들창코다.

Mũi của anh ấy bị hếch.

무이 꾸어 아잉 어이 비 헤익

저는 코가 너무 낮아서 성형수술하고 싶어요.

Mũi của tôi quá thấp nên tôi muốn phẫu thuật thẩm mỹ.

무이 꾸어 또이 꾸아 텁 넨 또이 무온 퍼우 투얻 텀 미

코 관련 증상

저는 자주 코감기에 걸려요.

Tôi thường xuyên bị sổ mũi.

또이 트엉 쑤이엔 비 쏘 무이

감기에 걸려서 코맹맹이 소리가 나요.

Tôi bị cảm cúm nên nói giọng ngạt mũi.

또이 비 깜 꿈 넨 너이 정 응앋 무이

콧물이 흐른다.

Chảy nước mũi.

짜이 느억 무이

그가 코를 훌쩍거린다.

Anh ấy sụt sịt mũi.

아잉 어이 쑫 씯 무이

어릴 때 자주 코피가 났어요.

Tôi thường xuyên bị chảy máu cam khi còn nhỏ.

또이 트엉 쑤이엔 비 짜이 마우 깜 키 껀 녀

여기서 잠깐!
베트남에서 예쁘다고 생각하는 길고 곧은 코는
'코코넛잎 코(mũi dọc dừa 무이 접 즈어)'로 비유합니다.

귀

그는 귀가 커요.

Tai của anh ấy to.

따이 꾸어 아잉 어이 떠

저는 귀가 밝아요.

Tôi rất thính tai.

또이 젓 팅 따이

저는 귀가 어두워요.

Tai tôi không thính.

따이 또이 콩 팅

저는 가는귀가 먹었어요.

Tôi bị nghểnh ngãng.

또이 비 응엥 응앙

저는 귀를 뚫었어요.

Tôi đã xuyên lỗ tai.

또이 다 쑤이엔 로 따이

그는 귀에 귀지가 가득해요.

Tai của anh ấy đầy ráy tai.

따이 꾸어 아잉 어이 더이 자이 따이

그는 보청기를 끼고 있다.

Anh ấy đang đeo máy trợ thính.

아잉 어이 당 대오 마이 쩌 팅

입 & 입술

그는 입이 커요.

Miệng của anh ấy rộng.

미엥 꾸어 아잉 어이 종

제 입술은 예뻐요.

Môi của tôi rất đẹp.

모이 꾸어 또이 젓 댑

제 입술은 두꺼워요.

Môi của tôi dày.

모이 꾸어 또이 자이

그녀는 입매가 예뻐요.

Cô ấy có bờ môi rất đẹp.

꼬 어이 꺼 버 모이 젓 댑

그녀의 입술이 촉촉해 보인다.

Môi của cô ấy trông mềm và ấm.

모이 꾸어 꼬 어이 쫑 멤 바 엄

추워서 입술이 텄어요.

Môi của tôi bị nứt do trời lạnh quá.

모이 꾸어 또이 비 늗 저 쩌이 라잉 꾸아

어떻게 하면 입술이 부드러워질까요?

Phải làm thế nào thì môi mới mềm được nhỉ?

파이 람 테 나오 티 모이 머이 멤 드억 니?

입 관련 동작

입을 크게 벌려 보세요.

Anh hãy há miệng thật to
nhé.

아잉 하이 하 미엥 털 떠 내

그는 입을 다물고 있다.

Anh ấy đang mím chặt môi.

아잉 어이 당 밈 짤 모이

그녀는 입가에 미소를 띠고 있다.

Cô ấy đang mỉm cười.

꼬 어이 당 밈 끄어이

저는 혀를 데었어요.

Tôi bị bỏng lưỡi.

또이 비 벙 르어이

그는 혀를 깨물어서 피가 난다.

Anh ấy cắn phải lưỡi nên bị
chảy máu.

아잉 어이 깐 파이 르어이 넨 비 짜이 마우

그는 손에 입김을 불었다.

Anh ấy hà hơi vào lòng bàn
tay.

아잉 어이 하 허이 바오 렁 반 따이

저는 아이스크림을 핥아 먹어요.

Tôi liếm kem.

또이 리엠 깸

엄마는 혀를 끌끌 찼어요.

Mẹ tặc lưỡi.

매 딱 르어이

구강

내 잇몸이 부었어요.

Lợi tôi bị sưng rồi.

러이 또이 비 쑹 조이

제 잇몸에 문제가 있는 것 같아요.

Hình như lợi của tôi có vấn
đề.

힝 니으 러이 꾸어 또이 꺼 번 데

전 웃을 때 잇몸이 보여요.

Tôi cười hở lợi.

또이 끄어이 허 러이

그는 입냄새가 심해요.

Hơi thở của anh ấy có mùi
khó chịu.

허이 터 꾸어 아잉 어이 꺼 무이 커 찌우

네 입냄새가 지독해.

Hơi thở của cậu nặng mùi
quá.

허이 터 꾸어 꺼우 낭 무이 꾸아

치실 사용해요?

Anh có dùng chỉ tơ nha
khoa không?

아잉 꺼 중 찌 떠 냐 코아 콩?

전 식사 후 입을 헹궈요.

Tôi xúc miệng sau khi ăn
xong.

또이 쑥 미엥 싸우 키 안 썽

제 치아는 건강해요.

Răng tôi rất chắc khỏe.

장 또이 젙 짝 코애

나는 덧니가 있어요.

Tôi có răng khểnh.

또이 꺼 장 켕

그는 이가 하얗다.

Răng anh ấy rất trắng.

장 아잉 어이 젙 짱

이가 아파요.

Tôi bị đau răng.

또이 비 다우 장

어금니에 충치가 있어요.

Răng hàm bị sâu.

장 함 비 써우

앞니가 흔들려요.

Răng cửa bị lung lay.

장 끄어 비 룽 라이

저는 사랑니를 뽑았어요.

Tôi đã nhổ răng khôn.

또이 다 뇨 장 콘

나는 치아 교정을 하고 있다.

Tôi đang niềng răng.

또이 당 니엥 장

저는 머리가 짧아요.

Tóc tôi ngắn.

떱 또이 응안

저는 단발 머리예요.

Tôi để tóc ngang vai.

또이 데 떱 응앙 바이

저는 긴 머리를 좋아해요.

Tôi thích tóc dài.

또이 틱 떱 자이

저는 2년 동안 머리를 길렀어요.

Tôi đã nuôi tóc trong 2 năm.

또이 다 누오이 떱 쩡 하이 남

전 새치가 있어요.

Tôi có tóc sâu.

또이 꺼 떱 써우

나는 최근 흰머리가 나기 시작했어.

Gần đây tôi đã bắt đầu có tóc bạc.

건 더이 또이 다 밭 더우 꺼 떱 박

그는 머리가 갈색이에요.

Tóc anh ấy màu nâu.

떱 아잉 어이 마우 너우

그는 곱슬머리예요.

Tóc anh ấy xoăn.

떱 아잉 어이 쏘안

저는 생머리예요.

Tóc tôi dài và thẳng.

떱 또이 자이 바 탕

저는 항상 머리를 묶어요.

Tôi luôn luôn buộc tóc.

또이 루온 루온 부옥 떱

제 머릿결이 많이 상했어요.

Tóc của tôi bị hỏng nhiều rồi.

떱 꾸어 또이 비 헝 니에우 조이

전 머리카락이 뻣뻣해서 머리를 빗기가 어려워요.

Tóc tôi rất cứng nên khó chải.

떱 또이 젙 끙 넨 커 짜이

고데기로 머리를 폈어요.

Tôi đã duỗi tóc bằng máy là tóc.

또이 다 주오이 떱 방 마이 라 떱

우리 아빠는 수염을 기르고 있어요.

Bố tôi để râu.

보 또이 데 저우

그는 콧수염이 없는 게 더 나아요.

Anh ấy trông khả dĩ hơn khi không để ria mép.

아이 어이 쫑 카 지 헌 키 콩 데 지어 맵

그는 매일 아침 면도를 해요.

Anh ấy cạo râu vào mỗi buổi sáng.

아잉 어이 까오 저우 바오 모이 부오이 쌍

그는 구레나룻이 있어요.

Anh ấy có râu quai nón.

아잉 어이 꺼 저우 꾸아이 넌

---

chải (tóc) 짜이 (떱) 머리를 빗다
buộc tóc 부옥 떱 머리를 묶다
duỗi tóc 주오이 떱 머리를 펴다

râu 저우 수염
để râu 데 저우 수염을 기르다
ria mép 지어 맵 콧수염
cạo râu 까오 저우 면도하다
râu quai nón 저우 꾸아이 넌 구레나룻

잘생긴 외모

그녀는 매우 귀여워.

Cô ấy rất đáng yêu.

꼬 어이 젇 당 이에우

그는 아주 잘생겼어.

Anh ấy rất đẹp trai.

아잉 어이 젇 댑 짜이

그녀는 엄청 예뻐.

Cô ấy vô cùng xinh đẹp.

꼬 어이 보 꿍 씽 댑

저 남자 섹시한데.

Anh chàng kia thật sexy.

아잉 짱 끼어 털 쎅 씨

그는 잘생기지는 않았지만 매력이 있어.

Anh ấy không đẹp trai nhưng lại có sức hút.

아잉 어이 콩 댑 짜이 니응 라이 꺼 쓱 훝

난 그의 외모가 마음에 들어요.

Tôi thích vẻ ngoài của anh ấy.

또이 틱 배 응오아이 꾸어 아잉 어이

그녀는 몸매가 좋아요.

Cô ấy có thân hình rất tuyệt.

꼬 어이 꺼 턴 힝 젇 뚜이엩

못생긴 외모

그는 엄청 못생겼다.

Anh ấy rất xấu xí.

아잉 어이 젇 써우 씨

그는 못생겼지만 성격이 좋다.

Anh ấy xấu xí nhưng tốt tính.

아잉 어이 써우 씨 니응 똗 띵

내 외모는 그저 그래.

Ngoại hình của tôi bình thường.

응오아이 힝 꾸어 또이 빙 트엉

그는 못생기고 뚱뚱해요.

Anh ấy xấu xí và béo.

아잉 어이 써우 씨 바 배오

저는 눈이 높아서 못생긴 사람은 만나지 않아요.

Tôi rất kén chọn nên không yêu người xấu xí.

또이 젇 깬 쩐 넨 콩 이에우 응으어이 써우 씨

저는 매력이 없는 것 같아요.

Tôi cảm thấy mình không có sức hút.

또이 깜 터이 밍 콩 꺼 쓱 훝

닮았다고 말할 때

너는 아버지를 닮았니 어머니를 닮았니?

Em giống bố hay giống mẹ?

앰 종 보 하이 종 매?

흐엉은 어머니를 많이 닮았어요.

Hương giống mẹ nhiều.

흐엉 종 매 니에우

저는 아버지를 닮았다는 얘기를 많이 들어요.

Tôi thường nghe mọi người nói tôi giống bố.

또이 트엉 응애 머이 응어이 너이 또이 종 보

제가 아는 사람이랑 닮았네요.

Anh giống với một người mà tôi quen.

아잉 종 버이 몯 응어이 마 또이 꾸앤

너희는 구별이 안 될 만큼 닮았어.

Các bạn giống nhau đến mức khó có thể phân biệt.

깍 반 종 나우 덴 믁 커 꺼 테 펀 비엗

나는 눈만 아버지를 닮았어요.

Tôi chỉ giống bố ở đôi mắt.

또이 찌 종 보 어 도이 맏

부부는 결국 닮아요.

Vợ chồng cuối cùng đều giống nhau.

버 쫑 꾸오이 꿍 데우 종 나우

스타일

그는 내가 생각한 것보다 더 멋있어요.

Anh ấy tuyệt hơn tôi nghĩ.

아잉 어이 뚜이엗 헌 또이 응이

그는 옷을 잘 입는다.

Anh ấy mặc quần áo rất đẹp.

아잉 어이 막 꾸언 아오 젇 댑

너 오늘 더 예뻐 보인다.

Hôm nay trông em đẹp hơn.

홈 나이 쫑 앰 댑 헌

그의 스타일은 항상 똑같다.

Phong cách của anh ấy luôn luôn giống nhau.

펑 까익 꾸어 아잉 어이 루온 루온 종 나우

오늘 나는 옷을 예쁘게 차려 입었다.

Hôm nay tôi ăn vận rất đẹp.

홈 나이 또이 안 번 젇 댑

평소에 저는 편한 옷을 즐겨 입어요.

Ngày thường tôi thích ăn mặc thoải mái.

응아이 트엉 또이 틱 안 막 토아이 마이

그는 꾸미는 것에 관심이 없다.

Anh ấy không quan tâm đến việc chải chuốt.

아잉 어이 콩 꾸안 떰 덴 비엑 짜이 쭈옫

옷 취향

저는 제 취향대로 옷을 입어요.

Tôi mặc đồ theo sở thích của mình.

또이 막 도 태오 써 틱 꾸어 밍

나에게 어울리는 스타일이 뭔지 잘 모르겠어요.

Tôi không biết phong cách nào hợp với mình.

또이 콩 비엗 펑 까익 나오 헙 버이 밍

제게 어울리는 스타일을 찾고 싶어요.

Tôi muốn tìm phong cách hợp với mình.

또이 무온 띰 펑 까익 헙 버이 밍

저는 바지보다는 치마를 좋아해요.

Tôi thích mặc váy hơn mặc quần.

또이 틱 막 바이 헌 막 꾸언

나는 검은색 옷을 좋아해요.

Tôi thích đồ màu đen.

또이 틱 도 마우 댄

그는 항상 정장을 입어.

Anh ấy luôn luôn mặc com lê.

아잉 어이 루온 루온 막 껌 레

그는 항상 줄무늬 옷을 입는다.

Anh ấy luôn luôn mặc áo kẻ sọc.

아잉 어이 루온 루온 막 아오 깨 썹

옷차림 ①

네 스타일 멋있다.

Phong cách của em thật tuyệt.

펑 까익 꾸어 앰 텃 뚜이엗

이거 지금 유행이야.

Món đồ này đang rất thịnh hành đấy.

먼 도 나이 당 젇 팅 하잉 더이

너는 아무거나 다 잘 어울려.

Em mặc cái gì cũng hợp.

앰 막 까이 지 꿍 헙

저는 유행하는 옷을 좋아해요.

Tôi thích những bộ đồ đang thịnh hành.

또이 틱 니응 보 도 당 팅 하잉

나는 유행에 민감한 편이다.

Tôi rất nhạy cảm với mốt thịnh hành.

또이 젇 냐이 깜 버이 몯 팅 하잉

그의 옷차림은 촌스럽다.

Cách ăn mặc của anh ấy thật quê mùa.

까익 안 막 꾸어 아잉 어이 텃 꾸에 무어

나는 옷차림에 별로 관심이 없어.

Tôi không quan tâm lắm đến việc ăn mặc.

또이 콩 꾸안 떰 람 덴 비엑 안 막

옷차림 ②

이 치마는 나한테 너무 꽉 끼어.

Chiếc váy này quá chật đối với tôi.

찌엑 바이 나이 꾸아 쩔 도이 버이 또이

이 청바지는 나한테 너무 커요.

Chiếc quần bò này quá rộng đối với tôi.

찌엑 꾸언 버 나이 꾸아 종 도이 버이 또이

나는 민소매 옷을 좋아해.

Tôi thích áo ba lỗ.

또이 틱 아오 바 로

저는 블라우스를 자주 입어요.

Tôi thường xuyên mặc áo cánh.

또이 트엉 쑤이엔 막 아오 까잉

분홍색 티셔츠는 나에게 잘 어울리지 않아요.

Tôi không hợp với áo phông màu hồng.

또이 콩 헙 버이 아오 퐁 마우 홍

그는 이 색이 더 잘 어울려.

Anh ấy hợp với màu này hơn.

아잉 어이 헙 버이 마우 나이 헌

옷차림 ③

저는 편한 옷을 좋아해요.

Tôi thích quần áo thoải mái.

또이 틱 꾸언 아오 토아이 마이

이 옷은 두꺼워서 여름에 입지 못해요.

Chiếc áo này dày nên không thể mặc vào mùa hè.

찌엑 아오 나이 자이 넨 콩 테 막 바오 무어 해

저는 체형의 단점을 가려 주는 옷을 좋아해요.

Tôi thích những kiểu quần áo có thể che được khuyết điểm của cơ thể.

또이 틱 니응 끼에우 꾸언 아오 꺼 테 째 드억 쿠이엘 디엠 꾸어 꺼 테

치마가 짧아서 너무 불편해요.

Váy ngắn nên quá bất tiện.

바이 응안 넨 꾸아 벋 띠엔

어른들은 단정한 옷차림을 좋아해요.

Người lớn thích mặc quần áo nhã nhặn.

응으어이 런 틱 막 꾸언 아오 냐 난

저는 일할 때 유니폼을 입어야 해요.

Khi làm việc tôi phải mặc đồng phục.

키 람 비엑 또이 파이 막 동 푹

화장 ①

나는 화장을 하는 데 시간이 오래 걸린다.

Tôi mất nhiều thời gian để trang điểm.

또이 멏 니에우 터이 잔 데 짱 디엠

오늘 화장이 잘 먹었다.

Hôm nay lớp trang điểm rất ăn phấn.

홈 나이 럽 짱 디엠 젇 안 펀

화장이 다 떴다.

Lớp trang điểm bị không ăn.

럽 짱 디엠 비 콩 안

나는 자연스러운 화장을 좋아한다.

Tôi thích trang điểm tự nhiên.

또이 틱 짱 디엠 뜨 니엔

나는 짙은 화장을 좋아한다.

Tôi thích trang điểm đậm.

또이 틱 짱 디엠 덤

사람마다 잘 어울리는 화장이 달라요.

Cách trang điểm hợp với mỗi người sẽ khác nhau.

까익 짱 디엠 헙 버이 모이 응으어이 쌔 칵 나우

화장 ②

저는 화장품 사는 걸 좋아해요.

Tôi thích mua mỹ phẩm.

또이 틱 무어 미 펌

난 화장을 자주 고친다.

Tôi thường xuyên chỉnh sửa lớp trang điểm.

또이 트엉 쑤이엔 찡 쓰어 럽 짱 디엠

울어서 눈화장이 다 번졌다.

Em khóc làm lớp trang điểm mắt bị nhòe hết.

앰 컥 람 럽 짱 디엠 맏 비 녀애 헫

나는 얼굴이 건조해서 수분 크림을 꼭 발라야 한다.

Da mặt em khô nên bắt buộc phải bôi kem dưỡng ẩm.

자 맏 앰 코 넨 받 부옥 파이 보이 깸 즈엉 엄

얼굴에 파운데이션을 발랐다.

Tôi đã thoa kem nền lên mặt.

또이 다 토아 깸 넨 렌 맏

저는 항상 아이라인을 그려요.

Tôi luôn luôn kẻ viền mắt.

또이 루온 루온 깨 비엔 맏

저는 항상 선크림을 발라요.

Tôi luôn luôn bôi kem chống nắng.

또이 루온 루온 보이 깸 쫑 낭

화장 ③

눈썹을 얼굴에 어울리게 그리는 것은 중요해요.

Vẽ lông mày hợp với khuôn mặt là rất quan trọng.
배 롱 마이 헙 버이 쿠온 맏 라 젇 꾸안 쩡

저는 빨간색 립스틱 바르는 걸 좋아해요.

Tôi thích đánh son màu đỏ.
또이 틱 다잉 썬 마우 더

화장 지우는 일이 제일 귀찮아요.

Tẩy trang là công việc phiền toái nhất.
떠이 짱 라 꽁 비엑 피엔 또아이 녇

나 어제 화장도 안 지우고 잤어.

Hôm qua em đã không tẩy trang mà cứ thế đi ngủ.
홈 꾸아 앰 다 콩 떠이 짱 마 끄 테 디 응우

그녀는 화장 안 한 얼굴도 예쁘다.

Khuôn mặt không trang điểm của cô ấy cũng rất xinh đẹp.
쿠온 맏 콩 짱 디엠 꾸어 꼬 어이 꿍 젇 씽 댑

무슨 브랜드의 화장품을 쓰나요?

Em sử dụng mỹ phẩm của hãng nào?
앰 쓰 중 미 펌 꾸어 항 나오?

꼭! 짚고 가기

여러 가지 화장품 이름

다양한 화장품명을 베트남어로 어떻게 말하는지 알아보아요.

- 토너
  nước hoa hồng 느억 호아 홍
- 미스트
  xịt khoáng 씯 코앙
- 로션, 크림
  kem dưỡng 깸 즈엉
- 선크림
  kem chống nắng 깸 쫑 낭
- 메이크업 베이스
  kem lót 깸 럳
- 파운데이션
  kem nền 깸 넨
- 컨실러
  kem che khuyết điểm
  깸 쩨 쿠이엗 디엠
- 아이라이너
  bút kẻ mắt 붇 깨 맏
- 아이섀도우
  phấn mắt 펀 맏
- 아이브로우
  chì kẻ mày 찌 깨 마이
- 블러셔
  phấn má hồng 펀 마 홍
- 립스틱
  son môi 썬 모이
- 클렌징 오일
  dầu tẩy trang   저우 떠이 짱
- 마스크팩
  mặt nạ 맏 나

Chương 05

다양한 감정 표현하기!

Chương 05

Tâm trạng 떰 짱 감정

vui 부이 a. 기쁘다 niềm vui 니엠 부이 n. 기쁨 	hạnh phúc 하잉 푹 a. 행복하다 niềm hạnh phúc 니엠 하잉 푹 n. 행복	vui mừng 부이 믕 a. 환희하다
	hài lòng 하이 렁 a. 만족하다	an tâm 안 떰 a. 안심하다
	thú vị 투 브이 a. 재미있다	tâm trạng tốt 떰 짱 똗 기분이 좋다
lo 러 a. 걱정스럽다 	bất an 벝 안 a. 불안하다	khó chịu 커 찌우 a. 불편하다
	không thích 콩 틱 ad. 싫어하다	ghét 갭 v. 미워하다
buồn 부온 a. 슬프다 nỗi buồn 노이 부온 n. 슬픔 	đau khổ 다우 코 a. 고통스럽다 nỗi đau 노이 다우 n. 고통	nổi giận 노이 전 v. 화나다
	thất vọng 텉 벙 a. 실망하다	nổi cáu 노이 까우 v. 신경질이 나다

Tính cách 띵 까익 성격

thân thiện 턴 티엔 a. 친절한 	tốt bụng 똗 붕 a. 착한, 마음이 따뜻한 	chính trực 찡 쯕 a. 정직한
	cần cù 껀 꾸 a. 근면한 	thận trọng 턴 쩡 a. 신중한
	hoạt bát 호앋 받 a. 활발한 	tích cực 띡 끅 a. 적극적인, 긍정적인
hiền lành 히엔 라잉 a. 얌전한 	ngượng ngùng 응으엉 응웅 a. 수줍은 	xấu hổ 써우 호 v. 부끄러워하다
	ít nói 읻 너이 a. 과묵한	cục cằn 꾹 깐 a. 무뚝뚝한
hư hỏng 흐 헝 a. 못된 	ích kỷ 익 끼 a. 이기적인	kiêu căng 끼에우 깡 a. 거만한
	lười biếng 르어이 비엥 a. 게으른 	bi quan 비 꾸안 a. 비관적인

기쁘다 ①

저는 기뻐요.

Tôi rất vui.

또이 젇 부이

정말 기분이 좋아요!

Tôi thực sự rất vui!

또이 특 쓰 젇 부이!

정말 기뻐서 말이 안 나와요.

Tôi vui đến nỗi không nói nên lời.

또이 부이 덴 노이 콩 너이 넨 러이

지금이 내 인생에서 가장 기쁜 순간이에요.

Đây là giây phút vui mừng nhất trong cuộc đời của tôi.

더이 라 저이 푿 부이 믕 녇 쩡 꾸옥 더이 꾸어 또이

네가 웃는 것을 보니 기뻐.

Nhìn thấy em cười anh rất vui.

닌 터이 앰 끄어이 아잉 젇 부이

저는 너무 감격스러웠어요.

Tôi đã vô cùng cảm động.

또이 다 보 꿍 깜 동

기쁘다 ②

너를 만나서 정말 기뻐.

Mình rất vui khi gặp cậu.

밍 젇 부이 키 갑 꺼우

좋아 죽겠어요.

Tôi vui đến chết mất.

또이 부이 덴 쩯 먿

그 말을 들으니 기뻐요.

Tôi rất vui khi được nghe điều đó.

또이 젇 부이 키 드억 응애 디에우 더

저는 운이 좋은 것 같아요.

Có lẽ tôi đã gặp may.

꺼 래 또이 다 갑 마이

정말 마음에 들어요.

Tôi thực sự rất thích.

또이 특 쓰 젇 틱

당신의 목소리를 들어서 저는 기뻐요.

Được nghe giọng nói của anh em rất vui.

드억 응애 정 너이 꾸어 아잉 앰 젇 부이

당신과 함께해서 즐거웠어요.

Tôi đã rất vui vì được làm cùng với anh.

또이 다 젇 부이 브이 드억 람 꿍 버이 아잉

행복하다

저는 행복해요.

Tôi rất hạnh phúc.

또이 젇 하잉 푹

당신은 행복한가요?

Anh có hạnh phúc không?

아잉 꺼 하잉 푹 콩?

그는 행복해 보여요.

Trông anh ấy rất hạnh phúc.

쫑 아잉 어이 젇 하잉 푹

너와 함께여서 행복해.

Anh rất hạnh phúc khi ở
bên cạnh em.

아잉 젇 하잉 푹 키 어 벤 까잉 앰

저는 정말 행복하고 싶어요.

Tôi thực sự rất muốn hạnh
phúc.

또이 특 쓰 젇 무온 하잉 푹

꿈만 같아요.

Đây cứ như là một giấc mơ.

더이 끄 니으 라 몯 적 머

꿈이 이루어져서 행복해요.

Tôi hạnh phúc vì ước mơ đã
trở thành hiện thực.

또이 하잉 푹 브이 으억 머 다 쩌 타잉 히엔 특

안심하다

일단 진정해.

Anh cứ bình tĩnh.

아잉 끄 빙 띵

그 얘기를 들으니 안심이 돼요.

Tôi cảm thấy an tâm khi
nghe điều đó.

또이 깜 터이 안 떰 키 응애 디에우 더

마음이 편해요.

Tâm trạng tôi rất thoải mái.

떰 짱 또이 젇 토아이 마이

안심하세요.

Xin hãy an tâm.

씬 하이 안 떰

너와 있으면 편해.

Anh rất thoải mái khi ở bên
cạnh em.

아잉 젇 토아이 마이 키 어 벤 까잉 앰

전 마음을 가라앉혔어요.

Tôi đã trấn tĩnh lại.

또이 다 쩐 띵 라이

어떻게 해야 안심할 수 있을까요?

Phải làm thế nào thì mới
cảm thấy an tâm nhi?

파이 람 테 나오 티 머이 깜 터이 안 떰 니?

만족하다

아주 만족스러워요.

Tôi rất hài lòng.

또이 젇 하이 렁

현재 제 상황에 만족해요.

Tôi hài lòng với tình trạng hiện tại của mình bây giờ.

또이 하이 렁 버이 띵 짱 히엔 따이 꾸어 밍 버이 저

저는 제 일에 대해 만족해요.

Tôi hài lòng với công việc của mình.

또이 하이 렁 버이 꽁 비엑 꾸어 밍

그건 정말 만족스러운 결과였어요.

Đó là một kết quả đáng hài lòng.

더 라 몯 껟 꾸아 당 하이 렁

저는 제 자신에 대해 만족해요.

Tôi hài lòng về bản thân mình.

또이 하이 렁 베 반 턴 밍

그를 보는 것만으로도 만족해요.

Chỉ nhìn thấy anh ấy thôi là tôi thỏa mãn rồi.

찌 닌 터이 아잉 어이 토이 라 또이 토아 만 조이

그만하면 충분해요.

Làm thế là đủ rồi.

람 테 라 두 조이

재미있다

아주 재미있어요!

Thú vị thật!

투 브이 턷!

엄청 웃기네요!

Buồn cười thật đấy!

부온 끄어이 턷 더이!

재미있는 얘기네요.

Quả là một câu chuyện thú vị.

꾸아 라 몯 꺼우 쭈이엔 투 브이

흥미진진해요.

Thật hứng thú.

턷 흥 투

Thật hấp dẫn.

턷 헙 전

아주 재미있어서 웃음이 멈추질 않아요.

Tôi không thể dừng cười vì quá thú vị.

또이 콩 테 증 끄어이 브이 꾸아 투 브이

즐거운 시간을 보냈어요.

Tôi đã có những giờ phút rất vui vẻ.

또이 다 꺼 니응 저 푿 젇 부이 배

요즘 재밌는 일 있어요?

Dạo này anh có chuyện gì thú vị không?

자오 나이 아잉 꺼 쭈이엔 지 투 브이 콩?

166

슬프다 ①

\# 슬퍼요.

Tôi rất buồn.

또이 젇 부온

\# 우울해요.

Tôi thấy buồn rười rượi.

또이 터이 부온 즈어이 즈어이

\# 너무 괴로워요.

Tôi đau khổ quá.

또이 다우 코 꾸아

\# 마음이 아파요.

Tôi đau lòng quá.

또이 다우 렁 꾸아

\# 나 기분이 정말 안 좋아.

Tâm trạng tôi thật sự không tốt.

떰 짱 또이 턷 쓰 콩 똗

\# 그 소식을 듣고 너무 슬펐어요.

Tôi đã rất buồn khi nghe tin đó.

또이 다 젇 부온 키 응애 띤 더

\# 가슴이 찢어지는 것 같았어요.

Tim tôi như bị xé ra.

띰 또이 니으 비 쌔 자

슬프다 ②

\# 지금 농담할 기분이 아니에요.

Bây giờ tôi không có tâm trạng để đùa.

버이 저 또이 콩 꺼 떰 짱 데 두어

\# 사랑의 슬픔은 오래가요.

Nỗi buồn trong tình yêu thường kéo dài.

노이 부온 쩡 띵 이에우 트엉 깨오 자이

\# 일말의 희망도 없어요.

Một chút hi vọng cũng không có.

몯 쭏 히 벙 꿍 콩 꺼

\# 그를 도울 수 없어서 슬퍼요.

Tôi buồn vì không thể giúp gì cho anh ấy.

또이 부온 브이 콩 테 줍 지 쩌 아잉 어이

đùa 두어 농담하다
hi vọng 히 벙 희망, 희망하다
giúp 줍 돕다

실망하다 ①

\# 너에게 실망이야.

Em thất vọng về anh.
앰 텃 벙 베 아잉

\# 그 결과는 너무 실망스러워요.

Kết quả đó thật đáng thất vọng.
껫 꾸아 더 텃 당 텃 벙

\# 너무 실망하지 마세요.

Anh đừng thất vọng quá.
아잉 등 텃 벙 꾸아

\# 나 자신에게 실망했어.

Tôi rất thất vọng về bản thân.
또이 젓 텃 벙 베 반 턴

\# 모든 것은 시간 낭비였어.

Tất cả chỉ khiến lãng phí thời gian.
떳 까 찌 키엔 랑 피 터이 잔

\# 그 사람에 대해 실망하고 싶지 않아.

Tôi không muốn thất vọng về người đó.
또이 콩 무온 텃 벙 베 응으어이 더

\# 그는 나를 실망시켰어.

Anh ấy đã làm tôi thất vọng.
아잉 어이 다 람 또이 텃 벙

실망하다 ②

\# 그는 실망한 것처럼 보였다.

Anh ấy trông có vẻ thất vọng.
아잉 어이 쫑 꺼 배 텃 벙

\# 저를 실망시키지 마세요.

Đừng làm tôi thất vọng.
등 람 또이 텃 벙

\# 너를 실망시키지 않을게.

Anh sẽ không làm em thất vọng.
아잉 쌔 콩 람 앰 텃 벙

\# 정말 유감입니다.

Tôi thực sự rất lấy làm tiếc.
또이 특 쓰 젓 러이 람 띠엑

\# 난 이제 망했어.

Giờ thì tôi đã thất bại rồi.
저 티 또이 다 텃 바이 조이

\# 너를 더 이상 믿지 못하겠어.

Mình không thể tin cậu thêm được nữa.
밍 콩 테 띤 꺼우 템 드억 느어

화나다 ①

너무 화가 나요.

Tôi thực sự rất tức giận.

또이 특 쓰 젇 뜩 전

걔 때문에 화났어.

Tôi đã rất tức giận vì anh ta.

또이 다 젇 뜩 전 브이 아잉 따

그는 제게 화가 나 있어요.

Anh ấy đã nổi giận với tôi.

아잉 어이 다 노이 전 버이 또이

너 때문에 화가 나서 미치겠어.

Mình tức điên lên vì cậu mất.

밍 뜩 디엔 렌 브이 꺼우 먿

젠장!

Chết tiệt!

쩯 띠엗!

닥쳐!

Im đi!

임 디!

Câm mồm!

껌 몸!

내 말 끊지 마!

Đừng ngắt lời tôi!

등 응앋 러이 또이!

화나다 ②

이제 제발 그만해!

Giờ thì hãy thôi đi!

저 티 하이 토이 디!

Đủ rồi đấy!

두 조이 더이!

네가 알 필요 없어.

Em không cần phải biết.

앰 콩 껀 파이 비엩

바보 같은 짓 좀 그만해.

Em hãy thôi những trò ngốc nghếch đi.

앰 하이 토이 니응 쩌 응옵 응에익 디

제발 날 좀 내버려 둬.

Làm ơn để tôi yên.

람 언 데 또이 이엔

나는 너무 화가 나서 참을 수가 없었다.

Tôi đã quá tức giận đến mức không thể chịu được.

또이 다 꾸아 뜩 젇 덴 믁 콩 테 찌우 드억

그는 쉽게 화를 낸다.

Anh ấy rất dễ nổi nóng.

아잉 어이 젇 제 노이 넝

말이 너무 지나치잖아!

Em hơi quá lời rồi đấy!

앰 허이 꾸아 러이 조이 더이!

미워하다

네가 미워.

Em ghét anh.

앰 갣 아잉

나를 미워하지 마.

Đừng ghét em.

등 갣 앰

제 인생이 싫어요.

Tôi chán ghét cuộc đời mình.

또이 짠 갣 꾸옥 더이 밍

넌 왜 그렇게 그를 싫어하니?

Sao em lại ghét anh ấy thế?

싸오 앰 라이 갣 아잉 어이 테?

나는 그가 이유 없이 싫어.

Tôi không thích anh ấy mà chẳng vì lý do gì cả.

또이 콩 틱 아잉 어이 마 짱 브이 리 저 지 까

그 사람은 미움 받을 행동만 해.

Con người đó chỉ làm những hành động đáng ghét.

껀 응으어이 더 찌 람 니응 하잉 동 당 갣

억울하다

저는 억울해요.

Tôi rất oan ức.

또이 젇 오안 윽

저는 결백합니다.

Tôi trong sạch.

또이 쩡 싸익

나는 억울함에 눈물을 흘렸다.

Tôi đã chảy nước mắt vì uất ức.

또이 다 짜이 느억 맏 브이 우얻 윽

그는 억울하게 누명을 썼어요.

Anh ấy đã bị bôi nhọ một cách oan ức.

아잉 어이 다 비 보이 녀 몯 까익 오안 윽

그는 억울하게 체포됐다.

Anh ấy đã bị bắt giữ oan.

아잉 어이 다 비 받 즈 오안

그건 제 잘못이 아니에요.

Đó không phải là lỗi của tôi.

더 콩 파이 라 로이 꾸어 또이

생사람 잡지 마세요.

Đừng bắt người vô tội.

등 받 응으어이 보 또이

왜 저를 의심하세요?

Tại sao lại nghi ngờ tôi?

따이 싸오 라이 응이 응어 또이?

후회하다

나는 지난 일들을 후회한다.

Tôi rất hối hận vì những việc đã qua.
또이 젇 호이 헌 브이 니응 비엑 다 꾸아

저는 전혀 후회하지 않아요.

Tôi hoàn toàn không hối hận.
또이 호안 또안 콩 호이 헌

너 나중에 후회하게 될 거야.

Sau này em sẽ phải hối hận.
싸우 나이 앰 쌔 파이 호이 헌

난 후회해 본 적 없어.

Tôi chưa bao giờ hối hận.
또이 쯔어 바오 저 호이 헌

내가 그에게 한 말이 후회돼요.

Tôi rất hối hận vì những lời đã nói với anh ấy.
또이 젇 호이 헌 브이 니응 러이 다 너이 버이 아잉 어이

후회하지 않으실 거예요.

Anh sẽ không phải hối hận đâu.
아잉 쌔 콩 파이 호이 헌 더우

그 말을 괜히 한 것 같아요.

Có lẽ tôi đã nói những lời vô ích.
꺼 래 또이 다 너이 니응 러이 보 익

꼭! 짚고 가기

정도를 나타내는 부사 표현

우리말에서 강조를 나타내는 부사로 '매우, 정말, 너무' 등이 있습니다. 베트남어에서 이와 비슷한 의미로 자주 쓰이는 표현으로 'rất 젇, quá 꾸아, lắm 람'이 있어요. 이 세 단어는 뜻은 같으나 문장 내에서 쓰이는 위치가 다르므로 예문과 함께 살펴봐요.

① rất은 형용사 앞에 위치합니다.
• Món ăn này rất ngon.
  먼 안 나이 젇 응언
  이 요리는 아주 맛있어요.

② lắm과 quá는 형용사 뒤에 위치합니다.
• Chị ấy đẹp lắm. 찌 어이 댑 람
  그녀는 매우 예뻐요.
• Hôm nay trời nóng quá!
  홈 나이 쩌이 넝 꾸아!
  오늘 날씨가 정말 더워요!

③ quá가 형용사 앞에 쓰이는 경우는 정도가 지나침을 의미합니다.
• Tôi ăn quá nhiều.
  또이 안 꾸아 니에우
  나 너무 많이 먹었어.
• Do quá mệt mỏi nên tôi bị đau người.
  저 꾸아 멛 머이 넨 또이 비 다우 응어이
  너무 피곤해서 나는 몸살이 났어.

부끄럽다

제가 한 일에 대해서 창피함을 느껴요.

Tôi cảm thấy xấu hổ vì
những việc đã làm.

또이 깜 터이 써우 호 브이 니응 비엑 다 람

자신이 부끄럽습니다.

Tôi thấy xấu hổ về bản
thân.

또이 터이 써우 호 베 반 턴

저는 원래 수줍음을 많이 타요.

Tôi vốn dĩ rất rụt rè.

또이 본 지 젇 줃 재

그는 나를 부끄럽게 만들었다.

Anh ấy làm tôi xấu hổ.

아잉 어이 람 또이 써우 호

나는 부끄러움에 얼굴이 화끈거렸다.

Tôi đỏ bừng mặt vì xấu hổ.

또이 더 븡 맏 브이 써우 호

저는 수줍어서 낯선 사람과 말을 못
해요.

Tôi không nói chuyện với
người lạ vì ngại ngùng.

또이 콩 너이 쭈이엔 버이 응으어이 라 브이
응아이 응웅

나는 부끄러워서 어떻게 말해야 할지
모르겠어.

Tôi xấu hổ đến mức không
biết nói gì.

또이 써우 호 덴 믁 콩 비엗 너이 지

걱정하다

무슨 일 있어?

Có chuyện gì vậy?

꺼 쭈이엔 지 버이?

너 오늘 기분이 안 좋아 보여.

Hôm nay trông tâm trạng
em không được tốt.

홈 나이 쫑 떰 짱 앰 콩 드억 똗

걱정하지 마.

Đừng lo.

등 러

괜찮아?

Có sao không?

꺼 싸오 콩?

정말 걱정돼요.

Thực sự đáng lo.

특 쓰 당 러

걱정할 필요 없어.

Không cần phải lo lắng.

콩 껀 파이 러 랑

다 잘될 거야.

Sẽ ổn cả thôi.

쌔 온 까 토이

난 그 일이 정말 걱정돼.

Tôi thực sự lo về việc đó.

또이 특 쓰 러 베 비엑 더

무섭다

무서워요.

Tôi sợ quá.

또이 써 꾸아

무서워 죽는 줄 알았어.

Tôi sợ gần chết.

또이 써 건 쩰

무서워서 아무것도 할 수 없었어.

Tôi sợ đến mức không thể làm gì được.

또이 써 덴 믁 콩 테 람 지 드억

소름 끼쳐.

Sởn da gà.

썬 자 가

무서워하지 마!

Đừng sợ!

등 써!

나는 사람들 앞에 나서는 게 무서워.

Tôi rất sợ khi đứng trước mọi người.

또이 젙 써 키 등 쯔억 머이 응으어이

변화에 대한 두려움은 정상적인 거예요.

Sợ thay đổi là điều bình thường.

써 타이 도이 라 디에우 빙 트엉

놀라다 ①

맙소사!

Trời đất!

쩌이 덛!

굉장해!

Thật to lớn!

텉 떠 런!

믿을 수 없어!

Thật không thể tin được!

텉 콩 테 띤 드억!

말도 안 되는 소리 하지 마!

Đừng có nói chuyện phi lý đó!

등 꺼 너이 쭈이엔 피 리 더!

그 얘기가 진짜라고?

Em nói thật chứ?

앰 너이 텉 쯔?

농담이지?

Em nói đùa phải không?

앰 너이 두어 파이 콩?

진심이야?

Em nói thật lòng chứ?

앰 너이 텉 렁 쯔?

그럴 리 없어!

Không thể thế được!

콩 테 테 드억!

놀라다 ②

정말 놀랐어.

Anh đã rất ngạc nhiên.

아잉 다 젇 응악 니엔

상상도 못했던 일이야.

Đó là việc ngoài sức tưởng tượng.

더 라 비엑 응오아이 쓱 뜨엉 뜨엉

농담으로라도 그런 소리는 하지 마.

Đừng nói điều đó cho dù chỉ là nói đùa.

등 너이 디에우 더 쩌 주 찌 라 너이 두어

내 눈으로 보고도 믿을 수가 없었어.

Tôi không thể tin được cho dù đã nhìn tận mắt.

또이 콩 테 띤 드억 쩌 주 다 닌 떤 맏

정말 예상 밖의 결과야.

Đây thực sự là kết quả ngoài dự kiến.

더이 특 쓰 라 껟 꾸아 응오아이 즈 끼엔

그가 나를 놀라게 만들었어.

Anh ấy đã làm tôi ngạc nhiên.

아잉 어이 다 람 또이 응악 니엔

별로 놀랄 일은 아니네요.

Đây cũng không phải là điều gì đáng ngạc nhiên.

더이 꿍 콩 파이 라 디에우 지 당 응악 니엔

지겹다

지겨워!

Chán quá!

짠 꾸아!

지루해서 죽는 줄 알았어요.

Tôi chán gần chết.

또이 짠 건 쩯

이 일은 더 이상 하고 싶지 않아요.

Tôi không muốn làm việc này thêm nữa.

또이 콩 무온 람 비엑 나이 템 느어

오늘 하루는 지겹게도 길었어.

Ngày hôm nay dài phát ngán.

응아이 홈 나이 자이 팓 응안

모든 게 지겨워.

Tất cả mọi thứ đều chán.

떧 까 머이 트 데우 짠

엄마의 잔소리가 지겨워요.

Tôi đã phát ngán với những lời cằn nhằn của mẹ.

또이 다 팓 응안 버이 니응 러이 깐 냔 꾸어 매

그런 말은 이제 듣기에도 지겨워.

Bây giờ em chỉ nghe những lời đó thôi cũng đã thấy ngán rồi.

버이 저 앰 찌 응애 니응 러이 더 토이 꿍 다 터이 응안 조이

귀찮다

귀찮아!

Phiền phức quá!

피엔 프 꾸아!

귀찮게 좀 하지 마세요!

Đừng làm phiền tôi nữa!

등 람 피엔 또이 느어!

넌 나를 피곤하게 해.

Em toàn làm anh mệt mỏi.

앰 또안 람 아잉 멛 머이

날 좀 내버려 둬요.

Hãy để tôi yên.

하이 데 또이 이엔

날씨가 더워서 움직이기 귀찮아.

Thời tiết nóng nên thật là ngại di chuyển.

터이 띠엗 넝 넨 턷 라 응아이 지 쭈이엔

제 남자 친구가 귀찮아요.

Bạn trai của tôi rất phiền phức.

반 짜이 꾸어 또이 젇 피엔 프

난 그 일에 전혀 관심 없어.

Anh hoàn toàn không quan tâm đến chuyện đó.

아잉 호안 또안 콩 꾸안 떰 덴 쭈이엔 더

짜증 나다

정말 짜증 나.

Bực mình thật đấy.

븍 밍 턷 더이

너 때문에 짜증 나.

Anh phát bực vì em.

아잉 팓 븍 브이 앰

왜 나한테 짜증 내?

Tại sao lại tức giận với em?

따이 싸오 라이 뜩 전 버이 앰?

너랑 같이 있으면 짜증 나.

Anh thực sự thấy bực mình khi ở cạnh em.

아잉 특 쓰 터이 븍 밍 키 어 까잉 앰

짜증 그만 내.

Hãy thôi cáu kỉnh đi.

하이 토이 까우 낑 디

정말 스트레스 받아요.

Tôi thực sự bị xì trét.

또이 특 쓰 비 씨 짿

특별히 짜증 나는 일은 없어요.

Tôi không có việc gì để phải bực mình cả.

또이 콩 꺼 비엑 지 데 파이 븍 밍 까

아무것도 아닌 일에 짜증이 나요.

Tôi cảm thấy bực bội với những việc nhỏ nhặt.

또이 깜 터이 븍 보이 버이 니응 비엑 녀 냗

아쉽다

정말 아쉽네요.

Thật đáng tiếc.

털 당 띠엑

아쉽지만 이제 가야겠어요.

Rất tiếc nhưng bây giờ tôi
phải đi rồi.

젇 띠엑 니응 버이 저 또이 파이 디 조이

그를 만날 수 없어 아쉬워요.

Rất tiếc vì không gặp được
anh ấy.

젇 띠엑 브이 콩 갑 드억 아잉 어이

이 자리에 그가 없어서 아쉽다.

Thật tiếc vì anh ấy không
có mặt ở đây.

털 띠엑 브이 아잉 어이 콩 꺼 맏 어 더이

그건 꼭 봤어야 하는데.

Đáng lẽ tôi nên xem nó.

당 래 또이 넨 쌤 너

이렇게 헤어지는 게 너무 아쉬워.

Thật tiếc khi phải chia tay
thế này.

털 띠엑 키 파이 찌어 따이 테 나이

저는 아쉬운 것이 없어요.

Tôi không có điều gì phải
hối tiếc.

또이 콩 꺼 디에우 지 파이 호이 띠엑

긴장하다

긴장하고 있어요.

Tôi đang rất căng thẳng.

또이 당 젇 깡 탕

긴장하지 마.

Đừng căng thẳng.

등 깡 탕

음악을 들으면 긴장이 풀려.

Căng thẳng sẽ được xua
tan khi nghe nhạc.

깡 탕 쌔 드억 쑤어 딴 키 응애 냑

긴장돼서 손에 땀이 난다.

Anh căng thẳng đến mức
toát mồ hôi tay.

아잉 깡 탕 덴 믁 또앋 모 호이 따이

긴장돼서 입술이 바짝 말랐다.

Em căng thẳng đến mức
môi khô khốc.

앰 깡 탕 덴 믁 모이 코 콥

사무실에 긴장감이 감돈다.

Sự căng thẳng bao trùm
khắp văn phòng.

쓰 깡 탕 바오 쭘 캅 반 펑

많은 사람들 앞에 서면 긴장돼.

Tôi cảm thấy căng thẳng
khi đứng trước nhiều người.

또이 깜 터이 깡 탕 키 등 쯔억 니에우 응으어이

불평하다

불평 좀 그만 해.

Em hãy thôi kêu ca đi.

앰 하이 토이 께우 까 디

그렇게 투덜거리지 마.

Đừng có càm ràm như thế.

등 꺼 깜 람 니으 테

나한테 불만 있어?

Em có gì không vừa ý với
anh à?

앰 꺼 지 콩 브어 이 버이 아잉 아?

뭐가 그렇게 불만이야?

Có chuyện gì khiến em
không hài lòng thế?

꺼 쭈이엔 지 키엔 앰 콩 하이 렁 테?

저는 불만 없어요.

Tôi không có điều gì bất
mãn cả.

또이 콩 꺼 디에우 지 벋 만 까

제 남편은 쉴 새 없이 불평을 해요.

Chồng tôi liên tục cằn nhằn
không một phút nghỉ ngơi.

쫑 또이 리엔 뚝 깐 냔 콩 몯 풋 응이 응어이

그는 불평하지 않고 참는다.

Anh ấy cố chịu đựng mà
không than phiền gì.

아잉 어이 꼬 찌우 등 마 콩 탄 피엔 지

신경질적이다

그것 때문에 신경질이 나요.

Tôi nổi cáu vì việc đó.

또이 노이 까우 브이 비엑 더

그녀는 다혈질이다.

Cô ấy rất nóng tính.

꼬 어이 젇 넝 띵

나는 사소한 일에 쉽게 화가 나요.

Tôi dễ nổi nóng với những
việc nhỏ nhặt.

또이 제 노이 넝 버이 니응 비엑 녀 냗

시험이 가까워지면 저는 예민해져요.

Tôi rất nhạy cảm mỗi khi kỳ
thi đến gần.

또이 젇 냐이 깜 모이 키 끼 티 덴 건

그는 나를 신경질 나게 한다.

Anh ấy làm tôi nổi cáu.

아잉 어이 람 또이 노이 까우

그는 아주 신경질적인 사람이다.

Anh ấy là người dễ cáu bẳn.

아잉 어이 라 응으어이 제 까우 반

낙천적이다

그는 긍정적인 사람이에요.

Anh ấy là người lạc quan.

아잉 어이 라 응으어이 락 꾸안

저는 모든 일에 낙천적입니다.

Tôi là người lạc quan trong mọi việc.

또이 라 응으어이 락 꾸안 쩡 머이 비엑

그는 근심이 없어요.

Anh ấy là người không lo âu.

아잉 어이 라 응으어이 콩 러 어우

Anh ấy là người vô lo.

아잉 어이 라 응으어이 보 러

당신은 긍정적인 사람인가요?

Anh có phải là người lạc quan không?

아잉 꺼 파이 라 응으어이 락 꾸안 콩?

나는 인생을 긍정적으로 바라봐요.

Tôi nhìn cuộc đời một cách tích cực.

또이 닌 꾸옥 더이 몯 까익 띡 끅

손님들의 반응은 긍정적이었다.

Phản ứng của khách hàng rất tích cực.

판 응 꾸어 카익 항 젇 띡 끅

항상 긍정적일 수는 없지.

Không thể lúc nào cũng lạc quan.

콩 테 룩 나오 꿍 락 꾸안

착하다

그녀는 마음이 착해요.

Cô ấy rất tốt bụng.

꼬 어이 젇 똗 붕

그는 착한 사람이에요.

Anh ấy là người tốt.

아잉 어이 라 응으어이 똗

정말 친절하시네요.

Anh tốt bụng thật đấy.

아잉 똗 붕 턷 더이

그는 태도가 거칠지만, 천성은 착해요.

Thái độ của anh ấy rất thô lỗ nhưng bản tính thì rất tốt.

타이 도 꾸어 아잉 어이 젇 토 로 니응 반 띵 티 젇 똗

너는 너무 착해서 문제야.

Em quá tốt bụng cũng là vấn đề.

앰 꾸아 똗 붕 꿍 라 번 데

착하지, 울지 마.

Ngoan nào, đừng khóc.

응오안 나오, 등 컵

외향적이다

저는 진취적이고 외향적인 성격이에요.

Tôi là người có chí tiến thủ và hướng ngoại.
또이 라 응으어이 꺼 찌 띠엔 투 바 흐엉 응오아이

전 그가 좀 더 사교적이었으면 좋겠어요.

Tôi ước gì anh ấy xã giao hơn một chút.
또이 으억 지 아잉 어이 싸 자오 헌 몯 쭏

나는 적극적으로 참여했다.

Tôi đã tham gia một cách tích cực.
또이 다 탐 자 몯 까익 띡 끅

그는 붙임성이 매우 좋아요.

Anh ấy rất thân thiện.
아잉 어이 젇 턴 티엔

나는 항상 의욕이 넘쳐요.

Tôi luôn luôn tràn đầy tham vọng.
또이 루온 루온 짠 더이 탐 벙

그는 능동적으로 행동한다.

Anh ấy hành động một cách tích cực.
아잉 어이 하잉 동 몯 까익 띡 끅

꼭! 짚고 가기

맙소사! Trời ơi!

'세상에!', '맙소사!', '아이고!'를 의미하는 'Trời ơi 쩌이 어이'는 베트남 사람들이 대화에서 정말 많이 쓰는 감탄 표현입니다. trời 쩌이는 '하늘, 신'을 뜻하는데, 거기에 누군가를 부르는 표현인 ơi 어이를 붙여 만든 짧은 문장이지요. 기쁠 때, 슬플 때, 놀랐을 때 모두 사용할 수 있기에 알아 두면 매우 유용해요.

일상 대화에서 Trời ơi를 사용하는 예시를 연습해 볼까요?

- **Trời ơi**, ngon quá!
  쩌이 어이, 응언 꾸아!
  세상에, 정말 맛있다!

- **Trời ơi**, không thể tin được!
  쩌이 어이, 콩 테 띤 드억!
  맙소사, 믿을 수 없어!

- **Trời ơi**, có chuyện gì vậy?
  쩌이 어이, 꺼 쭈이엔 지 버이?
  아이고, 무슨 일이니?

내향적이다

전 성격이 좀 내성적이에요.

Tính cách tôi hơi hướng nội một chút.

띵 까익 또이 허이 흐엉 노이 몯 쭏

저는 소극적인 편입니다.

Tính tôi hơi e dè.

띵 또이 허이 애 재

저는 직장에서 말이 별로 없어요.

Tôi rất ít nói ở nơi làm việc.

또이 젇 읻 너이 어 너이 람 비엑

저는 낯을 가리는 편이에요.

Tôi hay ngại người lạ.

또이 하이 응아이 응으어이 라

저는 사람들하고 친해지는 데 시간이 오래 걸려요.

Tôi cần nhiều thời gian để trở nên thân thiết với mọi người.

또이 껀 니에우 터이 잔 데 쩌 넨 턴 티엗 버이 머이 응으어이

저는 마음을 여는 데 시간이 걸려요.

Tôi cần nhiều thời gian để mở lòng.

또이 껀 니에우 터이 잔 데 머 렁

내성적인 게 단점은 아니다.

Hướng nội không phải là điểm yếu.

흐엉 노이 콩 파이 라 디엠 이에우

순진하다

그는 순진해요.

Anh ấy rất thật thà.

아잉 어이 젇 턷 타

그를 믿다니 너도 참 순진하구나.

Em tin anh ta sao, em cũng thật ngây thơ đấy.

앰 띤 아잉 따 싸오, 앰 꿍 턷 응어이 터 더이

그는 남의 말을 너무 쉽게 믿는다.

Anh ấy tin lời người khác quá dễ dàng.

아잉 어이 띤 러이 응으어이 칵 꾸아 제 장

순진한 척하지 마.

Đừng giả vờ ngây thơ.

등 자 버 응어이 터

넌 어쩌면 그렇게 순진하니?

Sao em lại ngây thơ thế nhỉ?

싸오 앰 라이 응어이 터 테 니?

나는 그의 순진한 얼굴에 속았다.

Tôi đã bị bộ mặt ngây thơ của hắn ta đánh lừa.

또이 다 비 보 맏 응어이 터 꾸어 한 따 다잉 르어

우유부단하다

그는 우유부단한 사람이야.

Anh ấy là người thiếu quyết đoán.

아잉 어이 라 응으어이 티에우 꾸이엔 도안

혼자 결정하는 게 어려워요.

Quyết định một mình là việc rất khó khăn.

꾸이엔 딩 몯 밍 라 비엑 젇 커 칸

그는 정말 본인의 의견이 없어.

Anh ấy thực sự không có chính kiến.

아잉 어이 특 쓰 콩 꺼 찡 끼엔

너는 그 문제에 대해 너무 우유부단해.

Em quá do dự về vấn đề đó.

앰 꾸아 저 즈 베 번 데 더

우유부단한 태도를 버리고 결정을 해라.

Hãy bỏ thái độ do dự và quyết định đi.

하이 버 타이 도 저 즈 바 꾸이엔 딩 디

망설이지 마.

Đừng chần chừ.

등 쩐 쯔

어떻게 하는 게 좋을지 모르겠어.

Tôi không biết phải làm thế nào thì tốt.

또이 콩 비엗 파이 람 테 나오 티 똗

비관적이다

넌 너무 비관적이야.

Em quá bi quan.

앰 꾸아 비 꾸안

너무 그렇게 비관적으로만 보지 마.

Đừng chỉ nhìn một cách bi quan như thế.

등 찌 닌 몯 까익 비 꾸안 니으 테

넌 왜 그렇게 부정적으로 생각해?

Sao em suy nghĩ tiêu cực thế?

싸오 앰 쑤이 응이 띠에우 끅 테?

그는 매사를 비관적으로 생각한다.

Anh ấy luôn suy nghĩ bi quan trong mọi chuyện.

아잉 어이 루온 쑤이 응이 비 꾸안 쩡 머이 쭈이엔

매사에 비관적인 사람과는 이야기하고 싶지 않아요.

Tôi không muốn nói chuyện với người luôn bi quan trong mọi chuyện.

또이 콩 무온 너이 쭈이엔 버이 응으어이 루온 비 꾸안 쩡 머이 쭈이엔

비관적인 생각을 바꾸기 어렵다.

Rất khó để thay đổi suy nghĩ bi quan.

젇 커 데 타이 도이 쑤이 응이 비 꾸안

이기적이다

그는 너무 이기적이에요.

Anh ấy quá ích kỷ.

아잉 어이 꾸아 익 끼

너는 너밖에 모르는 사람이야.

Em là người chỉ biết đến mình.

앰 라 응으어이 찌 비엗 덴 밍

그렇게 이기적으로 굴지 마.

Đừng ích kỷ như vậy.

등 익 끼 니으 버이

그는 다른 사람의 감정은 배려하지 않아.

Anh ấy không quan tâm đến cảm xúc của người khác.

아잉 어이 콩 꾸안 떰 덴 깜 쑥 꾸어 응으어이 칵

사람들은 가끔 이기적일 때가 있다.

Con người đôi khi có những lúc ích kỷ.

껀 응으어이 도이 키 꺼 니응 룩 익 끼

나는 그가 이기적이어서 싫어.

Tôi không thích anh ấy vì anh ấy là người ích kỷ.

또이 콩 틱 아잉 어이 브이 아잉 어이 라 응으어이 익 끼

좋아하다

저는 음악을 좋아해요.

Tôi thích âm nhạc.

또이 틱 엄 냑

차보다는 커피를 좋아해요.

Tôi thích cà phê hơn là trà.

또이 틱 까 페 헌 라 짜

나는 운동을 무척 좋아해요.

Tôi rất thích thể thao.

또이 젇 틱 테 타오

나는 집에서 쉬는 걸 제일 좋아해요.

Tôi thích nhất là nghỉ ngơi ở nhà.

또이 틱 녇 라 응이 응어이 어 냐

그는 내가 좋아하는 사람 중 한 명이에요.

Anh ấy là một trong những người mà tôi thích.

아잉 어이 라 몯 쩡 니응 응으어이 마 또이 틱

그도 나를 좋아하는 것 같아요.

Anh ấy cũng có vẻ thích tôi.

아잉 어이 꿍 꺼 배 틱 또이

너는 뭘 좋아해?

Em thích cái gì?

앰 틱 까이 지?

싫어하다

\# 주변 사람들 모두 그를 싫어한다.

Mọi người xung quanh đều không thích anh ấy.
머이 응으어이 쑹 꾸아잉 데우 콩 틱 아잉 어이

\# 그 사람을 싫어하는 이유가 뭐야?

Lý do em không thích người đó là gì?
리 저 앰 콩 틱 응으어이 더 라 지?

\# 그의 성격도 싫고 외모도 싫어요.

Tôi không thích cả tính cách và ngoại hình của anh ấy.
또이 콩 틱 까 띵 까익 바 응오아이 힝 꾸어 아잉 어이

\# 전 축구를 그렇게 좋아하진 않아요.

Tôi không quá yêu thích bóng đá.
또이 콩 꾸아 이에우 틱 벙 다

\# 나는 혼자 밥 먹는 게 제일 싫어요.

Tôi ghét nhất là ăn cơm một mình.
또이 갣 녇 라 안 껌 몯 밍

\# 저는 이런 종류의 음식을 싫어해요.

Tôi không thích những loại thức ăn như thế này.
또이 콩 틱 니응 로아이 특 안 니으 테 나이

꼭! 짚고 가기

북부와 남부의 단어 차이

베트남어는 북부와 남부에 따라 일부 발음에 차이가 있습니다. d, gi는 북부에서 'ㅈ'과 같은 발음이지만 남부에서는 반모음 'ㅣ'로 발음합니다. r은 북부에는 'ㅈ', 남부에서는 혀를 구부려서 발음하는 'ㄹ'로 발음됩니다. 뿐만 아니라 일부 단어의 사용에서도 차이가 있습니다. 일상에서 많이 쓰는 단어 중에 다르게 쓰이는 것은 어떤 것이 있는지 알아볼까요?

• 고수	북부 rau mùi	자우 무이
	남부 ngò	응어
• 과일	북부 hoa quả	호아 꾸아
	남부 trái cây	짜이 꺼이
• 기차	북부 tàu hỏa	따우 호아
	남부 xe lửa	쌔 르어
• 늦다	북부 muộn	무온
	남부 trễ	쩨
• 모자	북부 mũ	무
	남부 nón	넌
• 엄마/아빠	북부 mẹ 매 / bố	보
	남부 má 마 / ba	바
• 오이	북부 dưa chuột	즈어 쭈옫
	남부 dưa leo	즈어 래오
• 우산	북부 ô	오
	남부 dù	주
• 컵	북부 cốc	꼽
	남부 ly	리
• 비싸다	북부 đắt	닫
	남부 mắc	막

Chương 06

지금은 사랑 중!

Chương 06

Tình yêu 띵 이에우 **사랑**

gặp 갑
v. 만나다

cuộc gặp gỡ
꾸옥 갑 거
n. 만남

hẹn hò 핸 허
v. 데이트하다

buổi hẹn hò 부오이 핸 허
n. 데이트

giới thiệu 저이 티에우
n. 소개

bạn trai 반 짜이
n. 남자 친구
(연인 관계)

kết bạn 껟 반
v. 교제하다, 사귀다

hình mẫu lý tưởng
힝 머우 리 뜨엉
이상형

bạn gái 반 가이
n. 여자 친구
(연인 관계)

yêu 이에우
v. 사랑하다, 연애하다

tình yêu 띵 이에우
n. 사랑

thích 틱
v. 마음에 들다, 좋아하다

có tình ý 꺼 띵 이
v. (사랑하는) 마음이 있다

phải lòng 파이 렁
v. 사랑에 빠지다

hôn 혼
v. 키스하다

nụ hôn 누 혼
n. 입맞춤, 키스

bên nhau 벤 냐우
ad. 함께

ghen 갠
a. 질투하다

cơn ghen 껀 갠
n. 질투

quyến rũ 꾸이엔 주
a. 매력적인

sự quyến rũ 쓰 꾸이엔 주
n. 매력

bị cuốn hút 비 꾸온 훝
v. 반하다

ôm 옴
= ôm chặt 옴 짣
v. 껴안다, 포옹하다

nhớ 녀
v. 그리워하다

chia ly 찌어 리
v. 이별하다

rời xa 저이 싸
v. 떠나다

Kết hôn 껟 혼 결혼

cưới 끄어이 = kết hôn 껟 혼 v. 결혼하다	đám cưới 담 끄어이 n. 결혼식	cầu hôn 꺼우 혼 v. 청혼하다
	thiếp mời 티엡 머이 n. 청첩장	váy cưới 바이 끄어이 = áo cưới 아오 끄어이 n. 웨딩드레스
	nhẫn cưới 년 끄어이 n. 결혼 반지	sống chung 쏭 쭝 v. 함께 살다
sống riêng 쏭 지엥 v. 독립하다	ly thân 리 턴 v. 별거하다	ly hôn 리 혼 v. 이혼하다
vợ chồng 버 쫑 n. 부부	chồng 쫑 n. 남편	vợ 버 n. 아내
	bố mẹ vợ 보 매 버 n. 장인·장모	bố mẹ chồng 보 매 쫑 n. 시부모
mang thai 망 타이 v. 임신하다 sinh 씽 = đẻ 대 v. 출산하다	sữa mẹ 쓰어 매 n. 모유 sữa bột 쓰어 볻 n. 분유	tã 따 n. 기저귀
	xe đẩy 쌔 더이 n. 유모차	nôi 노이 n. 아기 침대, 요람

소개팅

소개팅 후 평가

요즘 만나는 사람 있니?

Dạo này em có hẹn hò với ai không?

자오 나이 앰 꺼 핸 허 버이 아이 콩?

아니, 난 여자 친구 없어.

Không, anh chưa có bạn gái.

콩, 아잉 쯔어 꺼 반 가이

난 혼자야.

Mình vẫn chưa có ai.

밍 번 쯔어 꺼 아이

그는 그냥 친구일 뿐이야.

Anh ấy chỉ là bạn thôi.

아잉 어이 찌 라 반 토이

이상형이 있어?

Em có hình mẫu lý tưởng không?

앰 꺼 힝 머우 리 뜨엉 콩?

그녀에게 남자 친구 있어?

Cô ấy có bạn trai chưa?

꼬 어이 꺼 반 짜이 쯔어?

그 남자 좀 소개해 줄래?

Cậu giới thiệu anh ấy cho mình nhé?

꺼우 저이 티에우 아잉 어이 쩌 밍 내?

저 여자 마음에 든다.

Tôi thích cô gái kia.

또이 틱 꼬 가이 끼어

그에게 완전 반했어.

Em hoàn toàn mê mẩn anh ấy rồi.

앰 호안 또안 메 먼 아잉 어이 조이

그녀는 내 이상형이야.

Cô ấy là hình mẫu lý tưởng của mình.

꼬 어이 라 힝 머우 리 뜨엉 꾸어 밍

우리는 통하는 게 많아.

Chúng ta có nhiều điểm chung.

쭝 따 꺼 니에우 디엠 쭝

그는 내 취향이 아니다.

Anh ấy không phải là gu của tôi.

아잉 어이 콩 파이 라 구 꾸어 또이

그와의 시간이 지루했어.

Thời gian ở cạnh anh ấy rất nhàm chán.

터이 잔 어 까잉 아잉 어이 젇 남 짠

우리는 공통 관심사가 없어.

Chúng ta không có mối quan tâm chung.

쭝 따 콩 꺼 모이 꾸안 떰 쭝

188

데이트 ①

\# 데이트 어땠어?

Buổi hẹn hò thế nào?
부오이 핸 허 테 나오?

\# 우리는 서로 첫눈에 반했어요.

Chúng tôi đã phải lòng nhau từ cái nhìn đầu tiên.
쭝 또이 다 파이 렁 나우 뜨 까이 닌 더우 띠엔

\# 그녀와 더 많은 시간을 보내고 싶어요.

Tôi muốn có nhiều thời gian ở bên cô ấy.
또이 무온 꺼 니에우 터이 잔 어 벤 꼬 어이

\# 우린 좋은 관계를 맺고 있어.

Chúng tôi đang có mối quan hệ tốt.
쭝 또이 당 꺼 모이 꾸안 헤 똗

\# 최근에 우리는 자주 만났어.

Gần đây chúng tôi thường xuyên gặp nhau.
건 더이 쭝 또이 트엉 쑤이엔 갑 나우

\# 자기야.

Anh yêu ơi. (여자가 남자에게)
아잉 이에우 어이

Em yêu ơi. (남자가 여자에게)
앰 이에우 어이

Mình ơi. (남자가 여자에게)
밍 어이

꼭! 짚고 가기

솔로를 나타내는 단어

ế 에의 사전적 의미는 '물건이 잘 팔리지 않거나 장사가 안되는 경우'를 말합니다. 하지만 이 단어는 베트남에서 또 다른 의미로 쓰이는데요. 그것은 바로 애인이 없는 '솔로', '싱글'의 의미입니다.

만약에 'Tôi vẫn ế. 또이 번 에'라고 얘기하면 '나는 여전히 솔로야.'라는 의미가 됩니다.

ế가 '남편', '아내'를 의미하는 단어와 결합하면 'ế vợ 에 버(노총각)', 'ế chồng 에 쫑(노처녀)'과 같이 결혼 적령기를 훌쩍 넘은 남녀를 뜻합니다.

솔로라는 의미로 사용되는 또 다른 단어는 'FA 에프아'가 있습니다. 영어인 'Forever Alone'의 약어인데요. 애인이 없는 친구들을 놀릴 때 쓰기도 해요. 위에 나타난 ế보다는 좀 더 가벼운 어감이며 주로 젊은이들 사이에 통용됩니다.

데이트 ②

그녀와 첫 번째 데이트 약속을 잡았어요.

Tôi đã hẹn buổi đi chơi đầu
tiên với cô ấy.

또이 다 핸 부오이 디 쩌이 더우 띠엔 버이 꼬
어이

어디 가고 싶은 데 있어?

Em muốn đi đâu?

앰 무온 디 더우?

좋은 식당을 예약했어요.

Tôi đã đặt chỗ ở một nhà
hàng rất tuyệt.

또이 다 닫 쪼 어 몯 냐 항 젇 뚜이엔

밥 먹고 어디 가는 게 좋을까?

Ăn cơm xong nên đi đâu
nhỉ?

안 껌 썽 넨 디 더우 니?

옷을 어떻게 입는 게 좋을까?

Nên mặc đồ như thế nào
nhỉ?

넨 막 도 니으 테 나오 니?

그와 데이트할 생각에 설레요.

Tôi thấy xao xuyến khi nghĩ
về cuộc hẹn với anh ấy.

또이 터이 싸오 쑤이엔 키 응이 베 꾸옥 핸 버이
아잉 어이

그가 데리러 오고 있대요.

Anh ấy nói sẽ đến đón tôi.

아잉 어이 너이 쌔 덴 던 또이

데이트 ③

우리는 손을 잡았어요.

Chúng tôi đã nắm tay nhau.

쭝 또이 다 남 따이 나우

나는 그에게 팔짱을 꼈다.

Mình đã khoác tay anh ấy.

밍 다 코악 따이 아잉 어이

그가 제 뺨에 키스를 했어요.

Anh ấy đã hôn lên má tôi.

아잉 어이 다 혼 렌 마 또이

그와의 키스가 첫 키스였다.

Nụ hôn với anh ấy là nụ
hôn đầu của tôi.

누 혼 버이 아잉 어이 라 누 혼 더우 꾸어 또이

데이트가 아니었어. 우리는 그냥 좋은
친구야.

Đó không phải là hẹn hò.
Chúng tôi chỉ là bạn tốt của
nhau thôi.

더 콩 파이 라 핸 허. 쭝 또이 찌 라 반 똗 꾸어
나우 토이

그 사람과의 데이트는 정말 별로였어.

Hẹn hò với người đó thực
sự chán ngắt.

핸 허 버이 응으어이 더 특 쓰 짠 응앋

nằm tay 남 따이 손을 잡다
khoác tay 코악 따이 팔짱을 끼다

연애 충고 ①

특별한 장소에 그녀를 데려가세요.

Hãy đưa cô ấy đến một nơi đặc biệt.

하이 드어 꼬 어이 덴 몯 너이 닥 비엩

절대 둘 사이의 중요한 기념일을 잊지 마세요.

Tuyệt đối đừng quên ngày kỷ niệm quan trọng của hai người.

뚜이엔 도이 등 꾸엔 응아이 끼 니엠 꾸안 쩡 꾸어 하이 응으어이

상대방에게 너무 집착하지 마.

Đừng quá đeo bám người mình yêu.

등 꾸아 대오 밤 응어이 밍 이에우

짝사랑은 너무 힘들어요.

Yêu đơn phương mệt mỏi lắm.

이에우 던 프엉 멛 머이 람

작은 선물이라도 큰 효과를 내곤 하죠.

Cho dù là món quà nhỏ nhưng cũng có tác dụng lớn.

쩌 주 라 먼 꾸아 녀 니응 꿍 꺼 딱 중 런

여자 친구에게 칭찬을 아끼지 마세요.

Đừng tiếc lời khen với bạn gái.

등 띠엑 러이 캔 버이 반 가이

쩌우 까우 이야기

베트남에서 혼례를 치를 때 신랑이 신부에게 주는 예물 중 빠질 수 없는 것이 바로 'trầu 쩌우(구장나무 잎)'와 'cau 까우(빈랑나무 열매)'입니다. 쩌우와 까우는 부부가 항상 서로의 곁을 지킬 것을 기원하는 의미이며 아름다운 사랑과 출발을 뜻하기 때문인데요.

베트남에는 쩌우 까우에 얽힌 애절한 전래 동화가 있어요.

옛날에 우애 좋은 형제가 살고 있었어요. 형은 결혼을 했고 동생을 데리고 살았지만 바빠서 동생에게 신경을 많이 써 주지 못했답니다. 사소한 오해로 동생은 집을 떠났고 서럽게 울던 동생은 그만 바위로 변하고 말았어요. 동생을 찾던 형은 바위를 발견하고 눈물을 흘리다가 나무로 변했지요. 남편을 기다리던 형의 아내도 강가에 있는 나무 아래에서 울다 지쳐 그 나무를 감고 올라가는 덩굴이 되었습니다.

세 사람의 형제애와 부부애에 감동한 왕이 나무에 쩌우와 까우라는 이름을 붙였습니다. 그때부터 쩌우와 까우는 널리 알려졌고, 오늘날 베트남 사람들의 중요한 행사에 빠지지 않는 상징이 되었답니다.

연애 충고 ②

약속은 꼭 지키세요.

Hãy giữ lời hứa.

하이 즈 러이 흐어

거짓말하지 마세요.

Đừng nói dối.

등 너이 조이

바람 피우지 마세요.

Đừng bắt cá hai tay.

등 받 까 하이 따이

Đừng lăng nhăng.

등 랑 냥

다른 사람과 비교하지 마세요.

Đừng so sánh với người
khác.

등 써 싸잉 버이 응어이 칵

상대방의 의견에 귀를 기울이세요.

Hãy lắng nghe ý kiến của
đối phương.

하이 랑 응애 이 끼엔 꾸어 도이 프엉

관계를 오래 지속하기 위해서는 서로
다름을 받아들여야 할 거예요.

Để mối quan hệ được dài
lâu cần phải chấp nhận
điểm khác của nhau.

데 모이 꾸안 헤 드억 자이 러우 껀 파이 쩝 년
디엠 칵 꾸어 나우

사랑 ①

좋아해.

Anh thích em.

아잉 틱 앰

사랑해.

Anh yêu em. (남자가 여자에게)

아잉 이에우 앰

Em yêu anh. (여자가 남자에게)

앰 이에우 아잉

나는 그에게 빠졌어요.

Tôi đã mê mẩn anh ấy rồi.

또이 다 메 먼 아잉 어이 조이

난 너 없이 못 살아.

Anh không thể sống thiếu
em.

아잉 콩 테 쏭 티에우 앰

네가 없는 삶은 상상할 수 없어.

Anh không thể tưởng tượng
một cuộc sống thiếu em.

아잉 콩 테 뜨엉 뜨엉 몯 꾸옥 쏭 티에우 앰

그가 계속 보고 싶어요.

Mình cứ không ngừng nhớ
anh ấy.

밍 끄 콩 응 녀 아잉 어이

그녀는 나에게 푹 빠졌어.

Cô ấy đã hoàn toàn mê
mẩn tôi rồi.

꼬 어이 다 호안 또안 메 먼 또이 조이

사랑 ②

너를 껴안고 싶어.

Anh muốn ôm em thật chặt.
아잉 무온 옴 앰 털 짬

나는 너와 평생 함께하고 싶어.

Anh muốn sống cùng em suốt đời.
아잉 무온 쏭 꿍 앰 쑤옫 더이

당신에 대한 사랑이 날이 갈수록 커져요.

Tình yêu của anh dành cho em càng ngày càng lớn.
띵 이에우 꾸어 아잉 자잉 쩌 앰 깡 응아이 깡 런

어제보다 오늘 더 사랑해.

Hôm nay anh yêu em nhiều hơn hôm qua.
홈 나이 아잉 이에우 앰 니에우 헌 홈 꾸아

나는 하루 종일 네 생각을 해.

Cả ngày anh chỉ nghĩ về em.
까 응아이 아잉 찌 응이 베 앰

난 너와 함께 있을 때 가장 행복해.

Anh hạnh phúc nhất là khi ở bên em.
아잉 하잉 푹 녇 라 키 어 벤 앰

우린 운명이야.

Chúng ta là vận mệnh của nhau.
쭝 따 라 번 메잉 꾸어 나우

사랑해!

연인에게 사랑한다고 표현할 때, 한국어로는 '사랑해'라는 간단한 문장으로 표현이 되죠? 굳이 누가 누구를 사랑하는지 명시하지 않아도 문법에 어긋나지 않습니다. 그러나 베트남어는 '사랑하다'라는 의미의 동사 'yêu 이에우'만으로는 정확하게 뜻이 전달되지 않고 반드시 주어와 목적어가 있어야 합니다. 또한 남자가 여자에게 말할 때와 여자가 남자에게 말할 때의 문장이 다릅니다.

- 남자가 여자에게 말할 때
  Anh yêu em. 아잉 이에우 앰

- 여자가 남자에게 말할 때
  Em yêu anh. 앰 이에우 아잉

왜 남자는 젊은 남성·형·오빠를 나타내는 anh 아잉으로 쓰이고 여자는 손아랫사람·동생을 나타내는 em 앰으로 쓰일까요? 이러한 현상은 심지어 여자의 나이가 더 많은 경우에도 거의 변하지 않고 나타난다고 하는데요. 동등한 연인 간임에도 이렇게 호칭을 사용하는 이유는 보통 남자가 여자를 지켜 줘야 하며 더 많은 책임을 가지고 있다는 인식 때문이라고 합니다.

질투 & 배신

그의 옛 애인이 질투 나요.

Tôi ghen với người yêu cũ của anh ấy.

또이 갠 버이 응으어이 이에우 꾸 꾸어 아잉 어이

그녀는 질투에 눈이 멀었어.

Cô ấy đã bị ghen tuông làm cho mờ mắt.

꼬 어이 다 비 갠 뚜옹 람 쩌 머 맏

그는 나를 배신했어.

Anh ấy đã phản bội tôi.

아잉 어이 다 판 보이 또이

남자 친구가 있는데 다른 사람이 눈에 들어와요.

Tôi có bạn trai rồi mà vẫn để ý đến người khác.

또이 꺼 반 짜이 조이 마 번 데 이 덴 응으어이 칵

여자 친구가 바람을 피웠어.

Bạn gái tôi đã lăng nhăng với người khác.

반 가이 또이 다 랑 냥 버이 응으어이 칵

그는 나 몰래 다른 여자를 만났어.

Anh ấy đã lén tôi gặp người con gái khác.

아잉 어이 다 랜 또이 갑 응으어이 껀 가이 칵

갈등

애인에 대한 사랑이 식었어요.

Tình cảm dành cho người yêu của tôi đã nguội lạnh rồi.

띵 깜 자잉 쩌 응으어이 이에우 꾸어 또이 다 응우오이 라잉 조이

남자 친구가 꼴도 보기 싫어요.

Tôi không thích nhìn mặt bạn trai.

또이 콩 틱 닌 맏 반 짜이

매번 네 거짓말을 듣는 데 질렸어.

Anh đã chán khi phải nghe em nói dối mỗi lần rồi.

아잉 다 짠 키 파이 응애 앰 너이 조이 모이 런 조이

우린 매번 같은 이유로 싸워요.

Chúng tôi luôn cãi nhau vì cùng một lý do.

쭝 또이 루온 까이 나우 브이 꿍 몯 리 저

남자친구와 헤어질 때가 된 것 같아.

Có lẽ đã đến lúc tôi chia tay với bạn trai.

꺼 래 다 덴 룩 또이 찌어 따이 버이 반 짜이

결혼하는 것에 대해서 다시 생각해 봐야할 것 같아요.

Có lẽ tôi phải suy nghĩ lại về chuyện kết hôn.

꺼 래 또이 파이 쑤이 응이 라이 베 쭈이엔 껟 혼

이별 ①

우리 헤어지자.

Chúng ta chia tay đi.
쭝 따 찌어 따이 디

우린 끝이야.

Chúng ta đã kết thúc rồi.
쭝 따 다 껟 툭 조이

그들은 2주 전에 헤어졌어.

Họ đã chia tay từ 2 tuần trước.
허 다 찌어 따이 뜨 하이 뚜언 쯔억

우린 더 이상 사귀지 않아.

Chúng tôi không còn hẹn hò nữa.
쭝 또이 콩 껀 핸 허 느어

내가 그를 찼지.

Mình đã đá anh ta rồi.
밍 다 다 아잉 따 조이

오늘 저 실연 당했어요.

Hôm nay tôi đã bị thất tình.
홈 나이 또이 다 비 털 띵

남자 친구가 먼저 헤어지자고 했어요.

Bạn trai tôi đã đề nghị chia tay trước.
반 짜이 또이 다 데 응이 찌어 따이 쯔억

이별 ②

우린 사랑했지만 헤어졌어요.

Chúng tôi đã từng yêu nhau nhưng chia tay rồi.
쭝 또이 다 뜽 이에우 나우 니응 찌어 따이 조이

그는 이별을 받아들이지 않아요.

Anh ấy không chấp nhận chia tay.
아잉 어이 콩 쩝 년 찌어 따이

이별의 아픔은 시간이 해결해 줄 거야.

Thời gian sẽ chữa trị nỗi đau của việc chia tay.
터이 잔 쌔 쯔어 찌 노이 다우 꾸어 비엑 찌어 따이

저는 그 사람을 못 잊을 것 같아요.

Có lẽ tôi sẽ không thể quên được người ấy.
꺼 래 또이 쌔 콩 테 꾸엔 드억 응으어이 어이

난 그녀를 아직도 잊지 못했어요.

Mình vẫn chưa thể quên được cô ấy.
밍 번 쯔어 테 꾸엔 드억 꼬 어이

그녀와 헤어지고 나니 너무 허전해요.

Chia tay với cô ấy xong, tôi cảm thấy trống trải quá.
찌어 따이 버이 꼬 어이 썽, 또이 깜 터이 쫑 짜이 꾸아

기타 ①

남자 친구와 헤어지고 나니 후련해요.

Tôi cảm thấy nhẹ nhõm sau khi chia tay với bạn trai.

또이 깜 터이 내 념 싸우 키 찌어 따이 버이 반 짜이

난 지금 결혼하고 싶지 않아.

Em không muốn kết hôn bây giờ.

앰 콩 무온 껟 혼 버이 저

우리는 장거리 연애를 해서 거의 보지 못해요.

Chúng tôi yêu xa nên gần như không gặp nhau.

쭝 또이 이에우 싸 넨 건 니으 콩 갑 냐우

난 그 사람의 관심이 부담스러워.

Mình cảm thấy ngại trước sự quan tâm của anh ấy.

밍 깜 터이 응아이 쯔억 쓰 꾸안 떰 꾸어 아잉 어이

그 남자랑 만나는 건 시간 낭비야.

Hẹn hò với anh chàng đó chỉ tổ phí thời gian thôi.

핸 허 버이 아잉 짱 더 찌 또 피 터이 잔 토이

내 첫사랑은 이루어지지 않았어요.

Mối tình đầu của tôi đã không thành.

모이 띵 더우 꾸어 또이 다 콩 타잉

기타 ②

난 그녀와 다시 사귀고 싶다.

Tôi muốn hẹn hò lại với cô gái đó.

또이 무온 핸 허 라이 버이 꼬 가이 더

내 생각에, 넌 그녀를 너무 귀찮게 해.

Theo mình, cậu đã làm phiền cô ấy quá.

태오 밍, 꺼우 다 람 피엔 꼬 어이 꾸아

그녀는 양다리를 걸치고 있어요.

Cô ấy đang bắt cá hai tay.

꼬 어이 당 밭 까 하이 따이

그는 잠깐 만났던 사람이에요.

Anh ấy là người tôi đã hẹn hò trong thời gian ngắn.

아잉 어이 라 응으어이 또이 다 핸 허 쩡 터이 잔 응안

남자 친구가 애정 표현을 많이 안 해요.

Bạn trai tôi không hay thể hiện tình yêu.

반 짜이 또이 콩 하이 테 히엔 띵 이에우

우리는 잠시 자기만의 시간을 갖기로 했어요.

Chúng tôi đã đồng ý cho nhau một chút thời gian riêng.

쭝 또이 다 동 이 쩌 냐우 몯 쭏 터이 잔 지엥

가족 소개

나에게는 그 무엇보다 가족이 가장 소중해요.

Với tôi, gia đình là quan trọng nhất.
버이 또이, 자 딩 라 꾸안 쩡 녇

내 가족을 소개할게.

Để mình giới thiệu về gia đình.
데 밍 저이 티에우 베 자 딩

저는 남동생 한 명이 있어요.

Tôi có một em trai.
또이 꺼 몯 앰 짜이

우리 가족은 모두 하노이에 살아요.

Gia đình tôi đều sống ở Hà Nội.
자 딩 또이 데우 쏭 어 하 노이

저는 외동딸이에요.

Tôi là con gái một.
또이 라 껀 가이 몯

저희 아버지께서는 올해 57세가 되셨어요.

Bố tôi năm nay 57 tuổi.
보 또이 남 나이 남 므어이 바이 뚜오이

저희 할머니께서는 작년에 돌아가셨어요.

Bà tôi đã mất năm ngoái.
바 또이 다 먿 남 응오아이

여성의 날

베트남에서는 해마다 두 차례 '여성의 날'을 축하하고 기념합니다. '세계 여성의 날'인 3월 8일과 '베트남 여성의 날'인 10월 20일이 바로 그때인데요.

'베트남 여성의 날'은 1930년 10월 20일 베트남 여성 연합회(Hội Liên hiệp Phụ nữ Việt Nam 호이 리엔 히엡 푸 느 비엔 남)가 정식으로 설립됨에 따라, 매년 10월 20일을 여성을 위한 날로 지정하면서 시작되었습니다.

이 날은 오로지 여성을 위한 날이기 때문에 베트남 여성들은 남성들로부터 다양한 선물을 받게 됩니다.

그중에서 빠질 수 없는 대표적인 선물은 꽃입니다. 그렇기 때문에 여성의 날에 꽃집들은 꽃다발을 준비하느라 분주해지고 인사말은 '안녕하세요?' 대신 '오늘 꽃 받았어요?'가 되기도 합니다.

빵집에서는 여성의 날을 축하한다는 메시지가 적힌 케이크를 진열하고 대형 마트나 백화점에서는 기념 세일을 진행합니다. 회사에서도 가볍게 다과를 즐기며 여성 직원에게 꽃을 나눠주기도 하고, 우수한 여성 직원에게 특별 수당을 지급하기도 합니다.

청혼

남자 친구가 나에게 청혼했어.

Bạn trai đã cầu hôn mình.
반 짜이 다 꺼우 혼 밍

나와 결혼해 줄래?

Em kết hôn với anh nhé?
앰 껟 혼 버이 아잉 내?

내 아내가 되어 줄래?

Em làm vợ anh nhé?
앰 람 버 아잉 내?

나는 그의 청혼을 받아들였다.

Mình đã chấp nhận lời cầu hôn của anh ấy.
밍 다 쩝 년 러이 꺼우 혼 꾸어 아잉 어이

나는 그의 청혼을 거절했다.

Mình đã từ chối lời cầu hôn của anh ấy.
밍 다 뜨 쪼이 러이 꺼우 혼 꾸어 아잉 어이

5년의 연애 끝에, 그가 제게 청혼했어요.

Sau 5 năm yêu nhau, anh ấy đã cầu hôn tôi.
싸우 남 남 이에우 냐우, 아잉 어이 다 꺼우 혼 또이

이 사람과 결혼해도 될까요?

Tôi có thể kết hôn với người này được không?
또이 꺼 테 껟 혼 버이 응으어이 나이 드억 콩?

결혼 준비

여성들은 완벽한 결혼식을 꿈꿔요.

Phụ nữ luôn mơ về một đám cưới hoàn hảo.
푸 느 루온 머 베 몯 담 끄어이 호안 하오

신혼여행은 어디로 가나요?

Em đi tuần trăng mật ở đâu?
앰 디 뚜언 짱 먿 어 더우?

신혼여행은 하와이로 가요.

Em đi tuần trăng mật ở Hawai.
앰 디 뚜언 짱 먿 어 하오아이

결혼 전에 준비할 게 많아요.

Có nhiều thứ phải chuẩn bị trước khi kết hôn.
꺼 니에우 트 파이 쭈언 비 쯔억 키 껟 혼

결혼식이 언제예요?

Đám cưới của anh là bao giờ?
담 끄어이 꾸어 아잉 라 바오 저?

웨딩 사진은 찍었어요?

Anh đã chụp ảnh cưới chưa?
아잉 다 쭙 아잉 끄어이 쯔어?

웨딩드레스는 맞췄나요?

Chị đã thử váy cưới chưa?
찌 다 트 바이 끄어이 쯔어?

결혼식 초대

누구를 초대할까요?

Chúng ta sẽ mời những ai nhỉ?

쭝 따 쌔 머이 니응 아이 니?

결혼식에 꼭 참석해 주세요.

Anh nhất định phải đến tham dự đám cưới nhé.

아잉 녇 딩 파이 덴 탐 즈 담 끄어이 내

이건 우리 청첩장이에요.

Đây là thiếp mời của chúng tôi.

더이 라 티엡 머이 꾸어 쭝 또이

미안하지만, 네 결혼식에 못 갈 것 같아.

Xin lỗi nhưng có lẽ mình không thể đến đám cưới của cậu được.

씬 로이 니응 꺼 래 밍 콩 테 덴 담 끄어이 꾸어 꺼우 드억

다음 주까지 참석 여부를 알려 주겠니?

Tuần sau cậu báo cho mình biết có tham dự được hay không nhé?

뚜언 싸우 꺼우 바오 쩌 밍 비엗 꺼 탐 즈 드억 하이 콩 내?

꼭! 짚고 가기

베트남의 약혼식

베트남의 전통적인 혼례에 비해 최근의 결혼식은 절차나 구성이 많이 간소화되는 편입니다. 그럼에도 결혼식을 올리기약 한 달 전 치르는 'lễ ăn hỏi 레 안 허이 (약혼식)'는 빠뜨릴 수 없는 절차입니다.

신랑의 가족과 친척들은 예물을 빨간색 천에 싸서 신부의 집으로 가져갑니다.

예물은 보통 차, 술, 과일, 녹두찰떡(bánh phu thê 바잉 푸 테) 등으로 다양하게 꾸리며 'trầu 쩌우(구장나무 잎)'와 'cau 까우 (빈랑나무 열매)'는 반드시 포함됩니다.

신랑이 예물을 가지고 신부의 집으로 가면 양가의 어르신들끼리 인사를 나누고 예물을 건넵니다. 신부가 나와 인사를 올리고, 부모님과 어르신들께 차를 따르면 신부의 어머니가 예물 중 일부를 조상의 제단에 올립니다. 신랑과 신부가 제단에 향을 피우는 것까지 끝나면 양가는 앞으로의 결혼 진행에 대해 의견을 나누고, 얘기가 끝나면 신부 측에서 예물 중 과일을 일부 신랑 측에 주는데, 과일을 쪼갤 때 칼이나 가위를 이용하면 안 됩니다. 신랑 측에서 과일을 받고 나면 약혼식은 마무리됩니다.

결혼식

신부는 붉은 아오자이를 입어요.

Cô dâu mặc áo dài đỏ.
꼬 저우 막 아오 자이 더

신부는 금으로 된 장신구를 혼수로 받았어요.

Cô dâu đã nhận được của hồi môn là đồ trang sức bằng vàng.
꼬 저우 다 년 드억 꾸어 호이 몬 라 도 짱 쓱 방 방

베트남에서는 신랑이 신부 집에 가서 신부를 데려옵니다.

Ở Việt Nam, chú rể đến nhà cô dâu để rước dâu.
어 비엣 남, 쭈 제 덴 냐 꼬 저우 데 즈억 저우

조상에게 기도를 올리는 의식은 결혼식날 빠질 수 없는 절차입니다.

Thắp hương cho tổ tiên là nghi thức không thể thiếu trong lễ cưới ở Việt Nam.
탑 흐엉 쩌 또 띠엔 라 응이 특 콩 테 티에우 쩡 레 끄어이 어 비엣 남

두 분의 결혼을 진심으로 축하합니다.

Xin chân thành chúc mừng đám cưới của hai anh chị.
씬 쩐 타잉 쭉 믕 담 끄어이 꾸어 하이 아잉 찌

두 분 행복하길 바랍니다.

Xin chúc anh chị hạnh phúc.
씬 쭉 아잉 찌 하잉 푹

결혼 생활

결혼한 지 15년이 넘었어요.

Tôi đã kết hôn được hơn 15 năm.
또이 다 껟 혼 드억 헌 므어이 람 남

결혼 생활이 행복해요?

Cuộc sống hôn nhân của em hạnh phúc chứ?
꾸옥 쏭 혼 년 꾸어 앰 하잉 푹 쯔?

우리는 천생연분이에요.

Chúng tôi là một cặp trời sinh.
쭝 또이 라 몯 깝 쩌이 씽

너와 함께 산 이래로, 지루해 본 적이 없어.

Từ khi sống cùng em, anh chưa bao giờ thấy nhàm chán.
뜨 키 쏭 꿍 앰, 아잉 쯔어 바오 저 터이 남 짠

결혼 생활이 행복하지 않아요.

Cuộc sống hôn nhân của tôi không hạnh phúc.
꾸옥 쏭 혼 년 꾸어 또이 콩 하잉 푹

결혼 생활이 쉽지는 않아요.

Cuộc sống hôn nhân không hề dễ dàng gì.
꾸옥 쏭 혼 년 콩 헤 제 장 지

별거 & 이혼 & 재혼

성격이 맞지 않아서 남편과 살 수가 없어요.

Tôi không thể chung sống với chồng vì tính cách không hợp nhau.

또이 콩 테 쭝 쏭 버이 쫑 브이 띵 까익 콩 헙 냐우

저는 아내와 별거 중입니다.

Tôi đang sống ly thân với vợ.

또이 당 쏭 리 턴 버이 버

작년에 이혼했어요.

Tôi đã ly hôn vào năm ngoái.

또이 다 리 혼 바오 남 응오아이

그들은 이혼 소송 중입니다.

Họ đang ra tòa để ly hôn.

허 당 자 또아 데 리 혼

아이들을 생각해 이혼은 피하고 싶었어요.

Tôi không muốn ly hôn vì nghĩ đến bọn trẻ.

또이 콩 무온 리 혼 브이 응이 덴 번 째

그는 지난달에 재혼했어요.

Anh ấy đã tái hôn vào tháng trước.

아잉 어이 다 따이 혼 바오 탕 쯔억

꼭! 짚고 가기

추천! 베트남 신혼여행지

베트남에서 신혼여행지로 인기가 좋은 곳은 어디일까요? 다낭(Đà Nẵng), 냐짱(Nha Trang) 같은 해변을 끼고 있는 도시들이 인기가 높습니다.

그리고 최근 한국인 관광객들에게 인기가 높아지고 있는 푸꾸옥섬이 있습니다. 이곳은 베트남 최남단에 위치한 가장 큰 섬으로, 호찌민시에서 비행기로 약 1시간 거리에 있습니다. 푸꾸옥은 유네스코 지정 세계생물권 보존지역으로, 깨끗하고 아름다운 자연환경을 자랑합니다. 최근에는 대규모 리조트와 풀빌라가 많이 생겨 다른 유명 휴양지와 비교해도 손색이 없으며, 상대적으로 관광객이 적어 여유로운 휴식을 즐기기에 최적의 장소입니다.

특히 푸꾸옥에서 유명한 싸오(Sao) 해변은 '별'이라는 뜻처럼 에메랄드빛 바다로 아름다움을 뽐냅니다. 이곳에서는 스노클링, 스쿠버 다이빙 같은 다양한 액티비티를 즐길 수 있고, 야시장에서 먹거리와 쇼핑을 만끽하는 것도 빼놓을 수 없는 즐거움입니다. 푸꾸옥의 특산물로는 후추와 진주가 유명하니, 시장에 가면 한번 구경해 보세요.

임신

육아 ①

\# 저 임신했어요.

Tôi đã có thai rồi.

또이 다 꺼 타이 조이

\# 임신했다고 들었어요. 축하해요!

Tôi nghe nói chị đã có thai.
Xin chúc mừng chị!

또이 응애 너이 찌 다 꺼 타이. 씬 쭉 등 찌!

\# 임신 5개월입니다.

Tôi đã mang thai được 5
tháng.

또이 다 망 타이 드억 남 탕

\# 출산일이 언젠가요?

Ngày dự sinh của chị là bao
giờ?

응아이 즈 씽 꾸어 찌 라 바오 저?

\# 임신 중에는 체중이 늘어요.

Cân nặng sẽ tăng trong khi
mang thai.

껀 낭 쌔 땅 쩡 키 망 타이

\# 저희는 애가 둘 있고 세 번째 아이가
생겼어요.

Chúng tôi đã có hai con và
đang sắp có đứa thứ ba.

쭝 또이 다 꺼 하이 껀 바 당 쌉 꺼 드어 트 바

\# 아이에게 모유를 먹이나요?

Chị có cho con bú sữa mẹ
không?

찌 꺼 쩌 껀 부 쓰어 매 콩?

\# 저는 모유 수유를 해요.

Tôi cho con ăn sữa mẹ.

또이 쩌 껀 안 쓰어 매

\# 저는 분유를 타서 먹여요.

Tôi cho con ăn sữa bột.

또이 쩌 껀 안 쓰어 볻

\# 젖 먹일 시간이에요.

Bây giờ là lúc cho em bé bú.

버이 저 라 룩 쩌 앰 배 부

\# 얼마 전부터 이유식을 먹이고 있어요.

Tôi đang cho bé ăn dặm từ
cách đây không lâu.

또이 당 쩌 배 안 잠 뜨 까익 더이 콩 러우

\# 아기 기저귀 좀 갈아 줄래?

Anh thay bỉm cho con giúp
em nhé?

아잉 타이 빔 쩌 껀 줍 앰 내?

\# 아이 목욕시키는 것 좀 도와줄래요?

Anh giúp em tắm cho con
nhé?

아잉 줍 앰 땀 쩌 껀 내?

육아 ②

애들은 누가 돌보나요?

Ai là người trông bọn trẻ thế?

아이 라 응어이 쫑 번 째 테?

저 대신 엄마가 아이를 돌봐 주세요.

Mẹ tôi thay tôi trông em bé.

매 또이 타이 또이 쫑 앰 배

우리 아들은 하루 종일 울어요.

Con trai tôi khóc cả ngày.

껀 짜이 또이 컵 까 응아이

우는 아이를 달래는 건 힘들어요.

Dỗ em bé đang khóc rất vất vả.

조 앰 배 당 컵 젇 벋 바

우리 딸은 순해서 울지 않아요.

Con gái tôi ngoan nên bé không khóc.

껀 가이 또이 응오안 넨 배 콩 컵

유모차를 가지고 와 주세요.

Anh mang xe đẩy lại đây cho em.

아잉 망 쌔 더이 라이 더이 쩌 앰

아이가 걸음마를 시작했어요.

Em bé đã bắt đầu tập đi.

앰 배 다 받 더우 떱 디

아이는 무럭무럭 자라고 있어요.

Em bé đang lớn rất nhanh.

앰 배 당 런 젇 냐잉

꼭! 짚고 가기

베트남의 출산 정책

베트남 통계청에 따르면, 2023년에 베트남의 인구가 공식적으로 1억 명을 돌파했습니다. '2024년 UN 세계인구전망 보고서'에 따르면, 베트남의 인구는 약 1억 90만 명으로 세계에서 16위를 차지하고 있습니다.

인구수와 인구 구조의 변화는 사회의 여러 분야에 영향을 미치기 때문에 출산 정책은 국가의 중요 정책 중 하나라고 볼 수 있어요. 베트남의 출산율과 그에 따른 정부 정책을 살펴볼게요.

1960년대 베트남의 출산율은 여성 1인당 6.4명에 육박했어요. 이로 인한 급격한 인구 증가를 막기 위해 베트남 정부는 몇십 년간 '하나 또는 둘만 낳아 기르자'는 정책을 펼쳐 왔습니다.

하지만 지역별로 출산율의 격차가 커지고 있으며, 특히 호찌민시 같은 대도시에서는 출산율은 점차 감소하고 있습니다. 이에 따라 2014년부터는 '한 가족 두 자녀 낳기 운동'으로 바뀌어 현재까지 유지되고 있습니다. 예전의 인구 정책은 출산율 감소를 위한 것이었다면, 지금은 기존의 출산율을 유지하면서 지역별 인구 균형을 맞추기 위한 방향으로 변경되었다고 볼 수 있습니다.

Chương 07

어디서든 당당하게!

Chương 07

Quán ăn 꾸안 안 음식점

quán ăn 꾸안 안 = **nhà hàng** 냐 항 n. 음식점 **nhà ăn** 냐 안 n. 식당	**thực đơn** 특 던 n. 메뉴, 식단	**đặt bàn** 닫 반 v. 예약하다
	món chính 먼 찡 n. 메인 요리	**món tráng miệng** 먼 짱 미엥 n. 디저트, 후식
	bánh mì 바잉 미 n. 빵	**gọi món** 거이 먼 v. 주문하다
hải sản 하이 싼 n. 해산물	**ngao** 응아오 n. 조개	**ốc** 옵 n. 소라
phở 퍼 n. 쌀국수	**nấm** 넘 n. 버섯	**nem** 냄 n. 스프링 롤
quán cà phê 꾸안 까 페 n. 카페, 커피숍	**cà phê** 까 페 n. 커피	**trà** 짜 = **chè** 째 n. 차
	trà trân châu 짜 쩐 쩌우 n. 버블티	**nước ép** 느억 앱 n. 주스, 과즙
cốc 꼽 n. 잔, 컵	**đũa** 두어 n. 젓가락	**thìa** 티어 n. 숟가락

206

Cửa hàng 끄어 항 상점

cửa hàng 끄어 항 n. 상점, 가게	**chợ** 쩌 n. 시장	**trung tâm thương mại** 쭝 떰 트엉 마이 n. 백화점
	siêu thị 씨에우 티 n. 마트	**siêu thị lớn** 씨에우 티 런 n. 대형 마트
	mua 무어 = **mua sắm** 무어 쌈 v. 사다, 구입하다	**bán** 반 v. 팔다
giá cả 자 까 n. 가격, 요금	**hóa đơn** 호아 던 n. 영수증, 계산서	**được giảm giá** 드억 잠 자 v. 할인되다
	đổi hàng 도이 항 v. 교환하다	**hoàn tiền** 호안 띠엔 v. 환불하다
	đắt 닫 a. 비싸다	**rẻ** 재 a. 싸다
cửa hàng thực phẩm 끄어 항 특 펌 n. 식료품점	**cửa hàng bánh ngọt** 끄어 항 바잉 응얻 n. 빵집	**cửa hàng xe máy** 끄어 항 쌔 마이 n. 오토바이 가게
cửa hàng thịt 끄어 항 틷 n. 정육점	**cửa hàng cá** 끄어 항 까 n. 생선 가게	**tiệm giặt là** 띠엠 잗 라 n. 세탁소

Bệnh viện 베잉 비엔 병원

bệnh viện 베잉 비엔 n. 병원	**bác sỹ** 박 씨 n. 의사	**y tá** 이 따 n. 간호사
	bệnh nhân 베잉 년 n. 환자	**khám** 캄 v. 진찰하다
	triệu chứng 찌에우 쯩 n. 증상	**đau** 다우 a. 아프다
vết thương 벧 트엉 n. 상처	**vết thâm** 벧 텀 n. 멍	**bị bỏng** 비 벙 v. 화상을 입다
cảm cúm 깜 꿈 n. 감기	**ho** 허 v. 기침하다, 기침이 나다	**bị sốt** 비 쏱 v. 열나다
nôn 논 v. 구역질하다, 구토하다	**chóng mặt** 쩡 맡 n. 어지럼증, 현기증	**khó tiêu** 커 띠에우 a. 소화가 잘 안되다
răng sâu 장 써우 n. 충치	**nhập viện** 녑 비엔 v. 입원하다	**xuất viện** 쑤얻 비엔 v. 퇴원하다
hiệu thuốc 히에우 투옥 n. 약국	**thuốc** 투옥 n. 약	**băng vết thương** 방 벧 트엉 n. 반창고, 밴드

Ngân hàng 응언 항 은행

ngân hàng 응언 항
n. 은행

tiền 띠엔
n. 돈

tiền mặt 띠엔 맏
n. 현금, 화폐

tiền thừa 띠엔 트어
n. 잔돈, 거스름돈

sổ tiết kiệm
쏘 띠엗 끼엠
n. 저축 통장

tài khoản 따이 코안
n. 계좌

chuyển khoản 쭈이엔 코안
v. 계좌 이체하다

gửi tiền 그이 띠엔
v. 예금하다, 입금하다

rút tiền 줃 띠엔
v. 돈을 찾다, 출금하다

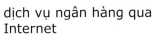

tiền lãi 띠엔 라이
n. 이자

mật khẩu 먿 커우
n. 비밀번호

dịch vụ ngân hàng qua Internet
직 부 응언 항 꾸아 인 떠 넫
n. 인터넷 뱅킹

đổi tiền 도이 띠엔
v. 환전하다

thẻ tín dụng 태 띤 중
n. 신용 카드

máy rút tiền 마이 줃 띠엔
= cây rút tiền 꺼이 줃 띠엔
n. 현금 인출기

음식점 추천

간단하게 식사하고 싶은데요.

Tôi muốn ăn đơn giản thôi.
또이 무온 안 던 잔 토이

좋은 식당 아세요?

Anh có biết quán ăn nào được không?
아잉 꺼 비엗 꾸안 안 나오 드억 콩?

이 근처에 추천해 줄 만한 음식점이 있나요?

Ở gần đây có quán ăn nào anh có thể giới thiệu cho tôi không?
어 건 더이 꺼 꾸안 안 나오 아잉 꺼 테 저이 티에우 쩌 또이 콩?

이 시간에 문을 연 식당이 있습니까?

Có quán ăn nào còn mở cửa vào giờ này không ạ?
꺼 꾸안 안 나오 껀 머 끄어 바오 저 나이 콩 아?

식당이 많은 거리는 어디인가요?

Phố có nhiều quán ăn nằm ở đâu ạ?
포 꺼 니에우 꾸안 안 남 어 더우 아?

어떤 종류의 음식을 원하시나요?

Anh muốn loại món ăn như thế nào?
아잉 무온 로아이 먼 안 니으 테 나오?

식당 예약

제가 식당을 예약할까요?

Tôi đặt quán ăn nhé?
또이 닫 꾸안 안 내?

4명을 위한 자리 예약 가능할까요?

Tôi có thể đặt chỗ cho 4 người được không?
또이 꺼 테 닫 쪼 쩌 본 응으어이 드억 콩?

오늘 저녁 7시 예약하고 싶은데요.

Tôi muốn đặt chỗ vào 7 giờ tối nay.
또이 무온 닫 쪼 바오 바이 저 또이 나이

창가 쪽 테이블로 예약해 주세요.

Tôi muốn đặt bàn phía cửa sổ.
또이 무온 닫 반 피어 끄어 쏘

예약을 변경하고 싶습니다.

Tôi muốn thay đổi đặt chỗ.
또이 무온 타이 도이 닫 쪼

예약을 취소해 주세요.

Tôi muốn hủy đặt chỗ.
또이 무온 후이 닫 쪼

어떤 이름으로 예약하셨죠?

Anh đặt bàn dưới tên gì ạ?
아잉 닫 반 즈어이 뗀 지 아?

예약 없이 갔을 때

\# 몇 분이신가요?

Anh đi mấy người ạ?

아잉 디 머이 응으어이 아?

\# 두 명 자리 있나요?

Có chỗ dành cho hai người không?

꺼 쪼 자잉 쩌 하이 응으어이 콩?

\# 죄송하지만 지금은 자리가 다 찼습니다.

Xin lỗi nhưng hiện giờ quán đã kín chỗ rồi ạ.

씬 로이 니응 히엔 저 꾸안 다 낀 쪼 조이 아

\# 어느 정도 기다려야 하나요?

Tôi phải đợi khoảng bao lâu?

또이 파이 더이 코앙 바오 러우?

\# 20분 정도 기다리셔야 하는데요. 기다리시겠어요?

Anh phải đợi khoảng 20 phút. Anh có muốn đợi không?

아잉 파이 더이 코앙 하이 므어이 풋. 아잉 꺼 무온 더이 콩?

\# 지금 주문 가능한가요?

Tôi có thể gọi món bây giờ không?

또이 꺼 테 거이 먼 버이 저 콩?

콕! 짚고 가기

베트남의 노점 식당

베트남에 가면 수많은 노점 식당들을 볼 수 있어요. 플라스틱으로 된 낮은 식탁과 의자에 앉아 식사와 음료를 즐기다 보면 베트남의 정취를 더 생생하게 느낄 수 있지요.

베트남어로 노점 식당은 quán vìa hè 꾸안 비어 해라고 합니다. 쌀국수, 볶음국수, 샌드위치, 찹쌀밥, 커피, 과일주스 등 다양한 품목을 판매하며 가격도 저렴합니다. 음식 나오는 속도도 빠른 편이고요.

아침이나 점심에는 노점에서 간단히 식사를 하거나 포장해 가는 사람들로 북적입니다. 학교가 끝나는 시간에 학생들은 노점의 낮은 의자에 삼삼오오 모여 앉아 간식이나 음료수를 먹으면서 수다를 떨기도 하고, 직장인들은 퇴근 후에 맥주 한 잔을 즐기기도 해요. 이렇게 베트남의 노점에는 하루 종일 사람들의 발길이 끊이지 않습니다. 그만큼 베트남 사람들의 생활과 밀접한 곳이라고 볼 수 있어요.

메뉴 보기

\# 메뉴판 좀 주세요.

Đưa dùm tôi quyển menu.

드어 줌 또이 꾸이엔 메 뉴

\# 주문은 잠시 후에 하겠습니다.

Tôi sẽ gọi món sau một lúc nữa.

또이 쌔 거이 먼 싸우 몯 룩 느어

\# 이 식당에서 제일 잘 나가는 메뉴가 뭔가요?

Món được yêu thích nhất ở quán này là gì vậy?

먼 드억 이에우 틱 녇 어 꾸안 나이 라 지 버이?

\# 메뉴 하나만 추천해 주세요.

Hãy giới thiệu cho tôi một món nào đó.

하이 저이 티에우 쩌 또이 몯 먼 나오 더

\# 여기 분짜가 맛있습니다.

Bún chả ở đây rất ngon.

분 짜 어 더이 젇 응언

\# 이 음식에는 어떤 재료가 들어가나요?

Món ăn này được làm bằng nguyên liệu gì?

먼 안 나이 드억 람 방 응우이엔 리에우 지?

주문 결정

\# 주문하시겠어요?

Anh có muốn gọi món không ạ?

아잉 꺼 무온 거이 먼 콩 아?

\# 저 사람이 먹고 있는 건 뭐예요?

Món người kia đang ăn là gì thế?

먼 응으어이 끼어 당 안 라 지 테?

\# 이걸로 주세요.

Hãy cho tôi món này.

하이 쩌 또이 먼 나이

\# 빨리 나오는 음식은 무엇인가요?

Có món nào nhanh ra không?

꺼 먼 나오 냐잉 자 콩?

\# 더 필요하신 건 없습니까?

Anh có cần gì nữa không ạ?

아잉 꺼 껀 지 느어 콩 아?

\# 주문을 변경할 수 있을까요?

Tôi có thể đổi món được không?

또이 꺼 테 도이 먼 드억 콩?

\# 주문을 취소하고 싶은데요.

Tôi muốn hủy món đã gọi.

또이 무온 후이 먼 다 거이

주문하기-음식

소고기 쌀국수 두 그릇 주세요.

Cho tôi hai bát phở bò.

쩌 또이 하이 받 퍼 버

면을 조금만 주세요.

Cho tôi ít phở thôi.

쩌 또이 잍 퍼 토이

국물 많이 주세요.

Cho tôi nhiều nước dùng
nhé.

쩌 또이 니에우 느억 중 내

숙주는 익혀 주세요.

Nhúng chín giá cho tôi.

늉 찐 자 쩌 또이

쌀국수에 고수 넣지 말아 주세요.

Đừng bỏ rau mùi vào phở
của tôi.

등 버 자우 무이 바오 퍼 꾸어 또이

짜조 한 접시만 주세요.

Cho tôi một đĩa nem thôi.

쩌 또이 몯 디어 냄 토이

스테이크는 어떻게 해 드릴까요?

Anh muốn bò bít tết nướng
như thế nào ạ?

아잉 무온 버 빋 뗃 느엉 니으 테 나오 아?

미디엄으로 해 주세요.

Nướng chín vừa cho tôi.

느엉 찐 브어 쩌 또이

꼭! 짚고 가기

베트남의 필수 소스, 느억맘

느억맘(nước mắm 느억 맘) 소스는 바닷
물고기를 소금에 절여서 만드는 액젓의 일
종으로, 1년 정도 숙성시키면 맛있고 진한
액즙을 맛볼 수 있다고 합니다.

느억맘을 빼놓고는 베트남 식단에 대해 논
할 수 없을 정도로 필수적인 소스예요. 음
식의 간을 맞추거나 밥에 뿌려 먹기도 하
며, 요리에 끼얹거나 찍어 먹기도 합니다.
보통 느억맘에 설탕, 식초, 잘게 썬 마늘과
고추 등을 섞어 먹습니다.

느억맘 생산지로 유명한 곳은 Phan
Thiết 판 티엗, Phú Quốc 푸 꾸옥, Cát
Hải 깓 하이, Cà Ná 까 나 등 해안을 끼고
있는 도시들입니다.

처음 느억맘 소스를 맛보면 맛이나 냄새가
조금 생소할 수도 있지만, 어느새 새콤달콤
한 맛에 끌리게 되는 경우가 많습니다. 느
억맘은 소금에 절인 액젓 소스이기 때문에
너무 많이 먹으면 갈증을 유발하므로 주의
하는 게 좋습니다.

주문하기-음료 & 디저트

음료는 무엇으로 하시겠어요?

Anh muốn gọi đồ uống gì ạ?

아잉 무온 거이 도 우옹 지 아?

차 한 잔 주세요.

Cho tôi một cốc trà.

쩌 또이 몯 꼽 짜

물 한 잔 주세요.

Cho tôi một cốc nước.

쩌 또이 몯 꼽 느억

망고스무디 한 잔 주세요.

Cho tôi một ly sinh tố xoài.

쩌 또이 몯 리 씽 또 쏘아이

어떤 맥주 드시겠어요?

Anh muốn uống loại bia nào?

아잉 무온 우옹 로아이 비어 나오?

디저트를 주문하시겠어요?

Anh muốn gọi đồ tráng miệng không ạ?

아잉 무온 거이 도 짱 미엥 콩 아?

저는 아이스크림으로 할게요.

Cho tôi kem.

쩌 또이 깸

요청 사항

소금 좀 가져다주시겠어요?

Mang cho tôi một chút muối được không?

망 쩌 또이 몯 쭏 무오이 드억 콩?

느억맘 좀 더 주세요.

Cho tôi thêm một chút nước mắm.

쩌 또이 템 몯 쭏 느억 맘

젓가락 좀 바꿔 주시겠어요?

Đổi đũa cho tôi được không?

도이 두어 쩌 또이 드억 콩?

음식이 너무 짜지 않게 해 주세요.

Đừng làm quá mặn cho tôi.

등 람 꾸아 만 쩌 또이

남은 음식은 포장 가능한가요?

Tôi có thể gói đồ ăn thừa mang về được không?

또이 꺼 테 거이 도 안 트어 망 베 드억 콩?

물 좀 더 주시겠어요?

Cho tôi thêm một chút nước.

쩌 또이 템 몯 쭏 느억

접시 좀 치워 주세요.

Dọn bớt đĩa cho tôi.

전 벋 디어 쩌 또이

테이블 좀 닦아 주세요.

Lau bàn dùm tôi với.

라우 반 줌 또이 버이

불만 사항

저기요, 주문한 음식은 언제 나오죠?

Xin lỗi, món tôi gọi bao giờ mới lên?

씬 로이, 먼 또이 거이 바오 저 머이 렌?

주문한 지 벌써 40분이 지났는데요.

Tôi đã gọi món được 40 phút rồi đấy.

또이 다 거이 먼 드억 본 므어이 풋 조이 더이

이건 제가 주문한 음식이 아니에요.

Đây không phải là món mà tôi đã gọi.

더이 콩 파이 라 먼 마 또이 다 거이

고기가 덜 익었어요.

Thịt chưa chín hẳn.

띧 쯔어 찐 한

이건 상한 것 같은데요.

Món này thiu rồi thì phải.

먼 나이 티우 조이 티 파이

볶음밥이 너무 짜서 먹을 수가 없어요.

Cơm rang mặn đến nỗi không thể ăn nổi.

껌 장 만 덴 노이 콩 테 안 노이

컵이 더러운데요. 다른 것 갖다주세요.

Cốc bẩn quá. Mang cho tôi cái khác nhé.

꼽 번 꾸아. 망 쩌 또이 까이 칵 내

꼭! 짚고 가기

식당에서 계산하기

한국에서는 식당에서 밥을 다 먹고 나가면서 카운터에서 계산을 하는 경우가 대부분이지만 베트남에서는 앉은자리에서 계산을 합니다.

식사를 다 마친 후에 지나가는 종업원을 불러 'Tính tiền. 띵 띠엔(계산이요.)'이라고 말하면 됩니다. 그러면 직원이 영수증을 가져다주거나 그 자리에서 식탁 위의 그릇들을 보고 바로 계산해서 얼마라고 알려줍니다. 이때, 계산이 실수로 잘못되는 경우도 있고 공짜인 줄 알았던 물이나 물티슈가 유료였던 것을 알게 되는 경우도 있어요. 그렇기 때문에 가급적이면 영수증을 받아서 계산된 내역들과 금액을 확인하고 돈을 지불하는 것이 좋습니다.

일반적으로 베트남 식당에서는 팁을 지불할 필요가 없습니다. 조금 큰 식당에서, 테이블을 전담하여 서비스를 제공하는 직원에게 팁을 주고 싶다면 5만 동(약 2,500원) 이내가 적당합니다.

맛에 대한 평가

정말 맛있었어요!

Ngon thật đấy!

응언 털 더이!

음식이 제 입맛에 딱 맞아요.

Món ăn rất hợp khẩu vị của tôi.

먼 안 젙 헙 커우 브이 꾸어 또이

이 음식은 너무 느끼해요.

Món này ngấy quá.

먼 나이 응어이 꾸아

이건 아무 맛도 안 나요.

Món này chả có vị gì cả.

먼 나이 짜 꺼 브이 지 까

저에게 이 디저트는 너무 달아요.

Món tráng miệng này quá ngọt với tôi.

먼 짱 미엥 나이 꾸아 응얻 버이 또이

이 음식은 너무 맛없어요.

Món này quá chán.

먼 나이 꾸아 짠

이건 향이 너무 이상해요.

Món này có mùi lạ quá.

먼 나이 꺼 무이 라 꾸아

계산

계산해 주세요.

Tính tiền cho tôi.

띵 띠엔 쩌 또이

영수증 주세요.

Cho tôi hóa đơn.

쩌 또이 호아 던

카드 결제 가능한가요?

Tôi có thể thanh toán bằng thẻ được không?

또이 꺼 테 타잉 또안 방 태 드억 콩?

전부 합쳐서 얼마예요?

Tổng cộng hết bao nhiêu ạ?

똥 꽁 헫 바오 니에우 아?

전부 합쳐 25만 동입니다.

Tổng cộng hết 250 ngàn ạ.

똥 꽁 헫 하이 짬 남 므어이 응안 아

혹시 잔돈 있어요?

Anh có tiền lẻ không?

아잉 꺼 띠엔 래 콩?

오늘 저녁 식사는 제가 살게요.

Tôi sẽ trả tiền bữa tối nay.

또이 쌔 짜 띠엔 브어 또이 나이

패스트푸드점에서

다음 분 주문하세요.

Xin mời quý khách tiếp theo.

씬 머이 꾸이 카익 띠엡 태오

치즈버거와 콜라 하나 주세요.

Cho tôi hamburger pho mát và một cô ca.

쩌 또이 함 버 거 퍼 맏 바 몯 꼬 까

치즈버거세트 하나 주세요.

Cho tôi một set hamburger pho mát.

쩌 또이 몯 쌛 함 버 거 퍼 맏

여기서 드시나요 가져가시나요?

Quý khách muốn mang đi hay ăn ở đây?

꾸이 카익 무온 망 디 하이 안 어 더이?

가져갈게요.

Tôi muốn mang đi.

또이 무온 망 디

감자튀김은 라지 사이즈로 주세요.

Cho tôi khoai tây chiên cỡ lớn.

쩌 또이 코아이 떠이 찌엔 꺼 런

콜라 리필할 수 있나요?

Cô ca có được lấy thêm không?

꼬 까 꺼 드억 러이 템 콩?

베트남의 커피

베트남은 세계적으로 손꼽히는 커피 생산 및 소비 국가입니다. 베트남 커피를 즐기고 싶다면 cà phê 까 페(커피), đen 댄(검정), sữa 쓰어(우유, 연유), nóng 넝(뜨거운), đá 다(얼음), 이 다섯 가지 단어만 알아도 베트남에서 많이 마시는 대부분의 커피를 주문할 수 있습니다.

- cà phê đen nóng 까 페 댄 넝
  따뜻한 블랙 커피
- cà phê đen đá 까 페 댄 다
  아이스 블랙 커피
- cà phê sữa nóng 까 페 쓰어 넝
  따뜻한 연유 커피
- cà phê sữa đá 까 페 쓰어 다
  아이스 연유 커피

아래와 같은 특색 있는 커피도 있습니다.

- cà phê trứng 까 페 쫑
  달걀(trứng 쫑) 노른자에 꿀을 섞어서 거품기로 섞은 후, 그 위에 천천히 커피를 부어 만듭니다. 기호에 따라 연유를 추가할 수 있으며 주로 북부에서 마십니다.
- bạc xỉu 박 씨우
  우유에 연유를 타고 약간의 커피를 추가하여 만듭니다. 단맛이 매우 강합니다.

카페에서 ①

커피 한잔할래요?

Anh có muốn uống một tách cà phê không?

아잉 꺼 무온 우옹 몯 따익 까 페 콩?

커피 좋아하세요?

Anh có thích cà phê không?

아잉 꺼 틱 까 페 콩?

이 근처에 괜찮은 카페가 있어요.

Có một quán cà phê rất được ở gần đây.

꺼 몯 꾸안 까 페 젇 드억 어 건 더이

커피 한잔하면서 얘기합시다.

Chúng ta vừa uống cà phê vừa nói chuyện đi.

쭝 따 브어 우옹 까 페 브어 너이 쭈이엔 디

커피 한 잔에 얼마예요?

Bao nhiêu tiền một tách cà phê?

바오 니에우 띠엔 몯 따익 까 페?

베트남은 과일주스 종류가 다양해요.

Việt Nam có rất nhiều loại nước ép trái cây.

비엘 남 꺼 젇 니에우 로아이 느억 앱 짜이 꺼이

저는 커피를 마시면 잠이 잘 안 와요.

Tôi không ngủ được khi uống cà phê.

또이 콩 응우 드억 키 우옹 까 페

카페에서 ②

저는 따뜻한 블랙커피 마실게요.

Tôi sẽ uống cà phê đen nóng.

또이 쌔 우옹 까 페 댄 넝

아이스 연유 커피 두 잔 주세요.

Cho tôi hai cốc cà phê sữa đá.

쩌 또이 하이 꼽 까 페 쓰어 다

아이스 연유 커피는 너무 달아요.

Cà phê sữa đá quá ngọt.

까 페 쓰어 다 꾸아 응얻

커피에 설탕은 조금만 넣어 주세요.

Cho ít đường vào cà phê thôi nhé.

쩌 읻 드엉 바오 까 페 토이 냬

저는 과일주스를 마실게요.

Tôi sẽ uống nước ép trái cây.

또이 쌔 우옹 느억 앱 짜이 꺼이

저는 버블티를 마실게요.

Tôi sẽ uống trà trân châu.

또이 쌔 우옹 짜 쩐 쩌우

치즈케이크 한 조각 주세요.

Cho tôi một lát bánh phô mai.

쩌 또이 몯 랃 바잉 포 마이

기타 식당 관련

\# 오늘은 치킨 시켜 먹자!

Hôm nay chúng ta gọi gà ăn đi!

홈 나이 쭝 따 거이 가 안 디!

\# 배달되는 데 얼마나 걸릴까요?

Gọi mang đến nhà mất bao lâu ạ?

거이 망 덴 냐 멑 바오 러우 아?

\# 맛있는 초밥집을 알아요.

Tôi biết một quán sushi rất ngon.

또이 비엗 몯 꾸안 쑤 씨 젇 응언

\# 저는 식성이 까다로워서 식당에 자주 가지 않아요.

Tôi rất kén ăn nên không hay đi ăn ngoài.

또이 젇 깬 안 넨 콩 하이 디 안 응오아이

\# 저기 새로운 식당이 생겼는데, 가 볼까?

Ở kia có quán ăn mới mở. Chúng ta ăn thử nhé?

어 끼어 꺼 꾸안 안 머이 머. 쭝 따 안 트 녜?

\# 좋아! 오늘 저녁엔 그 식당에 가 보자!

Được thôi! Tối nay đi ăn ở quán đó đi!

드억 토이! 또이 나이 디 안 어 꾸안 더 디!

꼭! 짚고 가기

음료 천국 베트남

베트남은 마실 거리가 매우 다양해서, 가히 음료 천국이라고 해도 무방할 정도입니다. 커피부터 차, 과일주스, 스무디, 버블티 등 다양한 음료를 저렴한 가격에 맛볼 수 있어요.

· **과일주스**(nước ép 느억 앱)
ép 앱은 '압력을 가하다'라는 의미로 과일을 짜내서 만듭니다. 오렌지주스는 nước cam 느억 깜, 레몬주스는 nước chanh 느억 짜잉이라고 합니다.

· **과일스무디**(sinh tố 씽 또)
과일, 얼음, 연유를 넣고 갈아 만드는 스무디입니다. sinh tố dâu tây 씽 또 저우 떠이(딸기스무디), sinh tố xoài 씽 또 쏘아이(망고스무디) 등이 있습니다.

· **사탕수수 주스**(nước mía 느억 미어)
사탕수수를 짜내어 얼음과 함께 시원하게 먹는 음료입니다. 인공적이지 않은 단맛을 느낄 수 있으며 갈증을 해소하는 데 도움이 됩니다.

· **버블티**(trà trân châu 짜 쩐 쩌우)
타피오카가 들어가 있지 않은 일반 밀크티는 trà sữa 짜 쓰어입니다.

· **아이스티**(trà đá 짜 다)
베트남에서 식사할 때 물처럼 마시는 시원한 차입니다.

쇼핑하기

쇼핑하러 갈래요?

Em muốn đi mua sắm không?

앰 무온 디 무어 쌈 콩?

쇼핑하러 가자! 그러면 기분이 좋아질 거야.

Đi mua sắm đi! Như thế sẽ làm tâm trạng vui hơn đấy.

디 무어 쌈 디! 니으 테 쌔 람 떰 짱 부이 헌 더이

난 어제 또 충동구매를 했어요.

Hôm qua tôi lại mua sắm bốc đồng rồi.

홈 꾸아 또이 라이 무어 쌈 봅 동 조이

나는 쇼핑 중독이야.

Tôi là người nghiện mua sắm.

또이 라 응으어이 응이엔 무어 쌈

저는 백화점에서 쇼핑하는 걸 좋아해요.

Tôi thích mua sắm trong trung tâm thương mại.

또이 틱 무어 쌈 쩡 쭘 떰 트엉 마이

저는 보통 인터넷으로 옷을 사요.

Tôi thường mua quần áo trên mạng.

또이 트엉 무어 꾸언 아오 쩬 망

쇼핑몰

쇼핑몰에 가면 다양한 물건을 살 수 있어요.

Có thể mua được nhiều đồ ở trung tâm mua sắm.

꺼 테 무어 드억 니에우 도 어 쭝 떰 무어 쌈

난 완전히 지쳤다고! 벌써 세 시간째 돌아다니고 있잖아.

Anh phát điên mất! Em đã đi ngắm suốt ba tiếng rồi còn gì.

아잉 팥 디엔 먿! 앰 다 디 응암 쑤옫 바 띠엥 조이 껀 지

시간이 남아서 쇼핑몰 구경 좀 하려고 해요.

Tôi định đi ngắm đồ trong trung tâm mua sắm vì vẫn còn thời gian.

또이 딩 디 응암 도 쩡 쭝 떰 무어 쌈 브이 번 껀 터이 잔

지방 도시에 쇼핑몰이 많이 생겨났어요.

Nhiều trung tâm mua sắm đã mọc lên ở các thành phố tỉnh lẻ.

니에우 쭝 떰 무어 쌈 다 멉 렌 어 깍 타잉 포 띵 래

저는 친구들과 함께 쇼핑몰을 돌아다니는 것을 좋아해요.

Tôi thích đi ngắm trong trung tâm mua sắm cùng các bạn.

또이 틱 디 응암 쩡 쭝 떰 무어 쌈 꿍 깍 반

220

옷 가게 ①

찾으시는 물건이 있나요?

Anh muốn mua gì ạ?
아잉 무온 무어 지 아?

그냥 좀 둘러보는 중이에요.

Tôi chỉ muốn ngắm đồ một chút thôi.
또이 찌 무온 응암 도 몯 쭏 토이

지금 유행하는 옷 스타일은 어떤 건가요?

Phong cách nào đang là mốt hiện nay?
펑 까익 나오 당 라 몯 히엔 나이?

좀 입어 봐도 될까요?

Tôi có thể mặc thử được không?
또이 꺼 테 막 트 드억 콩?

입어 보세요.

Chị mặc thử đi.
찌 막 트 디

탈의실은 어디인가요?

Phòng thay đồ ở đâu ạ?
펑 타이 도 어 더우 아?

이거 M 사이즈 좀 찾아 주시겠어요?

Tìm cho tôi cỡ M được không?
띰 쩌 또이 꺼 머 드억 콩?

꼭! 짚고 가기

베트남 전통 의상, 아오자이

나라별로 그 나라만의 아름다움을 담은 고유의 전통 의상이 있습니다. 베트남의 전통 의상은 아오자이(aó dài 아오 자이)입니다. 아오자이는 단어 그대로 해석하면 '긴 옷'이라는 뜻입니다.

현재 형태는 베트남이 프랑스의 지배 아래 있었던 1939년에 베트남 화가 응우옌 깟 트엉(Nguyễn Cát Tường 응우이엔 깓 뜨엉)이 만든 아오자이에서 비롯되었다고 합니다.

아오자이는 긴 드레스 모양으로 허리까지는 몸에 딱 붙으며 허리 밑으로는 길게 트여 있습니다. 이것을 통이 넓은 바지와 함께 착용합니다. 아오자이는 몸에 딱 맞게 입어야 하는 옷이므로 치수를 일일이 재서 본인의 몸에 맞춤 제작하여 입는 것이 일반적입니다.

베트남에 가면 아오자이를 입고 돌아다니는 베트남 여성들을 종종 볼 수 있습니다. 베트남의 항공사, 은행, 일부 기관에서는 아오자이를 유니폼으로 착용하며, 하얀 아오자이를 일주일에 한두 번씩 여학생들에게 교복으로 입도록 하는 학교도 있습니다. 또한 예의를 갖춰야 하거나 결혼식, 축제 등 특별한 행사가 있을 때 아오자이를 입습니다.

옷 가게 ②

사이즈가 어떻게 되십니까?

Chị mặc cỡ gì ạ?
찌 막 꺼 지 아?

이 사이즈는 저한테 안 맞아요.
한 사이즈 큰 걸로 주세요.

Tôi không mặc vừa cỡ này.
Cho tôi chiếc lớn hơn một
size.
또이 콩 막 브어 꺼 나이. 쩌 또이 찌엑 런 헌
몯 싸이

파란색보다는 빨간색이 더 잘 어울려요.

Màu đỏ hợp hơn là màu
xanh.
마우 더 헙 헌 라 마우 싸잉

이 블라우스 다른 색상은 없나요?

Chiếc áo sơ mi nữ này
không có màu khác à?
찌엑 아오 써 미 느 나이 콩 꺼 마우 칵 아?

가격에 비해 정말 좋은 원피스예요.

Đây là chiếc đầm khá đẹp
so với giá tiền đấy ạ.
더이 라 찌엑 덤 카 댑 써 버이 자 띠엔 더이 아

이것과 같은 디자인에 다른 색깔
원피스는 없나요?

Không có chiếc đầm nào
cùng kiểu nhưng khác màu
ạ?
콩 꺼 찌엑 덤 나오 꿍 끼에우 니응 칵 마우 아?

신발 가게

저는 보통 운동화를 신어요.

Tôi thường đi giày thể thao.
또이 트엉 디 자이 테 타오

이 신발은 너무 작아요.

Đôi giày này chật quá.
도이 자이 나이 쩓 꾸아

신발을 신어 보고 고르세요.

Chị đi thử giày đi ạ.
찌 디 트 자이 디 아

구두는 가죽의 품질이 중요해요.

Đã là giày da thì chất lượng
da là rất quan trọng.
다 라 자이 자 티 쩓 르엉 자 라 젇 꾸안 쩡

이 슬리퍼는 색깔이 몇 가지인가요?

Đôi dép lê này có mấy màu
ạ?
도이 잽 레 나이 꺼 머이 마우 아?

이 신발은 튼튼한가요?

Đôi dép này có chắc chắn
không ạ?
도이 잽 나이 꺼 짝 짠 콩 아?

신발이 다 낡아서 새로 사려고 해요.

Tôi định mua một đôi giày
mới vì giày của tôi đã cũ
rồi.
또이 딩 무어 몯 도이 자이 머이 브이 자이 꾸어
또이 다 꾸 조이

222

액세서리 가게

이 손목시계 좀 보여 주세요.

Cho tôi xem chiếc đồng hồ đeo tay này.

쩌 또이 쌤 찌엑 동 호 대오 따이 나이

시계 한번 차 봐도 돼요?

Tôi có thể đeo thử đồng hồ được không?

또이 꺼 테 대오 트 동 호 드억 콩?

이 팔찌 너무 예뻐요!

Chiếc vòng tay này đẹp quá!

찌엑 벙 따이 나이 댑 꾸아!

한 사이즈 큰 반지 있어요?

Có chiếc nhẫn lớn hơn một size không?

꺼 찌엑 년 런 헌 몯 싸이 콩?

귀걸이는 착용해 볼 수 없습니다.

Quý khách không thể đeo thử khuyên tai ạ.

꾸이 카익 콩 테 대오 트 쿠이엔 따이 아

그 목걸이는 지금 세일 중이에요.

Chiếc dây chuyền này đang giảm giá đấy ạ.

찌엑 저이 쭈이엔 나이 당 잠 자 더이 아

저는 화려한 액세서리를 좋아해요.

Tôi thích trang sức sặc sỡ.

또이 틱 짱 쓱 싹 써

화장품 가게

립스틱을 새로 살 때가 되었어요.

Đã đến lúc tôi phải mua thỏi son mới rồi.

다 덴 룩 또이 파이 무어 터이 썬 머이 조이

이번에 새로 나온 립스틱을 사려고 해요.

Tôi định mua thỏi son mới ra lần này.

또이 딩 무어 터이 썬 머이 자 런 나이

제 피부에 어울리는 색깔을 골라 주세요.

Chọn cho tôi màu hợp với màu da của tôi với.

쩐 쩌 또이 마우 헙 버이 마우 자 꾸어 또이 버이

파운데이션은 어디에 있죠?

Kem nền ở đâu ạ?

깸 넨 어 더우 아?

이 제품 사용해 봐도 되나요?

Tôi có thể dùng thử sản phẩm này được không?

또이 꺼 테 중 트 싼 펌 나이 드억 콩?

지금 이 제품은 품절이에요.

Sản phẩm này bây giờ đang hết hàng.

싼 펌 나이 버이 저 당 헫 항

구입 결정

좋아요. 이걸로 살게요.

Được đấy. Tôi sẽ mua cái
này.

드억 더이. 또이 쌔 무어 까이 나이

가격이 적당하네요. 이걸로 할게요.

Giá cả cũng phải chăng
đấy. Tôi sẽ lấy cái này.

자 까 꿍 파이 짱 더이. 또이 쌔 러이 까이 나이

이 제품으로 3개 주세요.

Cho tôi mua sản phẩm này
3 cái.

쩌 또이 무어 싼 펌 나이 바 까이

좀 더 생각해 보고 결정할게요.

Tôi sẽ suy nghĩ thêm một
chút nữa rồi mới quyết định.

또이 쌔 쑤이 응이 템 몯 쭏 느어 조이 머이
꾸이엗 딩

여기는 제 마음에 드는 게 없어요.

Ở đây chẳng có món đồ
nào tôi ưng ý cả.

어 더이 짱 꺼 먼 도 나오 또이 응 이 까

다른 가게와 비교해 보고
결정해야겠어요.

Tôi phải so sánh với cửa
hàng khác rồi mới quyết
định mới được.

또이 파이 써 싸잉 버이 끄어 항 칵 조이 머이
꾸이엗 딩 머이 드억

시장 ①

오늘 여기 시장이 열렸어요.

Hôm nay chợ họp ở đây.

홈 나이 쩌 헙 어 더이

오늘 시장은 사람들이 북적북적해요.

Chợ hôm nay đông người
quá.

쩌 홈 나이 동 응으어이 꾸아

저는 시장 구경 가는 걸 좋아해요.

Tôi thích đi ngắm chợ.

또이 틱 디 응암 쩌

시장에는 구경거리가 많아요.

Có rất nhiều thứ để ngắm
ở chợ.

꺼 젇 니에우 트 데 응암 어 쩌

이건 처음 보는 과일이에요.

Đây là loại quả lần đầu tiên
tôi thấy.

더이 라 로아이 꾸아 런 더우 띠엔 또이 터이

망고스틴 1kg에 얼마인가요?

Bao nhiêu tiền 1 cân măng
cụt ạ?

바오 니에우 띠엔 몯 껀 망 꾿 아?

이 채소의 이름은 뭔가요?

Tên của loại rau này là gì
vậy?

뗀 꾸어 로아이 자우 나이 라 지 버이?

시장 ②

이 시장에서 파는 과일이 더 신선해 보여요.

Hoa quả bán ở chợ này trông tươi hơn.
호아 꾸아 반 어 쩌 나이 쫑 뜨어이 헌

시장에서 파는 물건이 항상 싼 건 아니에요.

Đồ bán ở chợ không phải lúc nào cũng rẻ.
도 반 어 쩌 콩 파이 룩 나오 꿍 재

조금만 깎아 주세요.

Bớt cho tôi một chút.
벋 쩌 또이 몯 쭏

시장에서는 가격을 깎을 수 있어요.

Có thể bớt giá một chút ở chợ.
꺼 테 벋 자 몯 쭏 어 쩌

파는 사람들이 가끔 가격을 높게 불러요.

Những người bán hàng thỉnh thoảng vẫn nói thách.
니응 응어이 반 항 팅 토앙 번 너이 타익

시장에서 바가지를 쓰고 이 물건을 샀어요.

Tôi đã bị mua hớ món đồ này ở chợ.
또이 다 비 무어 허 먼 도 나이 어 쩌

bớt giá 벋 자 가격을 깎다
bị mua hớ 비 무어 허 바가지 쓰다

시장 구경

베트남을 여행한다면 시장 구경의 묘미를 빼놓을 수 없겠죠?

하노이에서 유명한 시장은 동쑤언 시장 (chợ Đồng Xuân 쩌 동 쑤언)으로 1800년 대 말에 지어졌으며, 하노이 구시가에서 가장 큰 규모의 시장이에요.

매주 금·토·일요일 저녁이 되면 동쑤언 시장 근처 골목부터 호안끼엠 호수까지 이어지는 야시장이 열려 더욱 북적입니다.

호찌민시를 대표하는 시장은 시내 중심에 있는 벤탄 시장(chợ Bến Thành 쩌 벤 타잉)입니다. 벤탄 시장에 들어서자마자 상점들이 빈틈없이 늘어서 있으며 옷, 가방, 화장품, 기념품, 식료품 등을 구매할 수 있습니다. 요령에 따라 어느 정도 가격 흥정이 가능하므로 여러 가게를 돌아보며 가격을 비교하고 물건을 사는 게 좋습니다.

또한 관광객이 붐빌 땐 소매치기에 각별히 유의해야 합니다. 예전에는 저녁이 되고 벤탄 시장이 문을 닫을 즈음, 바로 밖에서 야시장이 열려서 또 다른 재미를 느낄 수 있었지만 코로나 시기를 겪으며 야시장은 사라졌습니다. 벤탄 시장 바로 바깥에서 열리는 야시장은 사라졌지만, 도보 10분 거리에 다양한 길거리 음식을 파는 시장이 있으니 북적이는 활기를 느끼면서 한 끼 하고 싶다면 이곳을 방문해 보는 것도 좋습니다.

대형 마트 & 슈퍼마켓 ①

전자 제품 매장은 어디인가요?

Khu bán đồ điện tử ở đâu ạ?
쿠 반 도 디엔 뜨 어 더우 아?

식료품 매장은 2층에 있어요.

Khu bán đồ thực phẩm ở tầng 2.
쿠 반 도 특 펌 어 떵 하이

낱개 판매도 하나요?

Có bán lẻ không ạ?
꺼 반 래 콩 아?

죄송합니다. 지금은 재고가 없습니다.

Xin lỗi. Hiện giờ không còn hàng trong kho ạ.
씬 로이. 히엔 저 콩 껀 항 쩡 커 아

죄송하지만, 그 제품은 취급하지 않습니다.

Xin lỗi nhưng chúng tôi không bán sản phẩm đó.
씬 로이 니응 쭝 또이 콩 반 싼 펌 더

영업시간이 어떻게 되나요?

Giờ mở cửa là mấy giờ ạ?
저 머 끄어 라 머이 저 아?

일요일에는 문을 안 엽니다.

Chúng tôi không mở cửa vào chủ nhật.
쭝 또이 콩 머 끄어 바오 쭈 녓

대형 마트 & 슈퍼마켓 ②

샴푸가 어디 있는지 모르겠어요.

Tôi không biết dầu gội bán ở đâu.
또이 콩 비엩 저우 고이 반 어 더우

물 한 박스 좀 가져와 줘.

Lấy cho em một thùng nước lại đây.
러이 쪼 앰 몯 퉁 느억 라이 더이

계산대는 어디 있어요?

Quầy thanh toán ở đâu?
꾸어이 타잉 또안 어 더우?

비닐봉지 드릴까요?

Quý khách cần túi ni lông không ạ?
꾸이 카익 껀 뚜이 니 롱 콩 아?

비닐봉지 주세요.

Cho tôi túi ni lông.
쪄 또이 뚜이 니 롱

영수증에 서명해 주세요.

Xin mời ký vào hóa đơn.
씬 머이 끼 바오 호아 던

혹시 집까지 배달이 가능한가요?

Có thể chuyển đồ về tận nhà không ạ?
꺼 테 쭈이엔 도 베 떤 냐 콩 아?

túi ni lông 뚜이 니 롱 비닐봉지

세일 기간

지금 백화점 세일 기간이야!

Bây giờ đang là thời gian giảm giá ở trung tâm thương mại!

버이 저 당 라 터이 잔 잠 자 어 쭝 떰 트엉 마이!

세일은 언제까지인가요?

Giảm giá đến bao giờ ạ?

잠 자 덴 바오 저 아?

세일은 일주일 동안 계속됩니다.

Giảm giá trong suốt một tuần ạ.

잠 자 쩡 쑤얻 몯 뚜언 아

세일은 어제 끝났습니다.

Đã hết giảm giá vào hôm qua rồi ạ.

다 헫 잠 자 바오 홈 꾸아 조이 아

저는 세일을 기다리고 있어요.

Tôi đang chờ giảm giá.

또이 당 쩌 잠 자

저는 주로 세일 기간에 필요한 물건을 사요.

Tôi chủ yếu mua đồ cần thiết vào thời gian giảm giá.

또이 쭈 이에우 무어 도 껀 티엗 바오 터이 잔 잠 자

꼭! 짚고 가기

베트남의 화폐

베트남의 정식 화폐 단위는 베트남 국가 은행에서 발행되는 동(đồng 동)입니다. 국제 통화 코드는 VND, 기호는 'Đ'를 사용합니다. 모든 지폐 앞면에는 베트남 공산당의 설립자이자 베트남 민주 공화국의 초대 주석인 호찌민의 얼굴이 들어가 있고, 뒷면에는 종류마다 다른 그림이 들어가 있어요. 공장, 수력 발전소, 항구 등 베트남의 경제와 관련된 그림, 하노이(Hà Nội 하 노이)의 국자감, 호이안(Hội An 호이 안)의 내원교 등 베트남의 역사·문화 관련 그림도 지폐에서 볼 수 있답니다.

가장 큰 단위인 50만 동 지폐의 뒷면에는 호찌민의 고향인 응에안(Nghệ An 응에 안) 풍경을 그려 놓았습니다.

200, 500, 1,000, 2,000, 5,000동짜리는 동전도 있지만, 2011년부터 베트남 국가은행이 동전 발행을 중단하였고 현재는 사용하지 않습니다.

세일 ①

이 티셔츠는 세일 중인가요?

Chiếc áo phông này đang
được giảm giá ạ?
찌엑 아오 퐁 나이 당 드억 잠 자 아?

어떤 품목을 세일하고 있나요?

Những sản phẩm nào đang
được giảm giá?
니응 싼 펌 나오 당 드억 잠 자?

이 제품은 세일 품목에 포함되지 않아요.

Sản phẩm này không thuộc
danh mục được giảm giá.
싼 펌 나이 콩 투옥 자잉 묵 드억 잠 자

전 제품 20% 할인하고 있습니다.

Hiện nay đang giảm giá
20% cho tất cả mọi sản
phẩm.
히엔 나이 당 잠 자 하이 므어이 펀 짬 쩌 떧 까
머이 싼 펌

이 과자는 1+1 행사 중이야.

Loại bánh này đang được
mua một tặng một đấy.
로아이 바잉 나이 당 드억 무어 몯 땅 몯 더이

제품에 따라서 할인율이 달라요.

Tỷ lệ giảm giá khác nhau
tùy theo sản phẩm.
띠 레 잠 자 칵 냐우 뚜이 태오 싼 펌

세일 ②

그 옷 가게 엄청 세일 중이야. 지금 사면
반값이야.

Cửa hàng quần áo này đang
giảm giá. Nếu mua bây giờ
sẽ rẻ được một nửa.
끄어 항 꾸언 아오 나이 당 잠 자. 네우 무어
버이 저 쌔 재 드억 몯 느어

이 모자는 세일해서 10만 동밖에
안 해요.

Chiếc mũ này được giảm
giá nên chỉ còn 100 ngàn
đồng.
찌엑 무 나이 드억 잠 자 넨 찌 껀 몯 짬 응안 동

세일 기간 중에도 좋은 물건을 찾을 수
있어요.

Vẫn có thể tìm được những
món đồ tốt vào dịp giảm
giá.
번 꺼 테 띰 드억 니응 먼 도 똗 바오 집 잠 자

정가는 40만 동이지만 세일해서
20만 동이에요.

Giá đúng là 400 ngàn đồng
nhưng được giảm giá còn
200 ngàn đồng.
자 둥 라 본 짬 응안 동 니응 드억 잠 자 껀 하이
짬 응안 동

세일 상품은 교환이나 환불이 안 됩니다.

Sản phẩm giảm giá không
được đổi hoặc trả lại hàng.
싼 펌 잠 자 콩 드억 도이 호악 짜 라이 항

계산하기

전부 얼마인가요?

Tất cả là bao nhiêu?
떳 까 라 바오 니에우?

카드로 계산하시겠어요 현금으로 계산하시겠어요?

Quý khách muốn thanh toán bằng thẻ hay tiền mặt ạ?
꾸이 카익 무온 타잉 또안 방 태 하이 띠엔 맏 아?

신용 카드로 결제할게요.

Tôi sẽ thanh toán bằng thẻ tín dụng.
또이 쌔 타잉 또안 방 태 띤 중

현금으로 할게요.

Tôi sẽ trả bằng tiền mặt.
또이 쌔 짜 방 띠엔 맏

영수증 드릴까요?

Tôi đưa anh hóa đơn nhé?
또이 드어 아잉 호아 던 내?

영수증은 버려 주세요.

Bỏ hóa đơn đi dùm tôi.
버 호아 던 디 줌 또이

여기 거스름돈 10만 동입니다.

Đây là 100 ngàn tiền thừa ạ.
더이 라 몯 짬 응안 띠엔 트어 아

꼭! 짚고 가기

환전하기

베트남에서는 카드보다 현금 사용률이 압도적으로 높기 때문에, 베트남을 여행한다면 현지 화폐인 베트남 동(VND) 소지는 필수입니다. 한국에서 베트남 동으로 바로 환전하면 수수료가 높으므로 고액권의 달러를 가져와서 베트남 동으로 환전하면 합리적입니다. 베트남에서 환전을 할 수 있는 곳은 크게 공항, 은행, 금은방을 꼽을 수 있습니다.

- **공항**(sân bay 썬 바이)
  베트남에 입국하자마자 공항에서 환전하면 편리합니다. 공항 환전소의 환율은 무난한 편이므로 나쁘지 않은 선택입니다. 하지만 조금이라도 높은 환율을 원한다면 공항에서는 시내 이동까지 필요한 소액만 환전하고 나머지는 시내에서 환전하면 유리합니다.

- **은행**(ngân hàng 응언 항)
  환율이 정직한 편이며 원하는 단위의 지폐로 맞춰 받을 수 있습니다. 평일은 오후 5시까지 영업하며 토요일은 은행에 따라 영업시간이 다릅니다. 또 점심시간에는 영업하지 않으므로 이러한 제약을 고려해 방문해야 합니다.

- **금은방**(tiệm vàng 띠엠 방)
  베트남은 금은방에서 환전이 가능합니다. 이용할 수 있는 시간대가 자유로운 편이고 상대적으로 높은 환율을 적용하는 곳이 많습니다.

어느 곳에서나 환전 후에 금액이 맞는지 확인은 필수입니다.

할부 구매

일시불로 하시겠어요?

Anh muốn thanh toán một
lần chứ ạ?

아잉 무온 타잉 또안 몯 런 쯔 아?

할부로 구입 가능한가요?

Tôi có thể trả góp không?

또이 꺼 테 짜 겁 콩?

몇 개월 할부로 하시겠어요?

Quý khách muốn trả góp
trong mấy tháng ạ?

꾸이 카익 무온 짜 겁 쩡 머이 탕 아?

일시불로 계산할게요.

Tôi sẽ thanh toán một lần.

또이 쌔 타잉 또안 몯 런

무이자 할부 가능한가요?

Có thể trả góp không lãi
không?

꺼 테 짜 겁 콩 라이 콩?

3개월 할부로 해 주세요.

Cho tôi trả góp trong 3
tháng.

쩌 또이 짜 겁 쩡 바 탕

할부로 하시면 이 제품은 할인이
적용되지 않습니다.

Nếu trả góp thì sản phẩm
này không được giảm giá ạ.

네우 짜 겁 티 싼 펌 나이 콩 드억 잠 자 아

환불 & 교환

이거 환불 가능한가요?

Tôi có thể trả lại cái này
được không?

또이 꺼 테 짜 라이 까이 나이 드억 콩?

영수증 없이는 환불 불가능합니다.

Quý khách không thể trả
lại hàng nếu không có hóa
đơn.

꾸이 카익 콩 테 짜 라이 항 네우 콩 꺼 호아 던

환불 가능한 기간은 언제까지인가요?

Thời gian được trả lại hàng
là bao giờ ạ?

터이 잔 드억 짜 라이 항 라 바오 저 아?

구입일로부터 일주일 이내 교환
가능합니다.

Quý khách có thể trả lại
hàng trong vòng một tuần
kể từ ngày mua.

꾸이 카익 꺼 테 짜 라이 항 쩡 벙 몯 뚜언 께 뜨
응아이 무어

사이즈가 안 맞아서 교환하고 싶어요.

Tôi muốn đổi hàng vì không
mặc vừa.

또이 무온 도이 항 브이 콩 막 브어

제품이 불량이에요. 교환해 주세요.

Sản phẩm bị lỗi. Đổi cho tôi
cái khác.

싼 펌 비 로이. 도이 쩌 또이 까이 칵

진료 예약 & 접수 ▶

진료 받으려고 합니다.

Tôi muốn khám bệnh.

또이 무온 캄 베잉

접수 먼저 하고 기다리세요.

Anh đăng ký và ngồi chờ
nhé.

아잉 당 끼 바 응오이 쩌 내

저희 병원은 처음이신가요?

Đây là lần đầu tiên anh đến
bệnh viện chúng tôi ạ?

더이 라 런 더우 띠엔 아잉 덴 베잉 비엔 쭝
또이 아?

오늘이 처음입니다.

Hôm nay là lần đầu tiên ạ.

홈 나이 라 런 더우 띠엔 아

건강 검진을 받고 싶은데요.

Tôi muốn khám sức khỏe.

또이 무온 캄 쓱 코애

진료 시간이 얼마나 걸리나요?

Thời gian khám mất bao lâu
ạ?

터이 쟌 캄 멑 바오 러우 아?

왕진도 가능한가요?

Có thể đến khám tại nhà
không ạ?

꺼 테 덴 캄 따이 냐 콩 아?

진찰실

어디가 아프세요?

Anh bị đau ở đâu?

아잉 비 다우 어 더우?

증상이 어떻습니까?

Triệu chứng như thế nào?

찌에우 쯩 니으 테 나오?

증상을 자세히 말해 주세요.

Anh nói rõ các triệu chứng
cho tôi nhé.

아잉 너이 저 깍 찌에우 쯩 쩌 또이 내

최근에 뭘 드셨어요?

Gần đây anh đã ăn cái gì?

건 더이 아잉 다 안 까이 지?

언제부터 아프셨어요?

Anh bị đau từ bao giờ?

아잉 비 다우 뜨 바오 저?

전에도 이렇게 아팠던 적 있나요?

Trước đây anh đã từng bị
đau thế này chưa?

쯔억 더이 아잉 다 뜽 비 다우 테 나이 쯔어?

숨을 깊이 들이쉬세요.

Anh hãy hít thật sâu vào.

아잉 하이 힏 텉 써우 바오

입을 크게 벌려 주세요.

Anh hãy há to miệng ra.

아잉 하이 하 떠 미엥 자

외과

발목을 삐었어요.

Tôi bị trẹo cổ chân.

또이 비 쩨오 꼬 쩐

오토바이 사고로 다리를 다쳤어요.

Tôi bị thương ở chân do tai nạn xe máy.

또이 비 트엉 어 쩐 저 따이 난 쌔 마이

이틀 전부터 무릎이 아파요.

Tôi bị đau đầu gối từ hai ngày trước.

또이 비 다우 더우 고이 뜨 하이 응아이 쯔억

교통사고 후 허리가 계속 아파요.

Tôi liên tục bị đau thắt lưng từ sau tai nạn giao thông.

또이 리엔 뚝 비 다우 탙 릉 뜨 싸우 따이 난 자오 통

등이 아파요.

Tôi bị đau lưng.

또이 비 다우 릉

어깨가 결려요.

Tôi bị nhức ở vai.

또이 비 니윽 어 바이

손목이 부었어요.

Cổ tay tôi bị sưng.

꼬 따이 또이 비 쏭

내과-감기

감기에 걸린 것 같아요.

Có vẻ tôi đã bị cảm.

꺼 배 또이 다 비 깜

콧물이 나요.

Tôi bị chảy nước mũi.

또이 비 짜이 느억 무이

코가 막혔어요.

Tôi bị ngạt mũi.

또이 비 응앋 무이

침을 삼킬 때마다 목이 아파요.

Tôi bị đau họng mỗi khi nuốt nước bọt.

또이 비 다우 헝 모이 키 누옫 느억 벋

쉬지 않고 기침이 나요.

Tôi bị ho liên tục.

또이 비 허 리엔 뚝

머리가 깨질 듯이 아파요.

Đầu tôi đau như búa bổ.

더우 또이 다우 니으 부어 보

감기로 목이 쉬었어요.

Tôi bị khản giọng do bị cảm.

또이 비 칸 정 저 비 깜

집에서 이 약을 먹고 푹 쉬면 좋아질 거예요.

Anh về nhà uống thuốc này và nghỉ ngơi là sẽ khỏi thôi.

아잉 베 냐 우옹 투옥 나이 바 응이 응어이 라 쌔 커이 토이

내과-열

흐엉은 어젯밤부터 열이 있어요.

Hương bị sốt từ đêm qua.
흐엉 비 쏟 뜨 뎀 꾸아

저는 미열이 있어요.

Tôi còn hơi sốt.
또이 껀 허이 쏟

체온을 재겠습니다.

Tôi sẽ đo nhiệt độ.
또이 쌔 더 니엗 도

체온이 38도예요.

Nhiệt độ là 38 độ.
니엗 도 라 바 므어이 땀 도

열이 내려가도록 냉찜질을 하세요.

Hãy chườm đá để hạ sốt.
하이 쯔엄 다 데 하 쏟

독감이 유행하고 있어요.

Bệnh cúm đang lây lan rộng.
베잉 꿈 당 러이 란 종

해열제를 처방해 드리겠습니다.

Tôi sẽ kê thuốc hạ sốt cho anh.
또이 쌔 께 투옥 하 쏟 쩌 아잉

꼭! 짚고 가기

호찌민시의 상징, 중앙 우체국

호찌민시의 시내 중심가에는 통일궁, 노트르담 성당, 동커이 거리 등 볼거리가 많아 도보로 이동하면서 구경하기 좋습니다. 그중에서도 지나칠 수 없는 명소가 바로 중앙 우체국(Bưu điện trung tâm Sài Gòn 브우 디엔 쭝 떰 싸이 공)입니다. 이 우체국은 호찌민시를 상징하는 건축물 중 하나이며 베트남에서 가장 큰 우체국이기도 합니다.

중앙 우체국은 베트남이 프랑스의 식민 지배 아래에 있었을 때 지은 건물이어서 유럽풍의 건축 양식을 띠고 있어요. 기관으로서 우체국의 우편, 통신과 같은 기본 업무를 처리하되 관광객이 많이 방문하는 장소여서 각종 기념품을 함께 판매하고 있습니다. 자기 나라의 가족이나 친구들에게 편지를 쓰고 있는 외국 관광객을 종종 볼 수 있지요.

우체국 바깥 바로 앞쪽에는 노트르담 성당이, 옆쪽 골목에는 서점과 북카페가 늘어선 책거리(Đường sách Thành phố Hồ Chí Minh 드엉 싸익 타잉 포 호 찌 밍)가 자리 잡아 늘 사람들로 북적인답니다.

내과-소화기 ①

배가 아파요.

Tôi bị đau bụng.
또이 비 다우 붕

위장이 쓰려요.

Tôi bị cồn ruột.
또이 비 꼰 주옫

속이 메스꺼워요.

Tôi thấy người khó chịu.
또이 터이 응으어이 커 찌우

배탈이 났어요.

Tôi bị đi ngoài.
또이 비 디 응오아이

토할 것 같아요.

Tôi thấy buồn nôn.
또이 터이 부온 논

식사 후 속이 좋지 않아요.

Tôi thấy người khó chịu sau
khi ăn.
또이 터이 응으어이 커 찌우 싸우 키 안

아무것도 못 먹겠어요.

Tôi không thể ăn được gì cả.
또이 콩 테 안 드억 지 까

내과-소화기 ②

체한 것 같아요.

Có vẻ tôi bị khó tiêu.
꺼 배 또이 비 커 띠에우

트림이 나요.

Tôi bị ợ hơi.
또이 비 어 허이

위염 증상이 있네요.

Anh có triệu chứng bị viêm
dạ dày.
아잉 꺼 찌에우 쯩 비 비엠 자 자이

자극적인 음식은 먹지 마세요.

Anh đừng ăn các thức ăn
gây kích thích.
아잉 등 안 깍 특 안 거이 끽 틱

설사를 자주 해요.

Tôi thường xuyên bị đi
ngoài.
또이 트엉 쑤이엔 비 디 응오아이

어제부터 내내 설사만 했어요.

Tôi bị đi ngoài suốt từ hôm
qua.
또이 비 디 응오아이 쑤옫 뜨 홈 꾸아

변비가 있어요.

Tôi bị táo bón.
또이 비 따오 번

치과-치통

이가 몹시 아파요.

Tôi đau răng quá.

또이 다우 장 꾸아

사랑니가 나면서 엄청 아파요.

Tôi bị đau do mọc răng khôn.

또이 비 다우 저 멉 장 콘

씹을 때마다 오른쪽 어금니가 아파요.

Răng hàm bên phải của tôi bị đau mỗi khi nhai.

장 함 벤 파이 꾸어 또이 비 다우 모이 키 냐이

이가 아파서 아무것도 못 먹겠어요.

Tôi bị đau răng nên không thể ăn được gì.

또이 비 다우 장 넨 콩 테 안 드억 지

양치질 할 때 잇몸에서 피가 나고 아파요.

Tôi bị chảy máu và đau ở lợi mỗi khi đánh răng.

또이 비 짜이 마우 바 다우 어 러이 모이 키 다잉 장

잇몸이 시려요.

Tôi bị buốt lợi.

또이 비 부옫 러이

이를 뽑아야 할 것 같아요.

Có lẽ anh sẽ phải nhổ răng.

꺼 래 아잉 쌔 파이 뇨 장

치과-충치

충치가 있습니다.

Tôi bị sâu răng.

또이 비 써우 장

아래쪽 어금니에 충치가 생겼어요.

Có lỗ sâu ở răng hàm dưới.

꺼 로 써우 어 장 함 즈어이

찬물을 마실 때마다 이가 시려요.

Răng tôi bị buốt mỗi khi uống nước lạnh.

장 또이 비 부옫 모이 키 우옹 느억 라잉

충치가 엄청 쑤셔요.

Chỗ răng sâu của tôi rất nhức.

쪼 장 써우 꾸어 또이 젇 니윽

충치를 때워야 합니다.

Anh phải hàn răng sâu.

아잉 파이 한 장 써우

신경 치료를 해야 합니다.

Anh phải điều trị tủy răng.

아잉 파이 디에우 찌 뚜이 장

충치를 예방하려면 식사 후에 바로 이를 닦으세요.

Anh hãy đánh răng ngay sau khi ăn xong để phòng ngừa sâu răng.

아잉 하이 다잉 장 응아이 싸우 키 안 썽 데 펑 응으어 써우 장

한의원

저는 한의원에 가서 침을 맞았어요.

Tôi đã đi châm cứu ở phòng khám đông y.

또이 다 디 쩜 끄우 어 펑 캄 동 이

침을 맞으면 통증이 가라앉아요.

Cơn đau sẽ giảm xuống khi châm cứu.

껀 다우 쌔 잠 쑤옹 키 쩜 끄우

저는 양약보다는 한약을 선호해요.

Tôi thích uống thuốc đông y hơn thuốc tây y.

또이 틱 우옹 투옥 동 이 헌 투옥 떠이 이

그 한의사는 침술이 뛰어나다.

Vị bác sỹ đông y đó châm cứu rất giỏi.

브이 박 씨 동 이 더 쩜 끄우 젇 저이

저는 아프면 보통 한의원에 가요.

Tôi thường đến phòng khám đông y khi bị ốm.

또이 트엉 덴 펑 캄 동 이 키 비 옴

저는 건강을 위해서 한약을 먹고 있어요.

Tôi đang uống thuốc đông y để chăm sóc sức khỏe.

또이 당 우옹 투옥 동 이 데 짬 썹 쓱 코애

산부인과

생리통이 너무 심해요.

Tôi bị đau bụng kinh dữ dội.

또이 비 다우 붕 낑 즈 조이

몇 달째 생리를 하지 않았어요.

Tôi đã không có kinh nguyệt được mấy tháng rồi.

또이 다 콩 꺼 낑 응우이엗 드억 머이 탕 조이

입덧인 거 같아요.

Tôi bị nghén thì phải.

또이 비 응앤 티 파이

그녀는 제왕 절개 수술을 해서 아이를 낳았습니다.

Cô ấy đã sinh mổ.

꼬 어이 다 씽 모

흐엉은 얼마 전에 쌍둥이를 낳았어요.

Hương đã sinh đôi cách đây không lâu.

흐엉 다 씽 도이 까익 더이 콩 러우

저는 산부인과에 가서 검진을 받았어요.

Tôi đã đến phòng khám phụ khoa để kiểm tra.

또이 다 덴 펑 캄 푸 코아 데 끼엠 짜

---

châm cứu 쩜 끄우 침술, 침을 맞다
thuốc đông y 투옥 동 이, thuốc bắc 투옥 박 한약
bác sỹ đông y 박 씨 동 이 한의사

đau bụng kinh 다우 붕 낑
생리통, 생리통으로 배가 아프다
kinh nguyệt 낑 응우이엗 생리
nghén 응앤 입덧하다

입원 & 퇴원

입원 수속을 하려고 해요.

Tôi muốn làm thủ tục nhập viện.
또이 무온 람 투 뚝 녑 비엔

입원해야 하나요?

Tôi phải nhập viện sao?
또이 파이 녑 비엔 싸오?

얼마나 입원해야 하나요?

Tôi phải nhập viện trong bao lâu?
또이 파이 녑 비엔 쩡 바오 러우?

입원에도 의료 보험이 적용됩니까?

Bảo hiểm y tế có được áp dụng cả khi nhập viện không?
바오 히엠 이 떼 꺼 드억 압 중 까 키 녑 비엔 콩?

가능하면 1인실로 해 주세요.

Nếu được thì cho tôi phòng 1 người nằm.
네우 드억 티 쩌 또이 펑 몯 응으어이 남

언제 퇴원할 수 있나요?

Khi nào tôi có thể ra viện?
키 나오 또이 꺼 테 자 비엔?

퇴원 절차가 어떻게 되나요?

Thủ tục ra viện như thế nào ạ?
투 뚝 자 비엔 니으 테 나오 아?

꼭! 짚고 가기

약품 종류 말하기

베트남의 약국(hiệu thuốc 히에우 투옥)에서 증상에 맞는 약을 사기 위해 약품의 종류를 나타내는 베트남어 단어를 알아볼게요.

- 감기약
  thuốc cảm cúm 투옥 깜 꿈
- 두통약
  thuốc đau đầu 투옥 다우 더우
- 소화제
  thuốc tiêu hóa 투옥 띠에우 호아
- 소염제
  thuốc chống viêm 투옥 쫑 비엠
- 수면제
  thuốc ngủ 투옥 응우
- 진통제
  thuốc giảm đau 투옥 잠 다우
- 변비약
  thuốc trị táo bón 투옥 찌 따오 번
- 설사약
  thuốc trị tiêu chảy
  투옥 찌 띠에우 짜이
- 항생제
  thuốc kháng sinh 투옥 캉 씽
- 해열제
  thuốc hạ sốt 투옥 하 쏟
- 연고
  thuốc mỡ 투옥 머

수술

그는 위독한 상태입니다.

Anh ấy đang trong tình trạng nguy kịch.

아잉 어이 당 쩡 띵 짱 응우이 끽

당장 수술을 받아야 합니다.

Anh phải được phẫu thuật ngay.

아잉 파이 드억 퍼우 투엇 응아이

수술하기 위해서 가족의 동의가 필요합니다.

Để làm phẫu thuật cần có sự đồng ý của người nhà bệnh nhân.

데 람 퍼우 투엇 껀 꺼 쓰 동 이 꾸어 응으어이 냐 베잉 년

수술 받은 적 있나요?

Anh đã bao giờ bị phẫu thuật chưa?

아잉 다 바오 저 비 퍼우 투엇 쯔어?

맹장 수술을 했어요.

Tôi đã từng bị phẫu thuật ruột thừa.

또이 다 뜽 비 퍼우 투엇 주옽 트어

쉬운 수술이니까 걱정 마세요.

Chỉ là phẫu thuật đơn giản nên anh đừng lo.

찌 라 퍼우 투엇 던 잔 넨 아잉 등 러

병원비 & 의료 보험

진료비는 얼마입니까?

Phí khám bệnh hết bao nhiêu ạ?

피 캄 베잉 헫 바오 니에우 아?

저는 의료 보험에 가입되어 있어요.

Tôi đã mua bảo hiểm y tế.

또이 다 무어 바오 히엠 이 떼

의료 보험이 있나요?

Anh có bảo hiểm y tế không?

아잉 꺼 바오 히엠 이 떼 콩?

모든 비용이 보험 적용되나요?

Tất cả các chi phí có được bảo hiểm không?

떹 까 깍 찌 피 꺼 드억 바오 히엠 콩?

일부 의약품은 보험 적용이 안 됩니다.

Một số thuốc không được bảo hiểm.

몯 쏘 투옥 콩 드억 바오 히엠

진단서를 받고 싶어요.

Tôi muốn lấy giấy chẩn đoán.

또이 무온 러이 저이 쩐 도안

bảo hiểm y tế 바오 히엠 이 떼 의료 보험
giấy chẩn đoán 저이 쩐 도안 진단서

238

문병

흐엉이 입원한 병실이 어디죠?

Phòng bệnh Hương nằm ở đâu nhỉ?

펑 베잉 흐엉 남 어 더우 니?

저는 친구 문병 가요.

Tôi đến thăm bạn tôi bị ốm.

또이 덴 탐 반 또이 비 옴

몸은 좀 어때?

Anh thấy người thế nào?

아잉 터이 응으어이 테 나오?

몸이 훨씬 나아졌어요.

Người tôi đã khá hơn nhiều rồi.

응으어이 또이 다 카 헌 니에우 조이

빨리 회복되기를 바랍니다.

Mong anh sớm hồi phục.

멍 아잉 썸 호이 푹

건강하십시오.

Anh mạnh khỏe nhé.

아잉 마잉 코애 냬

나아지셨다니 다행이네요.

Thật may khi nghe anh nói đã khỏe lại.

텃 마이 키 응애 아잉 너이 다 코애 라이

처방전

처방전을 써 드리겠습니다.

Tôi sẽ kê đơn cho anh.

또이 쌔 께 던 쩌 아잉

이틀치 약을 처방해 드리겠습니다.

Tôi sẽ kê thuốc cho anh uống trong hai ngày.

또이 쌔 께 투옥 쩌 아잉 우옹 쩡 하이 응아이

약에 알레르기가 있습니까?

Anh có bị dị ứng thuốc không?

아잉 꺼 비 지 응 투옥 콩?

이 약에 부작용은 없나요?

Thuốc này có tác dụng phụ không?

투옥 나이 꺼 딱 중 푸 콩?

현재 복용하는 약이 있나요?

Anh có đang uống thuốc nào hiện nay không?

아잉 꺼 당 우옹 투옥 나오 히엔 나이 콩?

이 약은 식후에 드셔야 합니다.

Thuốc này phải uống sau khi ăn.

투옥 나이 파이 우옹 싸우 키 안

약국

진통제 있나요?

Anh có thuốc giảm đau không?

아잉 꺼 투옥 잠 다우 콩?

반창고 한 통 주세요.

Cho tôi một hộp băng dán vết thương.

쩌 또이 몯 홉 방 잔 벧 트엉

파스 주세요.

Cho tôi cao dán.

쩌 또이 까오 잔

상처에 바르는 연고가 필요해요.

Tôi cần thuốc mỡ để bôi vết thương.

또이 껀 투옥 머 데 보이 벧 트엉

이 약은 어떻게 복용하면 되나요?

Thuốc này uống như thế nào ạ?

투옥 나이 우옹 니으 테 나오 아?

1일 3회 식후에 복용하세요.

Anh hãy uống 1 ngày 3 lần sau bữa ăn nhé.

아잉 하이 우옹 몯 응아이 바 런 싸우 브어 안 내

하루에 몇 알씩 먹어야 하나요?

Một ngày phải uống mấy viên?

몯 응아이 파이 우옹 머이 비엔?

계좌 개설 & 해지

계좌를 개설하고 싶습니다.

Tôi muốn mở tài khoản.

또이 무온 머 따이 코안

적금을 들고 싶어요.

Tôi muốn gửi tiền tiết kiệm.

또이 무온 그이 띠엔 띠엗 끼엠

이율은 어떻게 됩니까?

Lãi suất là bao nhiêu?

라이 쑤얻 라 바오 니에우?

신분증을 보여 주시겠어요?

Anh cho tôi xem chứng minh thư được không?

아잉 쩌 또이 쌤 쯩 밍 트 드억 콩?

체크 카드도 만드시겠어요?

Anh có muốn làm cả thẻ ghi nợ không?

아잉 꺼 무온 람 까 태 기 너 콩?

은행 계좌를 해지하고 싶습니다.

Tôi muốn đóng tài khoản ngân hàng.

또이 무온 덩 따이 코안 응언 항

---

mở tài khoản 머 따이 코안 계좌를 개설하다
đóng tài khoản 덩 따이 코안 계좌를 해지하다
gửi tiền tiết kiệm 그이 띠엔 띠엗 끼엠 적금을 들다
lãi suất 라이 쑤얻 이율
chứng minh thư 쯩 밍 트 신분증(주민등록증)

입출금

오늘 얼마를 입금하시겠습니까?

Hôm nay anh muốn gửi vào bao nhiêu tiền?

홈 나이 아잉 무온 그이 바오 바오 니에우 띠엔?

계좌에 100만 동 입금해 주세요.

Cho tôi gửi 1 triệu đồng vào tài khoản.

쩌 또이 그이 몯 찌에우 동 바오 따이 코안

제 계좌에서 2백만 동을 찾고 싶어요.

Tôi muốn rút 2 triệu đồng trong tài khoản.

또이 무온 줃 하이 찌에우 동 쩡 따이 코안

출금표를 작성해서 주세요.

Xin anh điền vào phiếu rút tiền.

씬 아잉 디엔 바오 피에우 줃 띠엔

비밀번호를 눌러주세요.

Xin mời anh ấn mật khẩu.

씬 머이 아잉 언 먿 커우

비밀번호를 잘못 입력했어요.

Anh đã nhập sai mật khẩu rồi.

아잉 다 녑 싸이 먿 커우 조이

적금을 깨고 싶어요.

Tôi muốn rút tiền tiết kiệm.

또이 무온 줃 띠엔 띠엗 끼엠

송금

이 계좌로 송금해 주세요.

Tôi muốn chuyển tiền vào tài khoản này.

또이 무온 쭈이엔 띠엔 바오 따이 코안 나이

국내 송금인가요 해외 송금인가요?

Anh muốn chuyển tiền trong nước hay nước ngoài ạ?

아잉 무온 쭈이엔 띠엔 쩡 느억 하이 느억 응오아이 아?

한국으로 송금하고 싶습니다.

Tôi muốn chuyển tiền sang Hàn Quốc.

또이 무온 쭈이엔 띠엔 쌍 한 꾸옥

은행 이체 수수료가 있나요?

Có phí chuyển khoản ngân hàng không?

꺼 피 쭈이엔 코안 응언 항 콩?

송금할 땐 반드시 수취인 이름을 확인하세요.

Anh phải kiểm tra tên người nhận khi chuyển tiền.

아잉 파이 끼엠 짜 뗀 응으어이 년 키 쭈이엔 띠엔

내일 일찍 송금해 드릴게요.

Ngày mai tôi sẽ chuyển tiền sớm.

응아이 마이 또이 쌔 쭈이엔 띠엔 썸

현금 자동 인출기

현금 인출기는 어디에 있나요?

Cây rút tiền ở đâu ạ?

꺼이 줌 띠엔 어 더우 아?

현금 인출기에서 제 카드가 안 빠져요.

Tôi không rút được thẻ ra khỏi cây rút tiền.

또이 콩 줌 드억 태 자 커이 꺼이 줌 띠엔

현금 인출기는 몇 시까지 사용 가능한가요?

Có thể sử dụng cây rút tiền đến mấy giờ ạ?

꺼 테 쓰 중 꺼이 줌 띠엔 덴 머이 저 아?

현금 인출기를 사용할 땐 주위에 소매치기를 조심하세요.

Hãy cẩn thận móc túi ở xung quanh khi sử dụng cây rút tiền.

하이 껀 턴 멉 뚜이 어 쑹 꾸아잉 키 쓰 중 꺼이 줌 띠엔

이 현금 인출기는 고장 난 것 같아요.

Hình như cây rút tiền này bị hỏng rồi.

힝 니으 꺼이 줌 띠엔 나이 비 헝 조이

계좌 잔고가 부족합니다.

Số dư tài khoản bị thiếu.

쏘 즈 따이 코안 비 티에우

신용 카드

신용 카드를 만들고 싶어요.

Tôi muốn làm thẻ tín dụng.

또이 무온 람 태 띤 중

카드가 언제 발급되나요?

Khi nào thì thẻ được cấp ạ?

키 나오 티 태 드억 껍 아?

분실한 카드를 정지시키세요.

Hãy đóng thẻ tín dụng bị mất.

하이 덩 태 띤 중 비 멀

사용 한도액이 어떻게 되나요?

Hạn mức sử dụng thẻ của anh là bao nhiêu ạ?

한 믁 쓰 중 태 꾸어 아잉 라 바오 니에우 아?

카드 한도액을 늘리고 싶어요.

Tôi muốn tăng hạn mức thẻ.

또이 무온 땅 한 믁 태

이번 달 카드값이 너무 많이 나왔어!

Số tiền quẹt thẻ tháng này nhiều quá!

쏘 띠엔 꾸앹 태 탕 나이 니에우 꾸아!

이 가게는 신용 카드를 받지 않아요.

Cửa hàng này không nhận thẻ tín dụng.

끄어 항 나이 콩 년 태 띤 중

환전

환전할 수 있나요?

Tôi có thể đổi tiền được không?

또이 꺼 테 도이 띠엔 드억 콩?

달러를 동으로 바꾸고 싶어요.

Tôi muốn đổi từ đô la sang tiền Việt.

또이 무온 도이 뜨 도 라 쌍 띠엔 비엗

환전소가 어디 있죠?

Tiệm đổi tiền ở đâu ạ?

띠엠 도이 띠엔 어 더우 아?

길 건너편에 환전소가 있습니다.

Có tiệm đổi tiền ở bên kia đường.

꺼 띠엠 도이 띠엔 어 벤 끼어 드엉

은행에서 환전하는 게 더 안전해요.

Đổi tiền ở ngân hàng an toàn hơn.

도이 띠엔 어 응언 항 안 또안 헌

환전 수수료는 얼마인가요?

Phí đổi tiền là bao nhiêu ạ?

피 도이 띠엔 라 바오 니에우 아?

전액 10만 동 지폐로 주세요.

Cho tôi toàn bộ là tờ 100 ngàn đồng.

쩌 또이 또안 보 라 떠 몯 짬 응안 동

환율

오늘 환율이 어떻게 되나요?

Hôm nay tỷ giá là bao nhiêu ạ?

홈 나이 띠 자 라 바오 니에우 아?

원화를 동으로 바꾸는 환율이 어떻게 되나요?

Tỷ giá đổi từ tiền Won sang tiền Việt là bao nhiêu ạ?

띠 자 도이 뜨 띠엔 원 쌍 띠엔 비엗 라 바오 니에우 아?

오늘 환율은 100동에 5.04원입니다.

Tỷ giá hôm nay là 5,04won được 100 đồng.

띠 자 홈 나이 라 남 퍼이 콩 본 원 드억 몯 짬 동

환율 변동이 심해요.

Tỷ giá biến động nhiều quá.

띠 자 비엔 동 니에우 꾸아

어제보다 환율이 더 떨어졌어요.

Tỷ giá đã hạ hơn so với hôm qua.

띠 자 다 하 헌 써 버이 홈 꾸아

환전하기 전에 환율을 미리 확인할 필요가 있습니다.

Trước khi đổi tiền cần phải kiểm tra tỷ giá.

쯔억 키 도이 띠엔 껀 파이 끼엠 짜 띠 자

\# 인터넷 뱅킹을 신청하고 싶어요.

Tôi muốn đăng ký internet banking.

또이 무온 당 끼 인 떠 넽 바잉 낑

\# 인터넷 뱅킹 비밀번호를 잊어버렸어요.

Tôi đã quên mất mật khẩu internet banking.

또이 다 꾸엔 멀 멀 커우 인 떠 넽 바잉 낑

\# 인터넷 뱅킹을 사용할 경우 수수료가 있나요?

Khi sử dụng internet banking thì có phải trả phí không?

키 쓰 중 인 떠 넽 바잉 낑 티 꺼 파이 짜 피 콩?

\# 수수료가 있긴 하지만 좀 더 싸요.

Có phí nhưng thấp hơn một chút.

꺼 피 니응 텁 헌 몯 쭏

\# 대출을 받으려면 어떤 조건이 필요한가요?

Nếu muốn vay tiền thì phải cần điều kiện gì?

네우 무온 바이 띠엔 티 파이 껀 디에우 끼엔 지?

\# 대출 금리가 얼마인가요?

Lãi suất cho vay là bao nhiêu?

라이 쑤얻 쩌 바이 라 바오 니에우?

\# 편지를 보내고 싶은데요.

Tôi muốn gửi thư.

또이 무온 그이 트

\# 빠른우편으로 보내면 얼마인가요?

Nếu gửi chuyển phát nhanh thì bao nhiêu tiền?

네우 그이 쭈이엔 팓 냐잉 티 바오 니에우 띠엔?

\# 이 편지를 국제 우편으로 보내고 싶어요.

Tôi muốn gửi bức thư này ra nước ngoài.

또이 무온 그이 븍 트 나이 자 느억 응오아이

\# 한국까지 도착하는 데 시간이 얼마나 걸리나요?

Mất bao nhiêu lâu để gửi đến Hàn Quốc?

멀 바오 니에우 러우 데 그이 덴 한 꾸옥?

\# 연휴에는 시간이 더 걸릴 수도 있어요.

Có thể mất nhiều thời gian hơn vào kỳ nghỉ.

꺼 테 멀 니에우 터이 잔 헌 바오 끼 응이

\# 우표는 얼마인가요?

Tem giá bao nhiêu?

땜 자 바오 니에우?

소포 발송

이 소포를 호찌민으로 보내고 싶어요.

Tôi muốn gửi bưu phẩm này đi thành phố Hồ Chí Minh.

또이 무온 그이 브우 펌 나이 디 타잉 포 호 찌 밍

소포용 박스가 있나요?

Anh có hộp gói bưu phẩm không?

아잉 꺼 흡 거이 브우 펌 콩?

소포의 내용물은 무엇인가요?

Bên trong bưu kiện là gì vậy?

벤 쩡 브우 끼엔 라 지 버이?

깨지기 쉬운 물건이 들어 있어요.

Bên trong có đồ dễ vỡ.

벤 쩡 꺼 도 제 버

요금은 착불로 해 주세요.

Anh để cước phí do người nhận trả cho tôi.

아잉 데 끄억 피 저 응으어이 년 짜 쩌 또이

꼭! 짚고 가기

베트남의 민간요법 까오저

베트남 사람들은 큰 병이 아니면 병원에 잘 가지 않는 편이며, 의료 시설이 잘 갖춰져 있지 않은 지역에서는 민간요법을 사용하기도 합니다.

베트남의 대표적인 민간요법 중 하나는 '까오저(cạo gió 까오 저)'입니다. 직역하면 '바람(gió)을 쓸어내다(cạo)'라는 의미이며, 예전에 민간에서는 몸에 바람이 들면 피곤함, 발열, 구토, 메스꺼움, 복통 등의 증상이 나타난다고 생각했습니다.

따라서 몸에 든 바람을 밖으로 내보내어 치료한다는 의미를 담고 있습니다.

까오저를 하는 방법은 보통 'dầu gió 저우 저'라는 오일을 등이나 배, 가슴팍에 바릅니다. 그리고 동전이나 숟가락, 컵 같은 도구를 사용해서 여러 차례 세게 긁습니다. 까오저를 하면 막혔던 맥이 뚫려 독소가 빠져나가며 몸의 순환이 회복된다고 합니다. 까오저는 바람이 직접적으로 불지 않는 따뜻한 장소에서 해야 하며 끝난 다음에도 몸에 바람을 맞지 않도록 주의합니다. 또한 땀을 배출하기 위해 후추나 파가 들어간 따뜻한 죽을 먹는 것이 좋다고 합니다.

미용실 상담

헤어스타일을 바꾸고 싶어요.

Tôi muốn thay đổi kiểu tóc.

또이 무온 타이 도이 끼에우 떱

어떤 스타일을 원하세요?

Anh muốn kiểu tóc như thế nào?

아잉 무온 끼에우 떱 니으 테 나오?

이런 헤어스타일은 어떠세요?

Anh thấy kiểu tóc này thế nào?

아잉 터이 끼에우 떱 나이 테 나오?

이 사진 속의 모델처럼 하고 싶어요.

Tôi muốn làm giống người mẫu trong bức ảnh này.

또이 무온 람 종 응으어이 머우 쩡 북 아잉 나이

어떤 머리 스타일이 제게 어울릴까요?

Kiểu tóc nào hợp với tôi nhỉ?

끼에우 떱 나오 헙 버이 또이 니?

요즘 유행하는 스타일로 해 주세요.

Làm cho tôi kiểu tóc đang thịnh hành gần đây.

람 쩌 또이 끼에우 떱 당 팅 하잉 건 더이

관리하기 편한 머리로 해 주세요.

Làm cho tôi kiểu tóc nào dễ chăm sóc nhé.

람 쩌 또이 끼에우 떱 나오 제 짬 썹 내

커트 ①

머리를 자르고 싶어요.

Tôi muốn cắt tóc.

또이 무온 깥 떱

어떻게 잘라 드릴까요?

Anh muốn cắt thế nào ạ?

아잉 무온 깥 테 나오 아?

어떻게 자르는 게 좋을까요?

Cắt thế nào thì đẹp nhỉ?

깥 테 나오 티 댑 니?

아주 짧게 잘라 주세요.

Cắt thật ngắn cho tôi.

깥 텉 응안 쩌 또이

너무 짧게 자르지 마세요.

Đừng cắt quá ngắn.

등 깥 꾸아 응안

머리끝 약간만 다듬어 주세요.

Cắt bớt đuôi tóc đi cho tôi.

깥 벋 두오이 떱 디 쩌 또이

이 정도 길이로 잘라 주세요.

Cắt bằng ngần này cho tôi.

깥 방 응언 나이 쩌 또이

어깨에 닿을 정도 길이로 해 주세요.

Cắt chấm vai cho tôi.

깥 쩜 바이 쩌 또이

커트 ②

단발머리를 하고 싶어요.

Tôi muốn cắt tóc ngang vai.

또이 무온 깥 떱 응앙 바이

앞머리를 잘라 주세요.

Tôi muốn cắt tóc mái.

또이 무온 깥 떱 마이

앞머리는 그대로 두세요.

Để nguyên tóc mái cho tôi.

데 응우이엔 떱 마이 쩌 또이

머리숱을 쳐 주세요.

Xén bớt tóc cho tôi.

쌘 벝 떱 쩌 또이

숱을 조금 더 쳐 주세요.

Xén thêm cho tôi.

쌘 템 쩌 또이

머리에 층을 내 주세요.

Tỉa tóc thành tầng cho tôi.

띠어 떱 타잉 떵 쩌 또이

파마

파마하고 싶어요.

Tôi muốn làm tóc xoăn.

또이 무온 람 떱 쏘안

어떤 파마를 원하세요?

Chị muốn làm tóc xoăn như thế nào?

찌 무온 람 떱 쏘안 니으 테 나오?

굵은 웨이브를 넣어 주세요.

Làm cho tôi xoăn lọn to.

람 쩌 또이 쏘안 런 떠

자연스러운 웨이브를 넣어 주세요.

Làm cho tôi xoăn tự nhiên.

람 쩌 또이 쏘안 뜨 니엔

짧은 머리에 어울리는 파마는 뭔가요?

Có kiểu tóc xoăn nào hợp với tóc ngắn không?

꺼 끼에우 떱 쏘안 나오 헙 버이 떱 응안 콩?

파마가 잘 나왔네요.

Lọn tóc xoăn đẹp quá.

런 떱 쏘안 댑 꾸아

머리를 펴 주세요.

Duỗi tóc cho tôi.

주오이 떱 쩌 또이

염색

머리를 염색해 주세요.

Nhuộm tóc cho tôi.

뉴옴 떱 쩌 또이

뿌리 염색해 주세요.

Chấm chân cho tôi.

쩜 쩐 쩌 또이

어떤 색으로 하시겠어요?

Anh muốn nhuộm màu gì?

아잉 무온 뉴옴 마우 지?

갈색으로 해 주세요.

Nhuộm nâu cho tôi.

뉴옴 너우 쩌 또이

검은색으로 염색하면 더 젊어 보일 거예요.

Nhuộm tóc màu đen trông sẽ trẻ hơn đấy ạ.

뉴옴 떱 마우 댄 쫑 쌔 째 헌 더이 아

탈색하면 머릿결이 많이 상하나요?

Nếu tẩy tóc thì chất tóc có bị hỏng nhiều không?

네우 떠이 떱 티 쩓 떱 꺼 비 헝 니에우 콩?

염색한 후 그 색이 오래 가나요?

Màu đó có giữ được lâu sau khi nhuộm không?

마우 더 꺼 즈 드억 러우 싸우 키 뉴옴 콩?

네일아트 ①

손톱 손질을 받고 싶어요.

Tôi muốn làm móng.
또이 무온 람 멍

손톱을 둥글게 깎아 주세요.

Cắt tròn móng tay cho tôi.
깓 쩐 멍 따이 쩌 또이

손톱에 매니큐어를 지우고 다른 색으로 발라 주세요.

Tẩy sơn móng tay và sơn màu khác cho tôi.
떠이 썬 멍 따이 바 썬 마우 칵 쩌 또이

어떤 색 매니큐어를 발라 드릴까요?

Chị muốn sơn móng màu gì?
찌 무온 썬 멍 마우 지?

반짝거리는 색으로 바르고 싶어요.

Tôi muốn sơn màu nhũ.
또이 무온 썬 마우 뉴

이 색은 마음에 안 들어요.

Tôi không thích màu này.
또이 콩 틱 마우 나이

저는 손톱이 약해요.

Móng tay của tôi rất yếu.
멍 따이 꾸어 또이 젇 이에우

꼭! 짚고 가기

베트남의 네일아트

베트남에서는 다양한 장소에서 네일아트를 받을 수 있어요. 시장, 미용실, 네일아트 전문점, 심지어 공원에 앉아 있으면 재료가 담긴 바구니를 들고 네일 아티스트가 다가와 손질을 받겠냐고 묻기도 합니다. 네일아트 서비스 종류를 베트남어로 알아두면 유용하겠죠?

- 일반 네일 컬러
  sơn thường 썬 트엉
- 젤 네일 컬러
  sơn gel màu 썬 재오 마우
- 프렌치 네일
  sơn đầu móng 썬 더우 멍
- 아트(바탕색 위에 별도의 그림 추가)
  vẽ móng 배 멍
- 네일 스톤
  đính đá 딩 다
- 큐티클 제거
  cắt da 깓 자
- 젤 네일 제거
  tháo gel 타오 재오
- 인조 손톱 제거
  tháo móng giả 타오 멍 자
- 손톱 연장
  đắp bột 답 볻

네일아트 ②

손톱에 장식도 붙일 수 있어요?

Có thể đính đá vào móng
tay không?

꺼 테 딩 다 바오 멍 따이 콩?

젤 네일은 얼마예요?

Sơn gel bao nhiêu tiền?

썬 재오 바오 니에우 띠엔?

손톱에 그림도 그려 주세요.

Vẽ móng cho tôi nữa.

배 멍 쩌 또이 느어

이 사진이랑 똑같이 그려 주세요.

Vẽ giống hệt như bức hình
này cho tôi.

배 종 헽 니으 븍 힝 나이 쩌 또이

매니큐어가 마를 때까지 조심하세요.

Chị phải cẩn thận cho đến
khi sơn khô hẳn nhé.

찌 파이 껀 턴 쩌 덴 키 썬 코 한 내

발톱 손질도 해 드릴까요?

Chị có muốn làm móng
chân nữa không ạ?

찌 꺼 무온 람 멍 쩐 느어 콩 아?

발을 먼저 물에 담그세요.

Trước tiên, chị ngâm chân
vào nước đi ạ.

쯔억 띠엔, 찌 응엄 쩐 바오 느억 디 아

미용실 기타

드라이만 해 주세요.

Sấy tóc cho tôi thôi nhé.

써이 떱 쩌 또이 토이 내

저는 가르마를 왼쪽으로 타요.

Tôi rẽ ngôi trái.

또이 재 응오이 짜이

저는 머리숱이 많아요.

Tóc tôi rất dày.

떱 또이 젇 자이

지난번에 갔던 미용실로 예약했어요.

Tôi đã đặt hẹn ở tiệm cắt
tóc đã đến lần trước.

또이 다 닫 핸 어 띠엠 깓 떱 다 덴 런 쯔억

저는 머릿결이 매끄러운 편이에요.

Chất tóc của tôi khá óng
mượt.

쩓 떱 꾸어 또이 카 엉 므얻

머릿결이 많이 상했네요.

Chất tóc của chị bị hỏng
nhiều quá.

쩓 떱 꾸어 찌 비 헝 니에우 꾸아

면도해 주세요.

Cạo râu cho tôi.

까오 저우 쩌 또이

세탁물 맡기기

이 옷들은 세탁소에 맡길 거예요.

Tôi sẽ mang những chiếc quần áo này đến tiệm giặt là.

또이 쌔 망 니응 찌엑 꾸언 아오 나이 덴 띠엠 잗 라

이 양복을 세탁소에 맡겨 주시겠어요?

Anh mang bộ com lê này đến tiệm giặt là cho tôi nhé?

아잉 망 보 껌 레 나이 덴 띠엠 잗 라 쩌 또이 내?

이 바지 좀 다려 주시겠어요?

Chị là cái quần này giúp tôi nhé?

찌 라 까이 꾸언 나이 줍 또이 내?

이 코트는 드라이클리닝해야 해요.

Chiếc áo khoác dạ này cần được giặt khô.

찌엑 아오 코악 자 나이 껀 드억 잗 코

다음 주 화요일까지 이 와이셔츠를 세탁해 주세요.

Giặt chiếc áo sơ mi này đến thứ ba tuần sau cho tôi.

잗 찌엑 아오 써 미 나이 덴 트 바 뚜언 싸우 쩌 또이

이건 실크 블라우스예요. 조심해 주세요.

Đây là chiếc sơ mi nữ bằng lụa. Anh cẩn thận nhé.

더이 라 찌엑 써 미 느 방 루어. 아잉 껀 턴 내

세탁물 찾기

세탁물을 찾고 싶은데요.

Tôi muốn lấy đồ giặt.

또이 무온 러이 도 잗

제 세탁물 다 됐나요?

Đồ giặt của tôi đã xong chưa ạ?

도 잗 꾸어 또이 다 썽 쯔어 아?

죄송하지만 아직 안 되었어요.

Xin lỗi anh nhưng đồ vẫn chưa giặt xong ạ.

씬 로이 아잉 니응 도 번 쯔어 잗 썽 아

언제 찾아갈 수 있나요?

Bao giờ tôi có thể lấy được?

바오 저 또이 꺼 테 러이 드억?

코트 한 벌 드라이클리닝 비용은 얼마인가요?

Giá giặt khô một chiếc áo khoác dạ là bao nhiêu?

자 잗 코 몯 찌엑 아오 코악 자 라 바오 니에우?

세탁물을 찾을 때, 영수증을 보여 주세요.

Khi lấy đồ giặt, anh hãy cho xem hóa đơn nhé.

키 러이 도 잗, 아잉 하이 쩌 쌤 호아 던 내

이불도 세탁 가능한가요?

Có thể giặt chăn được không?

꺼 테 잗 짠 드억 콩?

세탁물 확인

이 셔츠 다림질이 잘 안 된 것 같은데요.

Chiếc sơ mi này là chưa
phẳng lắm thì phải.

찌엑 써 미 나이 라 쯔어 팡 람 티 파이

와이셔츠의 소매가 아직도 더러워요.

Cổ tay áo sơ mi vẫn còn
bẩn.

꼬 따이 아오 써 미 번 껀 번

이건 제가 맡긴 코트가 아닌데요.

Đây không phải là chiếc áo
khoác dạ của tôi.

더이 콩 파이 라 찌엑 아오 코악 자 꾸어 또이

이틀 전에 흐엉이라는 이름으로 코트 두
벌을 맡겼어요.

Hai ngày trước tôi đã mang
hai cái áo khoác dạ đến và
gửi dưới tên Hương.

하이 응아이 쯔억 또이 다 망 하이 까이 아오
코악 자 덴 바 그이 즈어이 뗀 흐엉

영수증 좀 다시 확인하겠습니다.

Cho tôi xem lại hóa đơn
một chút ạ.

쩌 또이 쌤 라이 호아 던 몯 쭏 아

제가 맡긴 세탁물이 다 됐는지
확인하려고 전화했습니다.

Tôi gọi điện thoại để hỏi
xem đồ giặt tôi mang đến
đã xong chưa.

또이 거이 디엔 토아이 데 허이 쌤 도 잗 또이 망
덴 다 썽 쯔어

얼룩 제거

셔츠에 있는 얼룩 좀 제거해 주세요.

Tẩy vết bẩn ở áo sơ mi giúp
tôi nhé.

떠이 벧 번 어 아오 써 미 줍 또이 내

원피스에 커피를 쏟았어요. 얼룩이
지워질까요?

Tôi bị đổ cà phê vào váy.
Liệu có giặt sạch được
không?

또이 비 도 까 페 바오 바이. 리에우 꺼 잗 싸익
드억 콩?

기름 얼룩인데 지워질까요?

Vết dầu có giặt sạch được
không?

벧 저우 꺼 잗 싸익 드억 콩?

이 얼룩은 빨았는데도 지워지지 않아요.

Tôi đã giặt vết bẩn này rồi
mà không sạch.

또이 다 잗 벧 번 나이 조이 마 콩 싸익

드라이클리닝을 하면 얼룩이 지워질
거예요.

Nếu giặt khô thì vết bẩn sẽ
sạch.

네우 잗 코 티 벧 번 쌔 싸익

오래된 얼룩은 지우기 쉽지 않아요.

Vết bẩn lâu ngày không dễ
để giặt sạch.

벧 번 러우 응아이 콩 제 데 잗 싸익

수선

오토바이 대여 ①

옷 수선도 가능한가요?

Có sửa cả quần áo không ạ?

꺼 쓰어 까 꾸언 아오 콩 아?

이 바지 길이 좀 줄여 주세요.

Cắt ngắn cái quần này đi một chút cho tôi.

깓 응안 까이 꾸언 나이 디 몯 쭏 쩌 또이

이 치마 허리 좀 줄여 주세요.

Làm chật bụng chiếc váy này một chút cho tôi.

람 쩓 붕 찌엑 바이 나이 몯 쭏 쩌 또이

가방 지퍼가 고장 났어요. 좀 고쳐 주시겠어요?

Khóa túi của tôi bị hỏng. Sửa giúp tôi được không?

코아 뚜이 꾸어 또이 비 헝. 쓰어 줍 또이 드억 콩?

소매가 뜯어졌어요. 수선 가능한가요?

Tay áo của tôi bị sờn. Có thể sửa được không?

따이 아오 꾸어 또이 비 썬. 꺼 테 쓰어 드억 콩?

죄송하지만 이것은 수선이 불가능해요.

Xin lỗi nhưng cái này không thể sửa được.

씬 로이 니응 까이 나이 콩 테 쓰어 드억

오토바이 렌트 가게는 어디에 있나요?

Cửa hàng cho thuê xe máy ở đâu?

끄어 항 쩌 투에 쌔 마이 어 더우?

이번 주 토요일에 오토바이 한 대 빌리고 싶습니다.

Tôi muốn thuê một chiếc xe máy vào thứ bảy tuần này.

또이 무온 투에 몯 찌엑 쌔 마이 바오 트 바이 뚜언 나이

며칠 동안 빌리실 예정인가요?

Anh định thuê mấy ngày?

아잉 딩 투에 머이 응아이?

5일간 빌리고 싶어요.

Tôi muốn thuê 5 ngày.

또이 무온 투에 남 응아이

지금 바로 빌릴 수 있나요?

Bây giờ có thể thuê được luôn không?

버이 저 꺼 테 투에 드억 루온 콩?

요금은 어떻게 됩니까?

Giá thuê thế nào?

자 투에 테 나오?

오토바이 종류에 따라 달라요.

Giá thuê còn tùy thuộc vào loại xe nữa.

자 투에 껀 뚜이 투옥 바오 로아이 쌔 느어

오토바이 대여 ②

계약금이 있나요?

Có phải đặt cọc không?

꺼 파이 닫 껍 콩?

어떤 오토바이를 빌리고 싶으세요?

Anh muốn thuê xe như thế nào?

아잉 무온 투에 쌔 니으 테 나오?

저는 신형 오토바이로 빌리고 싶어요.

Tôi muốn thuê chiếc xe máy đời mới.

또이 무온 투에 찌엑 쌔 마이 더이 머이

신분증과 운전 면허증을 보여 주세요.

Anh cho tôi xem chứng minh thư và giấy phép lái xe.

아잉 쩌 또이 쌤 쯩 밍 트 바 저이 팹 라이 쌔

오토바이 반납은 어디에서 하면 돼요?

Trả xe ở đâu thì được?

짜 쌔 어 더우 티 드억?

반납일을 지켜 주세요.

Anh nhớ trả xe đúng hạn nhé.

아잉 녀 짜 쌔 둥 한 내

며칠 더 빌리고 싶은데요.

Tôi muốn thuê thêm vài ngày nữa.

또이 무온 투에 템 바이 응아이 느어

주유소 ①

저는 주유소에 들렀어요.

Tôi đã rẽ vào trạm đổ xăng.

또이 다 재 바오 짬 도 쌍

근처에 주유소가 있나요?

Có trạm đổ xăng gần đây không?

꺼 짬 도 쌍 건 더이 콩?

기름이 충분히 있나요?

Xăng có đủ không?

쌍 꺼 두 콩?

오토바이 기름이 다 떨어져 가요.

Xe sắp hết xăng rồi.

쌔 쌉 헫 쌍 조이

아직은 주유할 필요가 없는 것 같아요.

Có vẻ vẫn chưa cần phải đổ xăng.

꺼 배 번 쯔어 껀 파이 도 쌍

리터당 기름값이 얼마죠?

Giá một lít xăng là bao nhiêu?

자 몯 릳 쌍 라 바오 니에우?

요즘 기름값이 올랐어요.

Gần đây xăng đã tăng giá.

건 더이 쌍 다 땅 자

주유소 ②

기름 얼마치 넣을 거예요?

Anh muốn đổ bao nhiêu?

아잉 무온 도 바오 니에우?

일반 휘발유로 넣어 주세요.

Đổ xăng thường cho tôi.

도 쌍 트엉 쩌 또이

기름을 가득 채워 주세요.

Đổ đầy bình cho tôi.

도 더이 빙 쩌 또이

10만 동어치 넣어 주세요.

Đổ 100 ngàn cho tôi.

도 몯 짬 응안 쩌 또이

주유기 앞에 오토바이를 세우세요.

Anh đỗ xe trước máy nạp xăng đi.

아잉 도 쌔 쯔억 마이 납 쌍 디

저쪽에서 계산하시면 돼요.

Anh thanh toán tiền ở đẳng kia.

아잉 타잉 또안 띠엔 어 당 끼어

꼭! 짚고 가기

베트남의 주유소

베트남어로 주유소는 'trạm xăng 짬 쌍', 주유하다는 'đổ xăng 도 쌍'이라고 해요. 베트남의 주유소에 휘발유는 일반 휘발유(xăng 92 쌍 찐 하이)와 고급 휘발유(xăng 95 쌍 찐 람), 이렇게 두 가지 종류가 있어요. dầu do 저우 저는 경유를 의미합니다. 주유를 할 때는 주기기 앞에 자동차 또는 오토바이를 주차하고 시동을 끈 후 주유 마개를 엽니다. 그리고 기름을 얼마나 채울지 직원에게 리터나 금액으로 얘기합니다. 보통 리터보다는 금액으로 더 많이 얘기하는 편이에요. 가득 채우고 싶다면 'đầy bình 더이 빙'이라고 말하면 됩니다.

기름값은 때마다 다르지만 보통 리터당 2만 동(한화 약 천 원) 내외입니다.

주유소에서는 당연히 금연이며, 화재나 폭발 사고를 미연에 방지하기 위하여 휴대 전화 사용을 금지하고 있습니다.

세차 & 정비

세차 비용은 얼마인가요?

Giá rửa xe là bao nhiêu?

자 즈어 쌔 라 바오 니에우?

세차를 해야겠어요.

Tôi phải rửa xe mới được.

또이 파이 즈어 쌔 머이 드억

여기에서 가까운 수리점이 어디인가요?

Tiệm sửa xe gần đây ở đâu?

띠엠 쓰어 쌔 건 더이 어 더우?

제 오토바이를 점검해 주세요.

Kiểm tra xe dùm tôi.

끼엠 짜 쌔 줌 또이

타이어가 펑크 났어요.

Lốp xe bị thủng rồi.

롭 쌔 비 퉁 조이

오토바이 타이어가 펑크 나서 끌고 왔어요.

Xe của tôi bị thủng lốp nên tôi dắt đến đây.

쌔 꾸어 또이 비 퉁 롭 넨 또이 잗 덴 더이

오토바이 시동이 안 걸려요.

Xe của tôi không khởi động được.

쌔 꾸어 또이 콩 커이 동 드억

서점

오늘 서점에 가려고 해요.

Tôi định đi hiệu sách hôm nay.

또이 딩 디 히에우 싸익 홈 나이

사고 싶은 책이 한 권 있어요.

Có một cuốn sách tôi muốn mua.

꺼 몯 꾸온 싸익 또이 무온 무어

요즘은 대형 서점이 많이 생겼어요.

Gần đây các hiệu sách lớn đã xuất hiện nhiều.

건 더이 깍 히에우 싸익 런 다 쑤얻 히엔 니에우

저는 책 찾기가 편해서 대형 서점을 좋아해요.

Tôi thích các hiệu sách lớn vì có thể dễ dàng tìm sách.

또이 틱 깍 히에우 싸익 런 브이 꺼 테 제 장 띰 싸익

저는 대형 서점보다 헌책방을 좋아해요.

Tôi thích các hiệu sách cũ hơn là các hiệu sách lớn.

또이 틱 깍 히에우 싸익 꾸 헌 라 깍 히에우 싸익 런

256

책 찾기 ①

실례지만, 역사 관련 책은 어디에 있나요?

Xin lỗi, sách về lịch sử ở đâu ạ?
씬 로이, 싸익 베 릭 쓰 어 더우 아?

베스트셀러 서적 코너는 어디인가요?

Khu sách bán chạy ở đâu ạ?
쿠 싸익 반 짜이 어 더우 아?

그 책은 예술 코너에 있을 거예요.

Cuốn sách đó nằm ở khu sách nghệ thuật.
꾸온 싸익 더 남 어 쿠 싸익 응에 투얻

원하는 책 제목을 알려 주시겠어요?

Anh cho tôi biết tên cuốn sách anh muốn tìm được không?
아잉 쩌 또이 비엗 뗀 꾸온 싸익 아잉 무온 띰 드억 콩?

그 책 출판사가 어디인지 아세요?

Anh có biết nhà xuất bản của cuốn sách đó là ở đâu không?
아잉 꺼 비엗 냐 쑤얻 반 꾸어 꾸온 싸익 더 라 어 더우 콩?

요즘 가장 인기 있는 소설이 무엇인가요?

Tiểu thuyết được yêu thích nhất gần đây là gì?
띠에우 투이엗 드억 이에우 틱 녇 건 더이 라 지?

꼭! 짚고 가기

책 종류 말하기

어학 공부에 관심이 있다면, 베트남에 갔을 때 서점을 구경해 보는 것도 좋습니다. Fahasa 파하사, Phương Nam 프엉 남 같은 대형서점에 가면 책뿐만 아니라 문구류, 잡화, DVD 등 다양하게 둘러볼 수 있습니다. 책 종류와 관련된 단어를 알아두면 유용하겠죠?

- 소설
  tiểu thuyết 띠에우 투이엗
- 로맨스 소설
  tiểu thuyết tình yêu
  띠에우 투이엗 띵 이에우
- 공상 과학 소설
  tiểu thuyết khoa học viễn tưởng
  띠에우 투이엗 코아 헙 비엔 뜨엉
- 추리 소설
  tiểu thuyết trinh thám
  띠에우 투이엗 찡 탐
- 시
  thơ 터
- 수필
  tùy bút 뚜이 붇
- 자서전
  hồi ký 호이 끼
- 사전
  từ điển 뜨 디엔
- 잡지
  tạp chí 땁 찌
- 만화
  truyện tranh 쭈이엔 짜잉
- 교과서
  sách giáo khoa 싸익 자오 코아

책 찾기 ②

좋은 소설 아는 게 있으세요?

Anh có biết cuốn tiểu
thuyết nào hay không?
아잉 꺼 비엘 꾸온 띠에우 투이엘 나오 하이 콩?

이 소설은 막 나온 신간입니다.

Cuốn tiểu thuyết này mới
vừa ra đấy ạ.
꾸온 띠에우 투이엘 나이 머이 브어 자 더이 아

이 책의 저자가 누구인가요?

Tác giả của cuốn sách đó là
ai?
딱 자 꾸어 꾸온 싸익 더 라 아이?

제가 찾는 소설이 어디에 있는지
모르겠어요.

Tôi không biết cuốn tiểu
thuyết đang tìm nằm ở đâu.
또이 콩 비엘 꾸온 띠에우 투이엘 당 띰 남 어
더우

응우옌 녓 아잉(Nguyễn Nhật Ánh)의
새 책 있나요?

Có sách mới của Nguyễn
Nhật Ánh không?
꺼 싸익 머이 꾸어 응우이엔 녇 아잉 콩?

그 책은 언제 다시 입고되나요?

Bao giờ lại có cuốn sách
đó?
바오 저 라이 꺼 꾸온 싸익 더?

책 찾기 ③

이 책의 개정판을 찾고 있어요.

Tôi đang tìm bản chỉnh sửa
của cuốn sách này.
또이 당 띰 반 찡 쓰어 꾸어 꾸온 싸익 나이

이 책은 전면 개정된 것입니다.

Cuốn sách này là cuốn được
chỉnh sửa toàn bộ ạ.
꾸온 싸익 나이 라 꾸온 드억 찡 쓰어 또안 보 아

책장을 찾아봤는데 그 책은 없었어요.

Tôi đã tìm trên giá sách
nhưng không có cuốn sách
đó.
또이 다 띰 쩬 자 싸익 니응 콩 꺼 꾸온 싸익 더

직원이 찾아 드릴 겁니다.

Nhân viên sẽ tìm giúp anh.
년 비엔 쌔 띰 줍 아잉

창고에서 그 책을 갖다드릴게요.

Tôi sẽ tìm cuốn sách đó
trong kho giúp anh.
또이 쌔 띰 꾸온 싸익 더 쩡 커 줍 아잉

이 책을 찾으려고 서점을 세 군데
방문했어요.

Tôi đã đến ba hiệu sách để
tìm cuốn sách này.
또이 다 덴 바 히에우 싸익 데 띰 꾸온 싸익
나이

도서 구입

베트남은 책이 저렴한 편이에요.

Sách ở Việt Nam thuộc loại rẻ.
싸익 어 비엘 남 투옥 로아이 재

저는 한 달에 다섯 권 이상은 사요.

Tôi mua hơn năm cuốn sách một tháng.
또이 무어 헌 남 꾸온 싸익 몯 탕

마침내 제가 찾던 책을 샀어요.

Cuối cùng tôi đã mua cuốn sách mà mình vẫn tìm kiếm.
꾸오이 꿍 또이 다 무어 꾸온 싸익 마 밍 번 띰 끼엠

어제 산 책은 인쇄가 잘못되었어요.

Cuốn sách tôi mua hôm qua bị in lỗi.
꾸온 싸익 또이 무어 홈 꾸아 비 인 로이

다른 책으로 교환해 드리겠습니다.

Tôi sẽ đổi cho anh cuốn sách khác.
또이 쌔 도이 쩌 아잉 꾸온 싸익 칵

이 책은 원래 10만 동인데 20% 할인 중입니다.

Cuốn sách này vốn là 100 ngàn đồng nhưng đang được giảm giá 20%.
꾸온 싸익 나이 본 라 몯 짬 응안 동 니응 당 드억 잠 자 하이 므어이 펀 짬

꼭! 짚고 가기

베트남의 대문호 응우옌 주

베트남 문학사에서 대문호로 꼽히는 작가 '응우옌 주(Nguyễn Du 응우이엔 주)'와 그의 작품에 대해 대해 알아봅시다.
응우옌 주는 베트남의 문학 작품 중 명작으로 꼽히는 '교전(Truyện Kiều 쭈이엔 끼에우)'의 작가입니다.
이 작품은 한자를 기반으로 만든 베트남 고유의 문자인 '쯔놈(chữ Nôm 쯔 놈)'으로 쓰여진 작품이라 그 의미가 더욱 큽니다.
이 소설은 주인공의 사랑 이야기와 파란만장한 인생 여정을 통해서 베트남 민족의 정신에 내재된 문화 요소를 훌륭하게 표현하고 있습니다.
소설 전반에 걸쳐 당대 베트남 사회의 상황을 잘 담아내면서도 대중의 정서와 교감하는 내용으로, 오늘날까지 많은 사랑을 받고 있습니다.
그의 작품은 영화와 연극 등으로도 제작되었으며 베트남의 교과서에도 실려 있어서, 베트남 사람 대부분은 이 작품의 일부 구절을 외울 수 있을 정도입니다.

인터넷 서점

온라인으로 책을 편리하게 구매할 수 있어요.

Có thể mua sách một cách tiện lợi trên mạng.

꺼 테 무어 싸익 몯 까익 띠엔 러이 쩬 망

온라인으로 책을 구입하면 가격을 비교해 볼 수 있어요.

Nếu mua sách trên mạng, ta có thể so sánh được giá sách.

네우 무어 싸익 쩬 망, 따 꺼 테 써 싸잉 드억 자 싸익

인터넷 서점에서 산 책을 아직 받지 못했어요.

Tôi vẫn chưa nhận được cuốn sách mua trên mạng.

또이 번 쯔어 년 드억 꾸온 싸익 무어 쩬 망

그 책은 아직도 배송 중인가요?

Cuốn sách đó vẫn đang trong quá trình vận chuyển à?

꾸온 싸익 더 번 당 쩡 꾸아 찡 번 쭈이엔 아?

저는 온라인으로 주문한 책을 취소했어요.

Tôi đã hủy cuốn sách đặt trên mạng.

또이 다 후이 꾸온 싸익 닫 쩬 망

책 두 권을 주문했어요.

Tôi đã đặt mua hai cuốn sách.

또이 다 닫 무어 하이 꾸온 싸익

도서관

도서관은 30분 후에 문을 닫습니다.

Thư viện sẽ đóng cửa sau 30 phút nữa.

트 비엔 쌔 덩 끄어 싸우 바 므어이 푿 느어

이 도서관에는 책이 많아요.

Ở thư viện này có rất nhiều sách.

어 트 비엔 나이 꺼 젿 니에우 싸익

도서관의 책을 빌렸어요.

Tôi đã mượn sách của thư viện.

또이 다 므언 싸익 꾸어 트 비엔

네가 찾는 책은 도서관에 있어.

Cuốn sách mà em tìm có ở thư viện.

꾸온 싸익 마 앰 띰 꺼 어 트 비엔

사서가 책을 정리하는 중이에요.

Thủ thư đang sắp xếp lại sách.

투 트 당 쌉 쎕 라이 싸익

그 책은 2층에 있어요.

Cuốn sách đó ở tầng 2.

꾸온 싸익 더 어 떵 하이

도서 대출

책을 대출하려면 어떻게 해야 되죠?

Nếu muốn mượn sách thì
phải làm thế nào?

네우 무온 므언 싸익 티 파이 람 테 나오?

도서관 책을 빌리려면 카드를 만들어야
해요.

Muốn mượn sách của thư
viện thì phải làm thẻ.

무온 므언 싸익 꾸어 트 비엔 티 파이 람 태

도서관 카드를 만들고 싶은데요.

Tôi muốn làm thẻ thư viện.

또이 무온 람 태 트 비엔

대출하실 책은 저에게 가져오세요.

Anh mang cuốn sách muốn
mượn đến đây cho tôi.

아잉 망 꾸온 싸익 무온 므언 덴 더이 쩌 또이

책을 몇 권까지 대출할 수 있나요?

Có thể mượn đến mấy cuốn
sách?

꺼 테 므언 덴 머이 꾸온 싸익?

책은 다섯 권까지 대출할 수 있어요.

Có thể mượn đến năm cuốn
sách.

꺼 테 므언 덴 남 꾸온 싸익

저는 이 세 권을 대출하려고요.

Tôi định mượn ba cuốn này.

또이 딩 므언 바 꾸온 나이

도서 반납

책은 언제까지 반납해야 하나요?

Bao giờ thì phải trả sách ạ?

바오 저 티 파이 짜 싸익 아?

반납은 다다음주까지입니다.

Hạn trả sách là đến tuần
sau nữa.

한 짜 싸익 라 덴 뚜언 싸우 느어

책을 반납하려고 왔는데요.

Tôi đến để trả sách.

또이 덴 데 짜 싸익

기한이 지난 책을 반납하려고요.

Tôi muốn trả sách quá hạn.

또이 무온 짜 싸익 꾸아 한

그 책은 대출 중입니다. 다음 주
월요일에 반납됩니다.

Cuốn sách đó đang có
người mượn. Hạn trả là thứ
hai tuần sau.

꾸온 싸익 더 당 꺼 응으어이 므언. 한 짜 라 트
하이 뚜언 싸우

오늘 중으로 책을 반납해 주시면
감사드리겠습니다.

Mong anh vui lòng trả sách
trong ngày hôm nay.

멍 아잉 부이 렁 짜 싸익 쩡 응아이 홈 나이

도서 대출 연체 & 연장

\# 빌린 책을 일주일이나 연체했어요.

Tôi đã trả trễ sách đến một tuần.

또이 다 짜 쩨 싸익 덴 몯 뚜언

\# 연체료가 있나요?

Có tiền phạt trả muộn không ạ?

꺼 띠엔 팓 짜 무온 콩 아?

\# 연체료는 1층 대출 창구에서 지불하시면 됩니다.

Anh trả tiền phạt trả muộn ở cửa cho mượn sách tầng 1.

아잉 짜 띠엔 팓 짜 무온 어 끄어 쩌 므언 싸익 떵 몯

\# 책 대출 기한을 연장하고 싶어요.

Tôi muốn gia hạn thời gian mượn sách.

또이 무온 자 한 터이 잔 므언 싸익

\# 대출 기한을 연장할 수 있나요?

Tôi có thể gia hạn thời gian mượn sách được không?

또이 꺼 테 자 한 터이 잔 므언 싸익 드억 콩?

\# 연장은 예약자가 없는 경우에만 가능합니다.

Việc gia hạn chỉ có thể được khi không có người hẹn mượn cuốn sách đó.

비엑 자 한 찌 꺼 테 드억 키 콩 꺼 응어이 핸 므언 꾸온 싸익 더

미술관 & 박물관

\# 이번 주말에 나랑 미술관에 갈래?

Em có muốn đi bảo tàng mỹ thuật với anh vào cuối tuần này không?

앰 꺼 무온 디 바오 땅 미 투얻 버이 아잉 바오 꾸오이 뚜언 나이 콩?

\# 이 미술관에는 볼 만한 작품이 많네요.

Bảo tàng mỹ thuật này có nhiều tác phẩm đáng xem thật.

바오 땅 미 투얻 나이 꺼 니에우 딱 펌 당 쌤 텉

\# 박물관 입장권을 사고 싶은데요.

Tôi muốn mua vé vào bảo tàng.

또이 무온 무어 배 바오 바오 땅

\# 그 박물관은 연중무휴 개관한다.

Bảo tàng đó mở cửa quanh năm.

바오 땅 더 머 끄어 꾸아잉 남

\# 박물관이 휴관이라 매우 아쉬워요.

Thật tiếc vì bảo tàng không mở cửa.

텉 띠엑 브이 바오 땅 콩 머 끄어

\# 저는 박물관에서 기념품을 구입했어요.

Tôi đã mua quà lưu niệm trong bảo tàng.

또이 다 무어 꾸아 르우 니엠 쩡 바오 땅

불교

베트남에는, 불교 신자가 많은 편이에요.

Ở Việt Nam, tín đồ Phật giáo khá nhiều.

어 비엗 남, 띤 도 펏 자오 카 니에우

베트남에는 절이 많아요.

Ở Việt Nam có nhiều chùa.

어 비엗 남 꺼 니에우 쭈어

그 절에 가면 마음이 안정되는 것 같아.

Khi đến ngôi chùa đó, tâm hồn tôi dường như trở nên thanh bình.

키 덴 응오이 쭈어 더, 떰 혼 또이 즈엉 니으 쩌 넨 타잉 빙

법당에 가면 스님을 뵐 수 있어요.

Có thể gặp sư thầy nếu đến pháp đường.

꺼 테 갑 쓰 터이 네우 덴 팝 드엉

저희 할머니는 절에 불공을 드리러 가세요.

Bà tôi đi chùa để cúng Phật.

바 또이 디 쭈어 데 꿍 펏

저는 불상 앞에서 절을 했어요.

Tôi đã quỳ lạy trước tượng Phật.

또이 다 꾸이 라이 쯔억 뜨엉 펏

베트남의 종교

베트남은 종교의 자유를 보장하나 전도를 하는 행위는 타인의 종교의 자유를 침해한 다고 여겨 금지하고 있습니다.

다종교, 다신앙 국가로서 불교, 천주교, 까오다이교(Cao Đài 까오 다이), 호아하오교 (Hòa Hảo 호아 하오) 등이 공존합니다.

이 중 까오다이교와 호아하오교는 베트남 고유의 종교입니다. 까오다이교는 1926년 베트남 남부에서 창시된 종교이며 세계 5대 종교(유교, 불교, 기독교, 도교, 이슬람교) 가 융합된 독특한 형태를 가집니다. 현재 약 240만 명의 신자가 있으며 까오다이교 의 총본산은 베트남 남서부 떠이닌(Tây Ninh 떠이 닝)에 위치하고 있습니다.

호아하오교는 1939년에 베트남 남서부 지역에서 발전하였고, 불교를 바탕으로 한 종교이기 때문에 '호아하오 불교'라고도 부릅니다. 사원과 승려를 없애고, 의식과 절차는 최대로 간소화하여 꽃, 맑은 물, 향으로만 지내는 것을 장려하는 종교예요. 약 130만 명의 신자가 있습니다.

기독교

저는 일요일마다 교회에 갑니다.

Tôi đi nhà thờ vào mỗi chủ
nhật.

또이 디 냐 터 바오 모이 쭈 녓

저는 예배에 꼭 참석해요.

Tôi luôn tham dự lễ thờ
phụng.

또이 루온 탐 즈 레 터 풍

교회의 분위기는 엄숙해요.

Bầu không khí của nhà thờ
thật trang nghiêm.

버우 콩 키 꾸어 냐 터 털 짱 응이엠

그는 시간이 있을 때 교회에 가서
기도해요.

Anh ấy đến nhà thờ cầu
nguyện khi có thời gian.

아잉 어이 덴 냐 터 꺼우 응우이엔 키 꺼 터이 잔

저는 교회에 가면 목사님의 설교를
들어요.

Khi đến nhà thờ, tôi nghe
bài giảng của mục sư.

키 덴 냐 터 또이 응애 바이 장 꾸어 뭅 쓰

그는 독실한 개신교 신자입니다.

Anh ấy là người theo tin
lành chân chính.

아잉 어이 라 응으어이 태오 띤 라잉 쩐 찡

천주교

저는 성당에 가끔 갑니다.

Tôi thỉnh thoảng đến nhà
thờ.

또이 팅 토앙 덴 냐 터

그는 가끔 미사에 참석해요.

Anh ấy thỉnh thoảng tham
dự lễ Misa.

아잉 어이 팅 토앙 탐 즈 레 미사

저는 어릴 적에 세례를 받았어요.

Tôi đã được rửa tội khi còn
nhỏ.

또이 다 드억 즈어 또이 키 껀 녀

저는 세례명이 있어요.

Tôi có tên thánh.

또이 꺼 뗀 타잉

저는 신부님께 고해성사를 했어요.

Tôi đã xưng tội với cha xứ.

또이 다 씅 또이 버이 짜 쓰

그녀는 수녀가 되었어요.

Cô ấy đã trở thành nữ tu sỹ.

꼬 어이 다 쩌 타잉 느 뚜 씨

저는 묵주를 손에 쥐고 기도했어요.

Tôi đã cầm trong tay chuỗi
tràng hạt và cầu nguyện.

또이 다 껌 쩡 따이 쭈오이 짱 핱 바 꺼우
응우이엔

종교 기타 ①

어떤 종교를 믿어요?

Anh tin tôn giáo nào?
아잉 띤 똔 자오 나오?

저는 종교가 없어요.

Tôi không có tôn giáo.
또이 콩 꺼 똔 자오

베트남은 종교의 자유를 인정해요.

Việt Nam công nhận tự do
tôn giáo.
비엗 남 꽁 년 뜨 저 똔 자오

베트남에서는 민간신앙을 많이 믿어요.

Ở Việt Nam, người ta tin
nhiều vào tín ngưỡng dân
gian.
어 비엗 남, 응으어이 따 띤 니에우 바오 띤
응으엉 전 잔

베트남 사람들은 조상 숭배를 중요하게
생각합니다.

Người Việt Nam rất coi
trọng việc thờ cúng tổ tiên.
응으어이 비엗 남 젇 꺼이 쩡 비엑 터 꿍 또 띠엔

까오다이교 사원은 어디에 있어요?

Nhà thờ đạo Cao Đài ở đâu?
냐 터 다오 까오 다이 어 더우?

tín ngưỡng dân gian 띤 응으엉 전 잔 민간신앙

베트남의 공원

베트남 도시에서는 공원을 많이 볼 수 있
어요. 특히 하노이는 호수를 긴 산책로와
공원이 잘 조성되어 있습니다.

아침에 공원에 가 보면 조깅하는 사람들,
모여서 스트레칭이나 체조를 하는 사람들,
제기차기와 비슷한 'đá cầu 다 꺼우'를 하
는 사람들로 가득합니다.

낮에는 음료수를 들고 벤치에 앉아 도란도
란 이야기를 나누며 휴식을 취하는 사람들
이 모여 있지요. 해가 지고 더위가 차츰 사
그라들 무렵이면 여유롭게 저녁 시간을 보
내는 가족들, 친구와 군것질하며 산책하는
사람들, 모여서 보드를 타거나 게임을 하는
청소년들, 데이트를 즐기는 연인들 등 많은
사람들이 북적입니다.

큰 공원은 연말연시에 다양한 축제와 행사
를 진행하는 장소이기도 합니다. 연말연시
에 베트남에 가게 된다면 공원에서 다채로
운 구경거리를 감상해 보세요.

종교 기타 ②

베트남은 다종교 국가입니다.

Việt Nam là quốc gia có
nhiều tôn giáo.

비엣 남 라 꾸옥 자 꺼 니에우 똔 자오

그는 개종하고 싶어해요.

Anh ấy muốn cải đạo.

아잉 어이 무온 까이 다오

그는 독실한 무슬림이에요.

Anh ấy là người theo đạo
Hồi chân chính.

아잉 어이 라 응어이 태오 다오 호이 쩐 찡

무슬림은 하루에 다섯 번씩 기도를 해요.

Đạo Hồi cầu nguyện năm
lần một ngày.

다오 호이 꺼우 응우이엔 남 런 몯 응아이

시내에 무슬림 사원이 있어요.

Trong trung tâm thành phố
có nhà thờ Hồi giáo.

쩡 쭝 떰 타잉 포 꺼 냐 터 호이 자오

인도인들 중 대부분이 힌두교도입니다.

Đa phần người Ấn Độ theo
đạo Hin đu.

다 펀 응어이 언 도 태오 다오 힌 두

힌두교는 소를 신성시해요.

Đạo Hin đu thờ con bò.

다오 힌 두 터 껀 버

놀이동산

베트남에서 유명한 놀이동산은 어디인가요?

Công viên vui chơi nổi tiếng
ở Việt Nam ở đâu?

꽁 비엔 부이 쩌이 노이 띠엥 어 비엣 남 어
더우?

어릴 때 놀이동산에 자주 갔어요.

Hồi nhỏ tôi thường xuyên đi
đến công viên vui chơi.

호이 녀 또이 트엉 쑤이엔 디 덴 꽁 비엔 부이
쩌이

놀이동산 가는 거 좋아하니?

Em thích đi công viên vui
chơi không?

앰 틱 디 꽁 비엔 부이 쩌이 콩?

난 놀이 기구 타는 게 무서워.

Em sợ chơi các trò chơi.

앰 써 쩌이 깍 쩌 쩌이

그곳에는 아이들이 좋아할 만한 놀이 기구가 많이 있어요.

Ở đó có nhiều trò chơi mà
các em nhỏ rất thích.

어 더 꺼 니에우 쩌 쩌이 마 깍 앰 녀 젇 틱

놀이동산 입장권은 얼마인가요?

Vé vào cửa công viên vui
chơi là bao nhiêu?

배 바오 끄어 꽁 비엔 부이 쩌이 라 바오
니에우?

헬스클럽 등록

헬스클럽에 등록했어요?

Anh đã đăng ký phòng gym chưa?

아잉 다 당 끼 펑 짐 쯔어?

살을 빼기 위해 헬스클럽에 등록했어요.

Tôi đã đăng ký phòng gym để giảm cân.

또이 다 당 끼 펑 짐 데 잠 껀

새로 등록한 헬스클럽은 어때요?

Phòng gym mà anh mới đăng ký thế nào?

펑 짐 마 아잉 머이 당 끼 테 나오?

그 헬스클럽은 시설이 좋아요.

Phòng gym đó có cơ sở vật chất rất tốt.

펑 짐 더 꺼 꺼 써 벋 쩓 젇 똗

운동 프로그램으로 무엇이 있나요?

Có những chương trình tập thể dục nào?

꺼 니응 쯔엉 찡 떱 테 죽 나오?

나는 퇴근 후 보통 헬스클럽에 가서 1시간 운동하고 친구들을 만납니다.

Sau giờ làm, em thường đến phòng gym để tập thể dục 1 tiếng rồi đi gặp bạn bè.

싸우 저 람, 앰 트엉 덴 펑 짐 데 떱 테 죽 띠엥 조이 디 갑 반 배

꼭! 짚고 가기

베트남의 놀이동산

① 동나이(호찌민시 근교)

- **어메이징 베이**(The Amazing Bay)

베트남에서 가장 큰 규모를 자랑하는 워터파크입니다. 호찌민시 중심에서 차로 약 1시간 거리에 위치해 있습니다. 베트남 최대의 인공 파도풀이 있어 물놀이를 좋아하시는 분이라면 한 번쯤 방문해 볼 만한 곳입니다.
(theamazingbay.com)

② 냐짱

- **빈펄 랜드**(Vinpearl Land)

리조트와 놀이 공원이 함께 조성되어 있는 테마파크입니다. 빈펄 랜드는 섬에 위치해 있기 때문에, 들어갈 때 케이블카나 페리를 이용해야 해요. 빈펄 랜드는 놀이 기구, 워터파크, 해변, 아쿠아리움, 쇼핑몰 등을 모두 갖추고 있어 온 가족이 다 함께 즐기기 좋은 놀이동산입니다.
(vinpearlland.com)

③ 다낭

- **바나힐**(Bà Nà Hills 바나 힐)

높은 산 위에 지었던 옛 프랑스인들의 별장 지대를 개조한 놀이공원입니다. 약 20분간 케이블카에 탑승해서 올라가며, 테마별 정원과 프랑스식 마을, 레일바이크, 실내 놀이 기구, 각종 공연을 즐길 수 있습니다. 이국적인 정취를 느끼면서 예쁜 사진을 남길 수 있어 인기가 높습니다.
(banahills.sunworld.vn)

헬스클럽 이용

헬스클럽에 얼마나 자주 가세요?

Anh thường đến phòng gym bao lâu một lần?

아잉 트엉 덴 펑 짐 바오 러우 몯 런?

여기에서 운동복을 빌릴 수 있나요?

Tôi có thể mượn đồ thể thao ở đây không?

또이 꺼 테 므언 도 테 타오 어 더이 콩?

개인 사물함이 있나요?

Có tủ để đồ cá nhân không?

꺼 뚜 데 도 까 년 콩?

샤워실은 어디인가요?

Phòng tắm ở đâu ạ?

펑 땀 어 더우 아?

이 기구는 어떻게 사용하나요?

Thiết bị này dùng thế nào?

티엗 비 나이 중 테 나오?

처음부터 무리해서 운동하시면 안 돼요.

Anh không nên tập nặng ngay từ đầu.

아잉 콩 넨 떱 낭 응아이 뜨 더우

영화관

내일 같이 영화 보러 갈래요?

Ngày mai anh có muốn cùng đi xem phim không?

응아이 마이 아잉 꺼 무온 꿍 디 쌤 핌 콩?

영화관 앞에서 6시 반에 만나요.

Gặp nhau lúc 6 rưỡi ở trước rạp chiếu phim nhé.

갑 냐우 룩 싸우 즈어이 어 쯔억 잡 찌에우 핌 내

좋은 좌석을 맡기 위해서 예매를 하려고 해요.

Tôi định đặt vé trước để được ngồi chỗ tốt.

또이 딩 닫 배 쯔억 데 드억 응오이 쪼 똗

그 영화관은 예술 영화를 주로 상영해요.

Rạp chiếu phim đó chủ yếu chiếu phim nghệ thuật.

잡 찌에우 핌 더 쭈 이에우 찌에우 핌 응에 투얻

어느 영화관으로 갈 거야?

Em sẽ đi rạp chiếu phim nào?

앰 쌔 디 잡 찌에우 핌 나오?

내가 팝콘 살게.

Anh sẽ mua bỏng ngô.

아잉 쌔 무어 벙 응오

영화표

7시 영화표 두 장 주세요.

Cho tôi hai vé xem phim lúc 7 giờ.

쩌 또이 하이 배 쌤 핌 룩 바이 저

좌석을 선택하세요.

Xin mời quý khách chọn chỗ ngồi.

씬 머이 꾸이 카익 쩐 쪼 응오이

맨 뒤 가운데로 주세요.

Cho tôi chỗ ngồi ở giữa hàng sau cùng.

쩌 또이 쪼 응오이 어 즈어 항 싸우 꿍

죄송하지만 매진입니다.

Xin lỗi nhưng hết vé rồi ạ.

씬 로이 니응 헽 배 조이 아

영화표 예매했어요?

Anh đã đặt vé xem phim chưa?

아잉 다 닫 배 쌤 핌 쯔어?

인터넷으로 예매했어요.

Tôi đã đặt bằng internet.

또이 다 닫 방 인 떠 넽

표는 영화 시작 10분 전까지 환불 가능해요.

Vé có thể được hoàn tiền trước khi bắt đầu phim 10 phút.

배 꺼 테 드억 호안 띠엔 쯔억 키 받 더우 핌 므어이 풀

영화관 에티켓

영화가 시작하기 전에 휴대 전화를 꺼 주세요.

Xin quý khách vui lòng tắt điện thoại trước khi phim bắt đầu.

씬 꾸이 카익 부이 렁 딸 디엔 토아이 쯔억 키 핌 받 더우

영화가 상영 중일 때는 조용히 해 주세요.

Xin giữ yên lặng trong khi phim đang chiếu.

씬 즈 이엔 랑 쩡 키 핌 당 찌에우

앞 좌석을 발로 차지 마세요.

Đừng đạp vào ghế phía trước.

등 답 바오 게 피어 쯔억

상영 중 촬영을 금합니다.

Không được quay phim và chụp ảnh trong khi phim đang chiếu.

콩 드억 꾸아이 핌 바 쭙 아잉 쩡 키 핌 당 찌에우

냄새가 많이 나는 음식은 가지고 들어갈 수 없어요.

Anh không được mang đồ ăn nặng mùi vào trong.

아잉 콩 드억 망 도 안 낭 무이 바오 쩡

콘서트

다음 주에 나랑 콘서트 갈래?

Tuần sau em có muốn
đi xem ca nhạc với anh
không?

뚜언 싸우 앰 꺼 무온 디 쌤 까 냑 버이 아잉 콩?

콘서트장 입구에 벌써 길게 줄을 섰네요.

Trước cửa nhà hát đã đông
người xếp hàng dài rồi.

쯔억 끄어 냐 핟 다 동 응으어이 쎕 항 자이 조이

콘서트 표 남은 거 있나요?

Có còn vé không ạ?

꺼 껀 배 콩 아?

실례지만, 이 줄이 표를 사는 줄이
맞나요?

Xin lỗi, hàng này là hàng
đứng để mua vé có phải
không?

씬 로이, 항 나이 라 항 등 데 무어 배 꺼 파이
콩?

그 콘서트는 야외에서 열릴 예정이에요.

Buổi biểu diễn đó sẽ được
tổ chức ở ngoài trời.

부오이 비에우 지엔 더 쌔 드억 또 쪽 어
응오아이 쩌이

공연 기타

저는 이번 주에 연극을 보러 가요.

Tôi sẽ đi xem kịch vào tuần
này.

또이 쌔 디 쌤 끽 바오 뚜언 나이

베트남에서 수상 인형극 본 적 있어요?

Anh đã từng xem múa rối
nước ở Việt Nam chưa?

아잉 다 뜽 쌤 무어 조이 느억 어 비엗 남 쯔어?

좋은 좌석은 가격이 비싸요.

Chỗ ngồi tốt có giá vé đắt.

쪼 응오이 똣 꺼 자 배 닫

저는 학생이라 입장료 할인이 돼요.

Tôi là học sinh nên được
giảm giá vé vào cửa.

또이 라 헙 씽 넨 드억 잠 자 배 바오 끄어

공연이 20분 후에 시작합니다.

Buổi biểu diễn sẽ bắt đầu
sau 20 phút nữa.

부오이 비에우 지엔 쌔 받 더우 싸우 하이
므어이 풑 느어

무대 가까이 가서 보자!

Chúng ta lại gần sân khấu
để xem đi!

쭝 따 라이 건 썬 커우 데 쌤 디!

270

술집

나는 퇴근 후에 종종 이 술집에 들러요.

Tôi thỉnh thoảng ghé vào quán rượu sau khi đi làm về.

또이 팅 토앙 개 바오 꾸안 지에우 싸우 키 디 람 베

이 술집은 제 단골집이에요.

Quán rượu này là quán quen của tôi.

꾸안 지에우 나이 라 꾸안 꾸앤 꾸어 또이

생맥주가 맛있는 가게를 알아요.

Tôi biết một quán có bia tươi rất ngon.

또이 비엗 몯 꾸안 꺼 비어 뜨어이 젇 응언

이 가게는 안주가 맛있어요.

Quán rượu này có đồ nhắm rất ngon.

꾸안 지에우 나이 꺼 도 냠 젇 응언

이 술집 괜찮은데.

Quán rượu này cũng được đấy.

꾸안 지에우 나이 꿍 드억 더이

저와 제 친구들은 저녁에 술집에서 축구 경기를 볼 거예요.

Vào buổi tối, tôi và các bạn sẽ xem bóng đá trong quán bia.

바오 부오이 또이, 또이 바 깍 반 쌔 쌤 벙 다 쩡 꾸안 비어

꼭! 짚고 가기

수상 인형극

수상 인형극(múa rối nước 무어 조이 느억)은 베트남의 오래된 전통 민간 예술 공연 중 하나입니다. 11세기경 농민들이 수확의 즐거움을 나누기 위해 연못이나 호수에서 즐기기 시작했다고 하며, 세대를 거듭해 전수되어 오고 있습니다.

수상 인형극은 이름 그대로 인형을 가지고 물 위에서 공연이 펼쳐진다는 것이 특징입니다. 수상 인형극에 쓰이는 인형들은 나무를 깎아 만드는데, 공연하면서 물이 흡수되지 않도록 인형에 옻칠을 합니다. 공연을 진행하는 사람은 얇은 장막 뒤에서 물에 몸을 담근 채 인형을 조종합니다.

수상 인형극에 나오는 베트남 민속 음악이 인형극의 활기를 돋우며 주로 베트남의 전설, 농촌의 일상 관련 내용을 담고 있습니다. 공연 시간은 약 1시간 정도입니다.

수상 인형극은 베트남어로 진행되나 대체로 외국인도 공연 내용을 이해하는 데 큰 무리가 없기 때문에 많은 관광객들의 인기를 얻고 있습니다.

술 약속

저 술집에 가서 맥주 한잔합시다.

Đến quán bia kia và làm
một cốc đi.

덴 꾸안 비어 끼어 바 람 몯 꼽 디

집에 가는 길에 맥주 한잔하자.

Chúng ta hãy uống một cốc
bia trên đường về nhà đi.

쭝 따 하이 우옹 몯 꼽 비어 쩬 드엉 베 냐 디

맥주 한잔하죠!

Anh uống một cốc bia chứ!

아잉 우옹 몯 꼽 비어 쯔!

오늘은 제가 살게요.

Hôm nay tôi chiêu đãi.

홈 나이 또이 찌에우 다이

다음 주에 친구들이랑 술 마시기로
했어요.

Tuần sau tôi đã hẹn uống
rượu cùng với các bạn.

뚜언 싸우 또이 다 핸 우옹 지에우 꿍 버이 깍 반

우리 늘 가던 그 술집에서 만납시다.

Chúng ta gặp nhau ở quán
rượu mà chúng ta vẫn hay
đến nhé.

쭝 따 갑 냐우 어 꾸안 지에우 마 쭝 따 번 하이
덴 냬

술 권하기

건배!

Cụng ly!

꿍 리!

뭘 위해 건배할까요?

Chúng ta cụng ly vì cái gì
nhỉ?

쭝 따 꿍 리 브이 까이 지 니?

모두 잔을 들어 주세요.

Tất cả hãy cùng nâng cốc
lên nào.

떧 까 하이 꿍 넝 꼽 렌 나오

한 잔 더 드릴까요?

Anh uống thêm một chén
nữa nhé?

아잉 우옹 템 몯 짼 느어 내?

이 와인 정말 훌륭해요. 한 잔 드실래요?

Rượu vang này rất tuyệt.
Anh uống một ly nhé?

지에우 방 나이 젇 뚜이엗. 아잉 우옹 몯 리 내?

고맙지만 운전해야 해서 술은 못 마셔요.

Cảm ơn anh nhưng tôi phải
lái xe nên không uống rượu
được.

깜 언 아잉 니응 또이 파이 라이 쌔 넨 콩 우옹
지에우 드억

술 고르기

술은 뭘로 하실래요?

Anh muốn uống loại rượu gì?

아잉 무온 우옹 로아이 지에우 지?

어떤 맥주를 좋아하세요?

Anh thích loại bia nào?

아잉 틱 로아이 비어 나오?

맛있는 맥주 추천해 주세요.

Anh giới thiệu cho tôi loại bia nào ngon với.

아잉 저이 티에우 쩌 또이 로아이 비어 나오 응언 버이

술 메뉴 좀 볼 수 있을까요?

Tôi có thể xem menu rượu được không?

또이 꺼 테 쌤 메 뉴 지에우 드억 콩?

캔맥주를 드릴까요 병맥주를 드릴까요?

Anh uống bia lon hay bia chai?

아잉 우옹 비어 런 하이 비어 짜이?

여기 혹시 넵머이(베트남 소주)는 없나요?

Ở đây không có rượu nếp mới à?

어 더이 콩 꺼 지에우 넵 머이 아?

저는 와인을 마실게요.

Tôi muốn uống rượu vang.

또이 무온 우옹 지에우 방

클럽

클럽에 춤추러 갈래?

Anh đi hộp đêm để nhảy không?

아잉 디 홉 뎀 데 나이 콩?

밤새 클럽에서 놀았어요.

Tôi đã chơi ở hộp đêm suốt đêm.

또이 다 쩌이 어 홉 뎀 쑤옫 뎀

어젯밤 클럽에선 음악이 끝내줬어!

Đêm qua ở hộp đêm, âm nhạc thật tuyệt!

뎀 꾸아 어 홉 뎀, 엄 낙 털 뚜이엗!

저 클럽은 12시 전에 들어가면 입장료가 무료예요.

Hộp đêm đó nếu đến trước 12 giờ thì sẽ được miễn phí vé vào cửa.

홉 뎀 더 네우 뎬 쯔억 므어이 하이 저 티 쌔 드억 미엔 피 배 바오 끄어

요즘 괜찮은 클럽이 어디야?

Dạo này có hộp đêm nào được không?

자오 나이 꺼 홉 뎀 나오 드억 콩?

클럽에 가면 스트레스가 풀려.

Đi hộp đêm sẽ giúp giải tỏa căng thẳng.

디 홉 뎀 쌔 줍 자이 또아 깡 탕

Chương 08

학교 다녀오겠습니다!

Chương 08

Trường học 쯔엉 헙 학교

trường 쯔엉 = **trường học** 쯔엉 헙 n. 학교	**trường tiểu học** 쯔엉 띠에우 헙 n. 초등학교	**trường cấp 2** 쯔엉 껍 하이 n. 중학교
	trường cấp 3 쯔엉 껍 바 n. 고등학교	**trường đại học** 쯔엉 다이 헙 n. 대학교
học sinh 헙 씽 n. 학생(고등학교 이하)	**học sinh tiểu học** 헙 씽 띠에우 헙 n. 초등학생	**học sinh cấp 2** 헙 씽 껍 하이 n. 중학생
	học sinh cấp 3 헙 씽 껍 바 n. 고등학생	**sinh viên** 씽 비엔 n. 대학생
đi học 디 헙 v. 등교하다	**đi học về** 디 헙 베 v. 하교하다	**muộn học** 무온 헙 학교에 늦다
giáo viên 자오 비엔 n. 교사, 선생님 **thầy giáo** 터이 자오 n. 남자 선생님 **cô giáo** 꼬 자오 n. 여자 선생님	**lớp học** 럽 헙 n. 교실	**buổi học** 부오이 헙 n. 수업
	dạy 자이 v. 가르치다	**học** 헙 v. 배우다, 공부하다
	đi bộ 디 보 v. 걸어서 가다	**xe đạp** 쌔 답 n. 자전거

sách 싸익 n. 책 	sách giáo khoa 싸익 자오 코아 n. 교과서	vở 버 n. 공책
bảng 방 n. 칠판	phấn 펀 n. 분필	viết 비엗 v. 필기하다, 쓰다
bút 붇 n. 펜	bút chì 붇 찌 n. 연필	tẩy 떠이 n. 지우개
bài tập 바이 떱 n. 숙제 làm bài tập 람 바이 떱 v. 숙제하다	báo cáo 바오 까오 n. 보고서, 리포트 v. 보고하다	nộp 놉 v. 제출하다
bài kiểm tra 바이 끼엠 짜 n. 시험 	kết quả kiểm tra 껟 꾸아 끼엠 짜 n. 성적	đánh giá 다잉 자 v. 평가하다
	dễ 제 a. 쉽다	khó 커 a. 어렵다
	học bổng 헙 봉 n. 장학금	kỳ nghỉ hè 끼 응이 해 n. 여름방학

등교 ①

몇 시에 등교하니?

Mấy giờ em đi học?

머이 저 앰 디 헙?

아침 8시까지 학교에 가야 해요.

Em phải đến trường vào lúc 8 giờ sáng.

앰 파이 덴 쯔엉 바오 룩 땀 저 쌍

학교까지 가는 데 얼마나 걸리나요?

Anh phải mất bao nhiêu lâu để đến trường?

아잉 파이 멀 바오 니에우 러우 데 덴 쯔엉?

걸어서 20분이면 학교에 도착해요.

Tôi đi bộ 20 phút là đến trường.

또이 디 보 하이 므어이 푿 라 덴 쯔엉

학교에 뭐 타고 가니?

Em đi gì đến trường?

앰 디 지 덴 쯔엉?

저는 자전거를 타고 등교해요.

Em đi xe đạp đi học.

앰 디 쌔 답 디 헙

아침마다 친구들과 함께 등교해요.

Em đến trường cùng với các bạn vào mỗi buổi sáng.

앰 덴 쯔엉 꿍 버이 깍 반 바오 모이 부오이 쌍

등교 ②

저는 항상 제시간에 등교해요.

Tôi luôn đi học đúng giờ.

또이 루온 디 헙 둥 저

늦게 일어나서 지각할 것 같아요.

Có lẽ tôi sẽ bị muộn học vì dậy muộn.

꺼 래 또이 쌔 비 무온 헙 브이 저이 무온

등교할 때는 교복을 입어야 합니다.

Phải mặc đồng phục khi đến trường.

파이 막 동 푹 키 덴 쯔엉

아침 일찍 일어나기 힘들어요.

Dậy sớm vào buổi sáng rất khó.

저이 썸 바오 부오이 쌍 젇 커

Rất khó để dậy sớm vào buổi sáng.

젇 커 데 저이 썸 바오 부오이 쌍

학교 갈 준비 다 되었니?

Em đã chuẩn bị đi học xong chưa?

앰 다 쭈언 비 디 헙 썽 쯔어?

저는 매일 아침마다 제 딸을 학교에 데려다줘요.

Mỗi buổi sáng, tôi đưa con gái đến trường.

모이 부오이 쌍, 또이 드어 껀 가이 덴 쯔엉

278

하교

수업이 몇 시에 끝나니?

Em tan học lúc mấy giờ?
앰 딴 헙 룩 머이 저?

학교 끝나고 뭐 해?

Sau khi tan học cậu làm gì?
싸우 키 딴 헙 꺼우 람 지?

학교 끝나고 집에 같이 갈래?

Cậu có muốn cùng đi về
nhà sau khi tan học không?
꺼우 꺼 무온 꿍 디 베 냐 싸우 키 딴 헙 콩?

학교 끝나고 좀 놀다 가자.

Tan học mình đi chơi đi.
딴 헙 밍 디 쩌이 디

저녁에 집에 가서 숙제를 해야 해.

Mình phải về nhà làm bài
tập vào buổi tối.
밍 파이 베 냐 람 바이 떱 바오 부오이 또이

오늘은 아파서 조퇴했어.

Hôm nay tớ bị ốm nên về
sớm.
홈 나이 떠 비 옴 넨 베 썸

엄마가 학교로 나를 데리러 왔어요.

Mẹ tớ đã đến trường để đón
tớ.
매 떠 다 덴 쯔엉 데 던 떠

꼭! 짚고 가기

베트남의 학제

현재 베트남의 교육 제도는 초등학교 5년
(6~10세), 중학교 4년(11~14세), 고등학교
3년(15~17세) 과정입니다.

의무 교육은 중학교까지이며, 중학교를 졸
업하면 학생들은 고등학교와 기술 학교 중
진로를 선택합니다. 고등학교를 졸업하기
위해서는 베트남 교육부에서 실시하는 졸
업 시험을 치릅니다. 이 시험은 고등학교
졸업 시험이자 대학교 입학시험입니다.

대학교는 크게 전문 대학(cao đẳng 까오 당)
과 대학교(đại học 다이 헙)로 나뉘며, 전문
대학은 2~3년, 대학교는 4년 교육 과정입
니다.

대학원(cao học 까오 헙)은 석사 과정과 박
사 과정으로 나누며 석사 과정은 2~3년,
박사 과정은 3~4년이 소요됩니다. 석사는
thạc sĩ 탁 씨, 박사는 tiến sĩ 띠엔 씨라
고 합니다.

입학 ①

베트남 아이들은 6살에 학교에 갑니다.

Trẻ em Việt Nam đi học vào
lúc 6 tuổi.
째 앰 비엘 남 디 헙 바오 룩 싸우 뚜오이

우리 아이는 올해 9월에 초등학교에
입학해요.

Con tôi sẽ nhập học tiểu
học vào tháng 9 năm nay.
껀 또이 쌔 녑 헙 띠에우 헙 바오 탕 찐 남 나이

저는 올 9월에 대학에 입학해요.

Tôi sẽ nhập học đại học vào
tháng 9 năm nay.
또이 쌔 녑 헙 다이 헙 바오 탕 찐 남 나이

입학 축하해!

Chúc mừng em nhập học!
쭉 믕 앰 녑 헙!

대학 입학시험은 잘 봤니?

Em thi đại học có tốt
không?
앰 티 다이 헙 꺼 똗 콩?

대학 입학을 위한 경쟁은 치열하다.

Cạnh tranh để vào đại học
rất gay gắt.
까잉 짜잉 데 바오 다이 헙 젇 가이 갇

입학 ②

베트남의 대학 입학시험은 7월에 봐요.

Việt Nam thi đại học vào
tháng 7.
비엘 남 티 다이 헙 바오 탕 바이

내가 원하던 대학에 붙었어요.

Tôi đã đỗ vào trường đại
học mà mình mong muốn.
또이 다 도 바오 쯔엉 다이 헙 마 밍 멍 무온

그는 좋은 성적으로 장학금을 받고
입학했어요.

Anh ấy được nhận học bổng
nhập học vì điểm số cao.
아잉 어이 드억 년 헙 봉 녑 헙 브이 디엠 쏘
까오

한국에서는 원하는 대학에 입학하기
위해 재수를 하는 일이 아주 흔해요.

Ở Hàn Quốc, để được vào
trường đại học mà mình
mong muốn thì việc thi lại
là rất phổ biến.
어 한 꾸옥, 데 드억 바오 쯔엉 다이 헙 마 밍 멍
무온 티 비엑 티 라이 라 젇 포 비엔

입학에 필요한 서류는 무엇인가요?

Hồ sơ cần thiết để nhập học
gồm những gì?
호 써 껀 티엗 데 녑 헙 곰 니응 지?

280

진학

나는 대학에 진학하면서 부모님으로부터 독립했어요.

Tôi đã sống tự lập từ khi vào đại học.

또이 다 쏭 뜨 럽 뜨 키 바오 다이 헙

저는 내년에 고등학교에 진학해요.

Tôi sẽ học lên cấp ba vào năm sau.

또이 쌔 헙 렌 껍 바 바오 남 싸우

그는 대학에 진학할지 말지를 고민하고 있어요.

Anh ấy đang phân vân không biết nên học lên đại học hay không.

아잉 어이 당 펀 번 콩 비엩 넨 헙 렌 다이 헙 하이 콩

그는 대학 진학을 포기했어요.

Anh ấy đã từ bỏ việc học lên đại học.

아잉 어이 다 뜨 버 비엑 헙 렌 다이 헙

하노이 대학에 불합격했어요.

Tôi đã trượt trường đại học Hà Nội rồi.

또이 다 쯔얻 쯔엉 다이 헙 하 노이 조이

나는 올해 전과했어요.

Tôi đã chuyển khoa vào năm nay.

또이 다 쭈이엔 코아 바오 남 나이

꼭! 짚고 가기

베트남어 능력 시험

베트남어의 인기가 날로 높아지면서 시험에 관한 관심도 높아지고 있습니다. 베트남 현지에서는 호찌민 인문사회과학대학교 베트남학과에서 주관하는 베트남어 능력 시험이 대표적이며, 베트남 교육부에서 공인을 받은 시험입니다. 듣기, 읽기, 쓰기, 말하기 영역으로 구성되어 있으며 각 영역당 10점 만점입니다. 영역당 평균 점수로 등급을 매기며 낮은 단계 A1, A2, B1, B2, C1에서 가장 높은 C2까지 총 6개 등급입니다. 보통 두 달에 한 번씩 열리며, 홈페이지(hcmussh.edu.vn/vnh)에서 정확한 일정을 확인할 수 있습니다.

한국에서 볼 수 있는 대표적인 베트남어 시험은 OPI와 OPIc이 있습니다. 두 가지 모두 말하기 시험으로 OPI는 직접 현지인과 전화 인터뷰를 하고, OPIc은 헤드셋을 쓰고 컴퓨터를 이용하여 진행하는 방식입니다. 이 시험은 OPIc 홈페이지(opic.or.kr)에서 신청할 수 있습니다.

신입생

저는 올해 대학교 신입생이 돼요.

Tôi sẽ trở thành tân sinh viên đại học vào năm nay.

또이 쌔 쩌 타잉 떤 씽 비엔 다이 헙 바오 남 나이

우리 학교에는 이번에 신입생들이 많이 들어왔다.

Lần này có rất nhiều tân sinh viên vào trường của chúng tôi.

런 나이 꺼 젇 니에우 떤 씽 비엔 바오 쯔엉 꾸어 쭝 또이

그들은 아직 신입생이라 학교 생활에 대해 잘 알지 못해요.

Họ mới là tân sinh viên nên còn chưa biết rõ về sinh hoạt ở trường học.

허 머이 라 떤 씽 비엔 넨 껀 쯔어 비엗 저 베 씽 호앋 어 쯔엉 헙

재학생들은 신입생들을 환영했다.

Các sinh viên khóa trên đã chào mừng các tân sinh viên.

깍 씽 비엔 코아 쩬 다 짜오 믕 깍 떤 씽 비엔

입학할 때 장학금을 받았다.

Tôi đã nhận được học bổng khi nhập học.

또이 다 년 드억 헙 봉 키 녑 헙

졸업 ①

언제 졸업하니?

Khi nào em tốt nghiệp?

키 나오 앰 똗 응이엡?

졸업이 한 학기밖에 남지 않았어요.

Chỉ còn một học kỳ nữa là tôi tốt nghiệp.

찌 껀 몯 헙 끼 느어 라 또이 똗 응이엡

졸업 후에 뭐 할 거니?

Sau khi tốt nghiệp em sẽ làm gì?

싸우 키 똗 응이엡 앰 쌔 람 지?

졸업 후에 무엇을 해야 할지 모르겠어요.

Tôi vẫn chưa biết phải làm gì sau khi tốt nghiệp.

또이 번 쯔어 비엗 파이 람 지 싸우 키 똗 응이엡

언제 대학을 졸업했어?

Em đã tốt nghiệp đại học từ bao giờ?

앰 다 똗 응이엡 다이 헙 뜨 바오 저?

저는 작년에 대학을 졸업했어요.

Tôi đã tốt nghiệp đại học năm ngoái.

또이 다 똗 응이엡 다이 헙 남 응오아이

졸업 ②

저는 아직 대학 졸업 전이에요.

Tôi vẫn chưa tốt nghiệp đại học.
또이 번 쯔어 똣 응이엡 다이 헙

전 졸업 학점이 모자라요.

Tôi bị thiếu điểm tốt nghiệp.
또이 비 티에우 디엠 똣 응이엡

저는 우수한 성적으로 대학을 졸업했어요.

Tôi đã tốt nghiệp đại học với kết quả xuất sắc.
또이 다 똣 응이엡 다이 헙 버이 껟 꾸아 쑤얻 싹

드디어 논문 심사를 통과했어요.

Cuối cùng tôi vượt qua bảo vệ luận văn.
꾸오이 꿍 또이 브얻 꾸아 바오 베 루언 반

그는 나보다 1년 빠르게 졸업했어요.

Anh ấy đã tốt nghiệp sớm hơn tôi 1 năm.
아잉 어이 다 똣 응이엡 썸 헌 또이 몯 남

논문 심사 결과는 언제 알 수 있죠?

Bao giờ thì biết được kết quả bảo vệ luận văn?
바오 저 티 비엩 드억 껟 꾸아 바오 베 루언 반?

기타

나는 전학한 학교에 빠르게 적응했습니다.

Tôi đã thích nghi nhanh chóng ở ngôi trường mà tôi chuyển đến.
또이 다 틱 응이 냐잉 쩡 어 응오이 쯔엉 마 또이 쭈이엔 덴

저는 학교 생활에 적응하는 게 너무 힘들어요.

Tôi rất vất vả để thích nghi với sinh hoạt ở trường học.
또이 젇 벋 바 데 틱 응이 버이 씽 호앋 어 쯔엉 헙

난 미국으로 유학 갈 계획이에요.

Tôi có kế hoạch sẽ sang Mỹ du học.
또이 꺼 께 호아익 쌔 쌍 미 주 헙

그는 편입하고 싶어해요.

Anh ấy muốn học liên thông.
아잉 어이 무온 헙 리엔 통

저는 학교를 그만두기로 결정했어요.

Tôi đã quyết định sẽ thôi học.
또이 다 꾸이엔 딩 쌔 토이 헙

졸업식에 가족들이 왔어요.

Gia đình đã đến tham dự lễ tốt nghiệp.
자 딩 다 덴 탐 즈 레 똣 응이엡

학교생활

수업은 8시에 시작해요.

Tiết học bắt đầu lúc 8 giờ.

띠엘 헙 밭 더우 룩 땀 저

문학이 수학보다 더 재밌어요.

Văn học thú vị hơn toán.

반 헙 투 브이 헌 또안

과학 수업은 어렵고 지루해요.

Tiết học khoa học khó và
chán.

띠엘 헙 코아 헙 커 바 짠

수업이 취소돼서 자유 시간이 생겼어요.

Tiết học bị hủy nên tôi có
thời gian tự do.

띠엘 헙 비 후이 넨 또이 꺼 터이 잔 뜨 저

쉬는 시간은 10분입니다.

Thời gian nghỉ là 10 phút.

터이 잔 응이 라 므어이 풀

이 수업은 조별 숙제가 많아요.

Môn học này có nhiều bài
tập nhóm.

몬 헙 나이 꺼 니에우 바이 떱 념

수업이 다 끝나면 오후 3시 정도 돼요.

Khi tiết học kết thúc là 3
giờ chiều.

키 띠엘 헙 껟 툭 라 바 저 찌에우

수업 시작

출석을 부르겠어요.

Tôi sẽ điểm danh.

또이 쌔 디엠 자잉

지난 시간에 어디까지 했죠?

Giờ học lần trước chúng ta
đã học đến đâu rồi nhỉ?

저 헙 런 쯔억 쭝 따 다 헙 덴 더우 조이 니?

책 84쪽을 펴세요.

Các em mở sách trang 84
ra.

깍 앰 머 싸익 짱 땀 므어이 뜨 자

숙제는 다 해 왔나요?

Các em đã làm hết bài tập
chưa?

깍 앰 다 람 헫 바이 떱 쯔어?

수업 중에 떠들지 마라.

Đừng mất trật tự trong giờ
học.

등 멀 쩥 뜨 쩡 저 헙

아직 선생님께서 안 오셨어요.

Thầy giáo vẫn chưa đến.

(남자 선생님일 때)
터이 자오 번 쯔어 덴

선생님이 출석 체크했어?

Cô giáo đã điểm danh
chưa? (여자 선생님일 때)

꼬 자오 다 디엠 자잉 쯔어?

수업 시간표

오늘은 수업이 꽉 찼어.

Hôm nay kín hết các tiết học.
홈 나이 낀 헫 깍 띠엗 헙

다음 수업은 무슨 과목이야?

Tiết sau là môn gì thế?
띠엗 싸우 라 몬 지 테?

이번 학기에 몇 과목 들어?

Học kỳ này cậu học mấy môn?
헙 끼 나이 꺼우 헙 머이 몬?

좋아하는 과목이 뭐야?

Môn học mà cậu thích là gì?
몬 헙 마 꺼우 틱 라 지?

신청한 수업을 변경할 수 있나요?

Em có thể thay đổi môn học đã đăng ký không ạ?
앰 꺼 테 타이 도이 몬 헙 다 당 끼 콩 아?

내일 전공 수업이 있다.

Ngày mai mình có tiết học chuyên ngành.
응아이 마이 밍 꺼 띠엗 헙 쭈이엔 응아잉

베트남어 시간 표현

베트남어로 시간을 말하는 일반적인 표현은 '~giờ ~phút 저 풋(~시 ~분)'입니다.
- 3시 26분
  ba giờ hai mươi sáu phút
  바 저 하이 므어이 싸우 풋

우리말에서 '30분'을 '반', '7시 50분'을 '8시 10분 전'이라고 하듯 베트남어에서 시간을 말하는 추가 표현들도 알아볼게요.

① 정각은 시간을 나타내는 숫자 뒤에 đúng 둥을 붙입니다.
- 2시 정각
  2 giờ đúng 하이 저 둥

② '반'은 rưỡi 즈어이라고 말합니다.
- 1시 반
  1 giờ rưỡi 몯 저 즈어이

③ 기준 시간으로부터 몇 분 전임을 나타낼 때는 시간 앞에 kém 깸을 붙입니다.
- 4시 10분 전
  4 giờ kém 10 phút
  본 저 깸 므어이 풋

④ 대략 언제쯤이라고 할 때는 시간 앞에 khoảng 코앙을 붙입니다.
- 약 30분 전
  khoảng 30 phút trước
  코앙 바 므어이 풋 쯔억

⑤ 기준 시간이 '넘었다', '지났다'라고 할 때는 시간 앞에 hơn 헌을 붙입니다.
- 3시가 넘었다.
  Hơn 3 giờ. 헌 바 저

수업 난이도

이 수업은 너무 쉽다.

Môn này quá dễ.
몬 나이 꾸아 제

영어는 배우기 어렵지만 재밌어요.

Tiếng Anh tuy khó nhưng thú vị.
띠엥 아잉 뚜이 커 니응 투 브이

이 수업은 너무 어려워서 뭘 배웠는지 모르겠다.

Môn này quá khó nên mình cũng không biết mình đã học cái gì nữa.
몬 나이 꾸아 커 넨 밍 꿍 콩 비엣 밍 다 헙 까이 지 느어

철학 수업은 나에게 너무 어려웠어.

Môn triết quá khó đối với tôi.
몬 찌엣 꾸아 커 도이 버이 또이

그 선생님 수업은 너무 지겨워요.

Môn của cô giáo đó quá chán. (여자 선생님일 때)
몬 꾸어 꼬 자오 더 꾸아 짠

Môn của thầy giáo đó quá chán. (남자 선생님일 때)
몬 꾸어 터이 자오 더 꾸아 짠

여기서 잠깐!

베트남에서 남자 선생님은 thầy 터이, 여자 선생님은 cô 꼬입니다. 선생님을 부를 때는 손윗사람에게 말할 때 쓰는 thưa 트어를 앞에 붙입니다.

· thưa thầy 트어 터이
· thưa cô 트어 꼬

수업 태도

그는 수업 태도가 엉망이에요.

Thái độ nghe giảng của cậu ấy rất thiếu nghiêm túc.
타이 도 응애 장 꾸어 꺼우 어이 젓 티에우 응이엠 뚝

그 친구는 모범생이에요.

Bạn ấy là học sinh gương mẫu.
반 어이 라 헙 씽 그엉 머우

너 또 수업 중에 졸고 있구나.

Em lại ngủ gật trong lớp rồi.
앰 라 응우 걷 쩡 럽 조이

수업 중에 휴대폰은 꺼라.

Trong giờ học các em tắt điện thoại đi.
쩡 저 헙 깍 앰 딷 디엔 토아이 디

수업 때 장난치는 바람에 선생님께 혼났어.

Mình đã bị cô mắng vì đùa nghịch trong giờ học.
밍 다 비 꼬 망 브이 두어 응익 쩡 저 헙

걔는 종종 교과서를 안 가져온다.

Cậu ấy thỉnh thoảng không mang sách giáo khoa.
꺼우 어이 팅 토앙 콩 망 싸익 자오 코아

수업 기타

C301호 강의실이 어디인가요?

Phòng học số C301 ở đâu ạ?

펑 헙 쏘 쎄 바 콩 몯 어 더우 아?

한국어 수업 선생님이 바뀌었어요.

Giáo viên môn tiếng Hàn đã thay đổi rồi.

자오 비엔 몬 띠엥 한 다 타이 도이 조이

오늘 오후에 보충 수업이 있을 거예요.

Chiều nay sẽ có tiết học bù.

찌에우 나이 쌔 꺼 띠엔 헙 부

선생님, 다시 한 번만 설명해 주실 수 있을까요?

Thưa cô, cô có thể giải thích cho em lại một lần nữa được không ạ?

트어 꼬, 꼬 꺼 테 자이 틱 쩌 앰 라이 몯 런 느어 드억 콩 아?

전공이 뭐니?

Chuyên ngành của em là gì?

쭈이엔 응아잉 꾸어 앰 라 지?

어제 왜 결석했어?

Sao hôm qua em nghỉ học?

싸오 홈 꾸아 앰 응이 헙?

저는 베트남에서 온 교환 학생입니다.

Tôi là học sinh trao đổi đến từ Việt Nam.

또이 라 헙 씽 짜오 도이 덴 뜨 비엣 남

꼭! 짚고 가기

과목명 말하기

베트남은 9월 초에 새 학년이 시작됩니다. 여름 방학은 2~3개월 정도로 긴 편이며, 겨울 방학은 설 연휴를 겸하여 2주 정도 쉬는 것이 보통입니다. 학교에서 배우는 과목은 한국과 비슷합니다. 여러 수업 과목을 베트남어로 어떻게 말하는지 알아볼게요.

- 국어(베트남어) ngữ văn 응으 반
- 영어 tiếng Anh 띠엥 아잉
- 한국어 tiếng Hàn 띠엥 한
- 수학 toán học 또안 헙
- 역사 lịch sử 릭 쓰
- 지리 địa lý 디어 리
- 과학 khoa học 코아 헙
- 물리 vật lý 벋 리
- 화학 hóa học 호아 헙
- 생물 sinh học 씽 헙
- 음악 âm nhạc 엄 냑
- 미술 mỹ thuật 미 투얻
- 체육 thể dục 테 죽
- 컴퓨터 tin học 띤 헙

방과 후

방과 후에, 학원에 가요.

Sau giờ học, mình đến lớp học thêm.

싸우 저 헙, 밍 덴 럽 헙 템

요즘, 학생들은 학원을 많이 다녀요.

Gần đây, học sinh đi học thêm rất nhiều.

건 더이, 헙 씽 디 헙 템 젇 니에우

학원을 많이 다녀서 너무 피곤해요.

Mình mệt vì đi học thêm nhiều.

밍 멛 브이 디 헙 템 니에우

학교 끝나면 놀고 싶지만 학원에 가야 해요.

Mình muốn đi chơi sau giờ học nhưng phải đến lớp học thêm.

밍 무온 디 쩌이 싸우 저 헙 능 파이 덴 럽 헙 템

방과 후에, 친구들과 축구를 해요.

Sau giờ học, em chơi đá bóng với các bạn.

싸우 저 헙, 앰 쩌이 다 벙 버이 깍 반

학교 끝나면, 친구들과 놀아요.

Sau khi tan học, em chơi cùng các bạn.

싸우 키 딴 헙, 앰 쩌이 꿍 깍 반

숙제 ①

숙제가 너무 많아요.

Bài tập quá nhiều.

바이 떱 꾸아 니에우

선생님은 우리에게 항상 숙제를 많이 내 주세요.

Cô giáo luôn luôn cho chúng tôi rất nhiều bài tập.

꼬 자오 루온 루온 쩌 쭝 또이 젇 니에우 바이 떱

숙제하느라 밤새 한숨도 못 잤어요.

Em thức cả đêm để làm bài tập.

앰 특 까 뎀 데 람 바이 떱

내일까지 숙제를 끝내야 해요.

Đến ngày mai em phải làm xong bài tập.

덴 응아이 마이 앰 파이 람 썽 바이 떱

숙제 끝내려면 얼마나 걸리니?

Em phải mất bao lâu để làm xong bài tập?

앰 파이 먿 바오 러우 데 람 썽 바이 떱?

거의 다 끝나 가. 잠시만 기다려 줘.

Mình sắp xong rồi. Đợi một tí.

밍 쌉 썽 조이. 더이 몯 띠

나는 친구의 숙제를 베꼈다.

Mình đã chép bài tập của bạn.

밍 다 쨉 바이 떱 꾸어 반

288

숙제 ②

저는 이 숙제를 쉽게 끝냈어요.

Tôi đã dễ dàng làm xong bài tập này.

또이 다 제 장 람 썽 바이 떱 나이

나는 숙제를 대충대충 했다.

Tôi làm bài tập một cách qua loa.

또이 람 바이 떱 몯 까익 꾸아 로아

그는 숙제를 열심히 했어요.

Bạn ấy đã làm bài tập rất chăm chỉ.

반 어이 다 람 바이 떱 젇 짬 찌

그는 숙제를 잘해서 선생님께 칭찬을 받았어요.

Bạn ấy đã được cô giáo khen vì làm bài tập tốt.

반 어이 다 드억 꼬 자오 캔 브이 람 바이 떱 똗

걔가 쓴 리포트는 훌륭해.

Báo cáo mà cậu ấy làm rất xuất sắc.

바오 까오 마 꺼우 어이 람 젇 쑤얻 싹

숙제를 다시 제출하도록 하세요.

Các em hãy làm lại bài tập và nộp.

깍 앰 하이 람 라이 바이 떱 바 놉

숙제를 마친 후

흐엉은 조금 전에 과제를 끝냈다.

Hương vừa làm xong bài tập.

흐엉 브어 람 썽 바이 떱

어제 과제하느라 바빴어요.

Hôm qua tôi đã rất bận vì phải làm bài tập.

홈 꾸아 또이 다 젇 번 브이 파이 람 바이 떱

엄마, 저 숙제 끝냈어요. 친구네 집에 놀러 가도 되죠?

Mẹ ơi, con làm xong bài tập rồi. Con đến chơi nhà bạn có được không?

매 어이, 껀 람 썽 바이 떱 조이. 껀 덴 쩌이 냐 반 꺼 드억 콩?

생각보다 빨리 과제를 마쳤어요.

Em đã làm xong bài tập sớm hơn em tưởng.

앰 다 람 썽 바이 떱 썸 헌 앰 뜨엉

너 혹시 숙제 다했으면 나 좀 도와줄래?

Nếu cậu đã làm xong bài tập thì có thể giúp mình một chút được không?

네우 꺼우 다 람 썽 바이 떱 티 꺼 테 줍 밍 몯 쭏 드억 콩?

제출 기한에 맞춰 과제를 제출했다.

Mình đã nộp bài tập đúng hạn.

밍 다 놉 바이 떱 둥 한

숙제 기타

오늘은 숙제가 하나도 없다.

Hôm nay không có bài tập nào.

홈 나이 콩 꺼 바이 떱 나오

아직도 해야 할 숙제가 남아 있어요.

Em vẫn còn bài tập phải làm.

앰 번 껀 바이 떱 파이 람

숙제하게 책 좀 빌려줘.

Cậu cho mình mượn sách để làm bài tập đi.

꺼우 쩌 밍 므언 싸익 데 람 바이 떱 디

리포트 몇 장이나 써야 해요?

Em phải viết báo cáo mấy trang ạ?

앰 파이 비엗 바오 까오 머이 짱 아?

숙제 제출하는 걸 잊어버렸어.

Mình quên mất phải nộp bài tập.

밍 꾸엔 먿 파이 놉 바이 떱

언제까지 숙제를 제출해야 하죠?

Bao giờ thì phải nộp bài tập ạ?

바오 저 티 파이 놉 바이 떱 아?

중간고사는 과제 제출로 대신하겠어요.

Thi giữa kỳ sẽ được thay thế bằng nộp bài tập.

티 즈어 끼 쌔 드억 타이 테 방 놉 바이 떱

시험 전

\# 기말고사가 2주밖에 남지 않았어요.

Chỉ còn 2 tuần nữa là thi cuối kỳ.
찌 껀 하이 뚜언 느어 라 티 꾸오이 끼

\# 공부를 거의 못 했는데 벌써 내일이 시험이에요.

Em gần như chưa học được gì mà mai đã thi rồi.
앰 건 니으 쯔어 헙 드억 지 마 마이 다 티 조이

\# 시험 공부는 미리 해 둬야 해요.

Học ôn thi phải học từ trước.
헙 온 티 파이 헙 뜨 쯔억

\# 이번 시험은 좀 어려울 것 같아요.

Kỳ thi lần này có vẻ sẽ khó.
끼 티 런 나이 꺼 배 쌔 커

\# 시험 준비 다 했니?

Em đã chuẩn bị thi xong chưa?
앰 다 쭈언 비 티 썽 쯔어?

\# 영어 시험 범위가 어디죠?

Phạm vi thi tiếng Anh nằm ở đâu?
팜 브이 티 띠엥 아잉 남 어 더우?

\# 시험 잘 봐!

Thi tốt nhé!
티 똗 내!

꼭! 짚고 가기

시험 징크스

어느 나라든 시험이나 중요한 일을 앞두고 여러 가지 금기 사항은 있는 모양이에요. 베트남 사람들이 시험을 앞두고 신경 쓰는 징크스는 어떤 것들이 있을까요?

- **계란**
  모양이 숫자 0과 비슷해서 0점을 맞을까 봐 먹지 않습니다.
- **땅콩**
  땅콩(lạc 락)의 발음이 '주제에서 벗어나다(lạc đề 락 데)'를 연상시켜 먹지 않습니다.
- **소고기**
  베트남에는 '소처럼 멍청하다(ngu như bò 응우 니으 베)'라는 관용 표현이 있어 소고기를 피합니다.
- **닭고기**
  엉망으로 쓴 글씨체를 '닭이 헤쳐 놓은 것 같다(gà bới 가 버이)'고 표현하기 때문에 닭고기를 먹으면 시험 때 글씨를 엉망으로 쓸 수 있다고 여깁니다.
- **호박**
  호박(bí 비)의 발음이 '문제를 풀기 어렵다(bí 비)'와 같아 먹지 않습니다.
- **바나나**
  바나나 껍질을 밟아 미끄러지듯 시험에서 미끄러진다고 생각합니다.
- **머리 자르지 않기**
  머리를 자르면 지식이 같이 잘려 나간다고 생각합니다.
- **머리 감지 않기**
  머리를 감으면 지식이 같이 씻겨 나간다고 생각합니다.

시험 후

시험이 끝났다.

Thi xong rồi.

티 썽 조이

시험 범위 밖에서 문제가 나왔어요.

Câu hỏi đã nằm ngoài phạm vi ôn thi.

꺼우 허이 다 남 응오아이 팜 브이 온 티

시험이 끝나서 긴장이 풀렸다.

Kỳ thi kết thúc nên mình hết căng thẳng rồi.

끼 티 껠 툭 넨 밍 헫 깡 탕 조이

시험 시간이 모자랐어요.

Mình bị thiếu thời gian làm bài.

밍 비 티에우 터이 잔 람 바이

이번 시험은 쉬웠어요.

Kỳ thi lần này dễ.

끼 티 런 나이 제

시험을 잘 봤다.

Mình đã làm bài tốt.

밍 다 람 바이 똗

시험을 망쳤다.

Mình không làm được bài.

밍 콩 람 드억 바이

시험 결과

시험 결과는 언제 나오나요?

Bao giờ thì có kết quả thi?

바오 저 티 꺼 껠 꾸아 티?

그는 시험 결과를 초조하게 기다리고 있다.

Anh ấy đang hồi hộp chờ kết quả thi.

아잉 어이 당 호이 홉 쩌 껠 꾸아 티

시험 결과가 오늘 나왔어요.

Kết quả thi đã có trong hôm nay.

껠 꾸아 티 다 꺼 쩡 홈 나이

시험 결과가 만족스럽지 않아요.

Tôi không hài lòng với kết quả thi.

또이 콩 하이 렁 버이 껠 꾸아 티

기말고사는 더 열심히 공부해야겠어요.

Mình phải học chăm chỉ vào kỳ thi cuối kỳ mới được.

밍 파이 헙 짬 찌 바오 끼 티 꾸오이 끼 머이 드억

시험 점수가 나빠 부모님께 혼날 일이 걱정이다.

Vì điểm thi thấp nên mình đang lo bị bố mẹ mắng.

브이 디엠 티 텁 넨 밍 당 러 비 보 매 망

성적표

성적표는 이틀 후에 나와요.

Bảng điểm sẽ có sau hai
ngày nữa.
방 디엠 쌔 꺼 싸우 하이 응아이 느어

성적표 오늘 받았어?

Hôm nay cậu đã nhận được
bảng điểm chưa?
홈 나이 꺼우 다 년 드억 방 디엠 쯔어?

시험에서 0점 받았어.

Mình thi bị điểm 0.
밍 티 비 디엠 콩

시험에서 만점을 받았어.

Mình thi được điểm tối đa.
밍 티 드억 디엠 또이 다

내가 예상했던 것보다 더 높은 점수가
나왔어요.

Điểm cao hơn mình dự
đoán.
디엠 까오 헌 밍 즈 도안

이번 학기 평균 점수는 얼마니?

Điểm trung bình học kỳ này
của cậu là bao nhiêu?
디엠 쭝 빙 헙 끼 나이 꾸어 꺼우 라 바오
니에우?

그는 부정행위를 했기 때문에 재수강을
해야 한다.

Anh ấy phải học lại vì đã
gian lận.
아잉 어이 파이 헙 라이 브이 다 잔 런

우수한 성적 ①

흐엉은 좋은 성적을 받았어요.

Hương đã được điểm cao.
흐엉 다 드억 디엠 까오

내 성적은 평균 이상이다.

Kết quả học tập của mình
trên mức trung bình.
껠 꾸아 헙 떱 꾸어 밍 쩬 믁 쭝 빙

그 학생은 우수한 성적으로 칭찬을
받았어요.

Học sinh đó đã được khen
vì điểm số xuất sắc.
헙 씽 더 다 드억 캔 브이 디엠 쏘 쑤얼 싹

저는 우수한 성적으로 장학금을
받았어요.

Tôi đã được nhận học bổng
vì điểm số xuất sắc.
또이 다 드억 년 헙 봉 브이 디엠 쏘 쑤얼 싹

지난 학기보다 성적이 많이 올랐어요.

Điểm số đã cao hơn học kỳ
trước rất nhiều.
디엠 쏘 다 까오 헌 헙 끼 쯔억 젇 니에우

저는 좋은 성적을 얻으려고 엄청
노력했어요.

Mình đã rất nỗ lực để đạt
được điểm số tốt.
밍 다 젇 노 륵 데 닽 드억 디엠 쏘 똘

우수한 성적 ②

나는 지금까지 받은 성적 중 올해 최고
성적을 받았어요.

Năm nay mình đã nhận
được điểm số cao nhất
trong kết quả học tập từ
trước đến nay.
남 나이 밍 다 년 드억 디엠 쏘 까오 녇 쩡 꿸
꾸아 헙 떱 뜨 쯔억 덴 나이

수학 성적이 제일 좋아요.

Điểm toán của mình cao
nhất.
디엠 또안 꾸어 밍 까오 녇

화학을 제외하고, 내 성적은 매우 좋다.

Trừ điểm hóa ra thì điểm
của mình rất tốt.
쯔 디엠 호아 자 티 디엠 꾸어 밍 젇 똗

그는 학년 전체에서 수석이에요.

Cậu ấy đứng thứ nhất trong
toàn năm học.
꺼우 어이 등 트 녇 쩡 또안 남 헙

그는 성적 때문에 고민한 적이 없어요.

Cậu ấy chưa từng lo lắng vì
điểm số.
꺼우 어이 쯔어 뜽 러 랑 브이 디엠 쏘

나쁜 성적

반에서 꼴등이에요.

Mình đứng thứ cuối trong
lớp.
밍 등 트 꾸오이 쩡 럽

예상외로 성적이 나빴어요.

Điểm số thấp hơn dự đoán.
디엠 쏘 텁 헌 즈 도안

자꾸 성적이 떨어져서 걱정이에요.

Mình lo vì điểm số cứ giảm
liên tục.
밍 러 브이 디엠 쏘 끄 잠 리엔 뚝

성적이 낮아서 장학금을 받을 수 없어요.

Vì điểm thấp nên tôi không
được nhận học bổng.
브이 디엠 텁 넨 또이 콩 드억 년 헙 봉

이 성적표를 엄마에게 보여 드리고 싶지
않아요.

Mình không muốn cho mẹ
xem bảng điểm này.
밍 콩 무온 쩌 매 쌤 방 디엠 나이

지난 학기보다 평균이 떨어졌어요.

Trung bình học kỳ này thấp
hơn học kỳ trước.
쭝 빙 헙 끼 나이 텁 헌 헙 끼 쯔억

성적 기타

성적 증명서가 필요해요.

Em cần giấy chứng nhận bảng điểm.

앰 껀 저이 쯩 년 방 디엠

좋은 성적 받길 바란다.

Chúc cậu đạt được điểm cao.

쭉 꺼우 닫 드억 디엠 까오

성적의 평가 기준은 무엇입니까?

Tiêu chí đánh giá kết quả học tập là gì?

띠에우 찌 다잉 자 껠 꾸아 헙 떱 라 지?

이번 기말고사는 총 성적의 50%를 차지한다.

Kỳ thi cuối kỳ lần này chiếm 50% trong tổng điểm.

끼 티 꾸오이 끼 런 나이 찌엠 남 므어이 펀 짬 쩡 똥 디엠

장학금을 받기 위해서는 더 높은 성적을 받아야 한다.

Để nhận được học bổng thì cần phải đạt điểm cao hơn nữa.

데 년 드억 헙 봉 티 껀 파이 닫 디엠 까오 헌 느어

성적은 온라인에서 확인 가능합니다.

Có thể xem điểm trên mạng.

꺼 테 쌤 디엠 쩬 망

방학 전

방학 언제 시작해요?

Bao giờ thì kỳ nghỉ bắt đầu?

바오 저 티 끼 응이 받 더우?

여름 방학이 다가오고 있다.

Kỳ nghỉ hè đang đến gần.

끼 응이 해 당 덴 건

어서 방학이 되었으면 좋겠어요.

Giá mà kỳ nghỉ đến nhanh thì tốt biết mấy.

자 마 끼 응이 덴 냐잉 티 똗 비엘 머이

시험이 끝나면 방학이에요.

Khi kỳ thi kết thúc là đến kỳ nghỉ.

키 끼 티 껠 툭 라 덴 끼 응이

방학이 더 길었으면 좋겠어요.

Giá mà kỳ nghỉ dài hơn thì tốt biết mấy.

자 마 끼 응이 자이 헌 티 똗 비엔 머이

방학까지 한 달 남았어요.

Còn một tháng nữa là đến kỳ nghỉ.

껀 몯 탕 느어 라 덴 끼 응이

즐거운 여름 방학 보내!

Nghỉ hè vui vẻ nhé!

응이 해 부이 배 내!

방학 계획

여름 방학에 뭐 할 거야?

Em sẽ làm gì vào kỳ nghỉ hè?

앰 쌔 람 지 바오 끼 응이 해?

저는 방학 때 유럽 여행을 갈 거예요.

Tôi sẽ đi du lịch châu Âu vào kỳ nghỉ.

또이 쌔 디 주 릭 쩌우 어우 바오 끼 응이

나는 방학 때 아르바이트를 할 예정이다.

Em sẽ đi làm thêm vào kỳ nghỉ.

앰 쌔 디 람 템 바오 끼 응이

저는 가족들과 방학 때 어디 갈 건지 정할 거예요.

Tôi sẽ quyết định đi đâu cùng gia đình vào kỳ nghỉ.

또이 쌔 꾸이엗 딩 디 더우 꿍 자 딩 바오 끼 응이

나는 방학 때 회사에서 인턴으로 일할 거야.

Em sẽ thực tập ở công ty vào kỳ nghỉ.

앰 쌔 특 떱 어 꽁 띠 바오 끼 응이

나는 방학 때 고향으로 내려갈 거야.

Em sẽ về quê vào kỳ nghỉ.

앰 쌔 베 꾸에 바오 끼 응이

làm thêm 람 템 아르바이트
thực tập 특 떱 인턴, 실습

개학

방학이 끝났어.

Kỳ nghỉ đã kết thúc.

끼 응이 다 껱 툭

방학 잘 보냈어?

Kỳ nghỉ của cậu có vui không?

끼 응이 꾸어 꺼우 꺼 부이 콩?

방학 숙제는 다 했어?

Cậu đã làm hết bài tập của kỳ nghỉ chưa?

꺼우 다 람 헫 바이 떱 꾸어 끼 응이 쯔어?

벌써 방학이 끝났다니 믿을 수가 없어요.

Mình không thể tin được là kỳ nghỉ đã kết thúc.

밍 콩 테 띤 드억 라 끼 응이 다 껱 툭

방학이 너무 짧았던 것 같아요.

Dường như kỳ nghỉ đã quá ngắn ngủi.

즈엉 니으 끼 응이 다 꾸아 응안 응우이

저는 심심해서 개학을 기다렸어요.

Tôi ở nhà buồn nên chỉ mong đến khai giảng.

또이 어 냐 부온 넨 찌 멍 덴 카이 장

그는 여름 방학 후에 피부가 까맣게 탔다.

Da cậu ấy đã cháy đen sau kỳ nghỉ hè.

자 꺼우 어이 다 짜이 댄 싸우 끼 응이 해

296

소풍

우리는 서울 근교로 소풍을 갔어요.

Chúng tôi đã đi dã ngoại ở ngoại ô Seoul.
쭝 또이 다 디 자 응오아이 어 응오아이 오 쎄 운

내일 소풍을 가요.

Ngày mai tôi đi dã ngoại.
응아이 마이 또이 디 자 응오아이

소풍 갈 때 가져갈 간식을 샀어요.

Tôi đã mua đồ ăn vặt để mang đi dã ngoại.
또이 다 무어 도 안 받 데 망 디 자 응오아이

소풍 가면 재미있을 거예요.

Sẽ rất thú vị khi đi dã ngoại.
쌔 젇 투 브이 키 디 자 응오아이

소풍은 재미있었어요?

Chuyến dã ngoại có thú vị không?
쭈이엔 자 응오아이 꺼 투 브이 콩?

소풍 가서 다양한 게임을 했어요.

Tôi đã chơi nhiều trò chơi khi đi dã ngoại.
또이 다 쩌이 니에우 쩌 쩌이 키 디 자 응오아이

꼭! 짚고 가기

스승의 날

베트남의 '스승의 날'은 11월 20일이며 'ngày Nhà giáo Việt Nam 응아이 냐 자오 비엗 남'이라고 말합니다.

1957년 57개국이 참여한 FISE(현재 세계 교원조합연맹) 회의에 베트남 교육 노동조합(Công đoàn giáo dục Việt Nam 꽁 도안 자오 죽 비엗 남)이 참여하였고, 1958년 11월 20일을 '국제 교사 헌장(Quốc tế hiến chương nhà giáo 꾸옥 떼 히엔 쯔엉 냐 자오)의 날'로 기념하겠다고 결정했습니다.

스승의 날은 북부 지방에서 시행되기 시작하여 점차 남부로 확대되었습니다. 그 이후 베트남이 통일되었고 1982년 정부는 매년 11월 20일을 '베트남 스승의 날'로 공식 지정하여 오늘날까지 이어져 오고 있습니다. 스승의 날이면 베트남의 학교에서는 많은 축제와 행사를 개최하며 선생님과 학생들이 적극적으로 참여합니다. 학생들은 꽃이나 편지 등의 선물을 준비하고 졸업생들도 은사님을 찾아와 감사를 표현하며 선물을 드리기도 합니다.

dã ngoại 자 응오아이 소풍
đồ ăn vặt 도 안 받 간식

Chương 09

직장인은 피곤해!

Chương 09

Nơi làm việc 너이 람 비엑 직장

nơi làm việc 너이 람 비엑 n. 직장	công việc 꽁 비엑 n. 일	doanh nghiệp 조아잉 응이엡 n. 기업
	nhân viên 년 비엔 n. 직원	người lao động 응으어이 라오 동 n. 근로자
công ty 꽁 띠 n. 회사	đi làm 디 람 v. 출근하다	đi làm về 디 람 베 v. 퇴근하다
	lương tháng 르엉 탕 n. 월급	tiền thưởng 띠엔 트엉 n. 보너스
văn phòng 반 펑 n. 사무실	hồ sơ 호 써 n. 서류	cuộc họp 꾸옥 헙 n. 회의
nghỉ phép 응이 팹 v. 휴가 가다	thôi việc 토이 비엑 v. 사직하다	sa thải 싸 타이 v. 해고하다
tìm việc 띰 비엑 v. 구직하다	sơ yếu lý lịch 써 이에우 리 릭 n. 이력서	phỏng vấn 펑 번 v. 면접하다

Nghề nghiệp 응에 응이엡 **직업**

nghề nghiệp 응에 응이엡 n. 직업	**cảnh sát** 까잉 쌑 n. 경찰관	**lính cứu hỏa** 링 끄우 호아 n. 소방관
	phóng viên 펑 비엔 n. 기자	**nhà nghiên cứu** 냐 응이엔 끄우 n. 연구원
	kỹ sư 끼 쓰 n. 엔지니어	**thợ sửa ống nước** 터 쓰어 옹 느억 n. 배관공
đầu bếp 더우 벱 n. 요리사	**thợ làm bánh** 터 람 바잉 n. 제빵사	**bồi bàn** 보이 반 n. 웨이터
kiến trúc sư 끼엔 쭉 쓰 n. 건축가	**thợ cắt tóc** 터 깓 떡 n. 미용사	**nông dân** 농 전 n. 농부
bác sỹ 박 씨 n. 의사	**bác sỹ đông y** 박 씨 동 이 n. 한의사	**bác sỹ thú y** 박 씨 투 이 n. 수의사
	y tá 이 따 n. 간호사	**dược sỹ** 즈억 씨 n. 약사

출근

저는 8시까지 출근해요.

Tôi đi làm lúc 8 giờ.

또이 디 람 룩 땀 저

정시 출근해야 돼요.

Tôi phải đi làm đúng giờ.

또이 파이 디 람 둥 저

출근하는 데 시간이 얼마나 걸려요?

Anh mất bao nhiêu lâu để đến công ty?

아잉 멀 바오 니에우 러우 데 덴 꽁 띠?

회사에 가는 데 1시간 걸려요.

Tôi mất 1 tiếng để đến công ty.

또이 멀 몯 띠엥 데 덴 꽁 띠

회사에 뭐 타고 가요?

Anh đi gì đến công ty?

아잉 디 지 덴 꽁 띠?

버스나 오토바이를 타고 가요.

Tôi đi xe buýt hoặc đi xe máy.

또이 디 쌔 부읻 호악 디 쌔 마이

통근 시간이 길어서 피곤해요.

Tôi mệt mỏi vì thời gian đi làm quá dài.

또이 멛 머이 브이 터이 잔 디 람 꾸아 자이

정시 출근이 힘들 때

지각해서 죄송합니다.

Tôi xin lỗi vì đã đến muộn.

또이 씬 로이 브이 다 덴 무온

왜 제시간에 출근하지 않았습니까?

Tại sao anh không đi làm đúng giờ?

따이 싸오 아잉 콩 디 람 둥 저?

너무 피곤해서 알람 소리를 못 들었습니다.

Tôi mệt quá nên không nghe thấy tiếng chuông báo thức.

또이 멛 꾸아 넨 콩 응애 터이 띠엥 쭈옹 바오 특

차 사고 때문에 길이 막혔어요.

Đường đã bị tắc vì tai nạn ô tô.

드엉 다 비 딱 브이 따이 난 오 또

오늘 아파서 출근하지 못할 것 같아요.

Hôm nay tôi bị ốm nên chắc không đi làm được.

홈 나이 또이 비 옴 넨 짝 콩 디 람 드억

제가 내일 아침 한 시간 늦게 출근해도 될까요?

Tôi có thể đi làm muộn một tiếng sáng mai được không?

또이 꺼 테 디 람 무온 몯 띠엥 쌍 마이 드억 콩?

302

출근 기타

취직한 거 축하해. 언제 출근해?

Chúc mừng em đã xin được việc. Bao giờ em đi làm?
쭉 믕 앰 다 씬 드억 비엑. 바오 저 앰 디 람?

출퇴근 시간에는 길이 막힌다.

Đường rất tắc vào giờ cao điểm.
드엉 젇 딱 바오 저 까오 디엠

출퇴근 시간에 버스는 항상 만원이에요.

Xe buýt luôn luôn đông nghịt vào giờ cao điểm.
쌔 부읻 루온 루온 동 응읻 바오 저 까오 디엠

저는 매일 같은 시간에 집에서 나와요.

Hàng ngày, tôi luôn ra khỏi nhà vào cùng một thời gian.
항 응아이, 또이 루온 자 커이 냐 바오 꿍 몯 터이 잔

저는 출근길에 항상 커피를 사요.

Tôi luôn luôn mua cà phê trên đường đi làm.
또이 루온 루온 무어 까 페 쩬 드엉 디 람

저는 정장 차림으로 출근해요.

Tôi đi làm bằng trang phục công sở.
또이 디 람 방 짱 푹 꽁 써

꼭! 짚고 가기

베트남의 최저 임금

베트남의 최저 임금은 매년 꾸준히 상승하고 있습니다. 베트남은 전국을 경제 발전 수준에 따라 4개의 지역으로 나누어 최저 임금을 상이하게 적용합니다.

베트남 정부는 2024년 6월에 '최저임금에 관한 규정 시행령(제74/2024/NĐ-CP호)'을 통해 지역별 최저임금을 다음과 같이 공포했습니다.

- 1지역 : 496만 동/월
- 2지역 : 441만 동/월
- 3지역 : 386만 동/월
- 4지역 : 345만 동/월

직업 훈련을 받았거나 상응하는 경력 업무를 수행하는 노동자는 최저 임금보다 7% 이상 높은 임금을 받게 되어 있습니다.
(출처: 주베트남 대한민국 대사관)

언제 퇴근해?

Khi nào em tan làm?

키 나오 앰 딴 람?

오후 5시에 퇴근해요.

Em tan làm vào 5 giờ chiều.

앰 딴 람 바오 남 저 찌에우

먼저 퇴근하겠습니다.

Tôi về trước đây.

또이 베 쯔억 더이

그는 방금 퇴근했어요.

Anh ấy vừa về nhà.

아잉 어이 브어 베 냐

난 한 번도 칼퇴근을 한 적이 없어.

Tôi chưa từng ra về ngay khi vừa hết giờ làm.

또이 쯔어 뜽 자 베 응아이 키 브어 헫 저 람

기다리지 말아요. 늦을 것 같아요.

Đừng đợi em. Chắc em sẽ về muộn đấy.

등 더이 앰. 짝 앰 쌔 베 무온 더이

오늘은 야근을 해야 할 것 같아요.

Hôm nay chắc em phải làm thêm giờ.

홈 나이 짝 앰 파이 람 템 저

일 끝나고 뭐 해?

Sau khi tan làm em làm gì?

싸우 키 딴 람 앰 람 지?

일 끝나고 약속 있어?

Sau khi tan làm em có hẹn không?

싸우 키 딴 람 앰 꺼 핸 콩?

일 끝나고 곧장 집에 가요.

Sau khi tan làm em về nhà luôn.

싸우 키 딴 람 앰 베 냐 루온

퇴근하고 한잔 할래?

Cậu có muốn đi uống rượu sau khi tan làm không?

꺼우 꺼 무온 디 우옹 지에우 싸우 키 딴 람 콩?

좋아. 퇴근 후에 보자.

Được thôi, gặp nhau sau khi tan làm nhé.

드억 토이, 갑 냐우 싸우 키 딴 람 내

배고프다. 퇴근하고 간단하게 뭐 좀 먹자.

Em đói quá. Mình đi ăn cái gì nhẹ nhàng sau khi tan làm đi.

앰 더이 꾸아. 밍 디 안 까이 지 내 냥 싸우 키 딴 람 디

퇴근 5분 전

퇴근까지 5분 남았네.

Còn 5 phút nữa là đến giờ về.

껀 남 푿 느어 라 덴 저 베

퇴근하기 전에 더 할 일 있나요?

Anh còn việc gì phải làm trước khi về không?

아잉 껀 비엑 지 파이 람 쯔억 키 베 콩?

제 상사가 오늘 퇴근 전까지 보고서를 끝내라고 했어요.

Cấp trên của tôi yêu cầu hôm nay phải nộp báo cáo trước khi về.

껍 쩬 꾸어 또이 이에우 꺼우 홈 나이 파이 놉 바오 까오 쯔억 키 베

퇴근 전까지 끝낼 수 있을 것 같아?

Anh có thể làm xong trước giờ về không?

아잉 꺼 테 람 썽 쯔억 저 베 콩?

마지막 퇴근자는 사무실 불을 끄고 나가세요.

Người ra về cuối cùng hãy tắt đèn văn phòng trước khi về.

응으어이 자 베 꾸오이 꿍 하이 딷 댄 반 펑 쯔억 키 베

전 오늘은 꼭 칼퇴할 거예요.

Hôm nay tôi nhất định sẽ về nhà ngay khi hết giờ làm.

홈 나이 또이 녇 딩 쌔 베 냐 응아이 키 헽 저 람

조퇴

한 시간 먼저 나갈 수 있을까요?

Tôi có thể về sớm một tiếng được không?

또이 꺼 테 베 썸 몯 띠엥 드억 콩?

오늘 일찍 퇴근해도 괜찮을까요?

Hôm nay tôi về sớm có được không?

홈 나이 또이 베 썸 꺼 드억 콩?

그는 일찍 퇴근했다.

Anh ấy đã về từ sớm rồi.

아잉 어이 다 베 뜨 썸 조이

어제 몸이 안 좋아서 조퇴했어요.

Hôm qua do người không khỏe nên tôi đã về sớm.

홈 꾸아 저 응으어이 콩 코애 넨 또이 다 베 썸

사무실로 전화했더니, 너 일찍 퇴근했다고 하더라고.

Mình gọi đến văn phòng thì người ta bảo cậu đã về sớm rồi.

밍 거이 덴 반 펑 티 응으어이 따 바오 꺼우 다 베 썸 조이

제 딸이 아프다고 해서 일찍 가야 할 것 같아요.

Con gái tôi nói bị ốm nên chắc tôi phải về sớm.

껀 가이 또이 너이 비 옴 넨 짝 또이 파이 베 썸

담당 업무 ①

\# 어느 부서에서 일하세요?

Anh làm việc ở bộ phận nào?

아잉 람 비엑 어 보 펀 나오?

\# 이 프로젝트 담당자는 누구인가요?

Người phụ trách dự án này là ai?

응으어이 푸 짜익 즈 안 나이 라 아이?

\# 저는 마케팅 담당이에요.

Tôi phụ trách marketing.

또이 푸 짜익 마 껠 띵

\# 저는 영업 부서에서 일해요.

Tôi làm việc ở bộ phận kinh doanh.

또이 람 비엑 어 보 펀 낑 조아잉

\# 저는 인사 담당자예요.

Tôi phụ trách nhân sự.

또이 푸 짜익 년 쓰

\# 저는 비서입니다.

Tôi là thư ký.

또이 라 트 끼

\# 어떤 업무 경험을 갖고 계십니까?

Anh đã có kinh nghiệm làm việc như thế nào?

아잉 다 꺼 낑 응이엠 람 비엑 니으 테 나오?

담당 업무 ②

\# 그는 업무 능력이 뛰어나요.

Anh ấy làm việc rất giỏi.

아잉 어이 람 비엑 젇 저이

\# 제가 이 프로젝트를 담당하고 있습니다.

Tôi đang phụ trách dự án này.

또이 당 푸 짜익 즈 안 나이

\# 이 업무는 제 능력 밖이에요.

Công việc này nằm ngoài khả năng của tôi.

꽁 비엑 나이 남 응오아이 카 낭 꾸어 또이

\# 그는 회사의 거래를 관리한다.

Anh ấy quản lý các giao dịch của công ty.

아잉 어이 꾸안 리 깍 자오 직 꾸어 꽁 띠

\# 저는 이 분야에서 일한 지 3년이 되었어요.

Tôi đã làm việc 3 năm trong lĩnh vực này.

또이 다 람 비엑 바 남 쩡 링 븍 나이

\# 홍보는 제 분야가 아닙니다.
저는 디자인을 담당하고 있어요.

Quảng bá không phải là lĩnh vực của tôi. Tôi phụ trách thiết kế.

꾸앙 바 콩 파이 라 링 븍 꾸어 또이.
또이 푸 짜익 티엗 께

바쁜 업무

책상에 서류가 잔뜩 쌓여 있다.

Tài liệu đang chất đống trên bàn làm việc.

따이 리에우 당 쩐 동 쩬 반 람 비엑

할 일이 너무 많아요.

Tôi có quá nhiều việc phải làm.

또이 꺼 꾸아 니에우 비엑 파이 람

저는 요즘 일하고 잘 시간밖에 없어요.

Gần đây tôi chỉ có thời gian làm việc và ngủ.

건 더이 또이 찌 꺼 터이 잔 람 비엑 바 응우

요즘 스케줄이 좀 빡빡해요.

Lịch làm việc dạo này của tôi hơi bận rộn.

릭 람 비엑 자오 나이 꾸어 또이 허이 번 존

저는 요즘 매일 야근하고 있어요.

Dạo này ngày nào tôi cũng làm thêm giờ.

자오 나이 응아이 나오 또이 꿍 람 템 저

이 일은 마감일까지 끝낼 수 없을 것 같은데요.

Có vẻ việc này không thể làm xong vào ngày hết hạn.

꺼 배 비엑 나이 콩 테 람 썽 바오 응아이 헫 한

꼭! 짚고 가기

부서 이름 말하기

회사에서 다양한 업무를 처리하는 부서 이름을 베트남어로 알아볼까요?

- 고객 서비스부
  phòng dịch vụ khách hàng
  펑 직 부 카익 항
- 구매부
  phòng thu mua 펑 투 무어
- 기획부
  phòng kế hoạch 펑 께 호아익
- 마케팅부
  phòng marketing 펑 마 껠 띵
- 수출입부
  phòng xuất nhập khẩu
  펑 쑤얻 녑 커우
- 생산부
  phòng sản xuất 펑 싼 쑤얻
- 연구개발부
  phòng nghiên cứu phát triển
  펑 응이엔 끄우 팓 찌엔
- 영업부
  phòng kinh doanh 펑 낑 조아잉
- 인사부
  phòng nhân sự 펑 년 쓰
- 총무부
  phòng tổng hợp 펑 똥 헙
- 회계부
  phòng kế toán 펑 께 또안

업무 지시 & 체크 ①

일에 집중하세요.

Hãy tập trung vào công việc.

하이 떱 쭝 바오 꽁 비엑

오늘 중으로 끝내세요.

Hãy làm xong trong hôm nay.

하이 람 썽 쩡 홈 나이

그 일 좀 빨리 해 줘요.

Hãy làm nhanh việc đó cho tôi.

하이 람 냐잉 비엑 더 쩌 또이

기획안 가져와 보세요.

Anh mang bản kế hoạch lại đây.

아잉 망 반 께 호아익 라이 더이

메일로 결과를 보내세요.

Hãy gửi kết quả vào mail.

하이 그이 껫 꾸아 바오 메오

다시 확인해 보세요.

Anh kiểm tra lại đi.

아잉 끼엠 짜 라이 디

실수하지 않도록 주의하세요.

Hãy chú ý để không bị sai sót nhé.

하이 쭈 이 데 콩 비 싸이 썯 내

업무 지시 & 체크 ②

시장 조사 결과를 내 책상 위에 갖다 두세요.

Anh mang kết quả điều tra thị trường đến đặt trên bàn làm việc của tôi nhé.

아잉 망 껫 꾸아 디에우 짜 티 쯔엉 덴 닽 쩬 반 람 비엑 꾸어 또이 내

서류를 정리해 주세요.

Hãy sắp xếp tài liệu cho tôi.

하이 쌉 쎕 따이 리에우 쩌 또이

중요한 일 먼저 처리해 주세요.

Hãy xử lý việc quan trọng trước cho tôi.

하이 쓰 리 비엑 꾸안 쩡 쯔억 쩌 또이

모르면 물어보세요.

Nếu anh không rõ thì cứ hỏi nhé.

네우 아잉 콩 저 티 끄 허이 내

오늘 프레젠테이션은 준비 다 되었나요?

Anh đã chuẩn bị xong bài phát biểu hôm nay chưa?

아잉 다 쭈언 비 썽 바이 팥 비에우 홈 나이 쯔어?

새 프로젝트는 어떻게 진행되고 있나요?

Dự án mới đang được tiến hành thế nào rồi?

즈 안 머이 당 드억 띠엔 하잉 테 나오 조이?

업무 지시에 대한 대답

언제까지 끝내면 됩니까?

Bao giờ thì tôi phải làm xong?

바오 저 티 또이 파이 람 썽?

지금 하는 중입니다.

Bây giờ tôi đang làm.

버이 저 또이 당 람

문제없습니다.

Không có vấn đề gì.

콩 꺼 번 데 지

걱정 마세요.

Anh đừng lo.

아잉 등 러

확인해 주시길 기다리고 있습니다.

Tôi đang đợi anh kiểm tra.

또이 당 더이 아잉 끼엠 짜

필요한 것이 있으면 연락 주세요.

Nếu anh cần gì xin hãy liên lạc với tôi.

네우 아잉 껀 지 씬 하이 리엔 락 버이 또이

우리는 부장님의 결정을 기다리고 있습니다.

Chúng tôi đang đợi quyết định của trưởng phòng.

쭝 또이 당 더이 꾸이엗 딩 꾸어 쯔엉 펑

외근 & 기타

그는 업무차 호찌민에 갔다.

Anh ấy đã đi thành phố Hồ Chí Minh vì công việc.

아잉 어이 다 디 타잉 포 호 찌 밍 브이 꽁 비엑

그는 고객을 만나러 갔어요.

Anh ấy đã đi gặp khách hàng.

아잉 어이 다 디 갑 카익 항

오늘 거래처에 들러야 해요.

Hôm nay tôi phải ghé qua đối tác.

홈 나이 또이 파이 개 꾸아 도이 딱

제가 요즘 그의 업무를 대신하고 있어요.

Dạo này tôi đang làm thay việc của anh ấy.

자오 나이 또이 당 람 타이 비엑 꾸어 아잉 어이

나중에 전화할게. 지금 업무 중이야.

Mình sẽ gọi lại sau. Bây giờ mình đang làm việc.

밍 쌔 거이 라이 싸우. 버이 저 밍 당 람 비엑

저는 임시직으로 일하고 있어요.

Tôi đang làm công việc tạm thời.

또이 당 람 꽁 비엑 땀 터이

근무 조건

토요일은 오전만 근무합니다.

Thứ bảy tôi chỉ làm việc buổi sáng.

트 바이 또이 찌 람 비엑 부오이 쌍

주 5일 근무합니다.

Tôi làm việc 5 ngày một tuần.

또이 람 비엑 남 응아이 몯 뚜언

저희는 업무 시간을 변경할 수 없어요.

Chúng tôi không thể thay đổi thời gian làm việc.

쭝 또이 콩 테 타이 도이 터이 잔 람 비엑

사무실에서는 정장을 입어야 합니다.

Anh phải mặc trang phục công sở ở văn phòng.

아잉 파이 막 짱 푹 꽁 써 어 반 펑

점심시간은 한 시간입니다.

Thời gian ăn trưa là một tiếng.

터이 잔 안 쯔어 라 몯 띠엥

업무 시간이 자유로워요.

Thời gian làm việc rất tự do.

터이 잔 람 비엑 젇 뜨 저

급여 ①

월급날이 언제예요?

Ngày lĩnh lương là bao giờ vậy?

응아이 링 르엉 라 바오 저 버이?

평균 월급이 어떻게 되나요?

Lương tháng trung bình là bao nhiêu ạ?

르엉 탕 쭝 빙 라 바오 니에우 아?

월급날이 다가오고 있다.

Ngày lĩnh lương đang đến gần.

응아이 링 르엉 당 덴 건

어제 월급을 탔어. 오늘은 내가 쏠게.

Hôm qua mình đã lĩnh lương. Hôm nay mình sẽ trả tiền.

홈 꾸아 밍 다 링 르엉. 홈 나이 밍 쌔 짜 띠엔

내 월급은 쥐꼬리만 해요.

Lương của tôi ba cọc ba đồng.

르엉 꾸어 또이 바 껍 바 동

내 월급으로 생활하기 빠듯해요.

Sinh hoạt bằng lương tháng của tôi khá chật vật.

씽 호앋 방 르엉 탕 꾸어 또이 카 쩓 벋

급여 ②

월급을 올려 달라고 하고 싶어.

Tôi muốn yêu cầu tăng lương.
또이 무온 이에우 꺼우 땅 르엉

이번 달부터 월급이 올랐어요.

Lương đã tăng kể từ tháng này.
르엉 다 땅 께 뜨 탕 나이

월급이 높은 만큼 일도 많아.

Lương cao thì việc cũng nhiều.
르엉 까오 티 비엑 꿍 니에우

최근에 최저 임금이 올랐다.

Gần đây lương tối thiểu đã tăng.
건 더이 르엉 또이 티에우 다 땅

그의 월급이 삭감됐다.

Lương của anh ấy đã bị trừ.
르엉 꾸어 아잉 어이 다 비 쯔

제안하신 급여가 너무 낮아요.

Mức lương ông đề xuất quá thấp.
믁 르엉 옹 데 쑤얻 꾸아 텁

세금은 매달 월급에서 공제됩니다.

Tiền thuế được trừ vào lương hàng tháng.
띠엔 투에 드억 쯔 바오 르엉 항 탕

꼭! 짚고 가기

베트남의 직장 문화

베트남 회사의 근무 시간은 보통 오전 8시부터 오후 5시까지입니다. 점심시간에는 식사 후 일반적으로 낮잠을 즐기는 등 휴식을 취합니다. 날씨가 더운 베트남의 특성상 점심 낮잠은 자연스러운 문화입니다. 또한, 베트남의 직장인들은 대부분 정시에 퇴근합니다. 일이 남아서 잔업을 하기도 하지만 불필요한 눈치를 보느라 퇴근을 하지 못하는 경우는 매우 드뭅니다. 따라서 대부분의 직장인들은 제때 퇴근을 한 후, 저녁 시간을 가족과 함께 하거나 친구와 약속을 잡는 등 여가를 즐길 수 있는 삶을 누린다고 볼 수 있습니다.

직장 내의 호칭은 '대리', '과장'과 같은 직급보다는 anh 아잉(젊은 남성, 형, 오빠), chị 찌(젊은 여성, 누나, 언니), em 앰(손아랫사람, 동생)과 같이 좀 더 사적이면서 친밀감이 느껴질 수 있는 호칭으로 부르는 경우가 많습니다.

상여금

나는 1년에 두 번 상여금을 받아요.

Tôi được thưởng hai lần 1 năm.

또이 드억 트엉 하이 런 몯 남

그는 특별 상여금을 받았다.

Anh ấy đã nhận được tiền thưởng đặc biệt.

아잉 어이 다 년 드억 띠엔 트엉 닥 비엩

구정 보너스를 받았어요.

Tôi đã nhận được tiền thưởng Tết.

또이 다 년 드억 띠엔 트엉 뗻

상여금을 무엇에 쓸 거야?

Em sẽ tiêu tiền thưởng vào việc gì?

앰 쌔 띠에우 띠엔 트엉 바오 비엑 지?

우리 회사는 올해 보너스를 없앴어.

Công ty chúng tôi đã cắt thưởng của năm nay.

꽁 띠 쭝 또이 다 깓 트엉 꾸어 남 나이

수익이 좋아야 상여금이 나와요.

Doanh thu có tốt thì mới có thưởng.

조아잉 투 꺼 똗 티 머이 꺼 트엉

출장

그는 출장 중이에요.

Anh ấy đang đi công tác.

아잉 어이 당 디 꽁 딱

다음 주에 출장 갑니다.

Tuần sau tôi sẽ đi công tác.

뚜언 싸우 또이 쌔 디 꽁 딱

한 달간 해외 출장을 가게 됐습니다.

Tôi sẽ đi công tác nước ngoài trong một tháng.

또이 쌔 디 꽁 딱 느억 응오아이 쩡 몯 탕

이 호텔은 출장으로 온 사람들에게 적당해요.

Khách sạn này vừa phải với những người đến công tác.

카익 싼 나이 브어 파이 버이 니응 응으어이 덴 꽁 딱

유럽 출장은 어땠어요?

Chuyến công tác châu Âu thế nào?

쭈이엔 꽁 딱 쩌우 어우 테 나오?

지난주에 사장님을 수행하여 출장을 갔습니다.

Tuần trước tôi đã tháp tùng giám đốc đi công tác.

뚜언 쯔억 또이 다 탑 뚱 잠 돕 디 꽁 딱

đi công tác 디 꽁 딱 출장가다
chuyến công tác 쭈이엔 꽁 딱 출장

스트레스 & 불만

요즘 저는 극심한 피로를 느껴요.

Dạo gần đây tôi cảm thấy
vô cùng mệt mỏi.

자오 건 더이 또이 깜 터이 보 꿍 멛 머이

이 모든 스트레스가 내 건강을 해치고
있어.

Tất cả những căng thẳng
này đang làm tổn hại sức
khỏe của tôi.

떧 까 니응 깡 탕 나이 당 람 똔 하이 씈 코애
꾸어 또이

이것은 제 일이 아닙니다.

Đây không phải là việc của
tôi.

더이 콩 파이 라 비엑 꾸어 또이

더는 못 참겠어요. 이런 식으로는 일할
수 없어요.

Không thể chịu đựng thêm
được nữa. Tôi không thể
làm việc theo kiểu này được.

콩 테 찌우 등 템 드억 느어. 또이 콩 테 람 비엑
태오 끼에우 나이 드억

스트레스 때문에 병날 것 같아.

Chắc em sẽ phát bệnh vì
căng thẳng mất.

짝 앰 쌔 팓 베잉 브이 깡 탕 멛

스트레스는 어떻게 관리하세요?

Anh quản lý căng thẳng
như thế nào?

아잉 꾸안 리 깡 탕 니으 테 나오?

회사 동료에 대해 말할 때

그와 일하는 건 어때?

Làm việc với anh ấy thế
nào?

람 비엑 버이 아잉 어이 테 나오?

새로 온 신입 사원은 어때?

Nhân viên mới vào thế nào?

년 비엔 머이 바오 테 나오?

그는 일처리가 조금 늦어.

Anh ấy xử lý công việc hơi
chậm.

아잉 어이 쓰 리 꽁 비엑 허이 쩜

그는 일 중독자야.

Anh ấy là người nghiện
công việc.

아잉 어이 라 응으어이 응이엔 꽁 비엑

그는 남을 험담하는 것을 좋아해요.

Anh ấy thích nói xấu người
khác.

아잉 어이 틱 너이 써우 응으어이 칵

그는 성실하고 일을 잘해.

Anh ấy chăm chỉ và làm
việc giỏi.

아잉 어이 짬 찌 바 람 비엑 저이

회사 동료들은 그녀를 많이 존경해요.

Các đồng nghiệp công ty
rất kính trọng cô ấy.

깍 동 응이엡 꽁 띠 젇 낑 쩡 꼬 어이

승진

당신은 승진할 만해요.

Anh xứng đáng được thăng
chức.

아잉 쓩 당 드억 탕 쯕

이번에 승진할 수 있을 것 같아?

Lần này liệu anh có được
thăng chức không?

런 나이 리에우 아잉 꺼 드억 탕 쯕 콩?

내년에는 승진하시길 바랍니다.

Chúc anh năm sau sẽ được
thăng chức.

쭉 아잉 남 싸우 쌔 드억 탕 쯕

승진하면 월급도 따라 오른다.

Nếu được thăng chức thì
lương cũng tăng theo.

네우 드억 탕 쯕 티 르엉 꿍 땅 태오

나는 열심히 일해서 승진했다.

Tôi đã được thăng chức vì
làm việc chăm chỉ.

또이 다 드억 탕 쯕 브이 람 비엑 짬 찌

나는 작은 실수로 승진의 기회를 놓쳤다.

Tôi đã bỏ lỡ cơ hội thăng
chức vì sai sót nhỏ.

또이 다 버 러 꺼 호이 탕 쯕 브이 싸이 썯 녀

회의 시작

회의 시작합시다.

Bắt đầu họp thôi.

받 더우 헙 토이

회의의 주요 의제부터 시작할까요?

Chúng ta bắt đầu từ vấn đề
chính của cuộc họp nhé?

쭝 따 받 더우 뜨 번 데 찡 꾸어 꾸옥 헙 내?

안건은 다음과 같습니다.

Các vấn đề cần xem xét
như sau.

깍 번 데 껀 쌤 쌛 니으 싸우

각각의 안건에 대해 20분간 논의할
것입니다.

Chúng ta sẽ thảo luận 20
phút về mỗi vấn đề.

쭝 따 쌔 타오 루언 하이 므어이 풀 베 모이 번 데

오늘 회의는 짧게 할 생각입니다.

Tôi nghĩ cuộc họp hôm nay
sẽ ngắn thôi.

또이 응이 꾸옥 헙 홈 나이 쌔 응안 토이

주간 회의는 월요일 아침에 한다.

Cuộc họp hàng tuần của
công ty diễn ra vào sáng
thứ hai.

꾸옥 헙 항 뚜언 꾸어 꽁 띠 지엔 자 바오 쌍
트 하이

---

thăng chức 탕 쯕 승진하다

회의 진행

다음 안건은 무엇인가요?

Vấn đề tiếp theo là gì?

번 데 띠엡 태오 라 지?

주목해 주시겠어요?

Xin hãy tập trung.

씬 하이 떱 쭝

그것에 대해 한번 얘기해 보세요.

Anh thử phát biểu ý kiến về việc đó đi.

아잉 트 팥 비에우 이 끼엔 베 비엑 더 디

돌아가면서 의견을 냅시다.

Chúng ta sẽ lần lượt đưa ra ý kiến.

쭝 따 쌔 런 르얻 드어 자 이 끼엔

질문 있는 분 계십니까?

Có ai có câu hỏi không?

꺼 아이 꺼 꺼우 허이 콩?

이 의견에 찬성하십니까?

Anh tán thành với ý kiến này không?

아잉 딴 타잉 버이 이 끼엔 나이 콩?

이에 대한 의견 있습니까?

Anh có ý kiến về điều này không?

아잉 꺼 이 끼엔 베 디에우 나이 콩?

회의 마무리

이만 회의를 마무리 지을까요?

Chúng ta kết thúc buổi họp tại đây nhé?

쭝 따 껠 툭 부오이 헙 따이 더이 내?

나중에 답변해 드려도 될까요?

Tôi trả lời sau có được không?

또이 짜 러이 싸우 꺼 드억 콩?

오늘의 주제는 모두 다루었습니다.

Chúng ta đã đề cập đến tất cả các chủ đề của hôm nay.

쭝 다 다 데 껍 덴 떧 까 깍 쭈 데 꾸어 홈 나이

그 안건은 다음으로 미뤄야겠습니다.

Chúng ta sẽ để nội dung đó vào lần sau.

쭝 따 쌔 데 노이 중 더 바오 런 싸우

회의록을 작성해 주세요.

Hãy viết biên bản cuộc họp cho tôi.

하이 비엩 비엔 반 꾸옥 헙 쩌 또이

회의가 끝났습니다.

Cuộc họp đã kết thúc.

꾸옥 헙 다 껠 툭

다음 회의 날짜를 정합시다.

Chúng ta hãy chọn ngày họp tiếp theo nhé.

쭝 따 하이 쩐 응아이 헙 띠엡 태오 내

휴가 ①

흐엉은 휴가 중이에요.

Hương đang nghỉ phép.

흐엉 당 응이 팹

그는 휴가 중이라 연락이 안 돼요.

Anh ấy đang nghỉ phép nên không liên lạc được.

아잉 어이 당 응이 팹 넨 콩 리엔 락 드억

제 상사는 휴가를 떠났어요.

Sếp của tôi đã đi nghỉ phép.

쎕 꾸어 또이 다 디 응이 팹

네 휴가는 언제부터야?

Kỳ nghỉ phép của em từ bao giờ thế?

끼 응이 팹 꾸어 앰 뜨 바오 저 테?

휴가 동안 무엇을 할 건가요?

Trong thời gian nghỉ phép anh sẽ làm gì?

쩡 터이 잔 응이 팹 아잉 쌔 람 지?

내 휴가는 내일부터 3일 동안이다.

Kỳ nghỉ phép của em là 3 ngày bắt đầu từ ngày mai.

끼 응이 팹 꾸어 앰 라 바 응아이 밭 더우 뜨 응아이 마이

저 다음 주에 휴가 내도 될까요?

Tôi có thể xin nghỉ phép tuần sau được không?

또이 꺼 테 씬 응이 팹 뚜언 싸우 드억 콩?

휴가 ②

지금 당신이 휴가 중인 건 알지만 문제가 생겨서요.

Tôi biết anh đang nghỉ phép nhưng vì có vấn đề xảy ra.

또이 비엩 아잉 당 응이 팹 니응 브이 꺼 번 데 싸이 자

나는 휴가 중에도 회사와 연락을 해야만 했다.

Mình đang nghỉ phép mà vẫn phải liên lạc với công ty.

밍 당 응이 팹 마 번 파이 리엔 락 버이 꽁 띠

일이 많아서 휴가가 미뤄졌다.

Công việc của em nhiều quá nên kỳ nghỉ phép bị hoãn lại.

꽁 비엑 꾸어 앰 니에우 꾸아 넨 끼 응이 팹 비 호안 라이

휴가가 끝나고 사무실로 복귀했어요.

Tôi đã kết thúc kỳ nghỉ phép và quay trở lại công ty.

또이 다 껱 툭 끼 응이 팹 바 꾸아이 쩌 라이 꽁 띠

상사에게 휴가를 달라고 설득 중이다.

Tôi đang thuyết phục sếp cho nghỉ phép.

또이 당 투이엩 푹 쎕 쩌 응이 팹

즐거운 휴가 보내세요!

Anh nghỉ phép vui vẻ nhé!

아잉 응이 팹 부이 배 내!

316

휴가 기타

저는 오늘 아파서 휴가를 냈어요.

Hôm nay tôi bị ốm nên đã
xin nghỉ.
홈 나이 또이 비 옴 넨 다 씬 응이

그는 병가 중이다.

Anh ấy đang nghỉ phép vì
bị ốm.
아잉 어이 당 응이 팹 브이 비 옴

흐엉은 출산 휴가 중이에요.

Hương đang nghỉ thai sản.
흐엉 당 응이 타이 싼

출산 휴가는 몇 개월인가요?

Nghỉ thai sản được mấy
tháng ạ?
응이 타이 싼 드억 머이 탕 아?

전 지금 휴직 상태예요.

Tôi đang nghỉ phép dài hạn.
또이 당 응이 팹 자이 한

여행을 가기 위해 휴직할 거야.

Tôi sẽ nghỉ phép dài hạn để
đi du lịch.
또이 쌔 응이 팹 자이 한 데 디 주 릭

거래처 방문

거래처와 미팅이 있어요.

Tôi đang họp với đối tác.
또이 당 헙 버이 도이 딱

제 명함입니다.

Đây là danh thiếp của tôi.
더이 라 자잉 티엡 꾸어 또이

흐엉 씨를 만나러 왔습니다.

Tôi đến để gặp chị Hương.
또이 덴 데 갑 찌 흐엉

흐엉 씨가 곧 나오실 겁니다.

Chị Hương sẽ ra ngay đây.
찌 흐엉 쌔 자 응아이 더이

무슨 일로 오셨어요?

Anh đến có việc gì?
아잉 덴 꺼 비엑 지?

약속하고 오셨어요?

Anh đã hẹn trước chưa?
아잉 다 핸 쯔억 쯔어?

들어가 보세요.

Anh thử đi vào xem.
아잉 트 디 바오 쌤

앉으세요.

Xin mời ngồi.
씬 머이 응오이

---

nghỉ thai sản 응이 타이 싼 출산 휴가

\# 저는 홍보 담당자입니다.

Tôi là người phụ trách
quảng bá.

또이 라 응으어이 푸 짜익 꾸앙 바

\# 저희 회사의 최신 브로슈어입니다.

Đây là tài liệu giới thiệu mới
nhất của công ty chúng tôi.

더이 라 따이 리에우 저이 티에우 머이 녇 꾸어
꽁 띠 쭝 또이

\# 저희 홈페이지를 보신 적 있나요?

Anh đã từng xem trang web
của chúng tôi chưa?

아잉 다 뜽 쌤 짱 웹 꾸어 쭝 또이 쯔어?

\# 카탈로그 좀 보여 주세요.

Cho tôi xem catalog.

쩌 또이 쌤 까 따 록

\# 자세한 내용은 저희 회사 웹 사이트를
참조하세요.

Nội dung chi tiết xin anh
tham khảo trang web của
công ty chúng tôi.

노이 중 찌 띠엗 씬 아잉 탐 카오 짱 웹 꾸어 꽁
띠 쭝 또이

\# 자세한 내용은 메일로 보내 주시겠어요?

Nội dung chi tiết anh có thể
gửi mail được không?

노이 중 찌 띠엗 아잉 꺼 테 그이 메오 드억 콩?

\# 주요 기능에 대해 설명해 드리겠습니다.

Tôi xin giới thiệu về những
tính năng chính.

또이 씬 저이 티에우 베 니응 띵 낭 찡

\# 제품의 세부적인 내용에 대해 설명해
드리겠습니다.

Tôi xin giới thiệu về nội
dung chi tiết của sản phẩm.

또이 씬 저이 티에우 베 노이 중 찌 띠엗 꾸어
싼 펌

\# 이것은 저희 회사에서 가장 잘 나가는
제품입니다.

Đây là sản phẩm bán chạy
nhất của công ty chúng tôi.

더이 라 싼 펌 반 짜이 녇 꾸어 꽁 띠 쭝 또이

\# 이것은 신제품입니다.

Đây là sản phẩm mới ạ.

더이 라 싼 펌 머이 아

\# 이건 저희 회사에서 개발한 기술입니다.

Đây là công nghệ do công
ty chúng tôi phát triển.

더이 라 꽁 응에 저 꽁 띠 쭝 또이 팓 찌엔

\# 이 기계는 가정용이에요.

Máy này dùng trong gia
đình ạ.

마이 나이 중 쩡 자 딩 아

상품 소개 ②

정말 튼튼한 제품입니다.

Đây là một sản phẩm rất
chắc chắn.

더이 라 몯 싼 펌 젇 짝 짠

이 제품은 성능도 좋고 가격도 합리적입니다.

Sản phẩm này tính năng tốt
mà giá cũng phải chăng.

싼 펌 나이 띵 낭 똗 마 자 꿍 파이 짱

이 브랜드는 한국인들에게 인기가 있습니다.

Thương hiệu này được
người Hàn Quốc rất yêu
thích.

트엉 히에우 나이 드억 응으어이 한 꾸옥 젇
이에우 틱

예를 들어 설명해 드리겠습니다.

Tôi sẽ lấy ví dụ để giải thích.

또이 쌔 러이 브이 주 데 자이 틱

문의 사항이 있으면 말씀해 주세요.

Xin mời các câu hỏi.

씬 머이 깍 꺼우 허이

품질을 보장합니다.

Chúng tôi bảo đảm về chất
lượng.

쭝 또이 바오 담 베 쩓 르엉

상담

상품을 결정하는 데 조언이 필요해요.

Tôi cần lời khuyên để quyết
định mua sản phẩm.

또이 껀 러이 쿠이엔 데 꾸이엗 딩 무어 싼 펌

가격이 제일 중요해요.

Giá cả là quan trọng nhất.

자 까 라 꾸안 쩡 녇

개당 가격이 얼마인가요?

Giá mỗi chiếc là bao nhiêu?

자 모이 찌엑 라 바오 니에우?

이 상품의 최소 주문 수량이 얼마입니까?

Số lượng đặt hàng tối thiểu
của sản phẩm này là bao
nhiêu?

쏘 르엉 닫 항 또이 티에우 꾸어 싼 펌 나이 라
바오 니에우?

2천 개를 주문하고 싶은데요.

Tôi muốn đặt 2 ngàn chiếc.

또이 무온 닫 하이 응안 찌엑

품질 보증 기간 동안, 고장이 날 경우 수리 비용은 무료입니다.

Trong thời gian bảo hành,
nếu xảy ra hỏng hóc thì
quý khách được sửa miễn
phí.

쩡 터이 잔 바오 하잉, 네우 싸이 자 헝 헙 티
꾸이 카익 드억 쓰어 미엔 피

주문

주문하고 싶습니다.

Tôi muốn đặt hàng.

또이 무온 닫 항

주문을 변경하고 싶습니다.

Tôi muốn thay đổi hàng đã đặt.

또이 무온 타이 도이 항 다 닫

지난번 잘못 주문한 것을 취소하고 싶습니다.

Tôi muốn hủy sản phẩm đặt nhầm lần trước.

또이 무온 후이 싼 펌 닫 념 런 쯔억

배송은 얼마나 걸리나요?

Thời gian vận chuyển mất bao lâu?

터이 잔 번 쭈이엔 먿 바오 러우?

배송비는 별도입니다.

Chi phí vận chuyển tính riêng.

찌 피 번 쭈이엔 띵 지엥

인터넷으로 주문하실 수 있습니다.

Anh có thể đặt hàng qua mạng.

아잉 꺼 테 닫 항 꾸아 망

결정하시면 연락 주시기 바랍니다.

Khi nào anh quyết định xin hãy liên lạc với tôi.

키 나오 아잉 꾸이엗 딩 씬 하이 리엔 락 버이 또이

협상

더 싸게는 안 되나요?

Không thể rẻ hơn sao?

콩 테 재 헌 싸오?

가격은 수량에 따라 달라집니다.

Giá cả thay đổi tùy theo số lượng.

자 까 타이 도이 뚜이 태오 쏘 르엉

2천 개 이상 주문하시면 10% 할인해 드립니다.

Nếu anh đặt hàng trên 2 ngàn chiếc thì chúng tôi sẽ giảm 10%.

네우 아잉 닫 항 쩬 하이 응안 찌엑 티 쭝 또이 쌔 잠 므어이 펀 짬

이것이 저희가 제시할 수 있는 최선의 조건입니다.

Đây là điều kiện tốt nhất mà chúng tôi có thể đưa ra.

더이 라 디에우 끼엔 똗 녇 마 쭝 또이 꺼 테 드어 자

이번 주중으로 답변 드리겠습니다.

Tôi sẽ trả lời trong tuần này.

또이 쌔 짜 러이 쩡 뚜언 나이

배송

주문하신 상품을 받으셨나요?

Anh đã nhận được sản phẩm đặt hàng chưa?

아잉 다 년 드억 싼 펌 닫 항 쯔어?

다음 주 월요일까지 납품 가능한가요?

Anh có thể giao hàng vào thứ hai tuần sau không?

아잉 꺼 테 자오 항 바오 트 하이 뚜언 싸우 콩?

언제 납품을 받을 수 있나요?

Khi nào tôi có thể nhận được hàng?

키 나오 또이 꺼 테 년 드억 항?

내일까지 납품하겠습니다.

Tôi sẽ giao hàng vào ngày mai.

또이 쌔 자오 항 바오 응아이 마이

영업일 기준 5일 내로 배송될 예정입니다.

Hàng sẽ được chuyển đến trong vòng 5 ngày làm việc.

항 쌔 드억 쭈이엔 덴 쩡 벙 남 응아이 람 비엑

통관 수속에 따라 배송이 지연될 수 있습니다.

Việc vận chuyển có thể bị chậm do thủ tục hải quan.

비엑 번 쭈이엔 꺼 테 비 쩜 저 투 뚭 하이 꾸안

클레임

주문한 것을 아직도 못 받았어요.

Tôi vẫn chưa nhận được hàng đã đặt.

또이 번 쯔어 년 드억 항 다 닫

제가 주문한 것과는 다른 제품을 받았어요.

Tôi đã nhận được sản phẩm khác với sản phẩm đã đặt.

또이 다 년 드억 싼 펌 칵 버이 싼 펌 다 닫

상품이 파손되었어요.

Sản phẩm đã bị hỏng.

싼 펌 다 비 헝

귀사의 제품에 문제가 하나 있습니다.

Có một vấn đề ở sản phẩm của quý công ty.

꺼 몯 번 데 어 싼 펌 꾸어 꾸이 꽁 띠

상품 교환 가능한가요?

Tôi có thể đổi sản phẩm không?

또이 꺼 테 도이 싼 펌 콩?

환불해 주십시오.

Hãy hoàn tiền cho tôi.

하이 호안 띠엔 쩌 또이

책임자와 이야기를 나누고 싶은데요.

Tôi muốn nói chuyện với người phụ trách.

또이 무온 너이 쭈이엔 버이 응으어이 푸 짜익

해고

저 해고되었어요.

Tôi đã bị sa thải.

또이 다 비 싸 타이

큰 실수를 저질러서 해고당했어요.

Tôi đã phạm sai sót lớn nên
bị sa thải.

또이 다 팜 싸이 썰 런 넨 비 싸 타이

사장은 타당한 이유 없이 나를 해고했다.

Giám đốc đã sa thải tôi mà
không có lý do chính đáng.

쟘 돕 다 싸 타이 또이 마 콩 꺼 리 저 찡 당

타당한 이유 없이 직원을 해고할 수 없어요.

Không thể sa thải nhân
viên mà không có lý do
chính đáng.

콩 테 싸 타이 년 비엔 마 콩 꺼 리 저 찡 당

한 번 더 실수하면 해고야.

Anh sẽ bị đuổi việc nếu
phạm lỗi thêm một lần nữa.

아잉 쌔 비 두오이 비엑 네우 팜 로이 템 몯 런
느어

회사가 어려움에 처하면 구조 조정을 할 수 있어요.

Nếu công ty gặp khó khăn
thì sẽ có thể cắt giảm nhân
sự.

네우 꽁 띠 갑 커 칸 티 쌔 꺼 테 깓 잠 년 쓰

퇴직

정년 퇴직을 계획하고 있어요.

Tôi đang có kế hoạch nghỉ
hưu.

또이 당 꺼 께 호아익 응이 흐우

그는 퇴직한 후에 한가하게 지냈다.

Anh ấy đã sống an nhàn
sau khi nghỉ hưu.

아잉 어이 다 쏭 안 난 싸우 키 응이 흐우

퇴직자들은 연금을 받아요.

Những người về hưu được
nhận lương hưu.

니응 응으어이 베 흐우 드억 년 르엉 흐우

일을 그만두고 싶어요.

Tôi muốn nghỉ việc.

또이 무온 응이 비엑

사표를 냈어요.

Tôi đã nộp đơn thôi việc.

또이 다 놉 던 토이 비엑

우리는 퇴직을 대비해서 저축해야 해요.

Chúng tôi phải tiết kiệm để
chuẩn bị cho nghỉ hưu.

쭝 또이 파이 띠엗 끼엠 데 쭈언 비 쩌 응이 흐우

기타

저는 이직하고 싶어요.

Tôi muốn chuyển công ty.

또이 무온 쭈이엔 꽁 띠

이 일은 전망이 없어요.

Công việc này không có
triển vọng.

꽁 비엑 나이 콩 꺼 찌엔 벙

저에게 이 일이 잘 안 맞는 것 같아요.

Công việc này có vẻ không
phù hợp với tôi.

꽁 비엑 나이 꺼 배 콩 푸 헙 버이 또이

이건 직업병이에요.

Đây là bệnh nghề nghiệp.

더이 라 베잉 응에 응이엡

그건 힘든 직업이에요.

Đó là nghề nghiệp khá vất
vả.

더 라 응에 응이엡 카 벋 바

진로를 완전히 바꾸기로 결정했어요.

Tôi đã quyết định thay đổi
hoàn toàn hướng đi của
mình.

또이 다 꾸이엗 딩 타이 도이 호안 또안 흐엉 디
꾸어 밍

구직

요즘 일자리를 알아보고 있어요.

Gần đây tôi đang tìm việc.

건 더이 또이 당 띰 비엑

마음에 드는 일자리가 없어요.

Không có công việc nào
vừa ý tôi.

콩 꺼 꽁 비엑 나오 브어 이 또이

웹 사이트의 구인 광고를 보고
전화했어요.

Tôi đã xem quảng cáo tìm
người trên website và gọi
điện.

또이 다 쌤 꾸앙 까오 띰 응으어이 쩬 웹 싸이
바 거이 디엔

이 자리에 지원하고 싶은데요.

Tôi muốn ứng tuyển vào vị
trí này.

또이 무온 응 뚜이엔 바오 브이 찌 나이

경력자를 우대하나요?

Có ưu tiên người có kinh
nghiệm không ạ?

꺼 으우 띠엔 응으어이 꺼 낑 응이엠 콩 아?

면접은 언제 보나요?

Bao giờ sẽ phỏng vấn ạ?

바오 저 쌔 펑 번 아?

저 채용되었어요.

Tôi đã được tuyển dụng.

또이 다 드억 뚜이엔 중

---

bệnh nghề nghiệp 베잉 응에 응이엡 **직업병**

이력서

이력서를 여러 회사에 제출했어.

Tôi đã nộp sơ yếu lý lịch
vào nhiều công ty.
또이 다 놉 써 이에우 리 릭 바오 니에우 꽁 띠

이력서엔 무슨 내용을 써야 하니?

Phải viết nội dung gì trong
sơ yếu lý lịch?
파이 비엗 노이 중 지 쩡 써 이에우 리 릭?

이력서에는 직업과 관련된 경력 사항을
기재합니다.

Ghi những kinh nghiệm có
liên quan đến nghề nghiệp
trong sơ yếu lý lịch.
기 니응 낑 응이엠 꺼 리엔 꾸안 덴 응이엡
쩡 써 이에우 리 릭

회사는 보통 이메일로 이력서를 받는다.

Công ty thường nhận sơ
yếu lý lịch qua email.
꽁 띠 트엉 년 써 이에우 리 릭 꾸아 이메오

이력서를 다시 써야겠어.

Tôi phải viết lại sơ yếu lý
lịch mới được.
또이 파이 비엗 라이 써 이에우 리 릭 머이 드억

내일 이력서를 제출해야 해.

Ngày mai tôi phải nộp sơ
yếu lý lịch.
응아이 마이 또이 파이 놉 써 이에우 리 릭

면접 예상 질문 ①

본인에 대해 소개해 보세요.

Anh hãy giới thiệu về mình.
아잉 하이 저이 티에우 베 밍

좀 더 구체적으로 말해 보세요.

Anh hãy nói cụ thể hơn.
아잉 하이 너이 꾸 테 헌

본인의 장점과 단점은 무엇이라고
생각합니까?

Anh thấy điểm mạnh và
điểm yếu của bản thân là
gì?
아잉 터이 디엠 마잉 바 디엠 이에우 꾸어 반
턴 라 지?

왜 이 직무에 지원했나요?

Tại sao anh xin vào chức vụ
này?
따이 싸오 아잉 씬 바오 쯕 부 나이?

할 줄 아는 외국어가 있나요?

Anh có biết ngoại ngữ
không?
아잉 꺼 비엗 응오아이 응으 콩?

왜 우리 회사에 지원했습니까?

Tại sao anh xin việc ở công
ty chúng tôi?
따이 싸오 아잉 씬 비엑 어 꽁 띠 쭝 또이?

전 직장을 그만둔 이유는 무엇입니까?

Lý do anh nghỉ việc ở công
ty trước là gì?
리 저 아잉 응이 비엑 어 꽁 띠 쯔억 라 지?

면접 예상 질문 ②

우리 회사에 대해 아는 것을 말해 보세요.

Anh hãy nói những gì mình biết về công ty chúng tôi.

아잉 하이 너이 니응 지 밍 비엗 베 꽁 띠 쭝 또이

연봉은 어느 정도를 원하십니까?

Anh muốn mức lương là bao nhiêu?

아잉 무온 믁 르엉 라 바오 니에우?

언제부터 일할 수 있습니까?

Anh có thể làm việc từ bao giờ?

아잉 꺼 테 람 비엑 뜨 바오 저?

왜 우리 회사가 당신을 뽑아야 한다고 생각하나요?

Anh nghĩ tại sao công ty chúng tôi phải tuyển dụng anh?

아잉 응이 따이 싸오 꽁 띠 쭝 또이 파이 뚜이엔 중 아잉?

야근을 자주 할 수 있습니까?

Anh có thể thường xuyên làm thêm giờ không?

아잉 꺼 테 트엉 쑤이엔 람 템 저 콩?

마지막으로 하고 싶은 이야기가 있나요?

Anh muốn nói điều gì cuối cùng không?

아잉 무온 너이 디에우 지 꾸오이 꿍 콩?

꼭! 짚고 가기

구인 공고 관련 단어

베트남의 구직자들이 많이 이용하는 구직 사이트로는 Vietnamworks, Vn.indeed 등이 있는데요. 기업의 구인 공고에 자주 등장하는 채용 정보 관련 단어를 살펴보겠습니다.

- 분야   ngành nghề 응아잉 응에
- 학력(학위)   học lực 헙 륵
- 경력   kinh nghiệm làm việc 낑 응이엠 람 비엑
- 근무지   nơi làm việc 너이 람 비엑
- 업무 내용   mô tả công việc 모 따 꽁 비엑
- 고용 형태   hình thức 힝 특
- 근무 시간   thời gian làm việc 터이 잔 람 비엑
- 복지   phúc lợi 푹 러이
- 자격 요건   yêu cầu công việc 이에우 꺼우 꽁 비엑
- 경력자 우대   ưu tiên người có kinh nghiệm 으우 띠엔 응으어이 꺼 낑 응이엠
- 경력 무관   không yêu cầu kinh nghiệm 콩 이에우 꺼우 낑 응이엠
- 연령 무관   không giới hạn tuổi 콩 저이 한 뚜오이
- 남녀 무관   không phân biệt nam/nữ 콩 펀 비엗 남/느
- 영어 능숙   thành thạo tiếng Anh 타잉 타오 띠엥 아잉
- 오피스 프로그램 능숙   thành thạo tin học văn phòng 타잉 타오 띤 헙 반 펑

Chương 10

여행을 떠나요!

Chương 10

Sân bay và Giao thông 썬 바이 바 자오 통 공항＆교통

sân bay 썬 바이 n. 공항	**máy bay** 마이 바이 n. 비행기	**vé máy bay** 배 마이 바이 n. 항공권 **hộ chiếu** 호 찌에우 n. 여권
	xuất phát 쑤얼 팥 v. 출발하다	**đến nơi** 덴 너이 v. 도착하다
	cất cánh 껕 까잉 v. 이륙하다	**hạ cánh** 하 까잉 v. 착륙하다
chỗ ngồi 쪼 응오이 n. 좌석	**hành lý** 하잉 리 n. 짐, 수하물	**cổng kiểm tra an ninh** 꽁 끼엠 짜 안 닝 n. 검색대
giao thông 자오 통 n. 교통	**quầy bán vé** 꾸어이 반 배 n. 매표소	**nơi đến** 너이 덴 n. 목적지
đổi tàu 도이 따우 v. 환승하다	**tàu hỏa** 따우 호아 n. 기차	**xe buýt** 쌔 부잍 n. 버스
tắc xi 딱 씨 n. 택시	**xe máy** 쌔 마이 n. 오토바이	**thuyền** 투이엔 n. 배, 선박

328

du lịch 주 릭 v. 관광하다 **chuyến du lịch** 쭈이엔 주 릭 n. 여행	**nhà trọ** 냐 쩌 n. 숙박 시설	**đặt phòng** 닫 펑 v. 숙소를 예약하다
khách sạn 카익 싼 n. 호텔	**nhận phòng** 년 펑 v. 체크인하다	**trả phòng** 짜 펑 v. 체크아웃하다
phòng đôi 펑 도이 n. 더블룸	**phòng đơn** 펑 던 n. 싱글룸	**phòng vệ sinh** 펑 베 씽 n. 화장실
máy lạnh 마이 라잉 n. 냉방, 냉방 시설	**phòng tắm** 펑 땀 n. 샤워실	**khăn tắm** 칸 땀 n. 수건, 타월
ban công 반 꽁 n. 발코니	**bể bơi** 베 버이 n. 수영장	**giá cả** 자 까 n. 가격, 요금
quầy hướng dẫn du lịch 꾸어이 흐엉 전 주 릭 n. 관광 안내소	**hướng dẫn viên** 흐엉 전 비엔 n. 가이드	**bản đồ** 반 도 n. 지도
phố 포 n. 길, 거리	**quà** 꾸아 = **quà tặng** 꾸아 땅 n. 선물	**chụp ảnh** 쭙 아잉 v. 사진을 찍다

여행 계획

교통편 예약

여름 방학에 한 달 정도 여행을 떠나려고 해요.

Tôi định đi du lịch khoảng một tháng vào kỳ nghỉ hè.
또이 딩 디 주 릭 코앙 몯 탕 바오 끼 응이 해

어디로 갈지 정했어요?

Anh đã quyết định đi đâu chưa?
아잉 다 꾸이엔 딩 디 더우 쯔어?

해외 여행을 가려고 해요.

Tôi định đi du lịch nước ngoài.
또이 딩 디 주 릭 느억 응오아이

더위를 피해 시원한 지역으로 가고 싶어요.

Tôi muốn đến nơi mát mẻ để tránh nóng.
또이 무온 덴 너이 맏 매 데 짜잉 넝

일주일 동안 조용히 쉬다가 오고 싶어요.

Tôi muốn nghỉ ngơi yên tĩnh trong một tuần.
또이 무온 응이 응어이 이엔 띵 쩡 몯 뚜언

가 보지 않았던 지역에 가 보고 싶어요.

Tôi muốn đến nơi mà mình chưa từng đến.
또이 무온 덴 너이 마 밍 쯔어 뜽 덴

하노이로 가는 비행기를 예약하고 싶은데요.

Tôi muốn đặt vé máy bay đi Hà Nội.
또이 무온 닫 배 마이 바이 디 하 노이

언제 떠날 예정인가요?

Anh định xuất phát vào ngày nào?
아잉 딩 쑤언 팓 바오 응아이 나오?

11월 20일에서 23일 사이에 떠나고 싶어요.

Tôi muốn đi trong khoảng từ 20 đến 23 tháng 11.
또이 무온 디 쩡 코앙 뜨 하이 므어이 덴 하이 므어이 바 탕 므어이 몯

편도인가요 왕복인가요?

Vé một chiều hay vé khứ hồi ạ?
배 몯 찌에우 하이 배 크 호이 아?

하노이에서 호찌민까지 비행기로 얼마나 걸립니까?

Đi bằng máy bay từ Hà Nội đến thành phố Hồ Chí Minh hết bao lâu?
디 방 마이 바이 뜨 하 노이 덴 타잉 포 호 찌 밍 헫 바오 러우?

온라인으로 티켓을 찾아보는 게 더 편리해요.

Tìm vé trên mạng tiện hơn.
띰 배 쩬 망 띠엔 헌

예약 확인 & 변경

예약 사항을 확인하고 싶어요.

Tôi muốn kiểm tra thông tin đặt vé.

또이 무온 끼엠 짜 통 띤 닫 배

예약 날짜를 변경하고 싶습니다.

Tôi muốn thay đổi ngày đặt vé.

또이 무온 타이 도이 응아이 닫 배

예약 번호를 알려 주시겠습니까?

Anh có thể cho biết mã số đặt vé được không?

아잉 꺼 테 쩌 비엗 마 쏘 닫 배 드억 콩?

예약 취소 규정이 어떻게 되는지 알고 싶어요.

Tôi muốn biết quy định hủy vé là như thế nào.

또이 무온 비엗 꾸이 딩 후이 배 라 니으 테 나오

출발 이틀 전까지 취소할 수 있습니다.

Anh có thể hủy vé trước 2 ngày kể từ ngày xuất phát.

아잉 꺼 테 후이 배 쯔억 하이 응아이 께 뜨 응아이 쑤얻 팓

이 티켓은 환불이 불가합니다.

Vé này không được hoàn tiền.

배 나이 콩 드억 호안 띠엔

꼭! 짚고 가기

한국-베트남 외교 관계

1992년 12월 22일, 한국과 베트남은 공식적으로 외교 관계를 수립한 이후 정치, 경제, 문화 등 여러 분야에서 긴밀히 협력하며 관계를 발전시켜 왔습니다. 2001년 '21세기 포괄적 동반자 관계'를 선언하고, 2009년에는 이를 '전략적 협력 동반자 관계'로 격상했습니다. 특히 2022년에는 한-베 수교 30주년을 맞아 양국 관계를 '포괄적 전략 동반자 관계'로 한층 더 강화했습니다. 이는 베트남이 중국, 러시아, 인도에 이어 한국과 맺은 최고 수준의 외교 관계입니다.

양국의 경제 협력은 꾸준히 확대되어, 한국은 베트남의 3대 교역국이자 제1투자국으로 자리 잡았습니다. 관광 교류도 활발하여, 베트남 관광청에 따르면 2023년 베트남을 방문한 한국인 관광객은 360만 명으로 가장 많았고, 한국을 방문한 베트남 관광객도 약 42만 명에 달했습니다. 앞으로도 한국과 베트남의 관계는 더욱 돈독해질 것으로 기대됩니다.

여권

여권을 신청하려고 합니다.

Tôi muốn xin hộ chiếu.
또이 무온 씬 호 찌에우

제 여권이 만료되었어요.

Hộ chiếu của tôi đã hết hạn rồi.
호 찌에우 꾸어 또이 다 헫 한 조이

여권이 곧 만기되기 때문에 갱신해야 해요.

Vì hộ chiếu sắp hết hạn nên tôi phải làm mới.
브이 호 찌에우 쌉 헫 한 넨 또이 파이 람 머이

어디에서 여권을 발급받을 수 있나요?

Có thể xin cấp hộ chiếu ở đâu ạ?
꺼 테 씬 껍 호 찌에우 어 더우 아?

여권 발급하는 데 시간이 얼마나 걸리나요?

Mất bao lâu để cấp hộ chiếu ạ?
멛 바오 러우 데 껍 호 찌에우 아?

여권 발급할 때 뭐가 필요한가요?

Phải cần có những giấy tờ gì để được cấp hộ chiếu ạ?
파이 껀 꺼 니응 저이 떠 지 데 드억 껍 호 찌에우 아?

비자

베트남 비자를 신청하고 싶습니다.

Tôi muốn xin visa Việt Nam.
또이 무온 씬 비 자 비엗 남

한국인은 베트남에서 45일간 무비자로 체류할 수 있습니다.

Người Hàn Quốc được miễn visa Việt Nam trong 45 ngày.
응으어이 한 꾸옥 드억 미엔 비 자 비엗 남 쩡 본 므어이 람 응아이

단수 비자인가요 복수 비자인가요?

Visa nhập cảnh một lần hay visa nhập cảnh nhiều lần ạ?
비 자 녑 까잉 몯 런 하이 비 자 녑 까잉 니에우 런 아?

비자가 만기되기 전에 갱신하세요.

Anh phải gia hạn trước khi visa hết hạn.
아잉 파이 자 한 쯔억 키 비 자 헫 한

비자 연장을 신청하고 싶은데요.

Tôi muốn xin gia hạn visa.
또이 무온 씬 자 한 비 자

비자 발급은 얼마나 걸리죠?

Cấp visa mất bao lâu ạ?
껍 비 자 멛 바오 러우 아?

visa nhập cảnh một lần 비 자 녑 까잉 몯 런
단수 비자
visa nhập cảnh nhiều lần 비 자 녑 까잉 니에우 런
복수 비자

공항 가기

탑승 수속을 위해 출발 두 시간 전까지는 공항에 도착해야 합니다.

Anh phải đến sân bay trước hai tiếng để làm thủ tục.

아잉 파이 덴 썬 바이 쯔억 하이 띠엥 데 람 투 뚝

공항에는 여유 있게 도착하는 게 좋아요.

Nên đến sân bay sớm.

넨 덴 썬 바이 썸

노이바이 공항까지 어떻게 가죠?

Đi đến sân bay Nội Bài bằng cách nào?

디 덴 썬 바이 노이 바이 방 까익 나오?

시내에서 공항은 조금 멀어요.

Sân bay hơi xa thành phố một chút.

썬 바이 허이 싸 타잉 포 몯 쭏

공항까지 빨리 도착하려면 택시를 타는 게 좋을 거예요.

Nếu muốn đến sân bay nhanh thì nên đi tắc xi.

네우 무온 덴 썬 바이 냐잉 티 넨 디 딱 씨

공항 가는 버스는 어디서 타면 되나요?

Phải đứng ở đâu để bắt xe buýt đi sân bay ạ?

파이 등 어 더우 데 받 쌔 부읻 디 썬 바이 아?

베트남 관광 비자

한국 국적자는 관광이나 가족 방문 등의 목적으로 베트남을 방문할 경우 최대 45일까지 무비자로 체류가 가능합니다. 45일을 초과해서 체류해야 한다면 베트남 전자비자(e-visa)를 신청할 수 있으며, 전자비자를 발급받으면 최대 90일까지 체류가 가능합니다.

전자비자는 온라인으로 신청할 수 있으며, 비자 종류(단·복수)에 따라 비용이 다릅니다. 결과가 나오는 데까지 일반적으로 3일 정도 소요되지만, 만약을 대비하여 여유 있게 미리 신청하는 것이 좋습니다. 비자가 승인되면 이를 출력하여 베트남 입국심사 시 제출하면 됩니다.

(베트남 전자비자 신청 사이트 evisa.xuatnhapcanh.gov.vn/en_US/web/guest/khai-thi-thuc-dien-tu/cap-thi-thuc-dien-tu)

발권

베트남항공 카운터가 어디죠?

Quầy làm thủ tục của hãng hàng không Việt Nam ở đâu ạ?

꾸어이 람 투 뚝 꾸어 항 항 콩 비엔 남 어 더우 아?

여권을 보여 주세요.

Cho tôi xem hộ chiếu.

쩌 또이 쌤 호 찌에우

인터넷에서 체크인을 했어요.

Tôi đã làm thủ tục trực tuyến rồi.

또이 다 람 투 뚭 쯕 뚜이엔 조이

전자 티켓 예약 확인서 있으신가요?

Anh có giấy xác nhận đặt vé điện tử không?

아잉 꺼 저이 싹 년 닫 배 디엔 뜨 콩?

복도 쪽 좌석 부탁합니다.

Tôi muốn ngồi ghế ở phía lối đi.

또이 무온 응오이 게 어 피어 로이 디

체크인은 몇 시입니까?

Check-in lúc mấy giờ ạ?

쩩 인 룩 머이 저 아?

부치실 짐이 있으신가요?

Anh có hành lý ký gửi không?

아잉 꺼 하잉 리 끼 그이 콩?

탑승

탑승 수속은 언제 합니까?

Bao giờ phải làm thủ tục lên máy bay ạ?

바오 저 파이 람 투 뚝 렌 마이 바이 아?

베트남 항공 VN408 비행기는 몇 번 게이트에서 탑승하나요?

Chuyến bay VN408 của hãng hàng không Việt Nam lên ở cửa số mấy ạ?

쭈이엔 바이 브이 앤 본 콩 땀 꾸어 항 항 콩 비엔 남 렌 어 끄어 쏘 머이 아?

곧 탑승을 시작하겠습니다.

Quý khách sắp sửa lên máy bay.

꾸이 카익 쌉 쓰어 렌 마이 바이

탑승권을 미리 준비하시기 바랍니다.

Xin quý khách chuẩn bị sẵn thẻ lên tàu bay.

씬 꾸이 카익 쭈언 비 싼 태 렌 따우 바이

탑승권을 보여 주시겠습니까?

Anh cho tôi xem thẻ lên tàu bay được không?

아잉 쩌 또이 쌤 태 렌 따우 바이 드억 콩?

항공편 출발 시간이 30분 지연되었다.

Thời gian cất cánh bị trễ 30 phút.

터이 잔 껃 까잉 비 쩨 바 므어이 풑

세관

면세점

세관 신고서를 작성해 주세요.

Xin anh điền vào tờ khai hải quan.

씬 아잉 디엔 바오 떠 카이 하이 꾸안

신고하실 물품이 있습니까?

Anh có hàng hóa phải khai hải quan không?

아잉 꺼 항 호아 파이 카이 하이 꾸안 콩?

세관 신고서를 보여 주시겠어요?

Anh cho tôi xem tờ khai hải quan được không?

아잉 쩌 또이 쌤 떠 카이 하이 꾸안 드억 콩?

신고할 것은 없습니다.

Tôi không có hàng hóa phải khai báo.

또이 콩 꺼 항 호아 파이 카이 바오

달러로 얼마까지 면세가 되나요?

Được miễn thuế đến bao nhiêu đô la?

드억 미엔 투에 덴 바오 니에우 도 라?

세관 신고 대상 물품을 기재하시고, 본인의 이름과 생년월일을 적으시면 됩니다.

Xin anh ghi các hàng hóa thuộc đối tượng phải khai báo hải quan và tên cùng ngày tháng năm sinh của bản thân.

씬 아잉 기 깍 항 호아 투옥 도이 뜨엉 파이 카이 바오 하이 꾸안 바 뗀 꿍 응아이 탕 남 씽 꾸어 반 턴

면세점에서 쇼핑할 시간이 있을까요?

Có thời gian mua sắm ở cửa hàng miễn thuế không nhỉ?

꺼 터이 잔 무어 쌈 어 끄어 항 미엔 투에 콩 니?

면세점에서 가족들에게 줄 선물을 사려고 해요.

Tôi định mua quà cho gia đình ở cửa hàng miễn thuế.

또이 딩 무어 꾸아 쩌 자 딩 어 끄어 항 미엔 투에

신분증을 보여 주시겠어요?

Anh cho tôi xem chứng minh thư được không?

아잉 쩌 또이 쌤 쯩 밍 트 드억 콩?

전 인터넷 면세점에서 화장품을 샀어요.

Tôi đã mua mỹ phẩm ở cửa hàng miễn thuế trên mạng.

또이 다 무어 미 펌 어 끄어 항 미엔 투에 쩬 망

면세점에서 구입한 술이나 화장품은 기내에 반입할 수 있어요.

Anh có thể mang rượu hoặc mỹ phẩm mua ở cửa hàng miễn thuế lên máy bay.

아잉 꺼 테 망 지에우 호악 미 펌 무어 어 끄어 항 미엔 투에 렌 마이 바이

출국 심사

여권과 탑승권을 보여 주세요.

Xin mời anh cho xem hộ
chiếu và vé máy bay.

씬 머이 아잉 쩌 쌤 호 찌에우 바 배 마이 바이

어디까지 가십니까?

Anh đi đâu?

아잉 디 더우?

외국인은 옆줄입니다.

Người nước ngoài xếp ở
hàng bên cạnh.

응으어이 느억 응오아이 쎕 어 항 벤 까잉

이 줄은 내국인 줄입니다.

Đây là hàng dành cho người
trong nước.

더이 라 항 자잉 쩌 응으어이 쩡 느억

여기서 사진 찍지 마세요.

Xin đừng chụp ảnh ở đây.

씬 등 쭙 아잉 어 더이

한 명씩 오세요.

Làm ơn đến từng người
một.

람 언 덴 뜽 응으어이 몯

보안 검사

가방은 검색대 위 바구니에 넣어 주세요.

Mời anh đặt túi vào giỏ trên
bàn kiểm tra.

머이 아잉 닫 뚜이 바오 저 쩬 반 끼엠 짜

겉옷과 주머니에 든 물건은 전부 꺼내
바구니에 넣으세요.

Mời anh lấy tất cả mọi thứ
trong túi và áo khoác ra và
để vào trong giỏ.

머이 아잉 러이 떧 까 머이 트 쩡 뚜이 바 아오
코악 자 바 데 바오 쩡 저

전자 제품은 다른 바구니에 넣어 주세요.

Mời anh để đồ điện tử vào
giỏ khác.

머이 아잉 데 도 디엔 뜨 바오 저 칵

음료수는 쓰레기통에 버려 주세요.

Mời anh bỏ đồ uống vào
thùng rác.

머이 아잉 버 도 우옹 바오 뚱 작

금속 탐지기를 통과해 주세요.

Mời anh đi qua máy kiểm
tra kim loại.

머이 아잉 디 꾸아 마이 끼엠 짜 낌 로아이

신발을 벗어 주세요.

Mời anh cởi giày ra.

머이 아잉 꺼이 자이 자

336

입국 심사 ①

여권을 보여 주세요.

Xin anh cho xem hộ chiếu.
씬 아잉 쩌 쌤 호 찌에우

방문 목적은 무엇입니까?

Mục đích đến của anh là gì?
묵 딕 덴 꾸어 아잉 라 지?

관광차 왔습니다.

Tôi đi du lịch.
또이 디 주 릭

출장차 왔습니다.

Tôi đi công tác.
또이 디 꽁 딱

친척들을 만나러 왔습니다.

Tôi đi thăm họ hàng.
또이 디 탐 허 항

돌아갈 항공권을 갖고 있습니까?

Anh có vé máy bay ngày về không?
아잉 꺼 배 마이 바이 응아이 베 콩?

몇 개월 비자입니까?

Visa của anh được mấy tháng?
비 자 꾸어 아잉 드억 머이 탕?

베트남 첫 방문입니까?

Đây là lần đầu tiên anh đến Việt Nam à?
더이 라 런 더우 띠엔 아잉 덴 비엗 남 아?

꼭! 짚고 가기

베트남의 세계 유산

유네스코에 등재된 베트남 세계 유산은 총 8점입니다. 수천 개의 바위섬으로 장관을 이루어 여행객들의 발길이 끊이지 않는 하롱베이, 최근 한국인들에게 인기가 좋은 호이안 고대 도시, 참파 왕국의 종교적·정치적 중심지였던 미선 유적, 베트남 마지막 왕조의 수도였던 후에의 왕궁 등이 포함되어 있어요. 베트남 여행을 계획한다면 베트남의 세계 유산을 둘러봐도 좋겠죠? 유네스코에 등재된 베트남 세계 유산 목록은 아래와 같습니다.

① **자연유산**
· 하롱베이
Vịnh Hạ Long 빙 하 렁
· 퐁나케방 국립 공원
Vườn quốc gia Phong Nha-Kẻ Bàng 브언 꾸옥 자 펑 냐–깨 방

② **문화유산**
· 후에 기념물 복합지구
Quần thể di tích Cố đô Huế
꾸언 테 지 띡 꼬 도 후에
· 호이안 고대 도시
Phố cổ Hội An 포 꼬 호이 안
· 미선 유적
Thánh địa Mỹ Sơn 타잉 디어 미 썬
· 탕롱의 성채
Di tích Hoàng thành Thăng Long
지 띡 호앙 타잉 탕 렁
· 호 왕조의 요새
Thành nhà Hồ 타잉 냐 호

③ **복합유산**
· 짱 안 경관 단지
Quần thể danh thắng Tràng An
꾸언 테 자잉 탕 짱 안

입국 심사 ②

얼마 동안 체류할 예정입니까?

Anh định lưu trú trong bao lâu?

아잉 딩 르우 쭈 쩡 바오 러우?

이 나라에서 얼마나 오래 머무를 예정입니까?

Anh định ở lại đất nước này bao lâu?

아잉 딩 어 라이 덛 느억 나이 바오 러우?

일주일간 머물렀다가 태국으로 떠날 겁니다.

Tôi ở một tuần sau đó sẽ đi Thái Lan.

또이 어 몯 뚜언 싸우 더 쌔 디 타이 란

2주 동안 머물 예정입니다.

Tôi định ở 2 tuần.

또이 딩 어 하이 뚜언

어디에서 머물 예정입니까?

Anh định ở đâu?

아잉 딩 어 더우?

ABC 호텔에서 머물 예정입니다.

Tôi định ở khách sạn ABC.

또이 딩 어 카익 싼 아 베 쎄

친구의 집에서 묵을 예정입니다.

Tôi định ở nhà bạn.

또이 딩 어 냐 반

짐을 찾을 때

VN409 비행기편 짐은 몇 번에서 찾아야 하나요?

Hành lý của chuyến bay VN409 lấy ở ray số mấy ạ?

하잉 리 꾸어 쭈이엔 바이 브이 엔 본 콩 찐 러이 어 자이 쏘 머이 아?

제 짐이 보이지 않아요.

Tôi không thấy hành lý của tôi.

또이 콩 터이 하잉 리 꾸어 또이

제 짐이 어디 있는지 확인해 주시겠어요?

Anh có thể kiểm tra giúp hành lý của tôi đang ở đâu không?

아잉 꺼 테 끼엠 짜 줍 하잉 리 꾸어 또이 당 어 더우 콩?

그 짐은 제 것이 아니에요.

Hành lý đó không phải là của tôi.

하잉 리 더 콩 파이 라 꾸어 또이

제 짐이 아직 나오지 않았어요.

Hành lý của tôi vẫn chưa ra.

하잉 리 꾸어 또이 번 쯔어 자

제 짐이 파손됐어요.

Hành lý của tôi bị vỡ rồi.

하잉 리 꾸어 또이 비 버 조이

마중

공항에 누가 마중 나와 있나요?

Ai sẽ ra đón anh ở sân bay?
아이 쌔 자 던 아잉 어 썬 바이?

거래처에서 사람이 나오기로 했어요.

Người ở phía đối tác sẽ ra đón tôi.
응으어이 어 피어 도이 딱 쌔 자 던 또이

공항에 마중 나와 주시겠습니까?

Anh có thể ra sân bay đón tôi được không?
아잉 꺼 테 자 썬 바이 던 또이 드억 콩?

만나기로 한 분 성함이 어떻게 되죠?

Họ tên của người anh hẹn đón là gì?
허 뗀 꾸어 응으어이 아잉 핸 던 라 지?

마중 나와 줘서 고마워요.

Cảm ơn anh đã ra đón tôi.
깜 언 아잉 다 자 던 또이

마중 나오기로 한 사람이 아직도 안 왔어요.

Người hẹn đón tôi vẫn chưa đến.
응으어이 핸 던 또이 번 쯔어 덴

제가 공항에 마중 나갈게요.

Tôi sẽ ra sân bay đón.
또이 쌔 자 썬 바이 던

꼭! 짚고 가기

득템! 쇼핑 리스트

베트남은 세계에서 손꼽히는 커피 생산국으로, 맛 좋은 커피를 저렴하게 살 수 있어요.

유명한 브랜드는 'Trung Nguyễn 쭝 응우이엔', 'Highlands Coffee' 등이 있습니다. 이 커피 가루로 내린 커피에 연유를 첨가하면 베트남 사람들이 즐겨 마시는 연유 커피의 맛을 느낄 수 있어요. 믹스커피(cà phê hòa tan 까 페 호아 딴) 형태로는 G7, 네스카페가 유명합니다.

고소한 맛이 일품인 캐슈너트(hạt điều 핟 디에우) 또한 한국보다 저렴한 가격에 맛볼 수 있어서 관광객들이 많이 찾는 품목 중 하나예요.

말린 과일은 Vinamit 브랜드의 제품이 가장 유명하며 마트에 가면 쉽게 볼 수 있어요. 종류는 잭프룻(mít 밑), 바나나(chuối 쭈오이), 고구마(khoai lang 코아이 랑), 타로(khoai môn 코아이 몬) 등이 있습니다. 말린 망고는 보통 xoài sấy dẻo 쏘아이 써이 재오라고 하며 다른 말린 과일과 달리 쫀득한 식감입니다.

베트남에서 아티소(a-ti-sô 아─띠─소)라고 부르는 아티초크 차, 미백에 효과가 있다는 달리 치약, 센소다인 치약과 Hảo Hảo 하오 하오 라면 등도 기념품으로 인기가 높습니다.

단, 본인이 구매한 항공권에 따라 기내 또는 수하물 반입 조건이 다를 수 있습니다. 미리 확인하여 조건을 위반하지 않는 종류로, 무게 규정을 초과하지 않을 만큼만 구매해야 해요.

공항 기타

이 비행기는 홍콩을 경유해서 갑니다.

Máy bay này sẽ quá cảnh ở
Hồng Kông.

마이 바이 나이 쌔 꾸아 까잉 어 홍 꽁

이 비행기는 하노이 직항이에요.

Máy bay này sẽ bay thẳng
đi Hà Nội.

마이 바이 나이 쌔 바이 탕 디 하 노이

비행기가 연착해서 예정보다 2시간 늦을
것 같아요.

Máy bay bị trễ nên đến
muộn 2 tiếng so với dự
kiến.

마이 바이 비 쩨 넨 덴 무온 하이 띠엥 써 버이
즈 끼엔

공항에서 시내로 뭘 타고 가야 하나요?

Tôi phải đi bằng gì từ sân
bay vào thành phố?

또이 파이 디 방 지 뜨 썬 바이 바오 타잉 포?

공항에 환전소가 있나요?

Có chỗ đổi tiền ở sân bay
không ạ?

꺼 쪼 도이 띠엔 어 썬 바이 콩 아?

공항에 짐을 보관할 수 있나요?

Có thể bảo quản hành lý ở
sân bay không?

꺼 테 바오 꾸안 하잉 리 어 썬 바이 콩?

좌석 찾기 & 이륙 준비 ▶

좌석을 안내해 드릴까요?

Tôi hướng dẫn chỗ ngồi cho
anh nhé?

또이 흐엉 전 쪼 응오이 쩌 아잉 내?

C열 25번 좌석은 어디에 있나요?

Ghế số 25 hàng C ở đâu ạ?

게 쏘 하이 므어이 람 항 쎄 어 더우 아?

실례지만 여긴 제 자리 같은데요.

Xin lỗi nhưng hình như đây
là ghế của tôi.

씬 로이 니응 힝 니으 더이 라 게 꾸어 또이

죄송합니다. 제가 자리를 착각했네요.

Xin lỗi. Tôi đã ngồi nhầm
ghế.

씬 로이. 또이 다 응오이 념 게

제 짐을 선반 위에 올리도록
도와주시겠어요?

Anh có thể giúp tôi nâng
hành lý lên kệ được không?

아잉 꺼 테 쥽 또이 넝 하잉 리 렌 께 드억 콩?

잠시 후에 이륙합니다.

Máy bay chuẩn bị cất cánh.

마이 바이 쭈언 비 껃 까잉

안전벨트를 매 주십시오.

Xin quý khách vui lòng thắt
dây an toàn.

씬 꾸이 카익 부이 렁 탇 저이 안 또안

기내

잡지나 신문을 좀 주시겠어요?

Chị có thể lấy cho tôi tạp chí hay báo được không?

찌 꺼 테 러이 쩌 또이 땁 찌 하이 바오 드억 콩?

담요와 베개를 주시겠어요?

Chị có thể lấy cho tôi chăn và gối được không?

찌 꺼 테 러이 쩌 또이 짠 바 고이 드억 콩?

헤드폰을 주시겠습니까?

Chị có thể lấy cho tôi tai nghe được không?

찌 꺼 테 러이 쩌 또이 따이 응애 드억 콩?

실례합니다. 저랑 자리를 바꿔 주실 수 있습니까?

Xin lỗi. Anh có thể đổi chỗ cho tôi được không?

씬 로이. 아잉 꺼 테 도이 쪼 쩌 또이 드억 콩?

창문 블라인드 좀 올려 주세요.

Xin anh vui lòng nâng tấm che cửa sổ.

씬 아잉 부이 렁 넝 떰 째 끄어 쏘

의자를 세워 주세요.

Xin anh vui lòng dựng thẳng lưng ghế.

씬 아잉 부이 렁 증 탕 릉 게

기내식 ①

음료 드시겠습니까?

Anh có muốn dùng đồ uống gì không?

아잉 꺼 무온 중 도 우옹 지 콩?

어떤 음료가 있나요?

Có những loại đồ uống nào ạ?

꺼 니응 로아이 도 우옹 나오 아?

와인 있나요?

Có rượu vang không ạ?

꺼 지에우 방 콩 아?

물 한 잔 주시겠어요?

Chị cho tôi một cốc nước được không?

찌 쩌 또이 몯 꼽 느억 드억 콩?

식사는 소고기와 생선 중 무엇으로 하시겠습니까?

Anh muốn dùng thịt bò hay cá ạ?

아잉 무온 중 틷 버 하이 까 아?

생선으로 주세요.

Cho tôi cá.

쩌 또이 까

죄송합니다. 소고기는 다 떨어졌습니다.

Xin lỗi anh. Thịt bò đã hết rồi ạ.

씬 로이 아잉. 틷 버 다 헫 조이 아

기내식 ②

컵라면 있나요?

Anh có mỳ cốc không?

아잉 꺼 미 꼽 콩?

어린이를 위한 식사가 따로 있나요?

Có đồ ăn dành riêng cho trẻ em không ạ?

꺼 도 안 자잉 지엥 쩌 째 앰 콩 아?

혹시 지금 커피 서비스 되나요?

Bây giờ có phục vụ cà phê không ạ?

버이 저 꺼 푹 부 까 페 콩 아?

차 드시겠습니까?

Anh uống trà nhé?

아잉 우옹 짜 내?

컵을 쟁반 위에 올려 주세요.

Xin anh vui lòng đặt cốc lên khay.

씬 아잉 부이 렁 닫 꼽 렌 카이

테이블 치워 드릴까요?

Tôi dọn bàn cho anh nhé?

또이 전 반 쩌 아잉 내?

기차표 구입

냐짱 가는 기차표를 구매하고 싶습니다.

Tôi muốn mua vé tàu đi Nha Trang.

또이 무온 무어 배 따우 디 냐 짱

가장 빠른 시간의 다낭행 열차는 몇 시인가요?

Tàu đi Đà Nẵng sớm nhất là mấy giờ ạ?

따우 디 다 낭 썸 녇 라 머이 저 아?

기차 운행 시간표는 확인했어요?

Anh đã xem bảng giờ tàu chạy chưa?

아잉 다 쌤 방 저 따우 짜이 쯔어?

후에 가는 기차표 어른 2장, 어린이 1장 주세요.

Cho tôi 2 vé người lớn, 1 vé trẻ em đi Huế.

쩌 또이 하이 배 응으어이 런, 몯 배 째 앰 디 후에

6인실 침대칸으로 주세요.

Cho tôi toa giường nằm buồng 6 người.

쩌 또이 또아 즈엉 남 부옹 싸우 응으어이

왕복표로 주세요.

Cho tôi vé khứ hồi.

쩌 또이 배 크 호이

기차 타기

다낭행 기차는 어디에서 타나요?

Tàu đi Đà Nẵng lên ở đâu ạ?
따우 디 다 낭 렌 어 더우 아?

이 기차 호찌민에 가는 거 맞나요?

Tàu này đi thành phố Hồ Chí Minh đúng không ạ?
따우 나이 디 타잉 포 호 찌 밍 둥 콩 아?

기차 안에 짐을 따로 보관할 수 있는 곳이 있나요?

Có chỗ bảo quản đồ trên tàu không?
꺼 쪼 바오 꾸안 도 쩬 따우 콩?

이 기차는 몇 시에 떠나나요?

Tàu này chạy lúc mấy giờ?
따우 나이 짜이 룩 머이 저?

오전 11시에 출발하는 기차입니다.

Đây là chuyến tàu chạy lúc 11 giờ sáng.
더이 라 쭈이엔 따우 짜이 룩 므어이 몯 저 쌍

8번 칸은 어느 쪽으로 가야 하죠?

Toa 8 phải đi về hướng nào ạ?
또아 땀 파이 디 베 흐엉 나오 아?

toa 또아 칸(기차 객실)

꼭! 짚고 가기

베트남의 기차

베트남의 기차는 남북으로 긴 베트남 전역을 연결하고 있습니다. 하노이에서 호찌민 시까지 기차를 타고 이동할 수 있지요. 기차표는 공식 홈페이지(dsvn.vn)나 기차역에서 판매합니다.

공식 홈페이지에서 기차 출발 시간, 구간별 소요 시간, 원하는 좌석의 금액 등을 구체적으로 알 수 있습니다. 가격은 날짜, 시간대, 좌석에 따라 달라지며 식당칸이나 직원이 끌고 다니는 간식 카트에서 간단한 식사나 간식을 사 먹을 수 있습니다.

기차의 좌석은 크게 좌석칸과 침대칸으로 나눌 수 있습니다. 침대칸은 6인실과 4인실로 나뉩니다.

· **일반 좌석칸**(ngồi mềm 응오이 멤)
한국의 기차와 같은 일반적인 좌석칸입니다.

· **6인실 침대칸**
(nằm khoang 6 남 코앙 싸우)
매트리스가 얇아 다소 딱딱합니다. 벽 하나를 3개 층으로 나누어 각각 침대가 위치한 형태로 양 벽이 마주 보는 배치입니다.

· **4인실 침대칸**
(nằm khoang 4 남 코앙 본)
벽 하나를 2개 층으로 나누어 각각 침대가 위치한 형태로 양 벽이 마주 보는 배치입니다. 6인실 매트리스보다 좀 더 푹신합니다.

객실에서

23번 좌석이 여기 맞나요?

Ghế số 23 ở đây có đúng
không ạ?

게 쏘 하이 므어이 바 어 더이 꺼 둥 콩 아?

화장실이 어디인가요?

Nhà vệ sinh ở đâu ạ?

냐 베 씽 어 더우 아?

다음 정차할 역이 어디예요?

Ga tiếp theo là ga nào ạ?

가 띠엡 태오 라 가 나오 아?

식당칸에 잠깐 갔다 올게요.

Tôi sẽ đi đến toa nhà ăn
một chút rồi sẽ quay lại.

또이 쌔 디 덴 또아 냐 안 못 쭛 조이 쌔 꾸아이
라이

딱딱한 의자칸은 너무 불편해요.

Ghế cứng thật bất tiện.

게 끙 텉 벋 띠엔

잠시 검사가 있겠습니다. 기차표를 보여
주세요.

Tôi xin kiểm tra một chút.
Xin mời anh cho xem vé
tàu.

또이 씬 끼엠 짜 못 쭛. 씬 머이 아잉 쩌 쌤 배
따우

역 도착

저는 이제 곧 냐짱역에 도착해요.

Bây giờ tôi sắp đến ga Nha
Trang rồi.

버이 저 또이 쌉 덴 가 냐 짱 조이

우리 기차는 냐짱역에서 10분 후에
정차하겠습니다.

Tàu của chúng ta sẽ dừng
ở ga Nha Trang sau 10 phút
nữa.

따우 꾸어 쭝 따 쌔 증 어 가 냐 짱 싸우 므어이
풋 느어

다음 역에서 내리는 게 맞나요?

Có đúng là xuống ở ga tiếp
theo không?

꺼 둥 라 쑤옹 어 가 띠엡 태오 콩?

다음 역은 이 열차의 종착역입니다.

Ga tiếp theo là ga cuối
cùng của chuyến tàu này.

가 띠엡 태오 라 가 꾸오이 꿍 꾸어 쭈이엔 따우
나이

여기가 냐짱역 맞나요?

Đây là ga Nha Trang có
đúng không?

더이 라 가 냐 짱 꺼 둥 콩?

짐을 미리 챙기도록 해요.

Anh hãy chuẩn bị sẵn hành
lý đi.

아잉 하이 쭈언 비 싼 하잉 리 디

\# 기차를 잘못 탔네요. 이게 하노이 가는
기차인 줄 알았어요.

Tôi đã lên nhầm tàu rồi. Tôi
tưởng đây là tàu đi Hà Nội.

또이 다 렌 념 따우 조이. 또이 뜨엉 더이 라
따우 디 하 노이

\# 기차를 놓쳤어요.

Tôi đã bị lỡ tàu rồi.

또이 다 비 러 따우 조이

\# 짐을 열차에 두고 내렸어요.

Tôi đã để quên hành lý trên
tàu rồi.

또이 다 데 꾸엔 하잉 리 쩬 따우 조이

\# 다음 역에서 갈아타야 해요.

Tôi phải đổi tàu ở ga tiếp
theo.

또이 파이 도이 따우 어 가 띠엡 태오

\# 이 기차는 호찌민행 기차입니다.

Đây là tàu đi thành phố Hồ
Chí Minh.

더이 라 따우 디 타잉 포 호 찌 밍

\# 다낭행 기차표가 매진되었어요.

Hết vé tàu đi Đà Nẵng rồi ạ.

헫 배 따우 디 다 낭 조이 아

\# 호텔 예약했어요?

Anh đã đặt khách sạn
chưa?

아잉 다 닫 카익 싼 쯔어?

\# 어디에 괜찮은 호텔이 있는지 아세요?

Anh có biết chỗ nào có
khách sạn ổn không?

아잉 꺼 비엗 쪼 나오 꺼 카익 싼 온 콩?

\# 온라인으로 예약하면 좀 더 저렴한
가격으로 예약할 수 있어요.

Nếu đặt qua mạng thì có
thể đặt với giá rẻ hơn một
chút.

네우 닫 꾸아 망 티 꺼 테 닫 버이 자 재 헌 몯 쭏

\# 시설이 깨끗한 호텔을 찾고 있어요.

Tôi đang tìm khách sạn nào
sạch sẽ.

또이 당 띰 카익 싼 나오 싸익 쌔

\# 시내 중심에 위치한 호텔을 찾고 있어요.

Tôi đang tìm khách sạn nào
nằm ở trung tâm thành phố.

또이 당 띰 카익 싼 나오 남 어 쭝 떰 타잉 포

\# 저렴하고 좋은 호텔 찾기가 어려워요.

Tìm khách sạn vừa rẻ vừa
tốt rất khó.

띰 카익 싼 브어 재 브어 똗 젇 커

방을 예약하고 싶습니다.

Tôi muốn đặt phòng.

또이 무온 닫 펑

빈방이 있나요?

Anh còn phòng trống không?

아잉 껀 펑 쫑 콩?

며칠 묵으실 겁니까?

Anh định ở mấy ngày?

아잉 딩 어 머이 응아이?

죄송하지만 방이 만실입니다.

Xin lỗi nhưng chúng tôi hết phòng rồi.

씬 로이 니응 쭝 또이 헫 펑 조이

싱글룸과 더블룸이 있습니다.

Có phòng đơn và phòng đôi.

꺼 펑 던 바 펑 도이

싱글룸으로 부탁합니다.

Cho tôi phòng đơn.

쩌 또이 펑 던

2박 하고 나서 토요일 오전에 체크아웃하려고 합니다.

Tôi ở 2 đêm và sẽ trả phòng vào sáng thứ bảy.

또이 어 하이 뎀 바 쌔 짜 펑 바오 쌍 트 바이

어떤 방을 원하십니까?

Anh muốn phòng như thế nào?

아잉 무온 펑 니으 테 나오?

1박에 얼마입니까?

Nghỉ 1 đêm giá bao nhiêu?

응이 몯 뎀 자 바오 니에우?

좀 더 큰 방 있나요?

Anh có phòng lớn hơn một chút không?

아잉 꺼 펑 런 헌 몯 쭏 콩?

좀 더 저렴한 방이 있나요?

Anh có phòng nào rẻ hơn một chút không?

아잉 꺼 펑 나오 재 헌 몯 쭏 콩?

조식이 포함되어 있나요?

Có bao gồm ăn sáng không?

꺼 바오 곰 안 쌍 콩?

높은 층으로 예약해 주세요.

Đặt cho tôi phòng ở tầng trên cao.

닫 쩌 또이 펑 어 떵 쩬 까오

바다가 보이는 방으로 부탁합니다.

Đặt cho tôi phòng nhìn ra biển.

닫 쩌 또이 펑 닌 자 비엔

체크인

체크인 부탁합니다.

Tôi muốn làm thủ tục nhận phòng.
또이 무온 람 투 뚝 년 펑

예약하신 분 성함이 어떻게 되나요?

Họ tên người đặt phòng là gì ạ?
허 뗀 응으어이 닫 펑 라 지 아?

손님 방은 507호입니다.

Phòng của quý khách là phòng 507.
펑 꾸어 꾸이 카익 라 펑 남 콩 바이

방을 바꾸고 싶습니다.

Tôi muốn đổi phòng.
또이 무온 도이 펑

방까지 짐을 옮겨 주실 수 있나요?

Anh có thể mang đồ lên phòng giúp tôi không?
아잉 꺼 테 망 도 렌 펑 줍 또이 콩?

몇 시부터 체크인할 수 있어요?

Mấy giờ thì có thể nhận phòng ạ?
머이 저 티 꺼 테 년 펑 아?

늦게 도착할 것 같네요.
프런트는 몇 시까지 열려 있나요?

Có lẽ tôi sẽ đến muộn. Quầy lễ tân mở đến mấy giờ ạ?
꺼 래 또이 쌔 덴 무온. 꾸어이 레 떤 머 덴 머이 저 아?

꼭! 짚고 가기

베트남의 법정 공휴일

베트남 여행을 계획한다면 중요한 법정 공휴일은 알아 두면 좋겠죠? 특히 베트남 사람들은 음력설 기간 또는 4월 30일부터 5월 1일까지 연결되는 공휴일에 연휴로 많이 쉬어요. 이 기간에는 많은 상점이 문을 닫을 수 있으며 베트남 내국인들이 연휴를 기회로 국내를 여행하는 경우가 많기 때문에 여행 날짜, 교통편, 숙소 등을 예약할 때 참조하는 게 좋아요.

- **1월 1일**
  양력설
  Tết dương lịch 뗃 즈엉 릭
- **음력 1월 1일~3일**
  음력설
  Tết Nguyên Đán 뗃 응우이엔 단
- **음력 3월 10일**
  훙브엉 기념일
  ngày giỗ tổ Hùng Vương
  응아이 조 또 훙 브엉
  베트남의 시조이자 국조인 훙왕에게 제사를 올리며 기념합니다.
- **4월 30일**
  ① 남부 해방기념일
  ngày giải phóng miền Nam
  응아이 자이 펑 미엔 남
  ② 통일기념일
  ngày thống nhất đất nước
  응아이 통 녈 덛 느억
  베트남이 통일된 날입니다.
- **5월 1일**
  노동자의 날
  ngày quốc tế lao động
  응아이 꾸옥 떼 라오 동
- **9월 2일**
  건국 기념일
  ngày Quốc khánh 응아이 꾸옥 카잉
  1945년 호찌민 주석이 독립선언서를 낭독하며 베트남의 독립을 선언한 날입니다.

체크아웃

체크아웃해 주세요.

Tôi muốn trả phòng.

또이 무온 짜 펑

예정보다 두 시간 늦게 체크아웃 가능한가요?

Tôi có thể trả phòng muộn hơn dự kiến hai giờ được không?

또이 꺼 테 짜 펑 무온 헌 즈 끼엔 하이 저 드억 콩?

몇 시까지 체크아웃해야 하나요?

Tôi phải trả phòng lúc mấy giờ?

또이 파이 짜 펑 룩 머이 저?

이 항목은 무슨 요금입니까?

Mục này là phí gì vậy?

묵 나이 라 피 지 버이?

(계산서에) 이 부분이 잘못된 것 같은데요.

Hình như phần này bị sai (trong hóa đơn).

힝 니으 펀 나이 비 싸이 (쩡 호아 던)

오후 5시까지 프런트에 제 짐을 맡길 수 있나요?

Tôi có thể gửi đồ ở quầy lễ tân đến 5 giờ chiều được không?

또이 꺼 테 그이 도 어 꾸어이 레 떤 덴 남 저 찌에우 드억 콩?

숙박 시설 이용

아침 식사는 어디에서 하는 거죠?

Ăn sáng ở đâu ạ?

안 쌍 어 더우 아?

세탁 가능한가요?

Tôi có thể nhờ giặt đồ được không?

또이 꺼 테 녀 쟏 도 드억 콩?

세탁을 맡기면 언제쯤 되나요?

Nếu giặt đồ thì bao giờ mới lấy được ạ?

네우 쟏 도 티 바오 저 머이 러이 드억 아?

귀중품을 보관할 수 있습니까?

Khách sạn có thể bảo quản đồ quý giá được không?

카익 싼 꺼 테 바오 꾸안 도 꾸이 자 드억 콩?

203호에 수건 두 장 더 주시겠어요?

Anh có thể cho phòng 203 thêm hai khăn tắm được không?

아잉 꺼 테 쩌 펑 하이 콩 바 템 하이 칸 땀 드억 콩?

추가로 침대를 놔 줄 수 있나요?

Anh có thể kê thêm giường cho tôi không?

아잉 꺼 테 께 템 즈엉 쩌 또이 콩?

불편 사항

열쇠를 방에 두고 왔습니다.

Tôi để quên chìa khóa trong phòng rồi.
또이 데 꾸엔 찌어 코아 쩡 펑 조이

에어컨이 고장 났어요.

Điều hòa nhiệt độ bị hỏng rồi.
디에우 호아 니엘 도 비 헝 조이

뜨거운 물이 나오지 않아요.

Không có nước nóng.
콩 꺼 느억 넝

변기가 막혔어요.

Bồn cầu bị tắc rồi.
본 꺼우 비 딱 조이

방 청소가 되어 있지 않아요.

Phòng chưa được dọn dẹp.
펑 쯔어 드억 전 잽

방을 바꾸고 싶어요.

Tôi muốn đổi phòng.
또이 무온 도이 펑

옆방이 너무 시끄러워요.

Phòng bên cạnh ồn ào quá.
펑 벤 까잉 온 아오 꾸아

방에서 바퀴벌레가 나왔어요.

Có gián trong phòng.
꺼 잔 쩡 펑

꼭! 짚고 가기

씨클로

씨클로(xích lô 씩 로)는 사람의 힘으로 운전하는 자전거 택시라고 볼 수 있습니다. 대개 바퀴가 세 개이며 앞바퀴 두 개 위에는 손님이 탈 수 있는 자리가 마련되어 있고 씨클로 기사는 뒷바퀴 위 의자에 앉아 페달을 밟습니다.

씨클로는 한때 자전거와 더불어 사람을 태우고 짐을 나르는 베트남의 대중적 교통수단으로 활약했습니다. 그러나 시간이 지나면서 도로 위에는 오토바이가 증가하기 시작했고, 정부는 교통 체증과 사고 발생을 막기 위해 삼륜차 및 씨클로 운행에 대해 규제를 가하기 시작했습니다. 그 결과, 현재는 거의 관광용 씨클로만 남아 있는 상태입니다. 큰 도시의 관광지 근처에 가면 씨클로 기사들이 손님을 기다리는 모습을 볼 수 있어요. 씨클로를 타고 한 바퀴 돌며 자동차에서 보는 풍경과는 또 다른 느낌의 베트남 거리 풍경을 즐길 수 있어 인기가 높습니다.

관광 안내소

이 근처에 관광 안내소가 있나요?

Ở gần đây có Trung tâm hướng dẫn du lịch không ạ?

어 건 더이 꺼 쭝 떰 흐엉 전 주 릭 콩 아?

관광 안내 지도 한 장 받을 수 있을까요?

Tôi có thể xin một tờ bản đồ hướng dẫn du lịch được không?

또이 꺼 테 씬 몯 떠 반 도 흐엉 전 주 릭 드억 콩?

근처에 가볼 만한 명소를 추천해 주시겠어요?

Anh có thể giới thiệu cho tôi địa điểm du lịch đáng đến ở gần đây không?

아잉 꺼 테 저이 티에우 쩌 또이 디어 디엠 주 릭 당 덴 어 건 더이 콩?

값싸고 괜찮은 호텔 하나 추천해 주시겠어요?

Anh có thể giới thiệu cho tôi một khách sạn vừa rẻ vừa tốt không?

아잉 꺼 테 저이 티에우 쩌 또이 몯 카익 싼 브어 재 브어 똗 콩?

투어 ①

투어 프로그램에는 어떤 것이 있나요?

Có những nội dung gì trong chương trình tour?

꺼 니응 노이 중 지 쩡 쯔엉 찡 뚜어?

사람들이 많이 신청하는 투어는 어떤 건가요?

Tour mà nhiều người đăng ký là tour nào?

뚜어 마 니에우 응으어이 당 끼 라 뚜어 나오?

어떤 프로그램이 재미있나요?

Chương trình tour nào thú vị?

쯔엉 찡 뚜어 나오 투 브이?

지금 예약 가능한가요?

Tôi có thể đặt tour bây giờ không?

또이 꺼 테 닫 뚜어 버이 저 콩?

오전 투어가 있나요?

Có tour buổi sáng không?

꺼 뚜어 부오이 쌍 콩?

시내 투어를 하고 싶습니다.

Tôi muốn đi tour thăm quan thành phố.

또이 무온 디 뚜어 탐 꾸안 타잉 포

몇 시에 어디에서 출발해요?

Xuất phát lúc mấy giờ ở đâu?

쑤얻 팓 룩 머이 저 어 더우?

투어 ②

몇 시간이나 걸리나요?

Tour kéo dài mấy tiếng ạ?
뚜어 깨오 자이 머이 띠엥 아?

프로그램이 몇 시에 끝나요?

Chương trình tour kết thúc lúc mấy giờ?
쯔엉 찡 뚜어 껠 툭 룩 머이 저?

요금은 1인당 얼마인가요?

Phí tour cho 1 người là bao nhiêu?
피 뚜어 쩌 몯 응으어이 라 바오 니에우?

자유 시간이 있나요?

Có thời gian tự do không?
꺼 터이 잔 뜨 저 콩?

이 프로그램은 점심 식사를 포함하나요?

Chương trình tour này có bao gồm ăn trưa không?
쯔엉 찡 뚜어 나이 꺼 바오 곰 안 쯔어 콩?

가이드가 영어로 설명해 주나요?

Hướng dẫn viên có giải thích bằng tiếng Anh không?
흐엉 전 비엔 꺼 자이 틱 방 띠엥 아잉 콩?

꼭! 짚고 가기

길 건너기

베트남의 도로는 수많은 오토바이와 차가 뒤섞여 달려요. 특히 신호등이 없는 길은 어떻게 건너야 하나 막막해질 때도 많습니다. 오토바이들은 계속 달려오는데 도대체 언제 건너야 하나 싶죠.

베트남에서 안전하게 길을 건너는 팁은 생각보다 간단합니다. 오토바이가 오는 쪽을 보면서 '일정한 속도로 천천히' 건너면 됩니다. 오토바이 운전자와 눈을 마주치면서 지나간다면 더욱 안전해요. 오토바이 운전자는 보행자가 걸어가는 속도를 감안하여 보행자를 피해 앞이나 뒤로 지나갑니다.

가장 위험한 행동은 길을 건너다가 무서워진 나머지 뒷걸음질 치는 것입니다. 기본적으로 오토바이 운전자는 보행자가 횡단보도에 들어서면 계속 앞으로 갈 것이라 가정하고 운전하기 때문에, 길을 건너려다 갑자기 뒤로 가면 운전자가 재빠르게 대처하기 어렵습니다.

입장권을 살 때

티켓은 어디서 살 수 있나요?

Có thể mua vé ở đâu?
꺼 테 무어 배 어 더우?

입장료는 얼마인가요?

Giá vé là bao nhiêu?
자 배 라 바오 니에우?

학생 할인이 되나요?

Có giảm giá cho học sinh không ạ?
꺼 잠 자 쩌 헙 씽 콩 아?

어른 2장이랑 어린이 1장 주세요.

Cho tôi hai vé người lớn và một vé trẻ em.
쩌 또이 하이 배 응으어이 런 바 몯 배 째 앰

단체 할인이 되나요?

Có giảm giá cho khách đoàn không?
꺼 잠 자 쩌 카익 도안 콩?

20명 이상의 단체는 할인을 받을 수 있습니다.

Đoàn từ 20 người trở lên có thể được giảm giá.
도안 뜨 하이 므어이 응으어이 쩌 렌 꺼 테 드억 잠 자

몇 시까지 입장 가능한가요?

Có thể vào cửa đến mấy giờ?
꺼 테 바오 끄어 덴 머이 저?

길 묻기 ①

안녕하세요, 실례지만 길 좀 물을게요.

Xin chào, xin lỗi cho tôi hỏi đường một chút.
씬 짜오, 씬 로이 쩌 또이 허이 드엉 몯 쭏

호안끼엠 가는 길을 가르쳐 주세요.

Anh chỉ giúp tôi đường đến hồ Hoàn Kiếm với.
아잉 찌 줍 또이 드엉 덴 호 호안 끼엠 버이

바딘 광장을 가려면 어느 쪽으로 가야 하나요?

Muốn đi quảng trường Ba Đình phải đi theo hướng nào ạ?
무온 디 꾸앙 쯔엉 바 딩 파이 디 태오 흐엉 나오 아?

벤탄 시장을 가려면 이 길이 맞나요?

Chợ Bến Thành đi đường này có đúng không ạ?
쩌 벤 타잉 디 드엉 나이 꺼 둥 콩 아?

여기에서 박물관까지는 얼마나 먼가요?

Từ đây đến viện bảo tàng bao xa ạ?
뜨 더이 덴 비엔 바오 땅 바오 싸 아?

좀 멀어서 버스를 타야 해요.

Hơi xa nên anh phải đi bằng xe buýt đấy.
허이 싸 넨 아잉 파이 디 방 쌔 부읻 더이

길 묻기 ②

여기에서 멀어요?

Có xa đây không ạ?
꺼 싸 더이 콩 아?

이 지도에서 제가 있는 곳이 어디인가요?

Nơi tôi đang đứng ở đâu trên bản đồ này ạ?
너이 또이 당 등 어 더우 쩬 반 도 나이 아?

19번 버스 정류장이 어디인가요?

Bến xe buýt số 19 ở đâu ạ?
벤 쌔 부잍 쏘 므어이 찐 어 더우 아?

다음 사거리에서 좌회전하세요.

Anh rẽ trái ở ngã tư tới nhé.
아잉 재 짜이 어 응아 뜨 떠이 내

거기까지 걸어갈 수 있나요?

Có thể đi bộ đến đấy không?
꺼 테 디 보 덴 더이 콩?

걸어서 10분 정도 걸려요.

Đi bộ mất 10 phút.
디 보 멑 므어이 푿

어느 정류장에서 내려야 하나요?

Tôi phải xuống ở trạm nào ạ?
또아 파이 쑤옹 어 짬 나오 아?

직진해서, 두 번째 골목에서 우회전하세요.

Anh đi thẳng, đến ngã rẽ thứ 2 thì rẽ phải.
아잉 디 탕, 덴 응아 재 트 하이 티 재 파이

꼭! 짚고 가기

하노이의 유명한 호수

하노이에는 크고 작은 호수들이 많이 있습니다. 그중에서도 서호(hồ Tây 호 떠이)와 호안끼엠 호수(hồ Hoàn Kiếm 호 호안 끼엠)가 대표적으로 손꼽힙니다. 서호는 하노이에서 가장 크고 수심이 깊은 호수입니다. 베트남의 예전 왕조에서는 휴식을 위한 궁전을 서호 주변에 많이 지었습니다. 서호라는 이름은 15세기에 붙여졌다고 합니다. 오늘날 시민들의 휴식 공간으로 인기가 많습니다. 서호 인근 식당에서는 새우를 올린 조그만 부침개 형태의 음식인 'bánh tôm 바잉 똠'을 많이 팝니다.

호안끼엠 호수는 아담하면서도 운치가 있는 아름다운 호수입니다. 호수의 이름은 레 러이(Lê Lợi) 왕의 전설에서 유래하였는데요. 15세기 중국 명나라가 베트남을 침략했을 때, 레 러이 왕은 호수에서 금 거북이가 가져온 검으로 명나라를 물리치고 Lê 레 왕조를 세웠습니다. 명나라를 물리치자 금 거북이는 다시 검을 가지고 호수로 돌아갔습니다. 이에 검을 돌려준 호수라고 하여 Hoàn 호안(돌려주다), Kiếm 끼엠(검) 호수라고 부르게 된 것입니다. 호수의 작은 섬 위에는 금 거북이를 기리는 탑을 볼 수 있습니다.

구경하기

정말 아름다운 곳이네요!

Nơi này thật đẹp!

너이 나이 텉 댑!

전망이 멋있네요.

Khung cảnh thật tuyệt đẹp.

쿵 까잉 텉 뚜이엗 댑

관람 시간은 몇 시까지인가요?

Thời gian thăm quan đến mấy giờ ạ?

터이 잔 탐 꾸안 덴 머이 저 아?

기념품 가게는 어디에 있나요?

Cửa hàng đồ lưu niệm ở đâu ạ?

끄어 항 도 르우 니엠 어 더우 아?

출구는 어디인가요?

Lối ra ở đâu ạ?

로이 자 어 더우 아?

사진 찍어도 되나요?

Tôi có thể chụp ảnh được không?

또이 꺼 테 쭙 아잉 드억 콩?

내부를 둘러봐도 될까요?

Tôi có thể đi ngắm bên trong được không?

또이 꺼 테 디 응암 벤 쩡 드억 콩?

관광 기타

이 지역 특산물은 뭔가요?

Đặc sản của vùng này là gì ạ?

닥 싼 꾸어 붕 나이 라 지 아?

여긴 관광지라 모든 게 비싸요.

Đây là địa điểm du lịch nên cái gì cũng đắt.

더이 라 디엠 주 릭 넨 까이 지 꿍 닫

사람이 많은 곳이라 소매치기를 조심해야 해요.

Đây là chỗ đông người nên cần cẩn thận móc túi.

더이 라 쪼 동 응으어이 넨 껀 껀 턴 멉 뚜이

전 관광 대신에 조용히 쉬고 싶어요.

Tôi muốn nghỉ ngơi yên tĩnh thay vì đi du lịch.

또이 무온 응이 응어이 이엔 띵 타이 브이 디 주 릭

다음에 또 오고 싶어요.

Lần sau tôi lại muốn quay lại.

런 싸우 또이 라이 무온 꾸아이 라이

여긴 관광지이지만 사람이 많지 않아요.

Nơi đây là địa điểm du lịch nhưng không có nhiều người.

너이 더이 라 디어 디엠 주 릭 니응 콩 꺼 니에우 응으어이

버스

가까운 버스 정류장은 어디인가요?

Bến xe buýt gần đây ở đâu ạ?

벤 쌔 부읻 건 더이 어 더우 아?

이 버스가 공항으로 가나요?

Xe buýt này có đi sân bay không ạ?

쌔 부읻 나이 꺼 디 썬 바이 콩 아?

어디에서 내려야 하는지 알려 주시겠어요?

Anh có thể nhắc tôi điểm xuống được không?

아잉 꺼 테 냑 또이 디엠 쑤옹 드억 콩?

이 버스의 종점은 어디인가요?

Điểm cuối của xe buýt này là ở đâu?

디엠 꾸오이 꾸어 쌔 부읻 나이 라 어 더우?

몇 번 버스를 타야 하나요?

Tôi phải đi xe buýt số bao nhiêu?

또이 파이 디 쌔 부읻 쏘 바오 니에우?

여기에서 내릴게요.

Tôi sẽ xuống ở đây.

또이 쌔 쑤옹 어 더이

이 버스는 몇 시까지 운행하나요?

Xe buýt này vận hành đến mấy giờ?

쌔 부읻 나이 번 하잉 덴 머이 저?

꼭! 짚고 가기

베트남의 시내버스

하노이와 호찌민시를 비롯한 여러 도시에 시내버스를 운행하고 있습니다. 버스 요금은 성인 기준 호찌민시 5,000~7,000동 (약 250~350원), 하노이 7,000~9,000동 (약 350~450원)입니다.

베트남어를 잘 모르거나 지리에 익숙하지 않은 여행객이 이용하기에는 다소 불편할 수 있습니다. 또한 베트남의 시내버스는 한 국처럼 늦게까지 운행하지 않아 대부분은 저녁 8~9시경이면 버스가 끊깁니다.

버스 요금은 승객이 요금통에 직접 내는 경우도 있지만, 요금을 걷으러 다니는 버스 차장에게 내는 경우가 더 많습니다. 버스에 타서 자리에 앉아 있으면, 한 손에 지폐와 승차권을 가득 든 차장이 와서 요금을 받고 승차권을 줍니다. 중간에 표 검사를 하는 경우도 있으니 목적지에 내릴 때까지 승차권은 잘 들고 있는 게 좋아요. 구글지도나 BusMap이라는 앱을 설치하면 하노이와 호찌민 시의 버스 노선을 확인할 수 있습니다.

택시

7인승 택시를 불러 주세요.

Gọi cho tôi tắc xi 7 chỗ.

거이 쩌 또이 딱 씨 바이 쪼

그랩 택시를 부를 거야.

Em sẽ gọi tắc xi Grab.

앰 쌔 거이 딱 씨 그랍.

어디로 가십니까?

Anh muốn đi đâu?

아잉 무온 디 더우?

이 주소로 가 주세요.

Cho tôi đến địa chỉ này.

쩌 또이 덴 디어 찌 나이

빨리 가 주세요.

Anh chạy nhanh dùm tôi với.

아잉 짜이 냐잉 줌 또이 버이

에어컨 좀 틀어 주세요.

Anh bật điều hòa cho tôi với.

아잉 벋 디에우 호아 쩌 또이 버이

여기서 세워 주세요.

Cho tôi xuống ở đây.

쩌 또이 쑤옹 어 더이

오토바이

박물관까지 오토바이 택시를 타고 가려고 해요.

Tôi định đi xe ôm đến viện bảo tàng.

또이 딩 디 쌔 옴 덴 비엔 바오 땅

여기서 공원까지 얼마예요?

Đi từ đây đến công viên hết bao nhiêu?

디 뜨 더이 덴 꽁 비엔 헫 바오 니에우

너무 비싸요, 거기까지 2만 동으로 돼요?

Đắt quá, đi đến đó 20 ngàn thôi được không?

닫 꾸아, 디 덴 더 하이 므어이 응안 토이 드억 콩?

지름길로 가 주세요.

Đi đường tắt cho tôi.

디 드엉 딷 쩌 또이

오토바이 탈 때 헬멧을 꼭 써야 해요.

Khi đi xe máy bắt buộc phải đội mũ bảo hiểm.

키 디 쌔 마이 받 부옥 파이 도이 무 바오 히엠

오토바이 빌리는 데 얼마예요?

Thuê xe máy hết bao nhiêu tiền?

투에 쌔 마이 헫 바오 니에우 띠엔?

여기서 잠깐!
베트남에서 믿고 탈 만한 택시 브랜드로 Mai Linh 마이 린과 Vinasun 비나선이 있습니다.

교통 기타

시간이 없으니 택시를 탑시다.

Chúng ta không có thời gian nên đi tắc xi đi.

쭝 따 콩 꺼 터이 잔 넨 디 딱 씨 디

길이 막혀서 오토바이 택시를 타는 게 나아요.

Đường tắc nên đi xe ôm là tốt nhất.

드엉 딱 넨 디 쌔 옴 라 똩 녇

출퇴근 시간이라 길이 엄청 막히네요.

Giờ cao điểm nên đường tắc quá.

저 까오 디엠 넨 드엉 딱 꾸아

친구가 차로 공항까지 데려다주기로 했어요.

Bạn của tôi hứa sẽ đưa tôi ra sân bay bằng ô tô.

반 꾸어 또이 흐어 쌔 드어 또이 자 썬 바이 방 오 또

길 건널 때 오토바이 조심하세요.

Hãy cẩn thận xe máy khi đi sang đường.

하이 껀 턴 쌔 마이 키 디 쌍 드엉

씨클로는 주로 관광객이 탑니다.

Xích lô chủ yếu chỉ có khách du lịch sử dụng.

씩 로 쭈 이에우 찌 꺼 카익 주 릭 쓰 중

꼭! 짚고 가기

오토바이 택시, 쌔옴

베트남에는 오토바이 택시인 쌔옴(xe ôm 쌔 옴)이 있습니다. 우리나라에는 없는 형태의 교통수단이기 때문에 베트남 여행 중 한 번쯤 체험해 볼 만합니다. 택시보다 저렴하고 버스보다 빠르게 이동할 수 있어서 유용합니다.

예전에는 쌔옴을 이용하려면 길가에 오토바이를 세우고 손님을 기다리는 기사에게 직접 다가가서 목적지를 말해야 했습니다. 쌔옴 기사는 주행 거리를 고려해 가격을 제시하고, 어느 정도 흥정이 가능했죠. 하지만 도착 후에 가격을 갑자기 바꾸는 기사들도 있어 외국인들이 이용하기엔 쉽지 않았습니다.

요즘은 쌔옴을 그랩(Grab) 같은 차량 공유 서비스 애플리케이션을 통해 이용할 수 있게 되면서 훨씬 편리해졌습니다. 앱을 이용하면 기사와 흥정할 필요 없이 목적지까지의 요금을 미리 확인할 수 있으며 기사의 신상 정보도 제공되어 안심하고 이용할 수 있습니다. 이로 인해 대부분의 승객이 이제는 앱을 통해 쌔옴을 이용하고 있습니다.

Chương 11

위급할 땐 이렇게!

Chương 11

Tai nạn và Sự cố 따이 난 바 쓰 꼬 사건 & 사고

sự cố 쓰 꼬 = tai nạn 따이 난 n. 사고 	bị thương 비 트엉 v. 다치다 	đau 다우 a. 아프다
	xương 쓰엉 n. 뼈 	gãy 가이 v. 부러지다
	bỏng 벙 n. 화상 	bị tê cóng 비 떼 껑 = bị tê buốt 비 떼 부옫 v. 동상
	máu 마우 n. 피 	bị cứa 비 끄어 v. (날카로운 물건에) 베이다
xe cấp cứu 쌔 껍 끄우 n. 구급차, 앰뷸런스 	hộp cấp cứu 홉 껍 끄우 n. 구급 상자 	băng 방 n. 붕대
	ngừng tim 응 띰 n. 심장마비 	hồi sinh tim phổi 호이 씽 띰 포이 v. 심폐소생술하다
	ngột ngạt 응옫 응앋 a. 답답하다, 숨쉬기 힘들다 	ngất 응얻 v. 기절하다, 실신하다

cảnh sát 까잉 쌑 n. 경찰 	đồn cảnh sát 돈 까잉 쌑 n. 경찰서 	khai báo 카이 바오 v. 신고하다
	tội phạm 또이 팜 n. 범죄, 범죄자 	lừa đảo 르어 다오 v. 사기치다
	ăn trộm 안 쫌 v. 훔치다 trộm cắp 쫌 깝 v. 도둑질하다 	móc túi 멉 뚜이 v. 소매치기하다
	tai nạn giao thông 따이 난 자오 통 n. 교통사고 	va chạm 바 짬 v. 충돌하다
trạm cứu hỏa 짬 끄우 호아 n. 소방서 	xe cứu hỏa 쌔 끄우 호아 n. 소방차 	lính cứu hỏa 링 끄우 호아 n. 소방관
	hỏa hoạn 호아 호안 = cháy 짜이 n. 화재 	nổ 노 n. 폭발

응급 상황 ①

응급 상황이에요! 115에 전화하세요!

Tình trạng rất khẩn cấp!
Hãy gọi cho 115 ngay!

띵 짱 젇 컨 껍! 하이 거이 쩌 몯 몯 남 응아이!

여기 사람이 쓰러졌어요!

Ở đây có người bị ngất!

어 더이 꺼 응으어이 비 응얻!

도와주세요!

Giúp tôi với!

줍 또이 버이!

불이 났어요! 빨리 대피해요!

Cháy rồi! Mau chạy thôi!

짜이 조이! 마우 짜이 토이!

교통사고가 났어요.

Tai nạn giao thông rồi.

따이 난 자오 통 조이

병원까지 저를 좀 데려다주시겠어요?

Anh có thể đưa tôi đến
bệnh viện được không?

아잉 꺼 테 드어 또이 덴 베잉 비엔 드억 콩?

응급실이 어디죠?

Phòng cấp cứu ở đâu?

펑 껍 끄우 어 더우?

친구가 심하게 다쳤어요.

Bạn của tôi bị thương nặng.

반 꾸어 또이 비 트엉 낭

응급 상황 ②

환자가 지금 어떤 상태인가요?

Tình trạng của bệnh nhân
như thế nào?

띵 짱 꾸어 베잉 년 니으 테 나오?

정확한 상황을 말씀해 주시겠어요?

Anh nói chính xác tình hình
cho tôi được không?

아잉 너이 찡 싹 띵 힝 쩌 또이 드억 콩?

그가 의식을 잃고 길에서 쓰러졌어요.

Anh ấy bị bất tỉnh và ngất
trên đường.

아잉 어이 비 벋 띵 바 응얻 쩬 드엉

그의 호흡이 불안정해요.

Hô hấp của anh ấy không
ổn định.

호 헙 꾸어 아잉 어이 콩 온 딩

피가 멈추질 않아요.

Máu không ngừng chảy.

마우 콩 응 짜이

우리는 당장 그에게 응급 처치를 해야 해.

Chúng ta phải cấp cứu cho
anh ấy ngay lập tức.

쭝 따 파이 껍 끄우 쩌 아잉 어이 응아이 럽 뜩

구급차 ①

구급차 좀 불러 주세요.

Gọi xe cấp cứu cho tôi với.
거이 쌔 껍 끄우 쩌 또이 버이

다친 사람이 있어요.

Có người bị thương.
꺼 응으어이 비 트엉

구급 대원이 도착할 때까지 기다려 주세요.

Anh hãy chờ cho tới khi đội cấp cứu tới.
아잉 하이 쩌 쩌 떠이 키 도이 껍 끄우 떠이

구급차 불렀어요?

Anh đã gọi xe cấp cứu chưa?
아잉 다 거이 쌔 껍 끄우 쯔어?

구급차가 아직도 안 왔어요. 다시 전화해 봐요!

Xe cấp cứu vẫn chưa đến. Hãy thử gọi lại xem!
쌔 껍 끄우 번 쯔어 덴. 하이 트 거이 라이 쌤!

심각한 상황은 아니에요. 구급차 안 불러도 돼요.

Tình trạng chưa phải là nghiêm trọng. Không cần thiết phải gọi xe cấp cứu đâu.
띵 짱 쯔어 파이 라 응이엠 쩡. 콩 껀 티엘 파이 거이 쌔 껍 끄우 더우

긴급 전화

베트남에서 응급 상황이 발생했을 때 화재 신고는 114번, 응급 진료는 115번, 경찰이 필요한 경우 113번으로 전화하면 됩니다. 이 세 개의 긴급 전화번호 외에 2017년 111번이 추가되었는데요, 111번은 바로 아동을 보호하기 위한 전화번호입니다. 아동들이 성범죄, 폭력, 노동 착취 등의 위험에 처했을 때 바로 연락할 수 있는 번호예요. 기존의 아동 보호 긴급 전화는 18001567번으로 2004년부터 아동 문제에 대한 각종 자문과 도움을 제공해 왔습니다. 하지만 번호가 길고 어려워서 정작 긴급한 상황에서 바로 정확하게 기억해 내기 어렵다는 단점이 제기되어 1110이라는 세 자리의 간단한 번호로 바뀐 것입니다. 전화 요금은 무료이며 365일 24시간 운영합니다.

구급차 ②

길을 잃음

지금 구급차가 그쪽으로 가고 있습니다.

Bây giờ xe cấp cứu đang đi
về hướng đó.

버이 저 쌔 껍 끄우 당 디 베 흐엉 더

진정하세요. 5분 후면 구급차가 도착할
겁니다.

Anh hãy bình tĩnh. 5 phút
nữa xe cấp cứu sẽ tới.

아잉 하이 빙 띵. 남 풑 느어 쌔 껍 끄우 쌔 떠이

구급차가 올 때까지 제가 할 수 있는
일이 뭐가 있나요?

Tôi có thể làm gì cho tới khi
xe cấp cứu đến?

또이 꺼 테 람 지 쩌 떠이 키 쌔 껍 끄우 덴?

구급차가 올 때까지 환자가 움직이지
못하게 하세요.

Đừng để bệnh nhân cử
động cho tới khi xe cấp cứu
tới.

등 데 베잉 년 끄 동 쩌 떠이 키 쌔 껍 끄우 떠이

다친 사람이 안심할 수 있도록 옆에서
돌봐 주세요.

Anh hãy ở bên cạnh chăm
sóc để người bị thương cảm
thấy an tâm.

아잉 하이 어 벤 까잉 짬 썹 데 응으어이 비 트엉
깜 터이 안 떰

여긴 어디죠?

Đây là đâu ạ?

더이 라 더우 아?

길을 잃은 것 같아요.

Hình như tôi bị lạc đường
rồi.

힝 니으 또이 비 락 드엉 조이

길 좀 가르쳐 주실 수 있어요?

Anh có thể chỉ đường cho
tôi được không?

아잉 꺼 테 찌 드엉 쩌 또이 드억 콩?

어느 방향으로 가야 하는지 모르겠어요.

Tôi không biết phải đi theo
hướng nào.

또이 콩 비엗 파이 디 태오 흐엉 나오

주변에 보이는 것을 말씀해 주시겠어요?

Anh có thể nói cho tôi
biết anh nhìn thấy gì xung
quanh không?

아잉 꺼 테 너이 쩌 또이 비엔 아잉 닌 터이 지
쑹 꾸아잉 콩?

앞에 큰 카페가 보여요.

Tôi thấy phía trước có một
quán cà phê lớn.

또이 터이 피어 쯔억 꺼 몯 꾸안 까 페 런

364

미아

아이를 잃어버렸어요!

Tôi bị lạc mất con rồi!
또이 비 락 먼 껀 조이!

잠깐 장 보는 사이에 아이가 사라졌어요!

Trong lúc tôi đi chợ con tôi
đã biến mất!
쯩 룩 또이 디 쩌 껀 또이 다 비엔 먿!

아이 인상착의를 알려 주세요.

Chị hãy cho biết đặc điểm
nhận dạng của cháu bé.
찌 하이 쩌 비엗 닥 디엠 년 장 꾸어 짜우 배

어디서 아이를 잃어버리셨나요?

Chị lạc mất con ở đâu?
찌 락 먿 껀 어 더우?

저희 아이는 빨간색 티셔츠를 입은
6살 된 남자아이예요.

Con tôi là cháu trai 6 tuổi
mặc áo phông màu đỏ.
껀 또이 라 짜우 짜이 싸우 뚜오이 막 아오 퐁
마우 더

미아를 찾기 위한 방송을 해
주시겠어요?

Anh có thể phát loa để tìm
trẻ lạc được không?
아잉 꺼 테 팓 로아 데 띰 째 락 드억 콩?

분실 사고 ①

제 가방 봤어요?

Anh có nhìn thấy túi của tôi
không?
아잉 꺼 닌 터이 뚜이 꾸어 또이 콩?

10분 전까지 가방이 분명히 테이블 위에
있었어요.

10 phút trước chiếc túi rõ
ràng còn ở trên bàn.
므어이 푿 쯔억 찌엑 뚜이 저 장 껀 어 쩬 반

택시 안에 가방을 두고 내렸어요.

Tôi đã để quên túi trên tắc
xi.
또이 다 데 꾸엔 뚜이 쩬 딱 씨

테이블 위에 제 휴대폰을 놔뒀는데
없어졌어요.

Tôi để điện thoại trên bàn
mà giờ không còn nữa.
또이 데 디엔 토아이 쩬 반 마 저 콩 껀 느어

휴대폰을 잃어버리면 찾기 힘들어요.

Nếu mất điện thoại thì khó
tìm lắm.
네우 먿 디엔 토아이 티 커 띰 람

화장실에 휴대폰 두고 온 거 아니에요?

Không phải anh để quên
điện thoại trong nhà vệ
sinh chứ?
콩 파이 아잉 데 꾸엔 디엔 토아이 쯩 냐 베 씽
쯔?

분실 사고 ②

신용 카드를 잃어버렸어요.

Tôi đã đánh mất thẻ tín
dụng.
또이 다 다잉 멑 태 띤 중

시내에 분실물 보관소가 있나요?

Có trạm bảo quản đồ thất
lạc ở trung tâm thành phố
không?
꺼 짬 바오 꾸안 도 털 락 어 쭝 떰 타잉 포 콩?

언제 어디에서 분실했습니까?

Anh đánh mất ở đâu khi
nào?
아잉 다잉 멑 어 더우 키 나오?

언제 어디에서 마지막으로
사용하셨나요?

Anh sử dụng lần cuối ở đâu
khi nào?
아잉 쓰 중 런 꾸오이 어 더우 키 나오?

어디서 잃어버렸는지 모르겠어요.

Tôi không biết đã đánh mất
ở đâu.
또이 콩 비엗 다 다잉 멑 어 더우

전부 찾아봤는데 도저히 못 찾겠어요.

Tôi đã tìm tất cả nhưng
không thấy.
또이 다 띰 떧 까 니응 콩 터이

분실 신고

분실 신고를 하려고 합니다.

Tôi muốn khai báo đồ thất
lạc.
또이 무온 카이 바오 도 털 락

잃어버린 물건이 무엇인가요?

Anh đánh mất cái gì?
아잉 다잉 멑 까이 지?

분실물은 어디로 신고해야 하죠?

Phải khai báo đồ thất lạc ở
đâu ạ?
파이 카이 바오 도 털 락 어 더우 아?

분실물 센터에 문의해 보세요.

Anh thử hỏi đến trung tâm
đồ thất lạc xem.
아잉 트 허이 덴 쭝 떰 도 털 락 쌤

분실한 짐을 찾으러 왔습니다.

Tôi đến để tìm đồ thất lạc.
또이 덴 데 띰 도 털 락

어서 신용 카드 분실 신고를 해.

Em mau khai báo mất thẻ
tín dụng đi.
앰 마우 카이 바오 멑 태 띤 중 디

분실물은 저희가 책임질 수 없습니다.

Chúng tôi không chịu trách
nhiệm về đồ thất lạc.
쭝 또이 콩 찌우 짜익 니엠 베 도 털 락

도난

도둑이야!

Kẻ trộm!

깨 쫌!

도둑놈 잡아라!

Hãy bắt lấy tên trộm!

하이 받 러이 뗀 쫌!

외출한 사이, 누가 방에 침입했어요.

Trong lúc tôi đi vắng, ai đó đã đột nhập vào phòng.

쩡 룩 또이 디 방, 아이 더 다 돋 녑 바오 펑

누가 제 오토바이를 훔쳐 갔어요.

Ai đó đã trộm xe máy của tôi.

아이 더 다 쫌 쌔 마이 꾸어 또이

오토바이 번호가 어떻게 되나요?

Biển số xe máy của anh thế nào?

비엔 쏘 쌔 마이 꾸어 아잉 테 나오?

가게에 강도가 들었어요.

Cửa hàng đã bị trộm.

끄어 항 다 비 쫌

금고에 있던 돈과 보석들이 전부 사라졌어요.

Tiền và đá quý trong két đã hoàn toàn biến mất.

띠엔 바 다 꾸이 쩡 깯 다 호안 또안 비엔 먿

소매치기

버스에서 소매치기를 당했어요.

Tôi đã bị móc túi ở trên xe buýt.

또이 다 비 멉 뚜이 어 쩬 쌔 부읻

소매치기가 제 지갑을 훔쳐 갔어요.

Tên móc túi đã lấy trộm ví của tôi.

뗀 멉 뚜이 다 러이 쫌 브이 꾸어 또이

가방을 열어 보니 지갑이 사라졌어요.

Khi tôi mở túi thì thấy ví đã biến mất.

키 또이 머 뚜이 티 터이 브이 다 비엔 먿

지갑에는 뭐가 있었죠?

Trong ví anh có cái gì?

쩡 브이 아잉 꺼 까이 지?

신용 카드와 주민등록증, 그리고 현금이 조금 있었어요.

Có thẻ tín dụng, chứng minh thư và một ít tiền mặt.

꺼 태 띤 중, 쫑 밍 트 바 몯 읻 띠엔 맏

관광지에서는 가방을 앞으로 메는 게 안전해요.

Ở nơi du lịch, để an toàn nên đeo túi ở phía trước.

어 너이 주 릭, 데 안 또안 넨 대오 뚜이 어 피어 쯔억

사기

이 사기꾼이 나를 속였어요.

Kẻ lừa đảo đó đã lừa tôi.

깨 르어 다오 더 다 르어 또이

그는 사기꾼이에요.

Anh ta là kẻ lừa đảo.

아잉 따 라 깨 르어 다오

요즘은, 인터넷이나 전화 사기도 많아요.

Gần đây, lừa đảo qua mạng hay điện thoại rất nhiều.

건 더이, 르어 다오 꾸아 망 하이 디엔 토아이 젇 니에우

그 사람에게 많은 사람들이 사기당했어요.

Rất nhiều người đã bị lừa bởi người đó.

젇 니에우 응어이 다 비 르어 버이 응어이 더

사기 사건을 신고하고 싶어요.

Tôi muốn khai báo vụ lừa đảo.

또이 무온 카이 바오 부 르어 다오

저는 사기를 당해서 돈을 잃었어요.

Tôi đã bị lừa mất tiền.

또이 다 비 르어 멏 띠엔

경찰 신고

여보세요, 경찰서죠?

Alô, đồn cảnh sát có phải không?

알로, 돈 까잉 쌷 꺼 파이 콩?

방금 목격한 사고를 신고하려고 합니다.

Tôi muốn khai báo về vụ tai nạn tôi vừa chứng kiến.

또이 무온 카이 바오 베 부 따이 난 또이 브어 쯩 끼엔

경찰관을 여기로 보내 주세요.

Hãy cử cảnh sát đến đây giúp tôi.

하이 끄 까잉 쌷 덴 더이 줍 또이

여기서 가까운 경찰서가 어디예요?

Đồn cảnh sát gần đây ở đâu ạ?

돈 까잉 쌷 건 더이 어 더우 아?

범죄 신고는 113으로 전화하세요.

Để khai báo tội phạm, hãy gọi đến 113.

데 카이 바오 또이 팜, 하이 거이 덴 몯 몯 바

한국 대사관에 연락해 주세요.

Hãy liên lạc với Đại sứ quán Hàn Quốc giúp tôi.

하이 리엔 락 버이 다이 쓰 꾸안 한 꾸옥 줍 또이

교통사고 ①

교통사고를 당했어요.

Tôi đã bị tai nạn giao
thông.
또이 다 비 따이 난 자오 통

그 오토바이가 제 오토바이를 박았어요.

Chiếc xe máy đó đã đâm
vào xe máy của tôi.
찌엑 쌔 마이 더 다 덤 바오 쌔 마이 꾸어 또이

부상자가 있나요?

Có người bị thương không?
꺼 응으어이 비 트엉 콩?

한 명이 피를 많이 흘렸어요.

Một người bị chảy rất nhiều
máu.
몯 응으어이 비 짜이 젇 니에우 마우

운전자가 많이 다쳤어요.

Người lái xe đã bị thương
nặng.
응으어이 라이 쌔 다 비 트엉 낭

괜찮아요. 그냥 접촉 사고예요.

Không sao. Chỉ là tai nạn
va chạm thôi.
콩 싸오. 찌 라 따이 난 바 짬 토이

하마터면 사고가 날 뻔했어요.

Suýt nữa thì xảy ra tai nạn.
쑤읻 느어 티 싸이 자 따이 난

교통사고 ②

그 교통사고가 언제 일어난 거죠?

Vụ tai nạn giao thông đó đã
xảy ra khi nào?
부 따이 난 자오 통 더 다 싸이 자 키 나오?

운전 면허증을 보여 주세요.

Anh cho tôi xem giấy phép
lái xe.
아잉 쩌 또이 쌤 저이 팹 라이 쌔

음주 운전으로 인해 사고가 났어요.

Tai nạn xảy ra do lái xe
trong tình trạng say rượu.
따이 난 싸이 자 저 라이 쌔 쩡 띵 짱 싸이
지에우

과속으로 인해 교통사고가 발생했어요.

Tai nạn giao thông xảy ra
do vượt quá tốc độ.
따이 난 자오 통 싸이 자 저 브얻 꾸아 똑 도

빨간 불에서 멈추지 않으셨습니다.

Anh đã không dừng xe khi
có tín hiệu đèn đỏ.
아잉 다 콩 증 쌔 키 꺼 띤 히에우 댄 더

갑자기 타이어에 펑크가 났어요.

Đột nhiên bánh xe bị nổ lốp.
돋 니엔 바잉 쌔 비 노 롭

안전 사고

누가 바다에 빠졌어요!

Có người bị rơi xuống biển!

꺼 응으어이 비 저이 쑤옹 비엔!

물에 빠진 저를 안전 요원이 구해줬어요.

Nhân viên cứu hộ đã cứu tôi khi bị rơi xuống nước.

년 비엔 끄우 호 다 끄우 또이 키 비 저이 쑤옹 느억

저는 계단에서 넘어져 발목을 삐었어요.

Tôi đã bị trẹo chân do ngã cầu thang.

또이 다 비 째오 쩐 저 응아 꺼우 탕

그는 라이터로 장난을 치다가 화상을 입었어요.

Anh ấy bị bỏng khi đang nghịch bật lửa.

아잉 어이 비 벙 키 당 응익 벋 르어

저는 자전거를 타다가 넘어졌어요.

Tôi đã bị ngã trong khi đi xe đạp.

또이 다 비 응아 쩡 키 디 쌔 답

할머니가 넘어져서 허리를 다치셨어요.

Bà tôi bị thương ở hông do bị ngã.

바 또이 비 트엉 어 홍 저 비 응아

화재

불이야!

Cháy!

짜이!

소방서에 연락하세요.

Hãy gọi đến đồn cứu hỏa.

하이 거이 덴 돈 끄우 호아

어젯밤에 큰 화재가 났어요.

Một vụ cháy lớn đã xảy ra đêm qua.

몯 부 짜이 런 다 싸이 자 뎀 꾸아

소화기 빨리 가져와요!

Hãy mang bình cứu hỏa lại đây mau lên!

하이 망 빙 끄우 호아 라이 더이 마우 렌!

원인을 알 수 없는 화재가 발생했습니다.

Đám cháy không rõ nguyên nhân đã xảy ra.

담 짜이 콩 저 응우이엔 년 다 싸이 자

화재의 원인이 뭔가요?

Nguyên nhân của đám cháy là gì?

응우이엔 년 꾸어 담 짜이 라 지?

다행히 건물 안에 있던 사람들이 빨리 대피했어요.

Rất may mọi người trong tòa nhà đã sơ tán nhanh chóng.

젇 마이 머이 응으어이 쩡 또아 냐 다 써 딴 나잉 쩡

자연 재해

새벽에 지진이 일어났어요.

Động đất đã xảy ra vào rạng sáng.
동 덛 다 싸이 자 바오 장 쌍

지진으로 인해 해안가에 해일이 발생했습니다.

Sóng thần đã xuất hiện ở bờ biển do động đất.
썽 턴 다 쑤얻 히엔 어 버 비엔 저 동 덛

심한 태풍으로 전봇대가 쓰러졌어요.

Cột điện bị đổ do bão lón.
꼳 디엔 비 도 저 바오 런

이번 홍수로 수백만 명의 이재민이 발생했습니다.

Trận lũ lụt lần này đã khiến cho hàng triệu người gặp nạn.
쩐 루 룯 런 나이 다 키엔 쩌 항 찌에우 응어이 갑 난

갑작스런 우박으로 농작물이 피해를 입었어요.

Mưa đá đột ngột khiến hoa màu bị thiệt hại.
므어 다 돋 응옫 키엔 호아 마우 비 티엔 하이

가뭄으로 인해 농민들이 많은 손해를 봤어요.

Người nông dân gặp thiệt hại nặng nề do hạn hán.
응어이 농 전 갑 티엔 하이 낭 네 저 한 한

베트남의 교통사고

베트남 국가 교통 안전 위원회의 통계에 따르면, 2023년 한 해 동안 베트남 전역에서 22,067건의 교통사고가 발생했습니다. 이로 인해 11,628명이 사망하고, 15,292명이 부상을 입었습니다. 교통사고 건수는 전년도 대비 약 5.5% 감소한 수치입니다.

베트남에서 교통사고가 나면 사람들은 어떻게 대처할까요? 베트남에서 오토바이끼리 또는 차와 오토바이가 가볍게 부딪치는 접촉 사고 정도는 서로 대수롭지 않게 넘어가거나 미안하다고 얘기하는 것으로 상황이 종료되는 게 일반적이에요. 우리나라처럼 자동차 보험으로 보상 처리가 이루어지는 방식은 거의 없습니다.

베트남은 교통경찰의 단속에 걸렸을 때 보험에 가입되어 있지 않으면 벌금을 무는데, 이를 피하기 위해서 가장 싼 보험 상품에 가입한 운전자가 대부분이지요.

오토바이를 운전하려면 의무적으로 보험 가입을 하게 되어 있기 때문에 다들 보험에 가입하기는 하지만, 사고가 났을 때 정작 보장이 거의 없는 가장 싼 상품을 선택합니다. 결국 교통사고가 나면 다친 사람만 손해를 보는 경우가 많습니다.

장례

\# 할아버지께서 오늘 아침에 돌아가셨어.

Ông tôi đã mất sáng nay.

옹 또이 다 멀 쌍 나이

\# 장례식에서는 언제나 눈물이 나온다.

Trong tang lễ lúc nào cũng
có nước mắt.

쩡 땅 레 룩 나오 꿍 꺼 느억 맏

\# 전 장례식에 참석할 수 없을 것 같아요.

Có lẽ tôi không thể tham
dự tang lễ được.

꺼 래 또이 콩 테 탐 즈 땅 레 드억

\# 그의 장례식장에는 흰 꽃이 많이
있었어요.

Trong đám tang của anh ấy
có rất nhiều hoa trắng.

쩡 담 땅 꾸어 아잉 어이 꺼 젇 니에우 호아 짱

\# 난 죽으면, 화장으로 장례를 치르고
싶어요.

Nếu tôi chết, tôi muốn được
hỏa táng.

네우 또이 쩯, 또이 무온 드억 호아 땅

\# 그를 공동묘지에 묻기로 했습니다.

Họ đã quyết định chôn ông
ấy ở nghĩa trang tập thể.

허 다 꾸이엗 딩 쫀 옹 어이 어 응이아 짱 떱 테

조문 인사 ①

\# 조의를 표합니다.

Tôi xin được chia buồn.

또이 씬 드억 찌어 부온

\# 고인의 명복을 빕니다.

Cầu mong người quá cố
sớm siêu thoát.

꺼우 멍 응으어이 꾸아 꼬 썸 씨에우 토앋

\# 어떻게 위로의 말을 전할지 모르겠네요.

Tôi không biết phải nói lời
an ủi thế nào.

또이 콩 비엘 파이 너이 러이 안 우이 테 나오

\# 우리 모두 가슴 아파하고 있습니다.

Chúng tôi đều rất đau lòng.

쭝 또이 데우 젇 다우 렁

\# 얼마나 상심이 크십니까.

Chắc hẳn anh đau lòng lắm.

짝 한 아잉 다우 렁 람

\# 힘든 시간이시겠어요.

Chắc hẳn đó là thời gian rất
vất vả với anh.

짝 한 더 라 터이 잔 젇 벋 바 버이 아잉

조문 인사 ②

정말 안됐습니다.

Thật là đáng tiếc.
털 라 당 띠엑

고인을 잊지 못할 겁니다.

Chúng tôi sẽ không bao giờ quên được anh ấy.
쭝 또이 쌔 콩 바오 저 꾸엔 드억 아잉 어이

고인을 알게 되어 영광이었습니다.

Tôi thật sự rất vinh dự vì được quen biết anh ấy.
또이 털 쓰 젙 빙 즈 브이 드억 꾸앤 비엗 아잉 어이

아버님의 갑작스러운 부고에 애도를 표합니다.

Tôi xin bày tỏ lòng tiếc thương trước sự ra đi đột ngột của bố anh.
또이 씬 바이 떠 렁 띠엑 트엉 쯔억 쓰 자 디 돋 응옫 꾸어 보 아잉

우리는 그녀의 죽음을 애도합니다.

Chúng tôi rất đau lòng vì sự ra đi của cô ấy.
쭝 또이 젙 다우 렁 브이 쓰 자 디 꾸어 꼬 어이

여기서 잠깐!
일반적으로 '죽다'는 chết 쩯을 쓰지만, '돌아가시다'는 qua đời 꾸아 더이, mất 먿을 사용합니다.

꼭! 짚고 가기

부엌신 옹따오

베트남에는 음력 12월 23일이 되면 부엌신 (ông Táo 옹 따오)에게 제사를 지내는 풍습이 있습니다.

부엌신으로 남자 두 명, 여자 한 명을 섬깁니다. 이들은 부부의 연으로 얽혀 있다가 한날한시에 죽게 된 사람들이었다고 해요. 부엌신은 집안에서 일어나는 모든 일을 알고 있으며, 매년 음력 12월 23일에 옥황상제에게 올라가서 그 집안에 대해 보고하는 역할을 합니다. 이때, 부엌신이 옥황상제에게 이야기를 잘해 주면 집안에 좋은 일이 생긴다고 여기기 때문에, 옥황상제에게 좋은 말만 해 달라는 의미로 제사를 지내는 거예요.

제사를 지낼 땐 종이로 만든 부엌신의 모자와 옷, 신발을 준비합니다. 과일, 꽃, 찹쌀로 지은 밥, 닭고기, 바인쯩(bánh trưng 바잉 쯩) 등의 음식을 상에 올리며, 부엌신은 잉어를 타고 옥황상제에게 간다고 생각하기 때문에 살아 있는 잉어 또는 종이 잉어를 준비합니다. 향을 피우고 기도를 올린 후, 잉어를 방생하거나 종이 잉어를 태웁니다.

Chương 12

디지털 시대엔 필수!

Chương 12

Máy tính và In-tơ-nét 마이 띵 바 인 떠 넫 컴퓨터 & 인터넷

máy tính 마이 띵 n. 컴퓨터	**máy tính xách tay** 마이 띵 싸익 따이 n. 노트북 컴퓨터	**màn hình** 만 힝 n. 모니터, 화면
	bàn phím 반 핌 n. 키보드, 자판	**gõ** 거 v. (키보드를) 치다 **nhập** 녑 v. 입력하다
	chuột 쭈옫 n. 마우스	**nhấp chuột** 녑 쭈옫 v. 클릭하다
	máy in 마이 인 n. 프린터	**web cam** 웹 깜 n. 웹캠
	lưu 르우 v. 저장하다	**xóa** 쏘아 v. 지우다, 삭제하다
in-tơ-nét 인 떠 넫 n. 인터넷	**mạng không dây** 망 콩 저이 n. 와이파이, 무선 네트워크	**email** 이메오 n. 이메일
mạng xã hội 망 싸 호이 n. 소셜 네트워크, SNS	**game trực tuyến** 겜 쯕 뚜이엔 온라인 게임	**mua sắm trên** **mạng** 무어 쌈 쩬 망 온라인 쇼핑

Điện thoại 디엔 토아이 전화

điện thoại 디엔 토아이 n. 전화	**điện thoại di động** 디엔 토아이 지 동 n. 휴대 전화	**điện thoại thông minh** 디엔 토아이 통 밍 n. 스마트폰
	gọi điện thoại 거이 디엔 토아이 전화를 걸다	**ngắt điện thoại** 응앝 디엔 토아이 전화를 끊다
	tin nhắn 띤 냔 n. 메시지	**gửi tin nhắn** 그이 띤 냔 메시지를 보내다
	tiếng chuông 띠엥 쭈옹 n. 벨소리	**gọi điện thoại có hình** 거이 디엔 토아이 꺼 힝 영상통화
	bật 벋 v. 켜다	**tắt** 딷 v. 끄다
pin 삔 n. 배터리 	**sạc pin** 싹 삔 v. 충전하다 	**hết pin** 헫 삔 v. 방전되다

컴퓨터

모니터

흐엉은 컴퓨터를 잘 다뤄요.

Hương sử dụng máy vi tính rất thạo.

흐엉 쓰 중 마이 브이 띵 젇 타오

저는 컴맹이에요.

Tôi mù máy vi tính.

또이 무 마이 브이 띵

컴퓨터 설치할 줄 아세요?

Anh có biết lắp máy vi tính không?

아잉 꺼 비엗 랍 마이 브이 띵 콩?

요즘, 컴퓨터는 필수품이 되었어요.

Gần đây, máy vi tính đã trở thành vật thiết yếu.

건 더이, 마이 브이 띵 다 쩌 타잉 벋 티엗 이에우

숙제 때문에 계속 컴퓨터를 써야 해요.

Tôi phải sử dụng máy vi tính liên tục để làm bài tập.

또이 파이 쓰 중 마이 브이 띵 리엔 뚝 데 람 바이 떱

노트북 컴퓨터보다 데스크톱 컴퓨터가 쓰기 편해요.

Máy vi tính sử dụng tiện hơn máy tính xách tay.

마이 브이 띵 쓰 중 띠엔 헌 마이 띵 싸익 따이

컴퓨터 모니터가 망가졌어요.

Màn hình máy vi tính bị hỏng rồi.

만 힝 마이 브이 띵 비 헝 조이

모니터를 수리하려고 해요.

Tôi muốn sửa màn hình.

또이 무온 쓰어 만 힝

컴퓨터 모니터 화면이 커서 영화 보기 좋아요.

Màn hình máy vi tính lớn nên xem phim rất thích.

만 힝 마이 브이 띵 런 넨 쌤 핌 젇 틱

게임할 때는, 모니터가 큰 게 좋아요.

Khi chơi game, màn hình lớn sẽ thích hơn.

키 쩌이 겜, 만 힝 런 쌔 틱 헌

그는 모니터를 껐다.

Anh ấy đã tắt màn hình.

아잉 어이 다 딷 만 힝

모니터 화면이 선명하지 못해요.

Màn hình máy vi tính không được rõ nét.

만 힝 마이 브이 띵 콩 드억 저 낻

모니터 전원 껐는지 확인했어요?

Anh đã kiểm tra xem đã tắt nguồn màn hình hay chưa?

아잉 다 끼엠 짜 쌤 다 딷 응우온 만 힝 하이 쯔어?

키보드 & 마우스

그는 하루 종일 키보드만 두드리고 있어요.

Anh ấy gõ bàn phím suốt cả ngày.

아잉 어이 거 반 핌 쑤옫 까 응아이

키보드 두드리는 소리가 신경 쓰여요.

Âm thanh gõ bàn phím khiến tôi bực mình.

엄 타잉 거 반 핌 키엔 또이 븍 밍

저는 타자를 빠르게 칠 수 있어요.

Tôi có thể gõ máy tính rất nhanh.

또이 꺼 테 거 마이 띵 젇 나잉

키보드가 눌리지 않아요.

Bàn phím không ấn được.

반 핌 콩 언 드억

무선 마우스로 바꿨어요.

Tôi đã chuyển sang chuột không dây.

또이 다 쭈이엔 쌍 쭈옫 콩 저이

마우스가 망가진 것 같아요. 클릭이 안 돼요.

Hình như chuột bị hỏng rồi. Ấn không được.

힝 니으 쭈옫 비 헝 조이. 언 콩 드억

프린터 & 스캐너

잠깐 당신 프린터를 써도 될까요?

Tôi dùng máy in của anh một lúc được không?

또이 중 마이 인 꾸어 아잉 몯 룩 드억 콩?

레이저 프린터라 인쇄가 잘 돼요.

In bằng máy in laze nên nhìn rất rõ.

인 방 마이 인 라 재 넨 닌 젇 저

지금은 흑백 인쇄만 가능해요.

Bây giờ chỉ có thể in đen trắng thôi.

버이 저 찌 꺼 테 인 댄 짱 토이

프린터에 종이가 걸렸어요.

Giấy bị kẹt trong máy in rồi.

저이 비 깯 쩡 마이 인 조이

이 프린터로 복사도 할 수 있어요.

Chiếc máy in này còn có thể phô tô nữa.

찌엑 마이 인 나이 껀 꺼 테 포 또 느어

혹시 스캐너 있어요?

Anh có máy scan không?

아잉 꺼 마이 깬 콩?

이 서류를 스캔해 주세요.

Anh scan tài liệu này cho tôi với.

아잉 깬 따이 리에우 나이 쩌 또이 버이

컴퓨터 사양

제 컴퓨터는 너무 오래되어서 제대로
작동하지 않아요.

Máy tính của tôi đã quá
cũ nên nó không còn hoạt
động bình thường nữa.

마이 띵 꾸어 또이 다 꾸아 꾸 넨 너 콩 껀 호앝
동 빙 트엉 느어

제 컴퓨터는 사양이 낮아서
그 프로그램을 설치할 수 없어요.

Máy tính của tôi cấu hình
thấp nên không thể cài đặt
chương trình này.

마이 띵 꾸어 또이 꺼우 힝 텁 넨 콩 테 까이 닫
쯔엉 찡 나이

이 컴퓨터는 윈도 최신 버전으로
업그레이드해야 해요.

Phải nâng cấp máy tính này
lên phiên bản window mới
nhất.

파이 넝 껍 마이 띵 나이 렌 피엔 반 윈 도우
머이 녇

제 컴퓨터는 가격에 비해 사양이 좋아요.

Máy tính của tôi có cấu hình
tương đối tốt so với giá.

마이 띵 꾸어 또이 꺼 꺼우 힝 뜨엉 도이 똗 써
버이 자

운영 체제 & 프로그램

당신의 컴퓨터는 어떤 운영 체제를
사용하나요?

Máy tính của anh chạy hệ
điều hành gì?

마이 띵 꾸어 아잉 짜이 헤 디에우 하잉 지?

이 프로그램은 어떻게 설치하나요?

Cài đặt chương trình này
như thế nào ạ?

까이 닫 쯔엉 찡 나이 니으 테 나오 아?

쓸모없는 프로그램은 삭제하세요.

Anh hãy xóa những chương
trình không cần thiết đi.

아잉 하이 쏘아 니응 쯔엉 찡 콩 껀 티엩 디

잘 모르는 프로그램을 설치했다가
컴퓨터가 바이러스에 걸렸어요.

Máy tính đã bị nhiễm vi rút
do cài chương trình không
rõ nguồn gốc.

마이 띵 다 비 니엠 브이 룯 저 까이 쯔엉 찡 콩
저 응우온 곱

이 프로그램은 유료예요.

Chương trình này phải trả
tiền.

쯔엉 찡 나이 파이 짜 띠엔

---

cấu hình 꺼우 힝 사양
cài đặt 까이 닫 설치하다
nâng cấp 넝 껍 업그레이드
phiên bản 피엔 반 버전

hệ điều hành 헤 디에우 하잉 운영 체제
chương trình 쯔엉 찡 프로그램
vi rút 브이 룯 바이러스

문서 작업

저는 워드프로세서 프로그램을 사용할 줄 알아요.

Tôi biết sử dụng word.

또이 비엗 쓰 중 우얻

엑셀 사용할 줄 아세요?

Anh có biết sử dụng Excel không?

아잉 꺼 비엗 쓰 중 익 쌔오 콩?

열기 버튼을 클릭해 봐.

Anh thử nhấn vào nút mở đi.

아잉 트 년 바오 눋 머 디

글자 크게 하려면 어떻게 해요?

Làm thế nào để chữ to lên?

람 테 나오 데 쯔 떠 렌?

제목을 굵게 표시하는 게 낫다.

Nên để đề mục in đậm thì tốt hơn.

넨 데 데 묵 인 덤 티 똗 헌

문서에 페이지 번호를 표시해 주세요.

Anh hãy đánh số trang cho văn bản giúp tôi.

아잉 하이 다잉 쏘 짱 쩌 반 반 줍 또이

파일 저장 & 관리

그 파일은 어디에 저장했어요?

Anh đã lưu file đó vào đâu rồi?

아잉 다 르우 파이 더 바오 더우 조이?

바탕 화면에 있는 폴더에 파일을 저장했어요.

Tôi đã lưu file vào thư mục trên màn hình nền.

또이 다 르우 파이 바오 트 묵 쩬 만 힝 넨

실수로 파일을 지웠어요.

Tôi đã xóa nhầm file.

또이 다 쏘아 념 파이

원본 파일 갖고 있지?

Anh đang cầm file gốc phải không?

아잉 당 껌 파이 곱 파이 콩?

손상된 파일을 복구할 수 있나요?

Có thể khôi phục lại file đã bị hỏng không?

꺼 테 코이 푹 라이 파이 다 비 헝 콩?

그 파일은 중요한 내용이 담겨 있으니 꼭 비밀번호를 걸어 두세요.

File đó có chứa nội dung quan trọng nên hãy đặt mật khẩu.

파이 더 꺼 쯔어 노이 중 꾸안 쩡 넨 하이 닫 먿 커우

인터넷 ①

여기 무선 인터넷 사용 가능한가요?

Ở đây có sử dụng được
internet không dây không?

어 더이 꺼 쓰 중 드억 인 떠 넫 콩 저이 콩?

인터넷 서핑하면서 시간 때우고 있어요.

Tôi đang lướt mạng để giết
thời gian.

또이 당 르얻 망 데 지엗 터이 잔

인터넷이 갑자기 안 되는데요.

Tự nhiên tôi không thể vào
mạng được.

뜨 니엔 또이 콩 테 바오 망 드억

인터넷 연결이 되었나요?

Đã kết nối được internet
chưa?

다 껟 노이 드억 인 떠 넫 쯔어?

네트워크 연결 상태를 다시 확인해
보세요.

Anh hãy kiểm tra lại tình
trạng kết nối mạng xem
sao.

아잉 하이 끼엠 짜 라이 띵 짱 껟 노이 망 쌤
싸오

네트워크 문제로 지금은 인터넷을 쓸 수
없어요.

Do mạng trục trặc nên bây
giờ không thể sử dụng được
internet.

저 망 쭉 짝 넨 버이 저 콩 테 쓰 중 드억 인 떠 넫

인터넷 ②

인터넷으로 기사를 검색해 보았어요.

Tôi đã thử tìm kiếm các bài
báo trên mạng.

또이 다 트 띰 끼엠 깍 바이 바오 쩬 망

검색창에 단어를 입력해 보세요.

Hãy thử nhập từ ngữ vào ô
tìm kiếm xem.

하이 트 녑 뜨 응으 바오 오 띰 끼엠 쌤

숙제 때문에 인터넷에서 검색할 것이
있어요.

Tôi có thứ phải tìm kiếm
trên internet để làm bài
tập.

또이 꺼 트 파이 띰 끼엠 쩬 인 떠 넫 데 람
바이 떱

인터넷으로 영어 공부를 하고 있어요.

Tôi đang học tiếng Anh qua
internet.

또이 당 헙 띠엥 아잉 꾸아 인 떠 넫

요즘은 인터넷으로 못하는 게 없어요.

Dạo này, không có gì
là không thể làm bằng
internet.

자오 나이, 콩 꺼 지 라 콩 테 람 방 인 떠 넫

이메일

이메일 주소 좀 알려 주세요.

Anh cho tôi địa chỉ email với.

아잉 쩌 또이 디어 찌 이메오 버이

메일 보냈어요.

Tôi đã gửi mail rồi.

또이 다 그이 메오 조이

제가 메일 보냈는데, 받았어요?

Tôi đã gửi mail rồi, anh nhận được chưa?

또이 다 그이 메오 조이, 아잉 년 드억 쯔어?

제 메일 받으면 답장 부탁해요.

Trả lời email của tôi khi anh nhận được nhé.

짜 러이 이메오 꾸어 또이 키 아잉 년 드억 내

메일함 용량이 충분하지 않아요.

Dung lượng hòm mail không đủ.

중 르엉 험 메오 콩 두

첨부 파일이 열리지 않아요.

File đính kèm không thể mở được.

파이 딩 깸 콩 테 머 드억

자세한 이야기는 메일로 전달할게요.

Nội dung chi tiết tôi sẽ gửi qua mail.

노이 중 찌 띠엗 또이 쌔 그이 꾸아 메오

꼭! 짚고 가기

베트남어 입력 프로그램

컴퓨터에서 베트남어를 입력하려면 유니키 (Unikey)라는 프로그램을 별도로 설치해야 합니다. 이 프로그램을 설치해야 베트남어의 성조와 특수한 모음들(â, ă, ê, ô, ơ, ư)을 입력할 수 있어요.

여러 가지 입력 방식 중에서 자주 쓰이는 것은 TELEX와 VNI입니다. TELEX는 영어 자판, VNI는 숫자 자판을 이용하여 성조를 입력합니다. 예를 들어, TELEX 방식에서 올라가는 성조가 있는 a를 쓰려면 키보드에서 a와 s를 차례대로 누르면 돼요. VNI 방식에서는 a와 숫자 1을 차례로 눌러요. 두 가지 방법 중 본인에게 편한 방법으로 연습하면 됩니다.

여기서는 TELEX 방식의 베트남어 특수 모음 입력 방법을 알려 드릴게요.

- 성조 sắc   a+s = á
- 성조 huyền   a+f = à
- 성조 hỏi   a+r = ả
- 성조 ngã   a+x = ã
- 성조 nặng   a+j = ạ

- a+a = â
- a+w = ă
- e+e = ê
- o+o = ô
- o+w = ơ
- u+w = ư
- d+d = đ

SNS ①

페이스북을 하니?

Em có sử dụng facebook
không?

앰 꺼 쓰 중 페이 북 콩?

페이스북에 친구 추가해 줄래?

Em thêm anh vào bạn bè
trên facebook được không?

앰 템 아잉 바오 반 배 쩬 페이 북 드억 콩?

페이스북에 새로운 사진을 올렸어요.

Em đã đăng ảnh mới lên
facebook.

앰 다 당 아잉 머이 렌 페이 북

너 페이스북에 내가 올린 사진 봤어?

Em đã xem ảnh anh đăng
lên facebook chưa?

앰 다 쌤 아잉 아잉 당 렌 페이 북 쯔어?

프로필 사진을 바꿨어요.

Tôi đã thay ảnh đại diện.

또이 다 타이 아잉 다이 지엔

내 사진에 누가 댓글을 달았어.

Ai đó đã bình luận ảnh của
tôi.

아이 더 다 빙 루언 아잉 꾸어 또이

SNS ②

저는 요즘 인스타그램을 시작했어요.

Gần đây tôi đã bắt đầu sử
dụng Instagram.

건 더이 또이 다 밭 더우 쓰 중 인 스 따 그 람

SNS로 새로운 친구들을 사귀었어요.

Tôi đã kết nhiều bạn mới
qua mạng xã hội.

또이 다 껠 니에우 반 머이 꾸아 망 싸 호이

페이스북은 사생활 보호가 안 돼.

Facebook không bảo vệ
cuộc sống riêng tư.

페이 북 콩 바오 베 꾸옥 쏭 지엥 뜨

연락이 끊겼던 친구들과 페이스북으로
다시 연락하게 되었어요.

Tôi đã liên lạc lại với người
bạn bị mất liên lạc qua
facebook.

또이 다 리엔 락 라이 버이 응으어이 반 비 멀
리엔 락 꾸아 페이 북

내가 유튜브에 올린 영상을 벌써 천 명도
넘게 봤어.

Đoạn video tôi đăng lên
YouTube đã được hơn một
ngàn lượt xem.

도안 비디오 또이 당 렌 유 뜹 다 드억 헌 몯
응안 르얻 쌤

휴대 전화

\# 휴대 전화 번호 좀 알려 주세요.

Cho tôi số điện thoại di động của anh với.

쩌 또이 쏘 디엔 토아이 지 동 꾸어 아잉 버이

\# 제 번호를 저장해 주세요.

Anh lưu số của tôi vào đi.

아잉 르우 쏘 꾸어 또이 바오 디

\# 제 휴대 전화 번호가 바뀌었어요.

Số điện thoại di động của tôi đã thay đổi rồi.

쏘 디엔 토아이 지 동 꾸어 또이 다 타이 도이 조이

\# 부재중 전화가 두 통이나 왔네.

Có hai cuộc gọi nhỡ đã đến.

꺼 하이 꾸옥 거이 녀 다 덴

\# 최근에 휴대폰을 바꿨어요.

Gần đây tôi đã thay điện thoại di động.

건 더이 또이 다 타이 디엔 토아이 지 동

\# 저는 화면이 큰 휴대폰을 좋아해요.

Tôi thích điện thoại di động màn hình lớn.

또이 틱 디엔 토아이 지 동 만 힝 런

\# 운전 중에는 휴대 전화를 사용하면 안 돼요.

Không được sử dụng điện thoại di động khi đang lái xe.

콩 드억 쓰 중 디엔 토아이 지 동 키 당 라이 쌔

SNS 베트남어 줄임말

인터넷이나 메신저에서 줄임말이나 신조어를 사용하는 현상은 베트남도 마찬가지입니다. 특히 SNS를 살펴보면 도대체 무슨 말인지 바로 이해가 안 되는 줄임말도 많이 볼 수 있는데요. 아래의 줄임말이 무슨 뜻인지 알아 둔다면 베트남 친구와 SNS로 대화할 때 조금은 도움이 될 거예요.

- ko/k : không 콩
  (아니오/부정을 나타낼 때)
- j : gì 지 (무엇)
- r : rồi 조이 (~했다)
- mng : mọi người 머이 응으어이
  (모든 사람들/여러분)
- ny : người yêu 응으어이 이에우 (애인!)
- ty : tình yêu 띵 이에우 (사랑)
- vk : vợ 버 (아내)
- ck : chồng 쫑 (남편)
- hnay : hôm nay 홈 나이 (오늘)
- cmsn : chúc mừng sinh nhật
  쭉 믕 씽 녓 (생일 축하해)

휴대 전화 문제

제 휴대폰 배터리가 다 됐어요.

Pin điện thoại di động của tôi đã hết rồi.

삔 디엔 토아이 지 동 꾸어 또이 다 헫 조이

휴대폰 충전기 있니?

Em có sạc pin điện thoại di động không?

앰 꺼 싹 삔 디엔 토아이 지 동 콩?

난 보조 배터리를 가져왔어.

Em đã mang pin dự phòng đến.

앰 다 망 삔 즈 펑 덴

휴대 전화를 떨어뜨리는 바람에 액정이 깨졌어요.

Màn hình điện thoại di động đã bị vỡ do tôi đánh rơi.

만 힝 디엔 토아이 지 동 다 비 버 저 또이 다잉 저이

제 휴대 전화가 전혀 작동하지 않아요.

Điện thoại di động của tôi hoàn toàn không hoạt động.

디엔 토아이 지 동 꾸어 또이 호안 또안 콩 호앝 동

내 스마트폰에서 무선 네트워크가 연결이 안 돼.

Tôi không thể kết nối mạng không dây trên điện thoại thông minh của tôi.

또이 콩 테 껟 노이 망 콩 저이 쩬 디엔 토아이 통 밍 꾸어 또이

휴대 전화 기능 ①

휴대폰으로 아침 6시 알람을 맞춰 놨어.

Tôi đã đặt báo thức 6 giờ sáng bằng điện thoại di động.

또이 다 닫 바오 특 싸우 저 쌍 방 디엔 토아이 지 동

저는 휴대폰으로 사진 찍기를 좋아해요.

Tôi thích chụp ảnh bằng điện thoại di động.

또이 틱 쭙 아잉 방 디엔 토아이 지 동

해외 가기 전에 로밍 서비스 신청하는 거 잊지 마.

Trước khi đi nước ngoài đừng quên đăng ký dịch vụ roming.

쯔억 키 디 느억 응오아이 등 꾸엔 당 끼 직 부 로밍

휴대 전화로 TV를 봐요.

Tôi xem TV bằng điện thoại di động.

또이 쌤 띠 브이 방 디엔 토아이 지 동

제 동생은 스마트폰으로 하루종일 게임을 해요.

Em của tôi chơi game cả ngày bằng điện thoại thông minh.

앰 꾸어 또이 쩌이 겜 까 응아이 방 디엔 토아이 통 밍

휴대 전화 기능 ②

\# 휴대 전화에 비밀번호를 걸어 놨어.

Tôi đã đặt mật khẩu cho điện thoại di động.
또이 다 닫 멑 커우 쩌 디엔 토아이 지 동

\# 휴대 전화 비밀번호가 뭐야?

Mật khẩu điện thoại di dộng của em là gì?
멑 커우 디엔 토아이 지 동 꾸어 앰 라 지?

\# 요즘은 스마트폰으로 결제도 할 수 있어요.

Dạo này còn có thể thanh toán bằng điện thoại thông minh.
자오 나이 껀 꺼 테 타잉 또안 방 디엔 토아이 통 밍

\# 저는 가끔 휴대 전화로 일을 처리합니다.

Tôi thỉnh thoảng xử lý công việc bằng điện thoại di động.
또이 팅 토앙 쓰 리 꽁 비엑 방 디엔 토아이 지 동

\# 앱으로 음식을 주문했어요.

Tôi đã đặt đồ ăn qua ứng dụng.
또이 다 닫 도 안 꾸아 응 중

꼭! 짚고 가기

휴대 전화 관련 단어

최근 우리나라는 스마트폰을 많이 사용하지만, 베트남 사람들은 문자와 전화만 되는 피처폰부터 시작해서 중저가 스마트폰, 고가 스마트폰까지 다양한 종류의 휴대 전화를 사용해요. 알아 두면 유용한 휴대 전화 관련 단어를 연습해 보세요.

- 보조 배터리
  pin sạc dự phòng 삔 싹 즈 펑
- 충전 케이블
  dây sạc 저이 싹
- 어댑터
  cục sạc 꿉 싹
- 휴대 전화 케이스
  ốp lưng điện thoại 옵 릉 디엔 토아이
- 이어폰
  tai nghe 따이 응애
- 액정 보호 필름
  miếng dán màn hình 미엥 잔 만 힝

문자 메시지

저에게 문자 보내 주세요.

Gửi tin nhắn cho tôi nhé.

그이 띤 냔 쩌 또이 내

문자 메시지 왔어요.

Tin nhắn đến rồi.

띤 냔 덴 조이

문자를 실수로 잘못 보냈어요.

Tôi đã gửi nhầm tin nhắn.

또이 다 그이 념 띤 냔

문자 메시지 보내 주실래요? 지금 회의 중이라.

Anh nhắn tin cho tôi được không? Bây giờ tôi đang họp.

아잉 냔 띤 쩌 또이 드억 콩? 버이 저 또이 당 헙

문자로 흐엉의 연락처를 알려 드릴게요.

Tôi sẽ gửi số điện thoại của Hương cho anh bằng tin nhắn.

또이 쌔 그이 쏘 디엔 토아이 꾸어 흐엉 쩌 아잉 방 띤 냔

네 문자 메시지 못 받았는데.

Anh không nhận được tin nhắn của em.

아잉 콩 년 드억 띤 냔 꾸어 앰

벨소리

벨소리를 바꿨어요.

Tôi đã đổi nhạc chuông.

또이 다 도이 냑 쭈옹

도서관에서 누군가의 휴대 전화 벨소리가 울렸어요.

Ở thư viện có điện thoại của ai đổ chuông.

어 트 비엔 꺼 디엔 토아이 꾸어 아이 도 쭈옹

벨소리를 진동으로 바꿔 주세요.

Hãy đổi chuông điện thoại sang chế độ rung.

하이 도이 쭈옹 디엔 토아이 쌍 쩨 도 중

이거 누구 휴대 전화 벨소리야?

Đây là tiếng chuông điện thoại của ai?

더이 라 띠엥 쭈옹 디엔 토아이 꾸어 아이?

벨소리가 너무 시끄러워요.

Tiếng chuông điện thoại to quá.

띠엥 쭈옹 디엔 토아이 떠 꾸아

계속 벨소리가 울려요. 전화 좀 받아요!

Chuông điện thoại liên tục kêu. Anh nghe điện thoại đi chứ!

쭈옹 디엔 토아이 리엔 뚝 께우. 아잉 응애 디엔 토아이 디 쯔!

디지털 카메라

사진 찍기

플래시 터뜨리지 마세요.

Xin đừng bật đèn flash.

씬 등 벋 댄 플랟

요즘에 중고 디지털 카메라를 한 대 사고 싶어요.

Dạo này tôi muốn mua một chiếc máy ảnh kỹ thuật số cũ.

자오 나이 또이 무온 무어 몯 찌엑 마이 아잉 끼 투얻 쏘 꾸

메모리가 꽉 차서 더 이상 찍을 수가 없어요.

Bộ nhớ đã đầy nên không thể chụp thêm được nữa.

보 녀 다 더이 넨 콩 테 쭙 템 드억 느어

줌을 하려면 어떻게 하지?

Muốn zoom thì phải làm thế nào?

무온 줌 티 파이 람 테 나오?

그건 전문가들이 주로 쓰는 기종이에요.

Đây là loại máy mà các chuyên gia thường dùng.

더이 라 로아이 마이 마 깍 쭈이엔 자 트엉 중

이 카메라는 사진이 잘 나와요.

Máy ảnh này chụp ảnh đẹp.

마이 아잉 나이 쭙 아잉 댑

사진 좀 찍어 주실래요?

Anh có thể chụp ảnh giúp tôi được không?

아잉 꺼 테 쭙 아잉 줍 또이 드억 콩?

저 성당을 배경으로 찍어 주세요.

Anh chụp ảnh lấy bối cảnh là nhà thờ kia cho tôi nhé.

아잉 쭙 아잉 러이 보이 까잉 라 냐 터 끼어 쩌 또이 내

이 셔터를 눌러서 사진을 찍어 주세요.

Anh ấn vào nút này để chụp ảnh giúp tôi nhé.

아잉 언 바오 눋 나이 데 쭙 아잉 줍 또이 내

카메라를 쳐다보세요.

Mọi người nhìn vào máy ảnh nhé.

머이 응으어이 닌 바오 마이 아잉 내

카메라 보고 웃으세요!

Mọi người nhìn vào máy ảnh và cười lên nào!

머이 응으어이 닌 바오 마이 아잉 바 끄어이 렌 나오!

너 눈 감았어. 다시 찍을게.

Em nhắm mắt rồi. Anh chụp lại nhé.

앰 냠 맏 조이. 아잉 쭙 라이 내

노트북

노트북을 하나 샀어요.

Tôi đã mua một chiếc máy tính xách tay.

또이 다 무어 몯 찌엑 마이 띵 싸익 따이

이 노트북은 최신 모델이에요.

Chiếc máy tính xách tay này là đời mới nhất.

찌엑 마이 띵 싸익 따이 나이 라 더이 머이 녇

저는 가벼운 노트북을 사고 싶어요.

Tôi muốn mua một chiếc máy tính xách tay nhẹ.

또이 무온 무어 몯 찌엑 마이 띵 싸익 따이 내

이 노트북은 데스크톱 못지않은 기능을 가졌어요.

Chiếc máy tính xách tay này có tính năng không kém gì máy tính để bàn.

찌엑 마이 띵 싸익 따이 나이 꺼 띵 낭 콩 깸 지 마이 띵 데 반

이 노트북은 한 번 충전하면 하루 종일 쓸 수 있어요.

Chiếc máy tính xách tay này chỉ cần sạc một lần là có thể sử dụng cả ngày.

찌엑 마이 띵 싸익 따이 나이 찌 껀 싹 몯 런 라 꺼 테 쓰 중 까 응아이

저는 일할 때 노트북을 사용해요.

Tôi sử dụng máy tính xách tay khi làm việc.

또이 쓰 중 마이 띵 싸익 따이 키 람 비엑

태블릿 PC

전 노트북 대신 태블릿 PC를 샀어요.

Tôi đã mua máy tính bảng thay vì máy tính xách tay.

또이 다 무어 마이 띵 방 타이 브이 마이 띵 싸익 따이

최근에 출시된 아이패드를 샀어요.

Tôi đã mua chiếc Ipad mới ra gần đây.

또이 다 무어 찌엑 아이 빧 머이 자 건 더이

저렴한 태블릿 PC도 쓸 만해요.

Máy tính bảng rẻ tiền dùng cũng không đến nỗi nào.

마이 띵 방 재 띠엔 중 꿍 콩 덴 노이 나오

태블릿 PC를 살 때는 여러 제품들을 비교해 보세요.

Khi mua máy tính bảng, hãy so sánh với những sản phẩm khác.

키 무어 마이 띵 방, 하이 써 싸잉 버이 니응 싼 펌 칵

출장을 자주 다니는 사람에게는 태블릿 PC가 유용해요.

Máy tính bảng rất hữu dụng với những người thường xuyên đi công tác.

마이 띵 방 젇 흐우 중 버이 니응 응으어이 트엉 쑤이엔 디 꽁 딱

400쪽 / 무료 MP3 다운로드 포함 /
20,000원

216쪽 / 무료 MP3 다운로드 포함 /
16,500원